ŒUVRES COMPLÈTES

DE

CHATEAUBRIAND

VIII

ŒUVRES COMPLÈTES
DE
CHATEAUBRIAND

AUGMENTÉES

D'UN ESSAI SUR LA VIE ET LES OUVRAGES DE L'AUTEUR

ITINÉRAIRE DE PARIS A JÉRUSALEM — VOYAGES A CLERMONT, AU MONT-BLANC, ETC., ETC.

PARIS

P.-H. KRABBE, LIBRAIRE-ÉDITEUR

12, RUE DE SAVOIE

M DCCC LII

ITINÉRAIRE

DE PARIS A JÉRUSALEM.

CINQUIÈME PARTIE.

SUITE DU VOYAGE DE JÉRUSALEM.

Le 10, de grand matin, je sortis de Jérusalem par la porte d'Éphraïm, toujours accompagné du fidèle Ali, dans le dessein d'examiner les champs de bataille immortalisés par le Tasse. Arrivé au nord de la ville, entre la grotte de Jérémie et les sépulcres des rois, j'ouvris la *Jérusalem délivrée*, et je fus sur-le-champ frappé de la vérité de l'exposition du Tasse :

Gerusalem sovra due colli è posta, etc.

Je me servirai d'une traduction qui dispense de l'original :

« Solime est assise sur deux collines opposées et de hauteur inégale ; un
« vallon les sépare et partage la ville : elle a de trois côtés un accès difficile. Le
« quatrième s'élève d'une manière douce et presque insensible ; c'est le côté du
« nord : des fossés profonds et de hautes murailles l'environnent et la défendent.

« Au dedans sont des citernes et des sources d'eau vive ; les dehors n'offrent
« qu'une terre aride et nue, aucune fontaine, aucun ruisseau, ne l'arrosent ;
« jamais on n'y vit éclore de fleurs ; jamais arbre, de son superbe ombrage,
« n'y forma un asile contre les rayons du soleil. Seulement, à plus de six milles
« de distance, s'élève un bois dont l'ombre funeste répand l'horreur et la tristesse.

« Du côté que le soleil éclaire de ses premiers rayons, le Jourdain roule ses
« ondes illustres et fortunées. A l'occident, la mer Méditerranée mugit sur le
« sable qui l'arrête et la captive. Au nord est Béthel, qui éleva des autels au
« veau d'or, et l'infidèle Samarie. Bethléem, le berceau d'un Dieu, est du
« côté qu'attristent les pluies et les orages. »

Rien de plus net, de plus clair, de plus précis que cette description ; elle eût été faite sur les lieux qu'elle ne serait pas plus exacte. La forêt, placée à six milles du camp, du côté de l'Arabie, n'est point une invention du poëte : Guillaume de Tyr parle du bois où le Tasse fait naître tant de merveilles. Godefroy y trouva des poutres et des solives pour la construction de ses machines de guerre. On verra combien le Tasse avait étudié les originaux quand je traduirai les historiens des croisades.

E 'l capitano
Poi ch' intorno ha mirato, ai suoi discende.

« Cependant Godefroy, après avoir tout reconnu, tout examiné, va rejoindre
« les siens : il sait qu'en vain il attaquerait Solime par les côtés escarpés et d'un
« difficile abord. Il fait dresser les tentes vis-à-vis la porte septentrionale et
« dans la plaine qu'elle regarde : de là il les prolonge jusques au-dessous de la
« tour angulaire. »

« Dans cet espace il renferme presque le tiers de la ville. Jamais il n'aurait
« pu en embrasser toute l'enceinte : mais il ferme tout accès aux secours et fait
« occuper tous les passages. »

On est absolument sur les lieux. Le camp s'étend depuis la porte de Damas jusqu'à la tour angulaire, à la naissance du torrent de Cédron et de la vallée de Josaphat. Le terrain entre la ville et le camp est tel que le Tasse l'a représenté, assez uni et propre à devenir un champ de bataille au pied des murs de Solime. Aladin est assis avec Herminie sur une tour bâtie entre deux portes, d'où ils découvrent les combats de la plaine et le camp des chrétiens. Cette tour existe avec plusieurs autres entre la porte de Damas et la porte d'Épraïm.

Au second livre, on reconnaît, dans l'épisode d'Olinde et de Sophronie, deux descriptions de lieu très-exactes :

Nel tempio de' cristiani occulto giace, etc.

« Dans le temple des chrétiens, au fond d'un souterrain inconnu, s'élève un
« autel; sur cet autel est l'image de celle que ce peuple révère comme une
« déesse et comme la mère d'un Dieu mort et enseveli. »

C'est l'église appelée aujourd'hui le *Sépulcre de la Vierge;* elle est dans la vallée de Josaphat, et j'en ai parlé plus haut, page 151. Le Tasse, par un privilège accordé aux poëtes, met cette église dans l'intérieur de Jérusalem. La mosquée où l'image de la Vierge est placée d'après le conseil du magicien, est évidemment la mosquée du Temple :

Io là, donde riceve
L' alta vostra meschita e l' aura e 'l dic, etc.

« La nuit j'ai monté au sommet de la mosquée, et par l'ouverture qui reçoit
« la clarté du jour, je me suis fait une route inconnue à tout autre. »

Le premier choc des aventuriers, le combat singulier d'Argant, d'Othon, de Tancrède, de Raimond de Toulouse, a lieu devant la porte d'Éphraïm. Quand Armide arrive de Damas, elle entre, dit le poëte, par l'extrémité du camp. En effet, c'était près de la porte de Damas que se devaient trouver, du côté de l'ouest, les dernières tentes des chrétiens.

Je place l'admirable scène de la fuite d'Herminie vers l'extrémité septentrionale de la vallée de Josaphat. Lorsque l'amante de Tancrède a franchi la porte de Jérusalem avec son fidèle écuyer, *elle s'enfonce dans des vallons et prend des sentiers obliques et détournés.* (Cant. vi, stanz. 96.) Elle n'est donc pas sortie par la porte d'Éphraïm ; car le chemin qui conduit de cette porte au camp des croisés passe sur un terrain tout uni : elle a préféré s'échapper par la porte de l'orient, porte moins suspecte et moins gardée.

Herminie arrive dans un lieu profond et solitaire : *In solitaria ed ima parte.* Elle s'arrête et charge son écuyer d'aller parler à Tancrède : ce lieu profond et solitaire est très-bien marqué au haut de la vallée de Josaphat, avant de tourner l'angle septentrional de la ville. Là, Herminie pouvait attendre en sûreté le retour de son messager ; mais elle ne peut résister à son impatience : elle monte sur la hauteur, et découvre les tentes lointaines. En effet, en sortant de la ravine du torrent de Cédron, et marchant au nord, on devait apercevoir, à main gauche, le camp des chrétiens. Viennent alors ces stances admirables :

>   Era la notte, etc.

« La nuit régnait encore : aucun nuage n'obscurcissait son front chargé d'é-
« toiles : la lune naissante répandait sa douce clarté : l'amoureuse beauté prend
« le ciel à témoin de sa flamme ; le silence et les champs sont les confidents muets
« de sa peine.

« Elle porte ses regards sur les tentes des chrétiens : O camp des Latins,
« dit-elle, objet cher à ma vue ! Quel air on y respire ! Comme il ranime mes
« sens et les récrée ! Ah ! si jamais le ciel donne un asile à ma vie agitée, je
« ne le trouverai que dans cette enceinte : non, ce n'est qu'au milieu des armes
« que m'attend le repos !

« O camp des chrétiens, reçois la triste Herminie ! Qu'elle obtienne dans ton
« sein cette pitié qu'Amour lui promit ; cette pitié que jadis captive elle trouva
« dans l'âme de son généreux vainqueur ! Je ne redemande point mes États, je
« ne redemande point le sceptre qui m'a été ravi : ô chrétiens, je serai trop
« heureuse si je puis seulement servir sous vos drapeaux !

« Ainsi parlait Herminie. Hélas ! elle ne prévoit pas les maux que lui apprête
« la fortune ! Des rayons de lumière réfléchis sur ses armes vont au loin frapper
« les regards : son habillement blanc, ce tigre d'argent qui brille sur son
« casque, annoncent Clorinde.

« Non loin de là est une garde avancée : à la tête sont deux frères, Alcandre
« et Polipherne. »

Alcandre et Polipherne devaient être placés à peu près vers les sépulcres des rois. On doit regretter que le Tasse n'ait pas décrit ces demeures souterraines ; le caractère de son génie l'appelait à la peinture d'un pareil monument.

Il n'est pas aussi aisé de déterminer le lieu où la fugitive Herminie rencontre le pasteur au bord du fleuve : cependant, comme il n'y a qu'un fleuve dans le pays, qu'Herminie est sortie de Jérusalem par la porte d'orient, il est probable que le Tasse a voulu placer cette scène charmante au bord du Jourdain. Il est inconcevable, j'en conviens, qu'il n'ait pas nommé ce fleuve; mais il est certain que ce grand poëte ne s'est pas assez attaché aux souvenirs de l'Écriture, dont Milton a tiré tant de beautés.

Quant au lac et au château où la magicienne Armide enferme les chevaliers qu'elle a séduits, le Tasse déclare lui-même que ce lac est la mer Morte :

> Alfin giungemmo al loco, ove già scesse
> Fiamma dal cielo, etc.

Un des plus beaux endroits du poëme, c'est l'attaque du camp des chrétiens par Soliman. Le sultan marche la nuit au travers des plus épaisses ténèbres; car, selon l'expression sublime du poëte,

> Votò Pluton gli abissi, e la sua notte
> Tutta versò dalle Tartar e grotte.

Le camp est assailli du côté du couchant; Godefroy, qui occupe le centre de l'armée vers le nord, n'est averti qu'assez tard du combat qui se livre à l'aile droite. Soliman n'a pas pu se jeter sur l'aile gauche, quoiqu'elle soit plus près du désert; parce qu'il y a des ravines profondes de ce côté. Les Arabes, cachés pendant le jour dans la vallée de Térébinthe, en sont sortis avec les ombres pour tenter la délivrance de Solime.

Soliman vaincu prend seul le chemin de Gaza. Ismen le rencontre et le fait monter sur un char qu'il environne d'un nuage. Ils traversent ensemble le camp des chrétiens, et arrivent à la montagne de Solime. Cet épisode, admirable d'ailleurs, est conforme aux localités jusqu'à l'extérieur du château de David, près la porte de Jaffa ou de Bethléem; mais il y a erreur dans le reste. Le poëte a confondu ou s'est plu à confondre la tour de David avec la tour Antonia : celle-ci était bâtie loin de là, au bas de la ville, à l'angle septentrional du temple.

Quand on est sur les lieux, on croit voir les soldats de Godefroy, partir de la porte d'Éphraïm, tourner à l'orient, descendre dans la vallée de Josaphat, et aller, comme de pieux et paisibles pèlerins, prier l'Éternel sur la montagne des Oliviers. Remarquons que cette procession chrétienne rappelle d'une manière sensible la pompe des Panathénées, conduite à Éleusis au milieu des soldats d'Alcibiade. Le Tasse, qui avait tout lu, qui imite sans cesse Virgile, Homère et les autres poëtes de l'antiquité, a mis ici en beaux vers une des plus belles scènes de l'histoire. Ajoutons que cette procession est d'ailleurs un fait historique raconté par l'Anonyme, Robert moine, et Guillaume de Tyr.

Nous venons au premier assaut. Les machines sont plantées devant les murs du septentrion. Le Tasse est exact ici jusqu'au scrupule :

> Non era il fosso di palustre limo.
> (Che nol consente il loco) o d' acqua molle.

C'est la pure vérité. Le fossé au septentrion est un fossé sec, ou plutôt une ravine naturelle, comme les autres fossés de la ville.

Dans les circonstances de ce premier assaut, le poëte a suivi son génie sans s'appuyer sur l'histoire ; et comme il lui convenait de ne pas marcher aussi vite que le chroniqueur, il suppose que la principale machine fut brûlée par les infidèles, et qu'il fallut recommencer le travail. Il est certain que les assiégés mirent le feu à une des tours des assiégeants. Le Tasse a étendu cet accident selon le besoin de sa fable.

Bientôt s'engage le terrible combat de Tancrède et de Clorinde, fiction la plus pathétique qui soit jamais sortie du cerveau d'un poëte. Le lieu de la scène est aisé à trouver. Clorinde ne peut rentrer avec Argant par la porte Dorée ; elle est donc sous le temple, dans la vallée de Siloé. Tancrède la poursuit ; le combat commence ; Clorinde mourante demande le baptême ; Tancrède, plus infortuné que sa victime, va puiser de l'eau à une source voisine ; par cette source le lieu est déterminé :

> Poco quindi lontan nel sen del monte
> Scaturia mormorando un picciol rio.

C'est la fontaine de Siloé, ou plutôt la source de Marie, qui jaillit ainsi du pied de la montagne de Sion.

Je ne sais si la peinture de la sécheresse, dans le treizième chant, n'est pas le morceau du poëme le mieux écrit : le Tasse y marche l'égal d'Homère et de Virgile. Ce morceau, travaillé avec soin, a une fermeté et une pureté de style qui manquent quelquefois aux autres parties de l'ouvrage :

> Spenta è del cielo ogni benigna lampa, etc.

« Jamais le soleil ne se lève que couvert de vapeurs sanglantes, sinistre
« présage d'un jour malheureux : jamais il ne se couche que des taches rou-
« geâtres ne menacent d'un aussi triste lendemain. Toujours le mal présent
« est aigri par l'affreuse certitude du mal qui doit suivre.

« Sous les rayons brûlants, la fleur tombe desséchée ; la feuille pâlit, l'herbe
« languit altérée ; la terre s'ouvre, et les sources tarissent. Tout éprouve la co-
« lère céleste, et les nues stériles, répandues dans les airs, n'y sont plus que des
« vapeurs enflammées.

« Le ciel semble une noire fournaise : les yeux ne trouvent plus où se re-
« poser : le zéphyr se tait enchaîné dans ses grottes obscures ; l'air est immo-
« bile : quelquefois seulement la brûlante haleine d'un vent qui souffle du côté
« du rivage maure, l'agite et l'enflamme encore davantage.

« Les ombres de la nuit sont embrasées de la chaleur du jour : son voile est
« allumé du feu des comètes et chargé d'exhalaisons funestes. O terre mal-
« heureuse ! le ciel te refuse sa rosée ; les herbes et les fleurs mourantes atten-
« dent en vain les pleurs de l'aurore.

« Le doux sommeil ne vient plus sur les ailes de la nuit verser ses pavots aux
« mortels languissants. D'une voix éteinte, ils implorent ses faveurs et ne
« peuvent les obtenir. La soif, le plus cruel de tous les fléaux, consume les
« chrétiens : le tyran de la Judée a infecté toutes les fontaines de mortels poi-
« sons, et leurs eaux funestes ne portent plus que les maladies et la mort.

« Le Siloé, qui, toujours pur, leur avait offert le trésor de ses ondes, ap-

« pauvri maintenant, roule lentement sur des sables qu'il mouille à peine :
« quelle ressource, hélas! l'Éridan débordé, le Gange, le Nil même, lorsqu'il
« franchit ses rives et couvre l'Égypte de ses eaux fécondes, suffiraient à peine
« à leurs désirs.

« Dans l'ardeur qui les dévore, leur imagination leur rappelle ces ruisseaux
« argentés qu'ils ont vus couler au travers des gazons, ces sources qu'ils ont
« vues jaillir du sein d'un rocher et serpenter dans des prairies ; ces tableaux
« jadis si riants ne servent plus qu'à nourrir leurs regrets et à redoubler leur dé-
« sespoir.

« Ces robustes guerriers qui ont vaincu la nature et ses obstacles; qui ja-
« mais n'ont ployé sous leur pesante armure ; que n'ont pu dompter le fer ni
« l'appareil de la mort ; faibles maintenant, sans courage et sans vigueur, pres-
« sent la terre de leur poids inutile : un feu secret circule dans leurs veines, les
« mine et les consume.

« Le coursier, jadis si fier, languit auprès d'une herbe aride et sans saveur;
« ses pieds chancellent, sa tête superbe tombe négligemment penchée; il ne
« sent plus l'aiguillon de la gloire, il ne se souvient plus des palmes qu'il a cueil-
« lies : ces riches dépouilles, dont il était autrefois si orgueilleux, ne sont
« plus pour lui qu'un odieux et vil fardeau.

« Le chien fidèle oublie son maître et son asile; il languit étendu sur la
« poussière, et, toujours haletant, il cherche en vain à calmer le feu dont il
« est embrasé; l'air lourd et brûlant pèse sur les poumons qu'il devait ra-
« fraîchir. »

Voilà de la grande, de la haute poésie. Cette peinture, si bien imitée dans
Paul et Virginie, a le double mérite de convenir au ciel de la Judée, et d'être
fondée sur l'histoire : les chrétiens éprouvèrent une pareille sécheresse au
siége de Jérusalem. Robert nous en a laissé une description que je ferai connaître aux lecteurs.

Au quatorzième chant, nous chercherons un fleuve qui coule auprès d'Ascalon, et au fond duquel demeure l'ermite qui révéla à Ubalde et au chevalier
danois les destinées de Renaud. Ce fleuve est le torrent d'Ascalon ou un autre
torrent plus au nord, qui n'a été connu qu'au temps des croisades, comme le
témoigne d'Anville.

Quant à la navigation des deux chevaliers, l'ordre géographique y est merveilleusement suivi. Partant d'un port entre Jaffa et Ascalon, et descendant vers
l'Égypte, ils durent voir successivement Ascalon, Gaza, Raphia et Damiette.
Le poëte marque la route au couchant, quoiqu'elle fût d'abord au midi; mais
il ne pouvait entrer dans ce détail. En dernier résultat, je vois que tous les
poëtes épiques ont été des hommes très-instruits ; surtout ils étaient nourris des
ouvrages de ceux qui les avaient précédés dans la carrière de l'épopée : Virgile traduit Homère ; le Tasse imite à chaque stance quelque passage d'Homère,
de Virgile, de Lucain, de Stace ; Milton prend partout, et joint à ses propres
trésors les trésors de ses devanciers.

Le seizième chant, qui renferme la peinture des jardins d'Armide, ne fournit
rien à notre sujet. Au dix-septième chant nous trouvons la description de Gaza,

et le dénombrement de l'armée égyptienne : sujet épique traité de main de maître, et où le Tasse montre une connaissance parfaite de la géographie et de l'histoire. Lorsque je passai de Jaffa à Alexandrie, notre caïque descendit jusqu'en face de Gaza, dont la vue me rappela ces vers de la *Jérusalem* :

« Aux frontières de la Palestine, sur le chemin qui conduit à Péluse, Gaza
« voit au pied de ses murs expirer la mer et son courroux : autour d'elle s'é-
« tendent d'immenses solitudes et des sables arides. Le vent qui règne sur les
« flots exerce aussi son empire sur cette mobile arène ; et le voyageur voit sa
« route incertaine flotter et se perdre au gré des tempêtes. »

Le dernier assaut, au dix-neuvième chant, est absolument conforme à l'histoire. Godefroy fit attaquer la ville par trois endroits. Le vieux comte de Toulouse battit les murailles entre le couchant et le midi, en face du château de la ville, près de la porte de Jaffa. Godefroy força au nord la porte d'Éphraïm. Tancrède s'attacha à la tour angulaire, qui prit dans la suite le nom de *Tour de Tancrède*.

Le Tasse suit pareillement les chroniques dans les circonstances et le résultat de l'assaut. Ismen, accompagné de deux sorcières, est tué par une pierre lancée d'une machine : deux magiciennes furent en effet écrasées sur le mur à la prise de Jérusalem. Godefroy lève les yeux et voit les guerriers célestes qui combattent pour lui de toutes parts. C'est une belle imitation d'Homère et de Virgile, mais c'est encore une tradition du temps des croisades : « Les morts y entrèrent
« avec les vivants, dit le père Nau ; car plusieurs des illustres croisés qui étaient
« morts en diverses occasions devant que d'arriver, et entre autres Adhémar,
« ce vertueux et zélé évêque du Puy en Auvergne, y parurent sur les mu-
« railles, comme s'il eût manqué à la gloire qu'ils possédaient dans la Jéru-
« salem céleste, celle de visiter la terrestre, et d'adorer le Fils de Dieu dans le
« trône de ses ignominies et de ses souffrances, comme ils l'adoraient dans
« celui de sa majesté et de sa puissance. »

La ville fut prise, ainsi que le raconte le poëte, au moyen de ponts qui s'élançaient des machines et s'abattaient sur les remparts. Godefroy et Gaston de Foix avaient donné le plan de ces machines, construites par des matelots pisans et génois. Ainsi dans cet assaut, où le Tasse a déployé l'ardeur de son génie chevaleresque, tout est vrai, hors ce qui regarde Renaud : comme ce héros est de pure invention, ses actions doivent être imaginaires. Il n'y avait point de guerrier appelé *Renaud d'Est* au siége de Jérusalem : le premier chrétien qui s'élança sur les murs ne fut point un chevalier du nom de *Renaud*, mais l'Étolde, gentilhomme flamand de la suite de Godefroy. Il fut suivi de Guicher et de Godefroy lui-même. La stance où le Tasse peint l'étendard de la croix ombrageant les tours de Jérusalem délivrée est sublime :

« L'étendard triomphant se déploie dans les airs ; les vents respectueux
« soufflent plus mollement ; le soleil plus serein le dore de ses rayons : les traits
« et les flèches se détournent ou reculent à son aspect. Sion et la colline sem-
« blent s'incliner et lui offrir l'hommage de leur joie. »

Tous les historiens des croisades parlent de la piété de Godefroy, de la générosité de Tancrède, de la justice et de la prudence du comte de Saint-Gilles ;

Anne Comnène elle-même fait l'éloge de ce dernier : le poëte nous a donc peint les héros que nous connaissons. Quand il invente des caractères, il est du moins fidèle aux mœurs. Argant est le véritable mameluck,

L'altro è Circasso Argante, nom che straniero...

« L'autre, c'est Argant le Circassien : aventurier inconnu à la cour d'Égypte;
« il s'y est assis au rang des satrapes. Sa valeur l'a porté aux premiers hon-
« neurs de la guerre. Impatient, inexorable, farouche, infatigable, invincible
« dans les combats, contempteur de tous les dieux, son épée est sa raison et sa loi. »

Soliman est un vrai sultan des premiers temps de l'empire turc. Le poëte, qui ne néglige aucun souvenir, fait du sultan de Nicée un des ancêtres du grand Saladin; et l'on voit qu'il a eu l'intention de peindre Saladin lui-même sous les traits de son aïeul. Si jamais l'ouvrage de dom Berthereau voyait le jour, on connaîtrait mieux les héros musulmans de la *Jérusalem*. Dom Berthereau avait traduit les auteurs arabes qui se sont occupés de l'histoire des croisés. Cette précieuse traduction devait faire partie de la collection des historiens de France.

Je ne saurais guère assigner le lieu où le féroce Argant est tué par le généreux Tancrède; mais il le faut chercher dans les vallées, entre le couchant et le septentrion. On ne le peut placer à l'orient de la tour angulaire qu'assiégeait Tancrède, car alors Herminie n'eût pas rencontré le héros blessé, lorsqu'elle revenait de Gaza avec Vafrin.

Quant à la dernière action du poëme, qui, selon la vérité, se passa près d'Ascalon, le Tasse, avec un jugement exquis, l'a transportée sous les murs de Jérusalem. Dans l'histoire, cette action est très-peu de chose; dans le poëme c'est une bataille supérieure à celles de Virgile, et égale aux plus grands combats d'Homère.

Je vais maintenant donner le siége de Jérusalem tiré de nos vieilles chroniques : les lecteurs pourront comparer le poëme et l'histoire.

Le moine Robert est de tous les historiens des croisades celui qu'on cite le plus souvent. L'Anonyme de la collection *Gesta Dei per Francos* est plus ancien; mais son récit est trop sec. Guillaume de Tyr pèche par le défaut contraire. Il faut donc s'arrêter au moine Robert : sa latinité est affectée; il copie les tours des poëtes; mais, par cette raison même, au milieu de ses jeux de mots et de ses pointes (1), il est moins barbare que ses contemporains; il a d'ailleurs une certaine critique et une imagination brillante.

« L'armée se rangea dans cet ordre autour de Jérusalem; le comte de
« Flandre et le comte de Normandie déployèrent leurs tentes du côté du sep-
« tentrion, non loin de l'église bâtie sur le lieu où saint Étienne, premier mar-
« tyr, fut lapidé (2); Godefroy et Tancrède se placèrent à l'occident; le comte

---

(1) *Papa Urbanus urbano sermone peroravit*, etc.; *Vallis speciosa et spatiosa*, etc ; c'est le goût du temps. Nos vieilles hymnes sont remplies de ces jeux de mots : *Quo carne carnis conditor*, etc.

(2) Le texte porte : *Juxta ecclesiam sancti Stephani protomartyris*, etc. J'ai traduit *non loin*, parce que cette église n'est point au septentrion, mais à l'orient de Jérusalem; et tous les autres historiens des croisades disent que les comtes de Normandie et de Flandre se placèrent entre l'orient et le septentrion.

« de Saint-Gilles campa au midi, sur la montagne de Sion (1), autour de l'é-
« glise de Marie, mère du Sauveur, autrefois la maison où le Seigneur fit
« la cène avec ses disciples. Les tentes ainsi disposées, tandis que les troupes
« fatiguées de la route se reposaient et construisaient les machines propres au
« combat, Raymond Pilet (2), Raymond de Turenne, sortirent du camp avec
« plusieurs autres pour visiter les lieux voisins, dans la crainte que les ennemis
« ne vinssent les surprendre avant que les croisés fussent préparés. Ils ren-
« contrèrent sur leur route trois cents Arabes; ils en tuèrent plusieurs, et
« leur prirent trente chevaux. Le second jour de la troisième semaine, 13 juin
« 1099, les Français attaquèrent Jérusalem; mais ils ne purent la prendre
« ce jour-là. Cependant leur travail ne fut pas infructueux; ils renversèrent
« l'avant-mur, et appliquèrent les échelles au mur principal. S'ils en avaient
« eu une assez grande quantité, ce premier effort eût été le dernier. Ceux qui
« montèrent sur les échelles combattirent longtemps l'ennemi à coups d'épée
« et de javelot. Beaucoup des nôtres succombèrent dans cet assaut; mais la
« perte fut plus considérable du côté des Sarrasins. La nuit mit fin à l'action et
« donna du repos aux deux partis. Toutefois l'inutilité de ce premier effort
« occasionna à notre armée un long travail et beaucoup de peine; car nos
« troupes demeurèrent sans pain pendant l'espace de dix jours, jusqu'à ce que
« nos vaisseaux fussent arrivés au port de Jaffa. En outre, elles souffrirent
« excessivement de la soif; la fontaine de Siloé, qui est au pied de la montagne
« de Sion, pouvait à peine fournir de l'eau aux hommes, et l'on était obligé de
« mener boire les chevaux et les autres animaux à six milles du camp, et de
« les faire accompagner par une nombreuse escorte. . . . .
« . . . .

« Cependant la flotte arrivée à Jaffa procura des vivres aux assiégeants,
« mais ils ne souffrirent pas moins de la soif; elle fut si grande durant le siége,
« que les soldats creusaient la terre et pressaient les mottes humides contre leur
« bouche; ils léchaient aussi les pierres mouillées de rosée; ils buvaient une
« eau fétide qui avait séjourné dans des peaux fraîches de buffles et de divers
« animaux; plusieurs s'abstenaient de manger, espérant tempérer la soif par
« la faim. . . . .
« . . . .

« Pendant ce temps-là les généraux faisaient apporter de fort loin de grosses
« pièces de bois pour construire des machines et des tours. Lorsque ces tours
« furent achevées, Godefroy plaça la sienne à l'orient de la ville; le comte de
« Saint-Gilles en établit une autre toute semblable au midi. Les dispositions
« ainsi faites, le cinquième jour de la semaine, les croisés jeûnèrent et distri-
« buèrent des aumônes aux pauvres; le sixième jour, qui était le douzième
« de juillet, l'aurore se leva brillante; les guerriers d'élite montèrent dans les
« tours, et dressèrent les échelles contre les murs de Jérusalem. Les enfants illé-

(1) Le texte porte : *Scilicet in monte Sion*. Cela prouve que la Jérusalem rebâtie par Adrien n'enveloppait pas la montagne de Sion dans son entier, et que le local de la ville était absolument tel qu'on le voit aujourd'hui.

(2) *Piletus*; on lit ailleurs *Pilitus* et *Pelez*.

« gitimes de la ville sainte s'étonnèrent et frémirent (1), en se voyant assiégés
« par une si grande multitude. Mais, comme ils étaient de tous côtés menacés
« de leur dernière heure, que la mort était suspendue sur leurs têtes, certains
« de succomber, ils ne songèrent plus qu'à vendre cher le reste de leur vie.
« Cependant Godefroy se montrait sur le haut de sa tour, non comme un
« fantassin, mais comme un archer. Le Seigneur dirigeait sa main dans le
« combat ; et toutes les flèches qu'elle lançait perçaient l'ennemi de part en part.
« Auprès de ce guerrier était Baudoin et Eustache ses frères, de même que
« deux lions auprès d'un lion ; ils recevaient les coups terribles des pierres et
« des dards, et les renvoyaient avec usure à l'ennemi.

« Tandis que l'on combattait ainsi sur les murs de la ville, on faisait une
« procession autour de ces mêmes murs, avec les croix, les reliques et les
« autels sacrés (2). L'avantage demeura incertain pendant une partie du jour ;
« mais, à l'heure où le Sauveur du monde rendit l'esprit, un guerrier nommé
« *l'Etolde*, qui combattait dans la tour de Godefroy, saute le premier sur les
« remparts de la ville : Guicher le suit, ce Guicher qui avait terrassé un lion ;
« Godefroy s'élance le troisième, et tous les autres chevaliers se précipitent
« sur les pas de leur chef. Alors les arcs et les flèches sont abandonnés ; on sai-
« sit l'épée. A cette vue, les ennemis désertent les murailles, et se jettent en
« bas dans la ville ; les soldats du Christ les poursuivent avec de grands cris.

« Le comte de Saint-Gilles, qui de son côté faisait des efforts pour appro-
« cher ses machines de la ville, entendit ces clameurs. Pourquoi, dit-il à ses
« soldats, demeurons-nous ici ? Les Français sont maîtres de Jérusalem ; ils
« la font retentir de leurs voix et de leurs coups. Alors il s'avance prompte-
« ment vers la porte qui est auprès du château de David ; il appelle ceux qui
« étaient dans ce château, et les somme de se rendre. Aussitôt que l'émir eut
« reconnu le comte de Saint-Gilles, il lui ouvrit la porte, et se confia à la foi
« de ce vénérable guerrier.

« Mais Godefroy avec les Français s'efforçait de venger le sang chrétien
« répandu dans l'enceinte de Jérusalem, et voulait punir les infidèles des ou-
« trages qu'ils avaient fait souffrir aux pèlerins. Jamais dans aucun combat il
« ne parut aussi terrible, pas même lorsqu'il combattit le géant (3), sur le
« pont d'Antioche ; Guicher et plusieurs milliers de guerriers choisis fendaient
« les Sarrasins depuis la tête jusqu'à la ceinture, ou les coupaient par le milieu
« du corps. Nul de nos soldats ne se montrait timide, car personne ne résis-
« tait (4). Les ennemis ne cherchaient qu'à fuir ; mais la fuite pour eux était

(1) *Stupent et contremiscunt adulterini cives urbis eximiæ.* L'expression est belle et vraie ; car non-seulement les Sarrasins étaient, en leur qualité d'étrangers, des *citoyens adultères*, des enfants impurs de Jérusalem, mais ils pouvaient encore s'appeler *adulterini*, à cause de leur mère Agar, et relativement à la postérité légitime d'Israël par Sara.

(2) *Sacra altaria.* Ceci a l'air de ne pouvoir se dire que d'une cérémonie païenne ; mais il y avait apparemment dans le camp des chrétiens des autels portatifs.

(3) C'était un Sarrasin d'une taille gigantesque, que Godefroy fendit en deux d'un seul coup d'épée, sur le pont d'Antioche.

(4) La réflexion est singulière !

« impossible; en se précipitant en foule ils s'embarrassaient les uns les autres.
« Le petit nombre qui parvint à s'échapper s'enferma dans le temple de Sa-
« lomon, et s'y défendit assez longtemps. Comme le jour commençait à baisser,
« nos soldats envahirent le temple; pleins de fureur, ils massacrèrent tous ceux
« qui s'y trouvèrent. Le carnage fut tel, que les cadavres mutilés étaient en-
« traînés par les flots de sang jusque dans le parvis, les mains et les bras
« coupés flottaient sur ce sang, et allaient s'unir à des corps auxquels ils n'a-
« vaient point appartenu. »

En achevant de décrire les lieux célébrés par le Tasse, je me trouve heureux d'avoir pu rendre le premier à un poëte immortel le même honneur que d'autres avant moi ont rendu à Homère et à Virgile. Quiconque est sensible à la beauté, à l'art, à l'intérêt d'une composition poétique, à la richesse des détails, à la vérité des caractères, à la générosité des sentiments, doit faire de la *Jérusalem délivrée* sa lecture favorite. C'est surtout le poëme des soldats: il respire la valeur et la gloire; et, comme je l'ai dit dans les *Martyrs*, il semble écrit au milieu des camps sur un bouclier.

Je passai environ cinq heures à examiner le théâtre des combats du Tasse. Ce théâtre n'occupe guère plus d'une demi-lieue de terrain, et le poëte a si bien marqué les divers lieux de son action, qu'il ne faut qu'un coup d'œil pour les reconnaître.

Comme nous rentrions dans la ville par la vallée de Josaphat, nous rencontrâmes la cavalerie du pacha qui revenait de son expédition. On ne se peut figurer l'air de triomphe et de joie de cette troupe, victorieuse des moutons, des chèvres, des ânes et des chevaux de quelques pauvres Arabes du Jourdain.

C'est ici le lieu de parler du gouvernement de Jérusalem. Il y a d'abord:
1° Un *mosallam* ou *sangiachey*, commandant pour le militaire;
2° Un *moula-cady* ou ministre de la police;
3° Un *moufty*, chef des santons et des gens de loi;
(Quand ce moufty est un fanatique, ou un méchant homme, comme celui qui se trouvait à Jérusalem de mon temps, c'est de toutes les autorités la plus tyrannique pour les chrétiens.)
4° Un *mouteleny* ou douanier de la mosquée de Salomon;
5° Un *sousbachi* ou prévôt de la ville.

Ces tyrans subalternes relèvent tous, à l'exception du moufty, d'un premier tyran; et ce premier tyran est le pacha de Damas.

Jérusalem est attachée, on ne sait pourquoi, au pachalic de Damas; si ce n'est à cause du système destructeur que les Turcs suivent naturellement et comme par instinct. Séparée de Damas par des montagnes, plus encore par les Arabes qui infestent les déserts, Jérusalem ne peut pas porter toujours ses plaintes au pacha lorsque des gouverneurs l'oppriment. Il serait plus simple qu'elle dépendît du pachalic d'Acre, qui se trouve dans le voisinage: les Francs et les Pères latins se mettraient sous la protection des consuls qui résident dans les ports de Syrie; les Grecs et les Turcs pourraient faire entendre leur voix. Mais c'est précisément ce qu'on cherche à éviter; on veut un esclavage muet, et non pas d'insolents opprimés qui oseraient dire qu'on les écrase.

Jérusalem est donc livrée à un gouverneur presque indépendant: il peut faire impunément le mal qu'il lui plaît, sauf à en compter ensuite avec le pacha. On sait que tout supérieur en Turquie a le droit de déléguer ses pouvoirs à un inférieur; et ses pouvoirs s'étendent toujours sur la propriété et la vie. Pour quelques bourses, un janissaire devient un petit aga; et cet aga, selon son bon plaisir, peut vous tuer ou vous permettre de racheter votre tête. Les bourreaux se multiplient ainsi dans tous les villages de la Judée. La seule chose qu'on entende dans ce pays, la seule justice dont il soit question, c'est : *Il paiera dix, vingt, trente bourses; on lui donnera cinq cents coups de bâton: on lui coupera la tête.* Un acte d'injustice force à une injustice plus grande. Si l'on dépouille un paysan, on se met dans la nécessité de dépouiller son voisin; car, pour échapper à l'hypocrite intégrité du pacha, il faut avoir, par un second crime, de quoi payer l'impunité du premier.

On croit peut-être que le pacha, en parcourant son gouvernement, porte remède à ces maux, et venge les peuples : le pacha est lui-même le plus grand fléau des habitants de Jérusalem. On redoute son arrivée comme celle d'un chef ennemi : on ferme les boutiques ; on se cache dans des souterrains ; on feint d'être mourant sur sa natte, ou l'on fuit dans la montagne.

Je puis attester la vérité de ces faits, puisque je me suis trouvé à Jérusalem au moment de l'arrivée du pacha. Abdallah est d'une avarice sordide, comme presque tous les musulmans: en sa qualité de chef de la caravane de la Mecque, et sous prétexte d'avoir de l'argent pour mieux protéger les pèlerins, il se croit en droit de multiplier les exactions. Il n'y a point de moyens qu'il n'invente. Un de ceux qu'il emploie le plus souvent, c'est de fixer un maximum fort bas pour les comestibles. Le peuple crie à la merveille ! mais les marchands ferment leurs boutiques. La disette commence ; le pacha fait traiter secrètement avec les marchands ; il leur donne, pour un certain nombre de bourses, la permission de vendre au taux qu'ils voudront. Les marchands cherchent à retrouver l'argent qu'ils ont donné au pacha : ils portent les denrées à un prix extraordinaire ; et le peuple, mourant de faim une seconde fois, est obligé, pour vivre, de se dépouiller de son dernier vêtement.

J'ai vu ce même Abdallah commettre une vexation plus ingénieuse encore. J'ai dit qu'il avait envoyé sa cavalerie piller des Arabes cultivateurs, de l'autre côté du Jourdain. Ces bonnes gens, qui avaient payé le miri, et qui ne se croyaient point en guerre, furent surpris au milieu de leurs tentes et de leurs troupeaux. On leur vola deux mille deux cents chèvres et moutons, quatre-vingt-quatorze veaux, mille ânes et six juments de première race : les chameaux seuls échappèrent (1) ; un sheik les appela de loin, et ils le suivirent : ces fidèles enfants du désert allèrent porter leur lait à leurs maîtres dans la montagne, comme s'ils avaient deviné que ces maîtres n'avaient plus d'autre nourriture.

Un Européen ne pourrait guère imaginer ce que le pacha fit de ce butin. Il mit à chaque animal un prix excédant deux fois sa valeur. Il estima chaque chèvre et chaque mouton à vingt piastres, chaque veau à quatre-vingts. On

---

(1) On en prit cependant vingt-six.

envoya les bêtes ainsi taxées aux bouchers, aux différents particuliers de Jérusalem, et aux chefs des villages voisins ; il fallait les prendre et les payer, sous peine de mort. J'avoue que, si je n'avais pas vu de mes yeux cette double iniquité, elle me paraîtrait tout à fait incroyable. Quant aux ânes et aux chevaux, ils demeurèrent aux cavaliers ; car, par une singulière convention entre ces voleurs, les animaux à pied fourchu appartiennent au pacha dans les épaves, et toutes les autres bêtes sont le partage des soldats.

Après avoir épuisé Jérusalem, le pacha se retire. Mais, afin de ne pas payer les gardes de la ville, et pour augmenter l'escorte de la caravane de la Mecque, il emmène avec lui les soldats. Le gouverneur reste seul avec une douzaine de sbires, qui ne peuvent suffire à la police intérieure, encore moins à celle du pays. L'année qui précéda celle de mon voyage, il fut obligé de se cacher lui-même dans sa maison pour échapper à des bandes de voleurs qui passaient par-dessus les murs de Jérusalem, et qui furent au moment de piller la ville.

A peine le pacha a-t-il disparu, qu'un autre mal, suite de son oppression, commence. Les villages dévastés se soulèvent ; ils s'attaquent les uns les autres pour exercer des vengeances héréditaires. Toutes les communications sont interrompues ; l'agriculture périt ; le paysan va pendant la nuit ravager la vigne et couper l'olivier de son ennemi. Le pacha revient l'année suivante ; il exige le même tribut dans un pays où la population est diminuée. Il faut qu'il redouble d'oppression, et qu'il extermine des peuplades entières. Peu à peu le désert s'étend ; on ne voit plus que de loin en loin des masures en ruine, et à la porte de ces masures des cimetières toujours croissants : chaque année voit périr une cabane et une famille ; et bientôt il ne reste que le cimetière pour indiquer le lieu où le village s'élevait.

Rentré au couvent à dix heures du matin, j'achevai de visiter la bibliothèque. Outre le registre des firmans dont j'ai parlé, je trouvai un manuscrit autographe du savant Quaresmius. Ce manuscrit latin a pour objet, comme les ouvrages imprimés du même auteur, des recherches sur la Terre-Sainte. Quelques autres cartons contenaient des papiers turcs et arabes, relatifs aux affaires du couvent, des lettres de la congrégation, des mélanges, etc. ; je vis aussi des traités des Pères de l'Église, plusieurs pèlerinages à Jérusalem, l'ouvrage de l'abbé Mariti, et l'excellent Voyage de M. de Volney. Le père Clément Pérès avait cru découvrir de légères inexactitudes dans ce dernier voyage ; il les avait marquées sur des feuilles volantes, et il me fit présent de ces notes.

J'avais tout vu à Jérusalem, je connaissais désormais l'intérieur et l'extérieur de cette ville, et même beaucoup mieux que je ne connais le dedans et le dehors de Paris. Je commençai donc à songer à mon départ. Les Pères de Terre-Sainte voulurent me faire un honneur que je n'avais ni demandé ni mérité. En considération des faibles services que, selon eux, j'avais rendus à la religion, ils me prièrent d'accepter l'ordre du Saint-Sépulcre. Cet ordre, très-ancien dans la chrétienté, sans même en faire remonter l'origine à sainte Hélène, était autrefois assez répandu en Europe. On ne le retrouve plus guère aujourd'hui qu'en Pologne et en Espagne : le gardien du Saint-Sépulcre a seul le droit de le conférer.

Nous sortîmes à une heure du couvent, et nous nous rendîmes à l'église du

Saint-Sépulcre. Nous entrâmes dans la chapelle qui appartient aux Pères latins : on en ferma soigneusement les portes de peur que les Turcs n'aperçussent les armes, ce qui coûterait la vie aux religieux. Le gardien se revêtit de ses habits pontificaux ; on alluma les lampes et les cierges ; tous les frères présents formèrent un cercle autour de moi, les bras croisés sur la poitrine. Tandis qu'ils chantaient à voix basse le *Veni Creator*, le gardien monta à l'autel, et je me mis à genoux à ses pieds. On tira du trésor du Saint-Sépulcre les éperons et l'épée de Godefroy de Bouillon : deux religieux debout, à mes côtés, tenaient les dépouilles vénérables. L'officiant récita les prières accoutumées, et me fit les questions d'usage. Ensuite il me chaussa les éperons, me frappa trois fois l'épaule avec l'épée en me donnant l'accolade. Les religieux entonnèrent le *Te Deum*, tandis que le gardien prononçait cette oraison sur ma tête :

« Seigneur, Dieu tout-puissant, répands ta grâce et tes bénédictions sur ce « tien serviteur, etc. »

Tout cela n'est que le souvenir de mœurs qui n'existent plus. Mais, que l'on songe que j'étais à Jérusalem, dans l'église du Calvaire, à douze pas du tombeau de Jésus-Christ, à trente du tombeau de Godefroy de Bouillon ; que je venais de chausser l'éperon du libérateur du Saint-Sépulcre, de toucher cette longue et large épée de fer qu'avait maniée une main si noble et si loyale ; que l'on se rappelle ces circonstances, ma vie aventureuse, mes courses sur la terre et sur la mer, et l'on croira sans peine que je devais être ému. Cette cérémonie, au reste, ne pouvait être tout à fait vaine : j'étais Français ; Godefroy de Bouillon était Français : ces vieilles armes, en me touchant, m'avaient communiqué un nouvel amour pour la gloire et l'honneur de ma patrie. Je n'étais pas sans doute *sans reproche;* mais tout Français peut se dire *sans peur.*

On me délivra mon brevet, revêtu de la signature du gardien et du sceau du couvent. Avec ce brillant diplôme de chevalier, on me donna mon humble patente de pèlerin. Je les conserve, comme un monument de mon passage dans la terre du vieux voyageur Jacob.

Maintenant que je vais quitter la Palestine, il faut que le lecteur se transporte avec moi hors des murailles de Jérusalem pour jeter un dernier regard sur cette ville extraordinaire.

Arrêtons-nous d'abord à la grotte de Jérémie, près des sépulcres des rois. Cette grotte est assez vaste, et la voûte en est soutenue par un pilier de pierre. C'est là, dit-on, que le prophète fit entendre ses Lamentations : elles ont l'air d'avoir été composées à la vue de la moderne Jérusalem, tant elles peignent naturellement l'état de cette ville désolée !

« Comment cette ville, si pleine de peuple, est-elle maintenant si solitaire et « si désolée ? La maîtresse des nations est devenue comme veuve : la reine des « provinces a été assujettie au tribut.

« Les rues de Sion pleurent, parce qu'il n'y a plus personne qui vienne à ses « solennités : toutes ses portes sont détruites ; ses prêtres ne font que gémir ; ses « vierges sont toutes défigurées de douleur ; et elle est plongée dans l'amertume.

« O vous tous qui passez par le chemin, considérez et voyez s'il y a une « douleur comme la mienne !

« Le Seigneur a résolu d'abattre la muraille de la fille de Sion : il a tendu
« son cordeau, et il n'a point retiré sa main que tout ne fût renversé : le boule-
« vard est tombé d'une manière déplorable, et le mur a été détruit de même.

« Ses portes sont enfoncées dans la terre ; il en a rompu et brisé les barres ;
« il a banni son roi et ses princes parmi les nations : il n'y a plus de loi ; et ses
« prophètes n'ont point reçu de visions prophétiques du Seigneur.

« Mes yeux se sont affaiblis à force de verser des larmes, le trouble a saisi
« mes entrailles : mon cœur s'est répandu en terre en voyant la ruine de la
« fille de mon peuple, en voyant les petits enfants et ceux qui étaient encore
« à la mamelle tomber morts dans la place de la ville.

« A qui vous comparerai-je, ô fille de Jérusalem ? A qui dirai-je que vous
« ressemblez ?

« Tous ceux qui passaient par le chemin ont frappé des mains en vous voyant :
« ils ont sifflé la fille de Jérusalem en branlant la tête et en disant : Est-ce là
« cette ville d'une beauté si parfaite, qui était la joie de toute la terre ? »

Vue de la montagne des Oliviers, de l'autre côté de la vallée de Josaphat, Jérusalem présente un plan incliné sur un sol qui descend du couchant au levant. Une muraille crénelée, fortifiée par des tours et par un château gothique, enferme la ville dans son entier, laissant toutefois au dehors une partie de la montagne de Sion, qu'elle embrassait autrefois.

Dans la région du couchant et au centre de la ville, vers le Calvaire, les maisons se serrent d'assez près ; mais au levant, le long de la vallée de Cédron, on aperçoit des espaces vides, entre autres l'enceinte qui règne autour de la mosquée bâtie sur les débris du temple, et le terrain presque abandonné où s'élevaient le château Antonia et le second palais d'Hérode.

Les maisons de Jérusalem sont de lourdes masses carrées, fort basses, sans cheminées et sans fenêtres ; elles se terminent en terrasses aplaties ou en dômes, et elles ressemblent à des prisons ou à des sépulcres. Tout serait à l'œil d'un niveau égal, si les clochers des églises, les minarets des mosquées, les cimes de quelques cyprès et les buissons de nopals ne rompaient l'uniformité du plan. A la vue de ces maisons de pierre, renfermées dans un paysage de pierres, on se demande si ce ne sont pas là les monuments confus d'un cimetière au milieu d'un désert.

Entrez dans la ville, rien ne vous consolera de la tristesse extérieure : vous vous égarez dans de petites rues non pavées, qui montent et descendent sur un sol inégal, et vous marchez dans des flots de poussière, ou parmi des cailloux roulants. Des toiles jetées d'une maison à l'autre augmentent l'obscurité de ce labyrinthe ; des bazars voûtés et infects achèvent d'ôter la lumière à la ville désolée ; quelques chétives boutiques n'étalent aux yeux que la misère ; et souvent ces boutiques mêmes sont fermées dans la crainte du passage d'un cadi. Personne dans les rues, personne aux portes de la ville ; quelquefois seulement un paysan se glisse dans l'ombre, cachant sous ses habits les fruits de son labeur, dans la crainte d'être dépouillé par le soldat ; dans un coin à l'écart, le boucher arabe égorge quelque bête suspendue par les pieds à un mur en ruine : à l'air hagard et féroce de cet homme, à ses bras ensanglantés, vous croiriez qu'il vient plutôt de tuer son semblable que d'immoler un agneau. Pour tout bruit, dans la cité déicide, on entend par intervalles le galop de la cavale du désert : c'est le janissaire qui apporte la tête du Bédouin, ou qui va piller le Fellah.

Au milieu de cette désolation extraordinaire, il faut s'arrêter un moment pour contempler des choses plus extraordinaires encore. Parmi les ruines de Jérusalem, deux espèces de peuples indépendants trouvent dans leur foi de quoi surmonter tant d'horreurs et de misères. Là vivent des religieux chrétiens que rien ne peut forcer à abandonner le tombeau de Jésus-Christ, ni spoliations, ni mauvais traitements, ni menaces de la mort. Leurs cantiques retentissent nuit et jour autour du Saint-Sépulcre. Dépouillés le matin par un gouverneur turc, le soir les retrouve au pied du Calvaire, priant au lieu où Jésus-Christ souffrit pour le salut des hommes. Leur front est serein, leur bouche est riante. Ils reçoivent l'étranger avec joie. Sans forces et sans soldats, ils protégent des villages entiers contre l'iniquité. Pressés par le bâton et par le sabre, les femmes, les enfants, les troupeaux se réfugient dans les cloîtres de ces solitaires. Qui empêche le méchant armé de poursuivre sa proie, et de renverser d'aussi faibles remparts? la charité des moines; ils se privent des dernières ressources de la vie pour racheter leurs suppliants. Turcs, Arabes, Grecs, chrétiens, schismatiques, tous se jettent sous la protection de quelques pauvres religieux, qui ne peuvent se défendre eux-mêmes. C'est ici qu'il faut reconnaître avec Bossuet, « que des mains levées vers le ciel enfoncent plus de bataillons que des mains « armées de javelots. »

Tandis que la nouvelle Jérusalem sort ainsi *du désert, brillante de clarté*, jetez les yeux entre la montagne de Sion et le temple; voyez cet autre petit peuple qui vit séparé du reste des habitants de la cité. Objet particulier de tous les mépris, il baisse la tête sans se plaindre; il souffre toutes les avanies sans demander justice; il se laisse accabler de coups sans soupirer; on lui demande sa tête, il la présente au cimeterre. Si quelque membre de cette société proscrite vient à mourir, son compagnon ira, pendant la nuit, l'enterrer furtivement dans la vallée de Josaphat, à l'ombre du temple de Salomon. Pénétrez dans la demeure de ce peuple, vous le trouverez dans une affreuse misère, faisant lire un livre mystérieux à des enfants qui, à leur tour, le feront lire à leurs enfants. Ce qu'il faisait il y a cinq mille ans, ce peuple le fait encore.

Il a assisté dix-sept fois à la ruine de Jérusalem, et rien ne peut l'empêcher de tourner ses regards vers Sion. Quand on voit les Juifs dispersés sur la terre, selon la parole de Dieu, on est surpris, sans doute; mais, pour être frappé d'un étonnement surnaturel, il faut les retrouver à Jérusalem; il faut voir ces légitimes maîtres de la Judée esclaves et étrangers dans leur propre pays : il faut les voir attendant, sous toutes les oppressions, un roi qui doit les délivrer. Écrasés par la Croix qui les condamne, et qui est plantée sur leurs têtes; cachés près du temple, dont il ne reste pas pierre sur pierre, ils demeurent dans leur déplorable aveuglement. Les Perses, les Grecs, les Romains, ont disparu de la terre; et un petit peuple, dont l'origine précéda celle de ces grands peuples, existe encore sans mélange dans les décombres de sa patrie. Si quelque chose, parmi les nations, porte le caractère du miracle, nous pensons que ce caractère est ici. Et qu'y a-t-il de plus merveilleux, même aux yeux du philosophe, que cette rencontre de l'antique et de la nouvelle Jérusalem au pied du Calvaire : la première s'affligeant à l'aspect du sépulcre de Jésus-Christ ressuscité ; la seconde se consolant auprès du seul tombeau qui n'aura rien à rendre à la fin des siècles !

Je remerciai les Pères de leur hospitalité ; je leur souhaitai bien sincèrement un bonheur qu'ils n'attendent guère ici-bas : prêt à les quitter, j'éprouvais une véritable tristesse. Je ne connais point de martyre comparable à celui de ces infortunés religieux ; l'état où ils vivent ressemble à celui où l'on était, en France, sous le règne de la Terreur. J'allais rentrer dans ma patrie, embrasser mes parents, revoir mes amis, retrouver les douceurs de la vie ; et ces Pères, qui avaient aussi des parents, des amis, une patrie, demeuraient exilés dans cette terre d'esclavage. Tous n'ont pas la force d'âme qui rend insensible aux chagrins ; j'ai entendu des regrets qui m'ont fait connaître l'étendue du sacrifice. Jésus-Christ à ces mêmes bords n'a-t-il pas trouvé le calice amer ? Et pourtant il l'a bu jusqu'à la lie.

Le 12 octobre, je montai à cheval avec Ali-Aga, Jean, Julien et le drogman Michel. Nous sortîmes de la ville, au coucher du soleil, par la porte des Pèlerins. Nous traversâmes le camp du pacha. Je m'arrêtai avant de descendre dans la vallée de Térébinthe, pour regarder encore Jérusalem. Je distinguai par-dessus les murs le dôme de l'église du Saint-Sépulcre. Il ne sera plus salué par le pèlerin, car il n'existe plus, et le tombeau de Jésus-Christ est maintenant exposé aux injures de l'air. Autrefois la chrétienté entière serait accourue pour réparer le sacré monument ; aujourd'hui personne n'y pense, et la moindre aumône employée à cette œuvre méritoire paraîtrait une ridicule superstition. Après avoir contemplé pendant quelque temps Jérusalem, je m'enfonçai dans les montagnes. Il était six heures vingt-neuf minutes lorsque je perdis de vue la Cité sainte : le navigateur marque ainsi le moment où disparaît à ses yeux une terre lointaine qu'il ne reverra jamais.

Nous trouvâmes au fond de la vallée de Térébinthe les chefs des Arabes de Jérémie, Abou-Gosh et Giaber : ils nous attendaient. Nous arrivâmes à Jérémie vers minuit : il fallut manger un agneau qu'Abou-Gosh nous avait fait préparer. Je voulus lui donner quelque argent, il le refusa, et me pria seulement de lui envoyer deux *couffes* de riz de Damiette quand je serais en Égypte : je le lui promis de grand cœur, et pourtant je ne me souvins de ma promesse qu'à l'instant même où je m'embarquais pour Tunis. Aussitôt que nos communications avec le Levant seront rétablies, Abou-Gosh recevra certainement son riz de Damiette ; il verra qu'un Français peut manquer de mémoire, mais jamais de parole. J'espère que les petits Bédouins de Jérémie monteront la garde autour de mon présent, et qu'ils diront encore : « En avant ! marche ! »

J'arrivai à Jaffa le 13, à midi.

SIXIÈME PARTIE.

VOYAGE D'ÉGYPTE.

Je me trouvai fort embarrassé à mon retour à Jaffa : il n'y avait pas un seul vaisseau dans le port. Je flottais entre le dessein d'aller m'embarquer à Saint-Jean d'Acre et celui de me rendre en Égypte par terre. J'aurais beaucoup mieux aimé exécuter ce dernier projet, mais il était impraticable. Cinq partis armés se disputaient alors les bords du Nil : Ibraïm-Bey dans la Haute-Égypte, deux autres petits beys indépendants, le pacha de la Porte au Caire, une troupe d'Albanais révoltés, El-Fy-Bey dans la Basse-Égypte. Ces différents partis infestaient les chemins ; et les Arabes, profitant de la confusion, achevaient de fermer tous les passages.

La Providence vint à mon secours. Le surlendemain de mon arrivée à Jaffa, comme je me préparais à partir pour Saint-Jean d'Acre, on vit entrer dans le port une saïque. Cette saïque de l'échelle de Tripoli de Syrie était sur son lest, et s'enquérait d'un chargement. Les Pères envoyèrent chercher le capitaine : il consentit à me porter à Alexandrie, et nous eûmes bientôt conclu notre traité. J'ai conservé ce petit traité écrit en arabe. M. Langlès, si connu par son érudition dans les langues orientales, l'a jugé digne d'être mis sous les yeux des savants, à cause de plusieurs singularités. Il a eu la complaisance de le traduire lui-même, et j'ai fait graver l'original :

LUI (Dieu).

« Le but de cet écrit et le motif qui l'a fait tracer est que le jour et la date
« désignés ci-après (1), nous soussignés avons loué notre bâtiment au porteur
« de ce traité, le signor Francesko (Français), pour aller de l'échelle d'Yâfâ à
« Alexandrie, à condition qu'il n'entrera dans aucun autre port, et qu'il ira
« droit à Alexandrie, à moins qu'il ne soit forcé par le mauvais temps de surgir
« dans quelque échelle. Le nolis de ce bâtiment est de quatre cent quatre-
« vingts *ghrouch* (piastres) au lion, lesquels valent chacun quarante pârah (2).

(1) Le jour et la date, c'est-à-dire l'année, *yeoùm, oùé tarikh*, ont été oubliés. Outre cette omission, nous avons remarqué plusieurs fautes d'orthographe assez graves, dont on trouvera la rectification au bas du *fac-simile* de l'original arabe. (*Note de M. Langlès.*)

(2) Quoiqu'on ait employé ici le mot arabe *fadhdhah*, qui signifie proprement de l'argent, ce mot désigne ici la très-petite pièce de monnaie connue en Égypte sous le nom de *pârah* ou *meydyn*, évaluée à 8 deniers ⁴⁄₇ dans l'*Annuaire de la République française*, publié au Caire en l'an ix. Suivant le même ouvrage, page 60, la piastre turque, le *ghrouch* de 40 pârah, vaut 1 liv. 8 sous 6 deniers ⁶⁄₇. (*Note de M. Langlès.*)

« Il est aussi convenu entre eux que le nolis susdit ne sera acquitté que lors-
« qu'ils seront entrés à Alexandrie. Arrêté et convenu entre eux, et cela devant
« les témoins soussignés. Témoins :

« Le séïd (le sieur) Mousthafa êl Bâbâ ; le séïd Hhocéin Chetmâ. — Le réïs
« (patron) Hhannâ Demitry (Jean Démétrius), de Tripoli de Syrie, affirme la
« vérité du contenu de cet écrit.

« Le réïs (patron) Hhannâ a touché, sur le montant du nolis ci-dessus
« énoncé, la somme de cent quatre-vingts *ghrouch* au lion ; le reste, c'est-à-
« dire les trois cents autres *ghrouch*, lui seront payés à Alexandrie ; et comme
« ils servent d'assurance pour le susdit bâtiment depuis Yâfâ jusqu'à Alexan-
« drie, ils restent dans la bourse du signor Francesko, pour cette seule raison.
« Il est convenu, en outre, que le patron leur fournira, à un juste prix, de
« l'eau, du feu pour faire la cuisine, et du sel, ainsi que toutes les provi-
« sions dont ils pourraient manquer, et les vivres. »

Ce ne fut pas sans un véritable regret que je quittai mes vénérables hôtes le 16 octobre. Un des Pères me donna des lettres de recommandation pour l'Espagne ; car mon projet était, après avoir vu Carthage, de finir mes courses par les ruines de l'Alhambra. Ainsi ces religieux, qui restaient exposés à tous les outrages, songeaient encore à m'être utiles au delà des mers et dans leur propre patrie.

Avant de quitter Jaffa, j'écrivis à M. Pillavoine, consul de France à Saint-Jean d'Acre, la lettre suivante :

Jaffa, ce 16 octobre 1806.

« Monsieur,

« J'ai l'honneur de vous envoyer la lettre de recommandation que M. l'am-
« bassadeur de France à Constantinople m'avait remise pour vous. La saison
« étant déjà très-avancée, et mes affaires me rappelant dans notre commune
« patrie, je me vois forcé de partir pour Alexandrie. Je perds à regret l'occa-
« sion de faire votre connaissance. J'ai visité Jérusalem ; j'ai été témoin des
« vexations que le pacha de Damas fait éprouver aux religieux de Terre-Sainte.
« Je leur ai conseillé, comme vous, la résistance. Malheureusement ils ont
« connu trop tard tout l'intérêt que l'empereur prend à leur sort. Ils ont donc
« encore cédé en partie aux demandes d'Abdallah : il faut espérer qu'ils
« auront plus de fermeté l'année prochaine. D'ailleurs, il m'a paru qu'ils n'a-
« vaient manqué cette année ni de prudence ni de courage.

« Vous trouverez, monsieur, deux autres lettres jointes à la lettre de M. l'am-
« bassadeur : l'une m'a été remise par M. Dubois, négociant : je tiens l'autre
« du drogman de M. Vial, consul de France à Modon.

« J'ose prendre encore, monsieur, la liberté de vous recommander M. D...,
« que j'ai vu ici. On m'a dit qu'il était honnête homme, pauvre et malheu-
« reux : ce sont là trois grands titres à la protection de la France.

« Agréez, monsieur, je vous prie, etc.

« F. A. DE CH. »

Jean et Julien ayant porté nos bagages à bord, je m'embarquai le 16, à huit heures du soir. La mer était grosse et le vent peu favorable. Je restai sur le pont aussi longtemps que je pus apercevoir les lumières de Jaffa. J'avoue que j'éprouvais un certain sentiment de plaisir, en pensant que je venais d'accomplir un pèlerinage que j'avais médité depuis si longtemps. J'espérais mettre bientôt à fin cette sainte aventure, dont la partie la plus hasardeuse me semblait achevée. Quand je songeais que j'avais traversé presque seul le continent et les mers de la Grèce; que je me retrouvais encore seul, dans une petite barque, au fond de la Méditerranée, après avoir vu le Jourdain, la mer Morte et Jérusalem, je regardais mon retour par l'Egypte, la Barbarie et l'Espagne, comme la chose du monde la plus facile : je me trompais pourtant.

Je me retirai dans la chambre du capitaine, lorsque nous eûmes perdu de vue les lumières de Jaffa, et que j'eus salué pour la dernière fois les rivages de la Terre-Sainte ; mais le lendemain, à la pointe du jour, nous découvrîmes encore la côte en face de Gaza, car le capitaine avait fait route au midi. L'aurore nous amena une forte brise de l'orient, la mer devint belle, et nous mîmes le cap à l'ouest. Ainsi je suivais absolument le chemin qu'Ubalde et le Danois avaient parcouru pour aller délivrer Renaud. Mon bateau n'était guère plus grand que celui des deux chevaliers, et comme eux j'étais conduit par la Fortune. Ma navigation de Jaffa à Alexandrie ne dura que quatre jours, et jamais je n'ai fait sur les flots une course plus agréable et plus rapide. Le ciel fut constamment pur, le vent bon, la mer brillante. On ne changea pas une seule fois la voile. Cinq hommes composaient l'équipage de la saïque, y compris le capitaine ; gens moins gais que mes Grecs de l'île de Tino, mais en apparence plus habiles. Des vivres frais, des grenades excellentes, du vin de Chypre, du café de la meilleure qualité, nous tenaient dans l'abondance et dans la joie. L'excès de ma prospérité aurait dû me causer des alarmes; mais, quand j'aurais eu l'anneau de Polycrate, je me serais bien gardé de le jeter dans la mer, à cause du maudit esturgeon.

Il y a dans la vie du marin quelque chose d'aventureux qui nous plaît et qui nous attache. Ce passage continuel du calme à l'orage, ce changement rapide des terres et des cieux, tiennent éveillée l'imagination du navigateur. Il est lui-même, dans ses destinées, l'image de l'homme ici-bas : toujours se promettant de rester au port, et toujours déployant ses voiles ; cherchant des îles enchantées où il n'arrive presque jamais, et dans lesquelles il s'ennuie s'il y touche ; ne parlant que de repos, et n'aimant que les tempêtes ; périssant au milieu d'un naufrage, ou mourant vieux nocher sur la rive, inconnu des jeunes navigateurs dont il regrette de ne pouvoir suivre le vaisseau.

Nous traversâmes le 17 et le 18 le golfe de Damiette : cette ville remplace à peu près l'ancienne Peluse. Quand un pays offre de grands et de nombreux souvenirs, la mémoire, pour se débarrasser des tableaux qui l'accablent, s'attache à un seul événement; c'est ce qui m'arriva en passant le golfe de Peluse : je commençai par remonter en pensée jusqu'aux premiers Pharaons, et je finis par ne pouvoir plus songer qu'à la mort de Pompée ; c'est selon moi le plus beau morceau de Plutarque et d'Amyot son traducteur (*o*).

Le 19 à midi, après avoir été deux jours sans voir la terre, nous aperçûmes un promontoire assez élevé, appelé le cap Brûlos, et formant la pointe la plus septentrionale du Delta. J'ai déjà remarqué, au sujet du Granique, que l'illusion des noms est une chose prodigieuse : le cap Brûlos ne me présentait qu'un petit monceau de sable ; mais c'était l'extrémité de ce quatrième continent, le seul qui me restât à connaître ; c'était un coin de cette Égypte, berceau des sciences, mère des religions et des lois : je n'en pouvais détacher les yeux.

Le soir même, nous eûmes, comme disent les marins, connaissance de quelques palmiers qui se montraient dans le sud-ouest, et qui paraissaient sortir de la mer; on ne voyait point le sol qui les portait. Au sud, on remarquait une masse noirâtre et confuse, accompagnée de quelques arbres isolés : c'étaient les ruines d'un village, triste enseigne des destinées de l'Égypte.

Le 20, à cinq heures du matin, j'aperçus sur la surface verte et ridée de la mer une barre d'écume, et de l'autre côté de cette barre une eau pâle et tranquille. Le capitaine vint me frapper sur l'épaule, et me dit en langue franque : « *Nilo !* » Bientôt après nous entrâmes et nous courûmes dans ces eaux fameuses, dont je voulus boire, et que je trouvai salées. Des palmiers et un minaret nous annoncèrent l'emplacement de Rosette ; mais le plan même de la terre était toujours invisible. Ces plages ressemblaient aux lagunes des Florides : l'aspect en était tout différent de celui des côtes de la Grèce et de la Syrie, et rappelait l'effet d'un horizon sous les tropiques.

A dix heures nous découvrîmes enfin, au-dessous de la cime des palmiers, une ligne de sable qui se prolongeait à l'ouest jusqu'au promontoire d'Aboukir, devant lequel il nous fallait passer pour arriver à Alexandrie. Nous nous trouvions alors en face même de l'embouchure du Nil, à Rosette, et nous allions traverser le Bogâz. L'eau du fleuve était dans cet endroit d'un rouge tirant sur le violet, de la couleur d'une bruyère en automne : le Nil dont la crue était finie, commençait à baisser depuis quelque temps. Une vingtaine de gerbes ou bateaux d'Alexandrie se tenaient à l'ancre dans le Bogâz, attendant un vent favorable pour franchir la barre et remonter à Rosette.

En cinglant toujours à l'ouest, nous parvînmes à l'extrémité du dégorgement de cette immense écluse. La ligne des eaux du fleuve et celle des eaux de la mer ne se confondaient point ; elles étaient distinctes, séparées ; elles écumaient en se rencontrant, et semblaient se servir mutuellement de rivages (1).

A cinq heures du soir, la côte, que nous avions toujours à notre gauche, changea d'aspect. Les palmiers paraissaient alignés sur la rive, comme ces avenues dont les châteaux de France sont décorés : la nature se plaît ainsi à rappeler les idées de la civilisation dans le pays où cette civilisation prit naissance et où règnent aujourd'hui l'ignorance et la barbarie. Après avoir doublé la pointe d'Aboukir, nous fûmes peu à peu abandonnés du vent, et nous ne pûmes entrer que de nuit dans le port d'Alexandrie. Il était onze heures du soir quand nous jetâmes l'ancre dans le port marchand, au milieu des vaisseaux mouillés devant la ville. Je ne voulus point descendre à terre, et j'attendis le jour sur le pont de notre saïque.

(1) Voyez, pour la description de l'Égypte, tout le onzième livre des *Martyrs*.

J'eus tout le temps de me livrer à mes réflexions. J'entrevoyais à ma droite des vaisseaux et le château qui remplace la tour du Phare; à ma gauche, l'horizon me semblait borné par des collines, des ruines et des obélisques que je distinguais à peine au travers des ombres; devant moi s'étendait une ligne noire de murailles et de maisons confuses : on ne voyait à terre qu'une seule lumière, et l'on n'entendait aucun bruit. C'était là pourtant cette Alexandrie, rivale de Memphis et de Thèbes, qui compta trois millions d'habitants, qui fut le sanctuaire des Muses, et que les bruyantes orgies d'Antoine et de Cléopâtre faisaient retentir dans les ténèbres. Mais en vain je prêtais l'oreille, un talisman fatal plongeait dans le silence le peuple de la nouvelle Alexandrie : ce talisman, c'est le despotisme qui éteint toute joie, et qui ne permet pas même un cri à la douleur. Et quel bruit pourrait-il s'élever d'une ville dont un tiers au moins est abandonné, dont l'autre tiers est consacré aux sépulcres, et dont le tiers animé, au milieu de ces deux extrémités mortes, est une espèce de tronc palpitant qui n'a pas même la force de secouer ses chaînes entre des ruines et des tombeaux?

Le 20, à huit heures du matin, la chaloupe de la saïque me porta à terre, et je me fis conduire chez M. Drovetti, consul de France à Alexandrie. Jusqu'à présent j'ai parlé de nos consuls dans le Levant avec la reconnaissance que je leur dois; ici j'irai plus loin, et je dirai que j'ai contracté avec M. Drovetti une liaison qui est devenue une véritable amitié. M. Drovetti, militaire distingué et né dans la belle Italie, me reçut avec cette simplicité qui caractérise le soldat, et cette chaleur qui tient à l'influence d'un heureux soleil. Je ne sais si, dans le désert où il habite, cet écrit lui tombera entre les mains; je le désire, afin qu'il apprenne que le temps n'affaiblit point chez moi les sentiments; que je n'ai point oublié l'attendrissement qu'il me montra lorsqu'il me dit adieu au rivage; attendrissement bien noble, quand on en essuie comme lui les marques avec une main mutilée au service de son pays! Je n'ai ni crédit, ni protecteurs, ni fortune; mais si j'en avais, je ne les emploierais pour personne avec plus de plaisir que pour M. Drovetti.

On ne s'attend point sans doute à me voir décrire l'Égypte : j'ai parlé avec quelque étendue des ruines d'Athènes, parce qu'après tout, elles ne sont bien connues que des amateurs des arts; je me suis livré à de grands détails sur Jérusalem, parce que Jérusalem était l'objet principal de mon voyage. Mais que dirais-je de l'Égypte? Qui ne l'a point vue aujourd'hui? Le *Voyage* de M. de Volney en Égypte est un véritable chef-d'œuvre dans tout ce qui n'est pas érudition : l'érudition a été épuisée par Sicard, Norden, Pococke, Shaw, Niebuhr et quelques autres; les dessins de M. Denon et les grands tableaux de l'institut d'Égypte ont transporté sous nos yeux les monuments de Thèbes et de Memphis; enfin, j'ai moi-même dit ailleurs tout ce que j'avais à dire sur l'Égypte. Le livre des *Martyrs* où j'ai parlé de cette vieille terre est plus complet touchant l'antiquité que les autres livres du même ouvrage. Je me bornerai donc à suivre, sans m'arrêter, les simples dates de mon journal.

M. Drovetti me donna un logement dans la maison du consulat, bâtie presque au bord de la mer, sur le port marchand. Puisque j'étais en Égypte, je ne pouvais pas en sortir sans avoir au moins vu le Nil et les Pyramides. Je priai M. Drovetti de me noliser un bâtiment autrichien pour Tunis, tandis que j'irais contempler le prodige d'un tombeau. Je trouvai à Alexandrie deux Français très-distingués, attachés à la légation de M. de Lesseps, qui devait, je crois, prendre alors le consulat général de l'Égypte, et qui, si je ne me trompe, est resté depuis à Livourne : leur intention étant aussi d'aller au Caire, nous arrêtâmes une gerbe, où nous nous embarquâmes le 23 pour Rosette. M. Drovetti garda Julien, qui avait la fièvre, et me donna un janissaire : je renvoyai Jean à Constantinople, sur un vaisseau grec qui se préparait à faire voile.

Nous partîmes le soir d'Alexandrie, et nous arrivâmes dans la nuit au Bogâz de Rosette. Nous traversâmes la barre sans accident. Au lever du jour, nous nous trouvâmes à l'entrée du fleuve : nous abordâmes le cap, à notre droite. Le Nil était dans toute sa beauté; il coulait à plein bord, sans couvrir ses rives; il laissait voir, le long de son cours, des plaines verdoyantes de riz, plantées de palmiers isolés qui représentaient des colonnes et des portiques. Nous nous rembarquâmes et nous touchâmes bientôt à Rosette. Ce fut alors que j'eus une première vue de ce magnifique Delta, où il ne manque qu'un gouvernement libre et un peuple heureux. Mais il n'est point de beau pays sans l'indépendance; le ciel le plus serein est odieux si l'on est enchaîné sur la terre. Je ne trouvais dignes de ces plaines magnifiques que les souvenirs de la gloire de ma patrie : je voyais les restes des monuments (1) d'une civilisation nouvelle, apportée par le génie de la France sur les bords du Nil; je songeais en même temps que les lances de nos chevaliers et les baïonnettes de nos soldats avaient renvoyé deux fois la lumière d'un si brillant soleil; avec cette différence que les chevaliers, malheureux à la journée Massoure, furent vengés par les soldats à la bataille des Pyramides.

Au reste, quoique je fusse charmé de rencontrer une grande rivière et une fraîche verdure, je ne fus pas très-étonné, car c'étaient absolument là mes fleuves de la Louisiane et mes savanes américaines : j'aurais désiré retrouver aussi les forêts où je plaçais les premières illusions de ma vie.

M. de Saint-Marcel, consul de France à Rosette, nous reçut avec une grande politesse : M. Caffe, négociant français et le plus obligeant des hommes, voulut nous accompagner jusqu'au Caire. Nous fîmes notre marché avec le patron d'une grande barque; il nous donna la chambre d'honneur; et, pour plus de sûreté, nous nous associâmes un chef albanais. M. de Choiseul a parfaitement représenté ces soldats d'Alexandre :

« Ces fiers Albanais seraient encore des héros, s'ils avaient un Scanderberg
« à leur tête; mais ils ne sont plus que des brigands dont l'extérieur annonce la
« férocité. Ils sont tous grands, lestes et nerveux; leur vêtement consiste en des
« culottes fort amples, un petit jupon, un gilet garni de plaques, de chaînes et
« de plusieurs rangs de grosses olives d'argent; ils portent des brodequins atta-
« chés avec des courroies qui montent quelquefois jusqu'aux genoux, pour tenir
« sur les mollets des plaques qui en prennent la forme et les préservent du

(1) On voit encore en Égypte plusieurs fabriques élevées par les Français.

« frottement du cheval. Leurs manteaux, galonnés et tailladés de plusieurs
« couleurs, achèvent de rendre cet habillement très-pittoresque ; ils n'ont
« d'autre coiffure qu'une calotte de drap rouge, encore la quittent-ils en cou-
« rant au combat (1). »

Les deux jours que nous passâmes à Rosette furent employés à visiter cette jolie ville arabe, ses jardins et sa forêt de palmiers. Savary a un peu exagéré les agréments de ce lieu ; cependant il n'a pas menti autant qu'on l'a voulu faire croire. Le pathos de ses descriptions a nui à son autorité comme voyageur ; mais c'est justice de dire que la vérité manque plus à son style qu'à son récit.

Le 26, à midi, nous entrâmes dans notre barque, où il y avait un grand nombre de passagers turcs et arabes. Nous courûmes au large, et nous commençâmes à remonter le Nil. Sur notre gauche, un marais verdoyant s'étendait à perte de vue ; à notre droite, une lisière cultivée bordait le fleuve, et par delà cette lisière on voyait le sable du désert. Des palmiers clair-semés indiquaient çà et là des villages, comme les arbres plantés autour des cabanes dans les plaines de la Flandre. Les maisons de ces villages sont faites de terre, et élevées sur des monticules artificiels : précaution inutile, puisque souvent, dans ces maisons, il n'y a personne à sauver de l'inondation du Nil. Une partie du Delta est en friche ; des milliers de fellahs ont été massacrés par les Albanais ; le reste a passé dans la Haute-Égypte.

Contrariés par le vent et par la rapidité du courant, nous employâmes sept mortelles journées à remonter de Rosette au Caire. Tantôt nos matelots nous tiraient à la cordelle, tantôt nous marchions à l'aide d'une brise du nord qui ne soufflait qu'un moment. Nous nous arrêtions souvent pour prendre à bord des Albanais : il nous en arriva quatre dès le second jour de notre navigation, qui s'emparèrent de notre chambre : il fallut supporter leur brutalité et leur insolence. Au moindre bruit ils montaient sur le pont, prenaient leurs fusils, et, comme des insensés, avaient l'air de vouloir faire la guerre à des ennemis absents. Je les ai vus coucher en joue des enfants qui couraient sur la rive en demandant l'aumône : ces petits infortunés s'allaient cacher derrière les ruines de leurs cabanes, comme accoutumés à ces terribles jeux. Pendant ce temps-là nos marchands turcs descendaient à terre, s'asseyaient tranquillement sur leurs talons, tournaient le visage vers la Mecque, et faisaient, au milieu des champs, des espèces de culbutes religieuses. Nos Albanais, moitié musulmans, moitié chrétiens, criaient : « Mahomet ! et Vierge Marie ! » tiraient un chapelet de leur poche, prononçaient en français des mots obcènes, avalaient de grandes cruches de vin, lâchaient des coups de fusil en l'air et marchaient sur le ventre des chrétiens et des musulmans.

Est-il donc possible que les lois puissent mettre autant de différence entre des hommes ! quoi ! ces hordes de brigands albanais, ces stupides musulmans, ces fellahs si cruellement opprimés, habitent les mêmes lieux où vécut un peuple si industrieux, si paisible, si sage ; un peuple dont Hérodote et surtout Diodore

---

(1) *Voyage de la Grèce*. Le fond du vêtement des Albanais est blanc, et les galons sont rouges.

se sont plu à nous peindre les coutumes et les mœurs! Y a-t-il, dans aucun poëme, un plus beau tableau que celui-ci?

« Dans les premiers temps, les rois ne se conduisaient point en Égypte comme
« chez les autres peuples, où ils font tout ce qu'ils veulent sans être obligés de
« suivre aucune règle ni de prendre aucun conseil : tout leur était prescrit par
« les lois, non-seulement à l'égard de l'administration du royaume, mais en-
« core par rapport à leur conduite particulière. Ils ne pouvaient point se faire
« servir par des esclaves achetés ou même nés dans leur maison; mais on leur
« donnait les enfants des principaux d'entre les prêtres, toujours au-dessus de
« vingt ans, et les mieux élevés de la nation, afin que le roi, voyant jour et nuit
« autour de sa personne la jeunesse la plus considérable de l'Egypte, ne fît rien
« de bas, et qui fût indigne de son rang. En effet, les princes ne se jettent si ai-
« sément dans toutes sortes de vices que parce qu'ils trouvent des ministres tou-
« jours prêts à servir leurs passions. Il y avait surtout des heures du jour et de
« la nuit où le roi ne pouvait disposer de lui, et était obligé de remplir les de-
« voirs marqués par les lois. Au point du jour il devait lire les lettres qui lui
« étaient adressées de tous côtés, afin qu'instruit par lui-même des besoins de
« son royaume, il pût pourvoir à tout et remédier à tout. Après avoir pris le bain,
« il se revêtait d'une robe précieuse et des autres marques de la royauté, pour
« aller sacrifier aux dieux. Quand les victimes avaient été amenées à l'autel,
« le grand-prêtre, debout et en présence de tout le peuple, demandait aux
« dieux à haute voix qu'ils conservassent le roi, et répandissent sur lui toute
« sorte de prospérité, parce qu'il gouvernait ses sujets avec justice. Il insérait
« ensuite dans sa prière un dénombrement de toutes les vertus propres à un
« roi, en continuant ainsi : Parce qu'il est maître de lui-même, magnanime,
« bienfaisant, doux envers les autres, ennemi du mensonge ; ses punitions
« n'égalent point les fautes, et ses récompenses passent les services. Après avoir
« dit plusieurs choses semblables, il condamnait les manquements où le roi était
« tombé par ignorance. Il est vrai qu'il en disculpait le roi même, mais il char-
« geait d'exécrations les flatteurs et tous ceux qui lui donnaient de mauvais
« conseils. Le grand-prêtre en usait de cette manière, parce que les avis mêlés
« de louanges sont plus efficaces que les remontrances amères pour porter les rois
« à la crainte des dieux et à l'amour de la vertu. Ensuite de cela le roi ayant
« sacrifié et consulté les entrailles de la victime, le lecteur des livres sacrés lui
« lisait quelques actions ou quelques paroles remarquables des grands hommes,
« afin que le souverain de la république, ayant l'esprit plein d'excellents prin-
« cipes, en fît usage dans les occasions qui se présenteraient à lui. »

C'est bien dommage que l'illustre archevêque de Cambrai, au lieu de peindre une Egypte imaginaire, n'ait pas emprunté ce tableau, en lui donnant les couleurs que son heureux génie aurait su y répandre. Faydit a raison sur ce seul point, si l'on peut avoir raison quand on manque absolument de décence, de bonne foi et de goût. Mais il aurait toujours fallu que Fénelon conservât, à tout prix, le fond des aventures par lui inventées et racontées dans le style le plus antique : l'épisode de Termosiris *vaut seul un long poëme :*

« Je m'enfonçai dans une sombre forêt, où j'aperçus tout à coup un vieillard

« qui tenait un livre dans sa main. Ce vieillard avait un grand front chauve
« et un peu ridé ; une barbe blanche pendait jusqu'à sa ceinture ; sa taille était
« haute et majestueuse ; son teint était encore frais et vermeil ; ses yeux étaient
« vifs et perçants ; sa voix, douce ; ses paroles, simples et aimables. Jamais
« je n'ai vu un si vénérable vieillard : il s'appelait *Termosiris*...... »

Nous passâmes par le canal de Ménouf, ce qui m'empêcha de voir le beau bois de palmiers qui se trouve sur la grande branche de l'ouest ; mais les Arabes infestaient alors le bord occidental de cette branche qui touche au désert libyque. En sortant du canal de Ménouf, et continuant de remonter le fleuve, nous aperçûmes, à notre gauche, la crête du mont Moqattam, et à notre droite, les hautes dunes de sable de la Libye. Bientôt, dans l'espace vide que laissait l'écartement de ces deux chaînes de montagnes, nous découvrîmes le sommet des Pyramides : nous en étions à plus de dix lieues. Pendant le reste de notre navigation, qui dura encore près de huit heures, je demeurai sur le pont à contempler ces tombeaux ; ils paraissaient s'agrandir et monter dans le ciel à mesure que nous en approchions. Le Nil, qui était alors comme une petite mer ; le mélange des sables du désert et de la plus fraîche verdure ; les palmiers, les sycomores, les dômes, les mosquées et les minarets du Caire ; les pyramides lointaines de Sacarah, d'où le fleuve semblait sortir comme de ses immenses réservoirs ; tout cela formait un tableau qui n'a point son égal sur la terre. « Mais
« à quelque effort que fassent les hommes, dit Bossuet, leur néant paraît par-
« tout : ces pyramides étaient des tombeaux ! encore les rois qui les ont bâties
« n'ont-ils pas eu le pouvoir d'y être inhumés, et ils n'ont pas joui de leur sé-
« pulcre. »

J'avoue pourtant qu'au premier aspect des Pyramides, je n'ai senti que de l'admiration. Je sais que la philosophie peut gémir ou sourire en songeant que le plus grand monument sorti de la main des hommes est un tombeau ; mais pourquoi ne voir dans la pyramide de Chéops qu'un amas de pierres et un squelette ? Ce n'est point par le sentiment de son néant que l'homme a élevé un tel sépulcre, c'est par l'instinct de son immortalité : ce sépulcre n'est point la borne qui annonce la fin d'une carrière d'un jour, c'est la borne qui marque l'entrée d'une vie sans terme ; c'est une espèce de porte éternelle, bâtie sur les confins de l'éternité. « Tous ces peuples (d'Égypte), dit Diodore de Sicile, regardant
« la durée de la vie comme un temps très-court et de peu d'importance, font
« au contraire beaucoup d'attention à la longue mémoire que la vertu laisse
« après elle : c'est pourquoi ils appellent les maisons des vivants des hôtelleries
« par lesquelles on ne fait que passer ; mais ils donnent le nom de demeures
« éternelles aux tombeaux des morts, d'où l'on ne sort plus. Ainsi les rois ont
« été comme indifférents sur la construction de leurs palais ; et ils se sont
« épuisés dans la construction de leurs tombeaux. »

On voudrait aujourd'hui que tous les monuments eussent une utilité physique, et l'on ne songe pas qu'il y a pour les peuples une utilité morale d'un ordre fort supérieur, vers laquelle tendaient les législations de l'antiquité. La vue d'un tombeau n'apprend-elle donc rien ? Si elle enseigne quelque chose, pourquoi se plaindre qu'un roi ait voulu rendre la leçon perpétuelle ? Les grands monuments font une partie essentielle de la gloire de toute société humaine. A moins de soutenir qu'il est égal pour une nation de laisser ou de ne pas laisser un nom dans l'histoire, on ne peut condamner ces édifices qui portent la mémoire d'un peuple au delà de sa propre existence, et le font vivre contemporain des générations qui viennent s'établir dans ses champs abandonnés. Qu'importe alors que ces édifices aient été des amphithéâtres ou des sépulcres? Tout est tombeau chez un peuple qui n'est plus. Quand l'homme a passé, les monuments de sa vie sont encore plus vains que ceux de sa mort : son mausolée est au moins utile à ses cendres ; mais ses palais gardent-ils quelque chose de ses plaisirs?

Sans doute, à le prendre à la rigueur, une petite fosse suffit à tous, et six pieds de terre, comme le disait Mathieu Molé, feront toujours raison du plus grand homme du monde. Dieu peut être adoré sous un arbre comme sous le dôme de Saint-Pierre; on peut vivre dans une chaumière comme au Louvre. Le vice de ce raisonnement est de transporter un ordre de choses dans un autre. D'ailleurs un peuple n'est pas plus heureux quand il vit ignorant des arts que quand il laisse des témoins éclatants de son génie. On ne croit plus à ces sociétés de bergers qui passent leurs jours dans l'innocence, en promenant leur doux loisir au fond des forêts. On sait que ces honnêtes bergers se font la guerre entre eux pour manger les moutons de leurs voisins. Leurs grottes ne sont ni tapissées de vignes, ni embaumées du parfum des fleurs; on y est étouffé par la fumée, et suffoqué par l'odeur des laitages. En poésie et en philosophie, un petit peuple à demi barbare peut goûter tous les biens; mais l'impitoyable histoire le soumet aux calamités du reste des hommes. Ceux qui crient tant contre la gloire ne seraient-ils pas un peu amoureux de la renommée? Pour moi, loin de regarder comme un insensé le roi qui fit bâtir la grande Pyramide, je le tiens au contraire pour un monarque d'un esprit magnanime. L'idée de vaincre le temps par un tombeau, de forcer les générations, les mœurs, les lois, les âges à se briser au pied d'un cercueil, ne saurait être sortie d'une âme vulgaire. Si c'est là de l'orgueil, c'est du moins un grand orgueil. Une vanité comme celle de la grande Pyramide, qui dure depuis trois ou quatre mille ans, pourrait bien à la longue se faire compter pour quelque chose.

Au reste, ces Pyramides me rappelèrent des monuments moins pompeux, mais qui toutefois étaient aussi des sépulcres; je veux parler de ces édifices de gazon qui couvrent les cendres des Indiens au bord de l'Ohio. Lorsque je les visitai, j'étais dans une situation d'âme bien différente de celle où je me trouvais en contemplant les mausolées des Pharaons : je commençais alors le voyage, et maintenant je le finis. Le monde, à ces deux époques de ma vie, s'est présenté à moi précisément sous l'image des deux déserts où j'ai vu ces deux espèces de tombeaux : des solitudes riantes, des sables arides.

Nous abordâmes à Boulacq, et nous louâmes des chevaux et des ânes pour le Caire. Cette ville, que dominent l'ancien château de Babylone et le mont Moqattam, présente un aspect assez pittoresque, à cause de la multitude des palmiers, des sycomores et des minarets qui s'élèvent de son enceinte. Nous y entrâmes par des voiries et par un faubourg détruit, au milieu des vautours qui dévoraient leur proie. Nous descendîmes à la contrée des Francs, espèce de cul-de-sac dont on ferme l'entrée tous les soirs, comme les cloîtres extérieurs d'un couvent. Nous fûmes reçus par M..... (1), à qui M. Drovetti avait confié le soin des affaires des Français au Caire. Il nous prit sous sa protection, et envoya prévenir le pacha de notre arrivée : il fit en même temps avertir les cinq mamelucks français, afin qu'ils nous accompagnassent dans nos courses.

Ces mamelucks étaient attachés au service du pacha. Les grandes armées laissent toujours après elles quelques traîneurs : la nôtre perdit ainsi deux ou trois cents soldats qui restèrent éparpillés en Égypte. Ils prirent parti sous différents beys, et furent bientôt renommés par leur bravoure. Tout le monde convenait que, si ces déserteurs, au lieu de se diviser entre eux, s'étaient réunis et avaient nommé un bey français, ils se seraient rendus maîtres du pays. Malheureusement ils manquèrent de chef, et périrent presque tous à la solde des maîtres qu'ils avaient choisis. Lorsque j'étais au Caire, Mahamed-Ali-Pacha pleurait encore la mort d'un de ces braves. Ce soldat, d'abord petit tambour dans un de nos régiments, était tombé entre les mains des Turcs par les chances de la guerre : devenu homme, il se trouva enrôlé dans les troupes du pacha. Mahamed, qui ne le connaissait point encore, le voyant charger un gros d'ennemis, s'écria : « Quel est cet homme ? Ce ne peut être qu'un Français ; » et c'était en effet un Français. Depuis ce moment il devint le favori de son maître, et il n'était bruit que de sa valeur. Il fut tué peu de temps avant mon arrivée en Égypte, dans une affaire où les cinq autres mamelucks perdirent leurs chevaux.

Ceux-ci étaient Gascons, Languedociens et Picards ; leur chef s'avouait le fils d'un cordonnier de Toulouse. Le second en autorité après lui servait d'interprète à ses camarades. Il savait assez bien le turc et l'arabe, et disait toujours en français, *j'étions, j'allions, je faisions*. Un troisième, grand jeune homme maigre et pâle, avait vécu longtemps dans le désert avec les Bédouins, et il regrettait singulièrement cette vie. Il me contait que, quand il se trouvait seul dans les sables, sur un chameau, il lui prenait des transports de joie dont il n'était pas le maître. Le pacha faisait un tel cas de ces cinq mamelucks, qu'il les préférait au reste de ses spahis : eux seuls retraçaient et surpassaient l'intrépidité de ces terribles cavaliers détruits par l'armée française à la journée des Pyramides.

Nous sommes dans le siècle des merveilles ; chaque Français semble être appelé aujourd'hui à jouer un rôle extraordinaire : cinq soldats, tirés des derniers rangs de notre armée, se trouvaient, en 1806, à peu près les maîtres au Caire. Rien n'était amusant et singulier comme de voir Abdallah de Toulouse prendre les cordons de son cafetan, en donner par le visage des Arabes et des Albanais qui l'importunaient, et nous ouvrir ainsi un large chemin dans les rues les plus populeuses.

(1) Par la plus grande fatalité, le nom de mon hôte, au Caire, s'est effacé sur mon journal, et je crains de ne l'avoir pas retenu correctement, ce qui fait que je n'ose l'écrire. Je ne me pardonnerais pas un pareil malheur, si ma mémoire était infidèle aux services, à l'obligeance et à la politesse de mon hôte, comme à son nom.

Au reste, ces rois par l'exil avaient adopté, à l'exemple d'Alexandre, les mœurs des peuples conquis; ils portaient de longues robes de soie, de beaux turbans blancs, de superbes armes; ils avaient un harem, des esclaves, des chevaux de première race; toutes choses que leurs pères n'ont point en Gascogne et en Picardie. Mais, au milieu des nattes, des tapis, des divans que je vis dans leur maison, je remarquai une dépouille de la patrie : c'était un uniforme haché de coups de sabre, qui couvrait le pied d'un lit fait à la française. Abdallah réservait peut-être ces honorables lambeaux pour la fin du songe, comme le berger devenu ministre.

> Le coffre étant ouvert, on y vit des lambeaux,
> L'habit d'un gardeur de troupeaux,
> Petit chapeau, jupon, panetière, houlette,
> Et, je pense, aussi sa musette.

Le lendemain de notre arrivée au Caire, 1er novembre, nous montâmes au château, afin d'examiner le puits de Joseph, la mosquée, etc. Le fils du pacha habitait alors ce château. Nous présentâmes nos hommages à Son Excellence qui pouvait avoir quatorze ou quinze ans. Nous la trouvâmes assise sur un tapis, dans un cabinet délabré, et entourée d'une douzaine de complaisants qui s'empressaient d'obéir à ses caprices. Je n'ai jamais vu un spectacle plus hideux. Le père de cet enfant était à peine maître du Caire, et ne possédait ni la haute ni la basse Égypte. C'était dans cet état de choses que douze misérables Sauvages nourrissaient des plus lâches flatteries un jeune Barbare enfermé pour sa sûreté dans un donjon. Et voilà le maître que les Égyptiens attendaient après tant de malheurs!

On dégradait donc, dans un coin de ce château, l'âme d'un enfant qui devait conduire des hommes; dans un autre coin, on frappait une monnaie du plus bas aloi. Et, afin que les habitants du Caire reçussent sans murmurer l'or altéré et le chef corrompu qu'on leur préparait, les canons étaient pointés sur la ville.

J'aimais mieux porter ma vue au dehors et admirer, du haut du château le vaste tableau que présentaient au loin le Nil, les campagnes, le désert et les Pyramides. Nous avions l'air de toucher à ces dernières, quoique nous en fussions éloignés de quatre lieues. A l'œil nu, je voyais parfaitement les assises des pierres et la tête du sphinx qui sortait du sable, avec une lunette je comptais les gradins des angles de la grande Pyramide, et je distinguais les yeux, la bouche et les oreilles du sphinx, tant ces masses sont prodigieuses!

Memphis avait existé dans les plaines qui s'étendent de l'autre côté du Nil jusqu'au désert où s'élèvent les Pyramides.

« Ces plaines heureuses, qu'on dit être le séjour des justes morts, ne sont,
« à la lettre, que les belles campagnes qui sont aux environs du lac Achéruse,
« auprès de Memphis, et qui sont partagées par des champs et des étangs cou-
« verts de blés ou de lotos. Ce n'est pas sans fondement qu'on a dit que les
« morts habitent là; car c'est là qu'on termine les funérailles de la plupart des
« Égyptiens, lorsque après avoir fait traverser le Nil et le lac d'Achéruse à

« leurs corps, on les dépose enfin dans des tombes qui sont arrangées sous
« terre en cette campagne. Les cérémonies, qui se pratiquent encore aujour-
« d'hui dans l'Égypte, conviennent à tout ce que les Grecs disent de l'enfer,
« comme à la barque qui transporte les corps; à la pièce de monnaie qu'il faut
« donner au nocher, nommé *Charon* en langue égyptienne; au temple de la
« ténébreuse Hécate, placé à l'entrée de l'enfer; aux portes du Cocyte et du
« Léthé, posées sur des gonds d'airain; à d'autres portes, qui sont celles de la
« Vérité et de la Justice qui est sans tête (1). »

Le 2 nous allâmes à Djizé et à l'île de Rhoda. Nous examinâmes le Nilomètre, au milieu des ruines de la maison de Mourad-Bey. Nous nous étions ainsi beaucoup rapprochés des Pyramides. A cette distance, elles paraissaient d'une hauteur démesurée : comme on les apercevait à travers la verdure des rizières, le cours du fleuve, la cime des palmiers et des sycomores, elles avaient l'air de fabriques colossales bâties dans un magnifique jardin. La lumière du soleil, d'une douceur admirable, colorait la chaîne aride du Moqattam, les sables libyques, l'horizon de Sacarah, et la plaine des tombeaux. Un vent frais chassait de petits nuages blancs vers la Nubie, et ridait la vaste nappe des flots du Nil. L'Égypte m'a paru le plus beau pays de la terre : j'aime jusqu'aux déserts qui la bordent, et qui ouvrent à l'imagination les champs de l'immensité.

Nous vîmes, en revenant de notre course, la mosquée abandonnée dont j'ai parlé au sujet de l'El-Sachra de Jérusalem, et qui me paraît être l'original de la cathédrale de Cordoue.

Je passai cinq autres jours au Caire, dans l'espoir de visiter les sépulcres des Pharaons; mais cela fut impossible. Par une singulière fatalité, l'eau du Nil n'était pas encore assez retirée pour aller à cheval aux Pyramides, ni assez haute pour s'en approcher en bateau. Nous envoyâmes sonder les gués et examiner la campagne : tous les Arabes s'accordèrent à dire qu'il fallait attendre encore trois semaines ou un mois avant de tenter le voyage. Un pareil délai m'aurait exposé à passer l'hiver en Égypte (car les vents de l'ouest allaient commencer); or cela ne convenait ni à mes affaires ni à ma fortune. Je ne m'étais déjà que trop arrêté sur ma route, et je m'exposai à ne revoir jamais la France, pour avoir voulu remonter au Caire. Il fallut donc me résoudre à ma destinée, retourner à Alexandrie, et me contenter d'avoir vu de mes yeux les Pyramides, sans les avoir touchées de mes mains. Je chargeai M. Caffe d'écrire mon nom sur ces grands tombeaux, selon l'usage, à la première occasion : l'on doit remplir tous les petits devoirs d'un pieux voyageur. N'aime-t-on pas à lire, sur les débris de la statue de Memnon, le nom des Romains qui l'ont entendue soupirer au lever de l'aurore? Ces Romains furent comme nous *étrangers dans la terre d'Égypte*, et nous passerons comme eux.

Au reste, je me serais très-bien arrangé du séjour du Caire; c'est la seule ville qui m'ait donné l'idée d'une ville orientale telle qu'on se la représente ordinairement : aussi figure-t-elle dans les *Mille et une Nuits*. Elle conserve encore beaucoup de traces du passage des Français : les femmes s'y montrent

---

(1) *Diod.*, traduction de Terrasson.

avec moins de réserve qu'autrefois ; on est absolument maître d'aller et d'entrer partout où l'on veut ; l'habit européen, loin d'être un objet d'insulte, est un titre de protection. Il y a un jardin assez joli, planté en palmiers avec des allées circulaires, qui sert de promenade publique : c'est l'ouvrage de nos soldats.

Avant de quitter le Caire, je fis présent à Abdallah d'un fusil de chasse à deux coups, de la manufacture de Lepage. Il me promit d'en faire usage à la première occasion. Je me séparai de mon hôte et de mes aimables compagnons de voyage. Je me rendis à Boulacq, où je m'embarquai avec M. Caffe pour Rosette. Nous étions les seuls passagers sur le bateau, et nous appareillâmes le 8 novembre à sept heures du soir.

Nous descendîmes avec le cours du fleuve : nous nous engageâmes dans le canal de Ménouf. Le 10 au matin, en sortant du canal et rentrant dans la grande branche de Rosette, nous aperçûmes le côté occidental du fleuve occupé par un camp d'Arabes. Le courant nous portait malgré nous de ce côté, et nous obligeait de serrer la rive. Une sentinelle cachée derrière un vieux mur cria à notre patron d'aborder. Celui-ci répondit qu'il était pressé de se rendre à sa destination, et que d'ailleurs il n'était point ennemi. Pendant ce colloque, nous étions arrivés à portée de pistolet du rivage, et le flot courait dans cette direction l'espace d'un mille. La sentinelle, voyant que nous poursuivions notre route, tira sur nous : cette première balle pensa tuer le pilote, qui riposta d'un coup d'escopette. Alors tout le camp accourut, borda la rive, et nous essuyâmes le feu de la ligne. Nous cheminions fort doucement, car nous avions le vent contraire : pour comble de guignon, nous échouâmes un moment. Nous étions sans armes ; on a vu que j'avais donné mon fusil à Abdallah. Je voulais faire descendre dans la chambre M. Caffe, que sa complaisance pour moi exposait à cette désagréable aventure ; mais, quoique père de famille et déjà sur l'âge, il s'obstina à rester sur le pont. Je remarquai la singulière prestesse d'un Arabe : il lâchait son coup de fusil, rechargeait son arme en courant, tirait de nouveau, et tout cela sans avoir perdu un pas sur la marche de la barque. Le courant nous porta enfin sur l'autre rive ; mais il nous jeta dans un camp d'Albanais révoltés, plus dangereux pour nous que les Arabes, car ils avaient du canon, et un boulet nous pouvait couler bas. Nous aperçûmes du mouvement à terre ; heureusement la nuit survint. Nous n'allumâmes point de feu, et nous fîmes silence. La Providence nous conduisit, sans autre accident, au milieu des partis ennemis, jusqu'à Rosette. Nous y arrivâmes le 11 à dix heures du matin.

J'y passai deux jours avec M. Caffe et M. de Saint-Marcel, et je partis le 13 pour Alexandrie. Je saluai l'Égypte, en la quittant, par ces beaux vers :

> Mère antique des arts et des fables divines,
> Toi, dont la gloire assise au milieu des ruines
> Étonne le génie et confond notre orgueil,
> Égypte vénérable, où du fond du cercueil,
> Ta grandeur colossale insulte à nos chimères,
> C'est ton peuple qui sut, à ces barques légères,
> Dont rien ne dirigeait le cours audacieux,

Chercher des guides sûrs dans la voûte des cieux.
Quand le fleuve sacré qui féconde tes rives,
T'apportait en tribut ses ondes fugitives,
Et, sur l'émail des prés égarant les poissons,
Du limon de ses flots nourrissait tes moissons,
Les hameaux, dispersés sur les hauteurs fertiles,
D'un nouvel Océan semblaient former les îles ;
Les palmiers, ranimés par la fraîcheur des eaux,
Sur l'onde salutaire abaissaient leurs rameaux ;
Par les feux du Cancer Syène poursuivie
Dans ses sables brûlants sentait filtrer la vie ;
Et des murs de Péluse aux lieux où fut Memphis,
Mille canots flottaient sur la terre d'Isis.
Le faible papyrus, par des tissus fragiles,
Formait les flancs étroits de ces barques agiles,
Qui, des lieux séparés, conservant les rapports,
Réunissaient l'Egypte en parcourant ses bords.
Mais lorsque dans les airs la Vierge triomphante
Ramenait vers le Nil son onde décroissante,
Quand les troupeaux bêlants et les épis dorés
S'emparaient à leur tour des champs désaltérés,
Alors d'autres vaisseaux à l'active industrie,
Ouvraient des aquilons l'orageuse patrie.
. . . .
. . . .
Alors mille cités que décoraient les arts,
L'immense Pyramide, et cent palais épars,
Du Nil enorgueilli couronnaient le rivage.
Dans les sables d'Ammon le porphyre sauvage,
En colonne hardie élancé dans les airs,
De sa pompe étrangère étonnait les déserts.
. . . .
O grandeur des mortels ! O temps impitoyable !
Les destins sont comblés : dans leur course immuable,
Les siècles ont détruit cet éclat passager
Que la superbe Égypte offrit à l'étranger (1).

J'arrivai le même jour, 13, à Alexandrie, à sept heures du soir.

M. Drovetti m'avait nolisé un bâtiment autrichien pour Tunis. Ce bâtiment, du port de cent vingt tonneaux, était commandé par un Ragusais : le second capitaine s'appelait *François Dinelli*, jeune Vénitien très-expérimenté dans son art. Les préparatifs du voyage et les tempêtes nous retinrent au port pendant dix jours. J'employai ces dix jours à voir et à revoir Alexandrie.

J'ai cité, dans une note des *Martyrs*, un long passage de Strabon, qui donne les détails les plus satisfaisants sur l'ancienne Alexandrie ; la nouvelle n'est pas

(1) *La Navigation*, par M. ESMÉNARD.
Quand j'imprimais ces vers, il n'y a pas encore un an, je ne pensais pas qu'on dût appliquer sitôt à l'auteur ses propres paroles :

O temps impitoyable !
Les destins sont comblés ! (*Note de la troisième édition.*)

moins connue, grâce à M. de Volney : ce voyageur en a tracé le tableau le plus complet et le plus fidèle. J'invite les lecteurs à recourir à ce tableau ; il n'existe guère dans notre langue un meilleur morceau de description. Quant aux monuments d'Alexandrie, Pococke, Norden, Shaw, Thévenot, Paul Lucas, Tott, Niebuhr, Sonnini et cent autres les ont examinés, comptés, mesurés. Je me contenterai donc de donner ici l'inscription de la colonne de Pompée. Je crois être le premier voyageur qui l'ait rapportée en France (1).

Le monde savant la doit à quelques officiers anglais ; ils parvinrent à la relever en y appliquant du plâtre.

Pococke en avait copié quelques lettres ; plusieurs autres voyageurs l'avaient aperçue, j'ai moi-même déchiffré distinctement à l'œil nu plusieurs traits, entre autres, le commencement de ce mot Διοκ..., qui est décisif. Les gravures du plâtre ont fourni ces quatre lignes :

ΤΟ.... ΩΤΑΤΟΝ, ΑΥΤΟΚΡΑΤΟΡΑ
ΤΟΝ ΠΟΛΙΟΥΧΟΝ ΑΛΕΞΑΝΔΡΕΙΑΣ
ΔΙΟΚ. Η. ΙΑΝΟΝ. ΤΟΝ... ΤΟΝ
ΠΟ... ΕΠΑΡΧΟΣ ΑΙΓΥΠΤΟΥ.

Il faut d'abord suppléer à la tête de l'inscription le mot ΠΡΟΣ. Après le premier point, Ν ΣΟΦ ; après le second, Λ ; après le troisième, Τ ; au quatrième, ΑΥΓΟΥΣ ; au cinquième, enfin, il faut ajouter ΛΛΙΩΝ. On voit qu'il n'y a ici d'arbitraire que le mot ΑΥΓΟΥΣΤΟΝ, qui est d'ailleurs peu important. Ainsi on peut lire :

ΠΡΟΣ
ΤΟΝ ΣΟΦΩΤΑΤΟΝ ΑΥΤΟΚΡΑΤΟΡΑ
ΤΟΝ ΠΟΛΙΟΥΧΟΝ ΑΛΕΞΑΝΔΡΕΙΑΣ
ΔΙΟΚΛΗΤΙΑΝΟΝ ΤΟΝ ΑΥΓΟΥΣΤΟΝ
ΠΟΛΛΙΩΝ ΕΠΑΡΧΟΣ ΑΙΓΥ ΠΤΟΥ.

C'est-à-dire :

« Au très-sage empereur, protecteur d'Alexandrie, Dioclétien Auguste ; Pol« lion, préfet d'Égypte. »

Ainsi, tous les doutes sur la colonne de Pompée sont éclaircis (2). Mais l'histoire garde-t-elle le silence sur ce sujet ? il me semble que, dans la vie d'un des Pères du désert, écrite en grec par un contemporain, on lit que, pendant un tremblement de terre qui eut lieu à Alexandrie, toutes les colonnes tombèrent, excepté celle de Dioclétien.

(1) Je me trompais : M. Jaubert avait rapporté cette inscription en France avant moi. Le savant d'Ansse de Villoison l'a expliquée dans un article du *Magasin Encyclopédique*, VIIIe année, t. v, p. 55. Cet article mérite d'être cité. Le docte helléniste propose une lecture un peu différente de la mienne (p).

(2) Quant à l'inscription ; car la colonne est elle-même bien plus ancienne que sa dédicace.

M. Boissonade, à qui j'ai tant d'obligations, et dont j'ai mis la complaisance à de si grandes et de si longues épreuves, propose de supprimer le ΠΡΟΣ de ma leçon, qui n'est là que pour gouverner des accusatifs, et dont la place n'est point marquée sur la base de la colonne. Il sous-entend alors, comme dans une foule d'inscriptions rapportées par Chandler, Wheler, Spon, etc., ἐτίμησε, *honoravit*. M. Boissonade, qui est destiné à nous consoler de la perte ou de la vieillesse de tant de savants illustres, a évidemment raison.

J'eus encore à Alexandrie une de ces petites jouissances d'amour-propre dont les auteurs sont si jaloux, et qui m'avait déjà rendu si fier à Sparte. Un riche Turc, voyageur et astronome, nommé *Aly-Bey el Abassy*, ayant entendu prononcer mon nom, prétendit connaître mes ouvrages. J'allai lui faire une visite avec le consul. Aussitôt qu'il m'aperçut, il s'écria : *Ah ! mon cher Atala, et ma chère René !* Aly-Bey me parut digne, dans ce moment, de descendre du grand Saladin. Je suis même encore un peu persuadé que c'est le Turc le plus savant et le plus poli qui soit au monde, quoiqu'il ne connaisse pas bien le genre des noms en français ; mais *non ego paucis offendar maculis* (1).

Si j'avais été enchanté de l'Égypte, Alexandrie me sembla le lieu le plus triste et le plus désolé de la terre. Du haut de la terrasse de la maison du consul, je n'apercevais qu'une mer nue qui se brisait sur des côtes basses encore plus nues, des ports presque vides et le désert libyque s'enfonçant à l'horizon du midi : ce désert semblait, pour ainsi dire, accroître et prolonger la surface jaune et aplanie des flots : on aurait cru voir une seule mer dont une moitié était agitée et bruyante, et dont l'autre moitié était immobile et silencieuse. Partout la nouvelle Alexandrie mêlant ses ruines aux ruines de l'ancienne cité ; un Arabe galopant sur un âne au milieu des débris ; quelques chiens maigres dévorant des carcasses de chameaux sur la grève ; les pavillons des consuls européens flottant au-dessus de leurs demeures, et déployant, au milieu des tombeaux, des couleurs ennemies : tel était le spectacle.

Quelquefois je montais à cheval avec M. Drovetti, et nous allions nous promener à la vieille ville, à Nécropolis, ou dans le désert. La plante qui donne la soude couvrait à peine un sable aride ; des chakals fuyaient devant nous ; une espèce de grillon faisait entendre sa voix grêle et importune : il rappelait péniblement à la mémoire le foyer du laboureur dans cette solitude où jamais une fumée champêtre ne vous appelle à la tente de l'Arabe. Ces lieux sont d'autant plus tristes, que les Anglais ont noyé le vaste bassin qui servait comme de jardin à Alexandrie : l'œil ne rencontre plus que du sable, des eaux et l'éternelle colonne de Pompée.

M. Drovetti avait fait bâtir, sur la plate-forme de sa maison, une volière en forme de tente, où il nourrissait des cailles et des perdrix de diverses espèces. Nous passions les heures à nous promener dans cette volière, et à parler de la France. La conclusion de tous nos discours était qu'il fallait chercher au plus

(1) Voilà ce que c'est que la gloire ! On m'a dit que cet Aly-Bey était Espagnol de naissance, et qu'il occupait aujourd'hui une place en Espagne. Belle leçon pour ma vanité !
(*Note de la troisième édition.*)

tôt quelque petite retraite dans notre patrie, pour y renfermer nos longues espérances. Un jour, après un grand raisonnement sur le repos, je me tournai vers la mer, et je montrai à mon hôte le vaisseau battu du vent sur lequel j'allais bientôt m'embarquer. Ce n'est pas, après tout, que le désir du repos ne soit naturel à l'homme, mais le but qui nous paraît le moins élevé n'est pas toujours le plus facile à atteindre, et souvent la chaumière fuit devant nos vœux comme le palais.

Le ciel fut toujours couvert pendant mon séjour à Alexandrie, la mer, sombre et orageuse. Je m'endormais et me réveillais au gémissement continuel des flots qui se brisaient presque au pied de la maison du consul. J'aurais pu m'appliquer les réflexions d'Eudore, s'il est permis de se citer soi-même :

« Le triste murmure de la mer est le premier son qui ait frappé mon oreille
« en venant à la vie. A combien de rivages n'ai-je pas vu depuis se briser les
« mêmes flots que je contemple ici ! Qui m'eût dit, il y a quelques années, que
« j'entendrais gémir sur les côtes d'Italie, sur les grèves des Bataves, des Bre-
« tons, des Gaulois, ces vagues que je voyais se dérouler sur les beaux sables
« de la Messénie ! Quel sera le terme de mes pèlerinages ! Heureux si la mort
« m'eût surpris avant d'avoir commencé mes courses sur la terre, et lorsque
« je n'avais d'aventures à conter à personne ! »

Pendant mon séjour forcé à Alexandrie, je reçus plusieurs lettres de M. Caffe, mon brave compagnon de voyage sur le Nil. Je n'en citerai qu'une ; elle contient quelques détails touchant les affaires de l'Égypte à cette époque :

Rosette, le 14 février 1806.

« Monsieur,

« Quoique nous soyons au 14 du courant, j'ai l'honneur de vous écrire en-
« core, bien persuadé qu'à la reçue de celle-ci vous serez encore à Alexan-
« drie. Ayant travaillé à mes expéditions pour Paris, au nombre de quatre, je
« prends la liberté de vous les recommander, et d'avoir la complaisance, à votre
« heureuse arrivée, de vouloir bien les faire remettre à leur adresse.

« Mahamed-Aga, aujourd'hui trésorier de Mahamed-Ali, pacha du Caire, est
« arrivé vers le midi : l'on a débité qu'il demande cinq cents bourses de con-
« tribution sur le riz nouveau. Voilà, mon cher monsieur, comme les affaires
« vont de mal en pis.

« Le village où les mamelucks ont battu les Albanais, et que les uns et les
« autres ont dépouillé, s'appelle *Nehlé;* celui où nous avons été attaqués par
« les Arabes porte le nom de *Saffi.*

« J'ai toujours du regret de n'avoir pas eu la satisfaction de vous voir avant
« votre départ ; vous m'avez privé par là d'une grande consolation, etc.

« Votre très-humble, etc. « L. E. Caffe. »

Le 23 novembre, à midi, le vent étant devenu favorable, je me rendis à bord du vaisseau avec mon domestique français. J'avais, comme je l'ai dit, renvoyé mon domestique grec à Constantinople. J'embrassai M. Drovetti sur le rivage, et nous nous promîmes amitié et souvenance, j'acquitte aujourd'hui ma dette.

Notre navire était à l'ancre dans le grand port d'Alexandrie, où les vaisseaux francs sont admis aujourd'hui comme les vaisseaux turcs; révolution due à nos armes. Je trouvai à bord un rabbin de Jérusalem, un Barbaresque, et deux pauvres Maures de Maroc, peut-être descendants des Abencerages, qui revenaient du pèlerinage de la Mecque : ils me demandaient leur passage par charité. Je reçus les enfants de Jacob et de Mahomet au nom de Jésus-Christ : au fond, je n'avais pas grand mérite ; car j'allai me mettre en tête que ces malheureux me porteraient bonheur, et que ma fortune passerait en fraude, cachée parmi leurs misères.

Nous levâmes l'ancre à deux heures. Un pilote nous mit hors du port. Le vent était faible, et de la partie du midi. Nous restâmes trois jours à la vue de la colonne de Pompée, que nous découvrions à l'horizon. Le soir du troisième jour nous entendîmes le coup de canon de retraite du port d'Alexandrie. Ce fut comme le signal de notre départ définitif ; car le vent du nord se leva, et nous fîmes voile à l'occident.

Nous essayâmes d'abord de traverser le grand canal de Libye ; mais le vent du nord, qui déjà n'était pas très-favorable, passa au nord-ouest le 29 novembre, et nous fûmes obligés de courir des bordées entre la Crète et la côte d'Afrique.

Le 1er décembre, le vent, se fixant à l'ouest, nous barra absolument le chemin. Peu à peu il descendit au sud-ouest, et se changea en une tempête qui ne cessa qu'à notre arrivée à Tunis. Notre navigation ne fut plus qu'une espèce de continuel naufrage de quarante-deux jours ; ce qui est un peu long. Le 3, nous amenâmes toutes les voiles, et nous commençâmes à fuir devant la lame. Nous fûmes portés ainsi, avec une extrême violence, jusque sur les côtes de la Caramanie. Là, pendant quatre jours entiers, je vis à loisir les tristes et hauts sommets du Cragus, enveloppés de nuages. Nous battions la mer çà et là, tâchant, à la moindre variation du vent, de nous éloigner de la terre. Nous eûmes un moment la pensée d'entrer au port de Château-Rouge ; mais le capitaine, qui était d'une timidité extrême, n'osa risquer le mouillage. La nuit du 8 fut très-pénible. Une rafale subite du midi nous chassa vers l'île de Rhodes ; la lame était si courte et si mauvaise, qu'elle fatiguait singulièrement le vaisseau. Nous découvrîmes une petite felouque grecque à demi submergée, et à laquelle nous ne pûmes donner aucun secours. Elle passa à une encâblure de notre poupe. Les quatre hommes qui la conduisaient étaient à genoux sur le pont ; ils avaient suspendu un fanal à leur mât, et ils poussaient des cris que nous apportaient les vents. Le lendemain matin nous ne revîmes plus cette felouque.

Le vent ayant sauté au nord, nous mîmes la misaine dehors, et nous tâchâmes de nous soutenir sur la côte méridionale de Rhodes. Nous avançâmes jusqu'à l'île de Scarpanto. Le 10, le vent retomba à l'ouest, et nous perdîmes tout espoir de continuer notre route. Je désirais que le capitaine renonçât à passer le canal de Libye, et qu'il se jetât dans l'Archipel, où nous avions l'espoir de trouver d'autres vents. Mais il craignait de s'aventurer au milieu des îles. Il y avait déjà dix-sept jours que nous étions en mer. Pour occuper mon temps je copiais et mettais en ordre les notes de ce voyage et les descriptions des *Martyrs*. La nuit je me promenais sur le pont avec le second capitaine Dinelli. Les nuits passées au milieu des vagues, sur un vaisseau battu de la tempête, ne sont point stériles pour l'âme, car les nobles pensées naissent des grands spectacles. Les étoiles qui se montrent fugitives entre les nuages brisés, les flots étincelants autour de vous, les coups de la lame qui font sortir un bruit sourd des flancs du navire, le gémissement du vent dans les mâts, tout vous annonce que vous êtes hors de la puissance de l'homme, et que vous ne dépendez plus que de la volonté de Dieu. L'incertitude de votre avenir donne aux objets leur véritable prix : et la terre, contemplée du milieu d'une mer orageuse, ressemble à la vie considérée par un homme qui va mourir.

Après avoir mesuré vingt fois les mêmes vagues, nous nous retrouvâmes le 12 devant l'île de Scarpanto. Cette île, jadis appelée *Carpathos* et *Crapathos* par Homère, donna son nom à la mer Carpathienne. Quelques vers de Virgile font aujourd'hui toute sa célébrité :

> Est in Carpathio Neptuni gurgite vates
> Cæruleus Proteus, etc. »

> Protée, ô mon cher fils ! peut seul finir tes maux ;
> C'est lui que nous voyons, sur les mers qu'il habite,
> Atteler à son char les monstres d'Amphitrite ;
> Pallène est sa patrie, et dans ce même jour
> Vers ces bords fortunés il hâte son retour.
> Les Nymphes, les Tritons, tous, jusqu'au vieux Nérée,
> Respectent de ce dieu la science sacrée ;
> Ses regards pénétrants, son vaste souvenir,
> Embrassent le présent, le passé, l'avenir :
> Précieuse faveur du dieu puissant des ondes,
> Dont il paît les troupeaux dans les plaines profondes. »

Je n'irai point, si je puis, demeurer dans l'île de Protée, malgré les beaux vers des Géorgiques françaises et latines. Il me semble encore voir les tristes villages d'Anchinates, d'Oro, de Saint-Hélie, que nous découvrions avec des lunettes marines dans les montagnes de l'île. Je n'ai point, comme Ménélas et comme Aristée, perdu mon royaume ou mes abeilles ; je n'ai rien à attendre de l'avenir, et je laisse au fils de Neptune des secrets qui ne peuvent m'intéresser.

Le 12, à six heures du soir, le vent se tournant au midi, j'engageai le capitaine à passer en dedans de l'île de Crète. Il y consentit avec peine. A neuf heures il dit selon sa coutume : *Ho paura !* et il alla se coucher. M. Dinelli prit sur lui de franchir le canal formé par l'île de Scarpanto et celle de Coxo. Nous y entrâmes avec un vent violent du sud-ouest. Au lever du jour, nous nous trouvâmes au milieu d'un archipel d'îlots et d'écueils qui blanchissaient de toutes parts. Nous prîmes le parti de nous jeter dans le port de l'île de Stampalie, qui était devant nous.

Ce triste port n'avait ni vaisseaux dans ses eaux, ni maisons sur ses rivages. On apercevait seulement un village suspendu comme de coutume au sommet d'un rocher. Nous mouillâmes sous la côte ; je descendis à terre avec le capitaine. Tandis qu'il montait au village, j'examinai l'intérieur de l'île. Je ne vis partout que des bruyères, des eaux errantes qui coulaient sur la mousse, et la mer qui se brisait sur une ceinture de rochers. Les anciens appelèrent pourtant cette île la *Table des Dieux*, Θεῶν τράπεζα, à cause des fleurs dont elle était semée. Elle est plus connue sous le nom d'*Astypalée;* on y trouvait un temple d'Achille. Il y a peut-être des gens fort heureux dans le misérable hameau de Stampalie, des gens qui ne sont peut-être jamais sortis de leur île, et qui n'ont jamais entendu parler de nos révolutions. Je me demandais si j'aurais voulu de ce bonheur; mais je n'étais déjà plus qu'un vieux pilote incapable de répondre affirmativement à cette question, et dont les songes sont enfants des vents et des tempêtes.

Nos matelots embarquèrent de l'eau; le capitaine revint avec des poulets et un cochon vivant. Une felouque candiote entra dans le port; à peine eut-elle jeté l'ancre auprès de nous, que l'équipage se mit à danser autour du gouvernail : *O Græcia vana!*

Le vent continuant toujours de souffler du midi, nous appareillâmes le 16 à neuf heures du matin. Nous passâmes au sud de l'île de Nanfla, et le soir, au coucher du soleil, nous aperçûmes la Crète. Le lendemain 17, faisant route au nord-ouest, nous découvrîmes le mont Ida : son sommet, enveloppé de neige, ressemblait à une immense coupole. Nous portâmes sur l'île de Cérigo, et nous fûmes assez heureux pour la passer le 18. Le 19, je revis les côtes de la Grèce, et je saluai le Ténare. Un orage du sud-est s'éleva à notre grande joie, et en cinq jours nous arrivâmes dans les eaux de l'île de Malte. Nous la découvrîmes la veille de Noël, mais le jour de Noël même, le vent se rangeant à l'ouest-nord-ouest, nous chassa au midi de Lampédouse. Nous restâmes dix-huit jours sur la côte orientale du royaume de Tunis, entre la vie et la mort. Je n'oublierai de ma vie la journée du 28. Nous étions à la vue de la Pantalerie : un calme profond survint tout à coup à midi; le ciel, éclairé d'une lumière blafarde, était menaçant. Vers le coucher du soleil, une nuit si profonde tomba du ciel, qu'elle justifia à mes yeux la belle expression de Virgile : *Ponto nox incubat atra.* Nous entendîmes ensuite un bruit affreux. Un ouragan fondit sur le navire, et le fit pirouetter comme une plume sur un bassin d'eau. Dans un instant la mer fut bouleversée de telle sorte que sa surface n'offrait qu'une nappe d'écume. Le vaisseau, qui n'obéissait plus au gouvernail, était comme un point ténébreux au milieu de cette terrible blancheur; le tourbillon semblait nous soulever et nous arracher des flots; nous tournions en tout sens, plongeant tour à tour la poupe et la proue dans les vagues. Le retour de la lumière nous montra notre danger. Nous touchions presque à l'île de Lampedouse. Le même coup de vent fit périr, sur l'île de Malte, deux vaisseaux de guerre anglais, dont les gazettes du temps ont parlé. M. Dinelli regardant le naufrage comme inévitable, j'écrivis un billet ainsi conçu : « F. A. de Chateaubriand, naufragé sur « l'île de Lampedouse, le 28 décembre 1806, en revenant de la Terre-Sainte. » J'enfermai ce billet dans une bouteille vide, avec le dessein de la jeter à la mer au dernier moment.

La Providence nous sauva. Un léger changement dans le vent nous fit tomber au midi de Lampedouse, et nous nous trouvâmes dans une mer libre. Le vent remontant toujours au nord, nous hasardâmes de mettre une voile, et nous courûmes sur la petite syrte. Le fond de cette syrte va toujours s'élevant jusqu'au rivage, de sorte qu'en marchant la sonde à la main on vient mouiller à telle brasse que l'on veut. Le peu de profondeur de l'eau y rend la mer calme au milieu des plus grands vents, et cette plage, si dangereuse pour les barques des anciens, est une espèce de port en pleine mer pour les vaisseaux modernes.

Nous jetâmes l'ancre devant les îles Kerkeni, tout auprès de la ligne des pêcheries. J'étais si las de cette longue traversée, que j'aurais bien voulu débarquer à Sfax, et me rendre de là à Tunis par terre ; mais le capitaine n'osa chercher le port de Sfax, dont l'entrée est en effet dangereuse. Nous restâmes huit jours à l'ancre dans la petite syrte, où je vis commencer l'année 1807. Sous combien d'astres, et dans combien de fortunes diverses j'avais déjà vu se renouveler pour moi les années qui passent si vite ou qui sont si longues ! Qu'ils étaient loin de moi ces temps de mon enfance où je recevais avec un cœur palpitant de joie la bénédiction et les présents paternels ! Comme ce premier jour de l'année était attendu ! Et maintenant, sur un vaisseau étranger, au milieu de la mer, à la vue d'une terre barbare, ce premier jour s'envolait pour moi, sans témoins, sans plaisirs, sans les embrassements de la famille, sans ces tendres souhaits de bonheur qu'une mère forme pour son fils avec tant de sincérité ! Ce jour, né du sein des tempêtes, ne laissait tomber sur mon front que des soucis, des regrets et des cheveux blancs.

Toutefois nous crûmes devoir chômer sa fête, non comme la fête d'un hôte agréable, mais comme celle d'une vieille connaissance. On égorgea le reste des poulets, à l'exception d'un brave coq, notre horloge fidèle, qui n'avait cessé de veiller et de chanter au milieu des plus grands périls. Le rabbin, le Barbaresque et les deux Maures sortirent de la cale du vaisseau, et vinrent recevoir leurs étrennes à notre banquet. C'était là mon repas de famille ! Nous bûmes à la France : nous n'étions pas loin de l'île des Lotophages où les compagnons d'Ulysse oublièrent leur patrie : je ne connais point de fruits assez doux pour me faire oublier la mienne.

Nous touchions presque aux îles Kerkeni, les *Cercinæ* des anciens. Du temps de Strabon il y avait des pêcheries en avant de ces îles, comme aujourd'hui. Les *Cercinæ* furent témoins de deux grands coups de la fortune ; car elles virent passer tour à tour Annibal et Marius fugitifs. Nous étions assez près d'Africa (*Turris Annibalis*), où le premier de ces deux grands hommes fut obligé de s'embarquer pour échapper à l'ingratitude des Carthaginois. Sfax est une ville moderne : selon le docteur Shaw, elle tire son nom du mot *Sfakouse*, à cause de la grande quantité de concombres qui croissent dans son territoire.

Le 6 janvier 1807, la tempête étant enfin apaisée, nous quittâmes la petite syrte, nous remontâmes la côte de Tunis pendant trois jours, et le 10 nous doublâmes le cap Bon, l'objet de toutes nos espérances. Le 11, nous mouillâmes sous le cap de Carthage. Le 12, nous jetâmes l'ancre devant la Goulette, échelle ou port de Tunis. On envoya la chaloupe à terre ; j'écrivis à M. Devoise, consul français auprès du bey. Je craignais de subir encore une quarantaine; mais M. Devoise m'obtint la permission de débarquer le 18. Ce fut avec une vraie joie que je quittai le vaisseau. Je louai des chevaux à la Goulette; je fis le tour du lac, et j'arrivai à cinq heures du soir chez mon nouvel hôte.

SEPTIÈME ET DERNIÈRE PARTIE.

VOYAGE DE TUNIS, ET RETOUR EN FRANCE.

Je trouvai chez M. et madame Devoise l'hospitalité la plus généreuse et la société la plus aimable : ils eurent la bonté de me garder six semaines au sein de leur famille; et je jouis enfin d'un repos dont j'avais un extrême besoin. On approchait du carnaval, et l'on ne songeait qu'à rire, en dépit des Maures. Les cendres de Didon et les ruines de Carthage entendaient le son d'un violon français. On ne s'embarrassait ni de Scipion, ni d'Annibal, ni de Marius, ni de Caton d'Utique, qu'on eût fait boire (car il aimait le vin) s'il se fût avisé de venir gourmander l'assemblée. Saint Louis seul eût été respecté en sa qualité de Français; mais le bon et grand roi n'eût pas trouvé mauvais que ses sujets s'amusassent dans le même lieu où il avait tant souffert.

Le caractère national ne peut s'effacer. Nos marins disent que, dans les colonies nouvelles, les Espagnols commencent par bâtir une église : les Anglais, une taverne; et les Français, un fort : et j'ajoute, une salle de bal. Je me trouvais en Amérique, sur la frontière du pays des Sauvages : j'appris qu'à la première journée je rencontrerais parmi les Indiens un de mes compatriotes. Arrivé chez les Cayougas, tribu qui faisait partie de la nation des Iroquois, mon guide me conduisit dans une forêt. Au milieu de cette forêt on voyait une espèce de grange; je trouvai dans cette grange une vingtaine de Sauvages, hommes e femmes, barbouillés comme des sorciers, le corps demi-nu, les oreilles découpées, des plumes de corbeau sur la tête, et des anneaux passés dans les narines. Un petit Français, poudré et frisé comme autrefois, habit vert-pomme, veste de droguet, jabot et manchettes de mousseline, raclait un violon de poche, et faisait danser *Madelon Friquet* à ces Iroquois. M. Violet (c'était son nom) était maître de danse chez les Sauvages. On lui payait ses leçons en peaux de castors et en jambons d'ours : il avait été marmiton au service du général Rochambeau pendant la guerre d'Amérique. Demeuré à New-York après le départ de notre armée, il résolut d'enseigner les beaux-arts aux Américains. Ses vues s'étant agrandies avec ses succès, le nouvel Orphée porta la civilisation jusque chez les hordes errantes du Nouveau-Monde. En me parlant des Indiens, il me disait toujours : « Ces messieurs Sauvages et ces dames Sauvagesses. » Il se louait beaucoup de la légèreté de ses écoliers : en effet, je n'ai jamais vu faire de telles gambades. M. Violet, tenant son petit violon entre son menton et sa poitrine, accordait l'instrument fatal; il criait en iroquois : *A vos places!* Et toute la troupe sautait comme une bande de démons. Voilà ce que c'est que le génie des peuples.

Nous dansâmes donc aussi sur les débris de Carthage. Ayant vécu à Tunis absolument comme en France, je ne suivrai plus les dates de mon journal. Je traiterai les sujets d'une manière générale et selon l'ordre dans lequel ils s'offriront à ma mémoire. Mais avant de parler de Carthage et de ses ruines, je dois nommer les différentes personnes que j'ai connues en Barbarie. Outre M. le consul de France, je voyais souvent M. Lessing, consul de Hollande : son beau-frère, M. Humberg, officier-ingénieur hollandais, commandait à la Goulette. C'est avec le dernier que j'ai visité les ruines de Carthage; j'ai eu infiniment à me louer de sa complaisance et de sa politesse. Je rencontrai aussi M. Lear, consul des États-Unis. J'avais été autrefois recommandé en Amérique au général Washington. M. Lear avait occupé une place auprès de ce grand homme : il voulut bien, en mémoire de mon illustre patron, me faire donner passage sur un schooner des États-Unis. Ce schooner me déposa en Espagne, comme je le dirai à la fin de cet Itinéraire. Enfin je vis à Tunis, tant à la légation que dans la ville, plusieurs jeunes Français à qui mon nom n'était pas tout à fait étranger. Je ne dois point oublier les restes de l'intéressante famille de M. Andanson.

Si la multitude des récits fatigue l'écrivain qui veut parler aujourd'hui de l'Égypte et de la Judée, il éprouve, au sujet des antiquités de l'Afrique, un embarras tout contraire par la disette des documents. Ce n'est pas qu'on manque de Voyages en Barbarie : je connais une trentaine de Relations des royaumes de Maroc, d'Alger et de Tunis. Toutefois ces relations sont insuffisantes. Parmi les anciens Voyages, il faut distinguer l'*Africa illustrata* de Grammaye, et le savant ouvrage de Shaw. Les *Missions* des Pères de la Trinité et des Pères de la Merci renferment des miracles de charité : mais elles ne parlent point, et ne doivent point parler, des Romains et des Carthaginois. Les Mémoires imprimés à la suite des Voyages de Paul Lucas ne contiennent que le récit d'une guerre civile à Tunis. Shaw aurait pu suppléer à tout, s'il avait étendu ses recherches à l'histoire; malheureusement il ne la considère que sous les rapports géographiques. Il touche à peine, en passant, les antiquités : Carthage, par exemple, n'occupe pas, dans ses observations, plus de place que Tunis. Parmi les voyageurs tout à fait modernes, lady Montague, l'abbé Poiret, M. Desfontaines, disent quelques mots de Carthage, mais sans s'y arrêter aucunement. On a publié à Milan, en 1806, l'année même de mon voyage, un ouvrage sous ce titre : *Ragguaglio di alcuni Monumenti di Antichita ed Arti, raccolti negli ultimi Viaggi d'un dilettante* (1).

Je crois qu'il est question de Carthage dans ce livre : j'en ai retrouvé la note trop tard pour le faire venir d'Italie. On peut donc dire que le sujet que je vais traiter est neuf; j'ouvrirai la route; les habiles viendront après moi.

Avant de parler de Carthage, qui est ici le seul objet intéressant, il faut commencer par nous débarrasser de Tunis. Cette ville conserve à peu près son nom

(1) Voyez la Préface de la troisième édition.

antique. Les Grecs et les Latins l'appelaient *Tunes*, et Diodore lui donne l'épithète de *Blanche*, Λευκόν, parce qu'elle est bâtie sur une colline crayeuse : elle est à douze milles des ruines de Carthage, et presque au bord d'un lac dont l'eau est salée. Ce lac communique avec la mer, au moyen d'un canal appelé *la Goulette*, et ce canal est défendu par un fort. Les vaisseaux marchands mouillent devant ce fort, où ils se mettent à l'abri derrière la jetée de la Goulette, en payant un droit d'ancrage considérable.

Le lac de Tunis pouvait servir de port aux flottes des anciens ; aujourd'hui une de nos barques a bien de la peine à le traverser sans échouer. Il faut avoir soin de suivre le principal canal qu'indiquent des pieux plantés dans la vase. Abulfeda marque dans ce lac une île qui sert maintenant de lazaret. Les voyageurs ont parlé des flamants ou phénicoptères qui animent cette grande flaque d'eau, d'ailleurs assez triste. Quand ces beaux oiseaux volent à l'encontre du soleil, tendant le cou en avant, et allongeant les pieds en arrière, ils ont l'air de flèches empennées avec des plumes couleur de rose.

Des bords du lac, pour arriver à Tunis, il faut traverser un terrain qui sert de promenade aux Francs. La ville est murée ; elle peut avoir une lieue de tour, en y comprenant le faubourg extérieur, Bled-el-Had-rah. Les maisons en sont basses ; les rues, étroites ; les boutiques, pauvres ; les mosquées, chétives. Le peuple, qui se montre peu au dehors, a quelque chose de hagard et de sauvage. On rencontre sous les portes de la ville ce qu'on appelle des *Siddi* ou des *Saints* : ce sont des négresses et des nègres tout nus, dévorés par la vermine, vautrés dans leurs ordures, et mangeant insolemment le pain de la charité. Ces sales créatures sont sous la protection immédiate de Mahomet. Des marchands européens, des Turcs enrôlés à Smyrne, des Maures dégénérés, des renégats et des captifs, composent le reste de la population.

La campagne aux environs de Tunis est agréable : elle présente de grandes plaines semées de blé et bordées de collines qu'ombragent des oliviers et des caroubiers. Un aqueduc moderne, d'un bon effet, traverse une vallée derrière la ville. Le bey a sa maison de campagne au fond de cette vallée. De Tunis même on découvre, au midi, les collines dont j'ai parlé. On voit à l'orient les montagnes du Mamélife : montagnes singulièrement déchirées, d'une figure bizarre, et au pied desquelles se trouvent les eaux chaudes connues des anciens. A l'ouest et au nord, on aperçoit la mer, le port de la Goulette, et les ruines de Carthage.

Les Tunisiens sont cependant moins cruels et plus civilisés que les peuples d'Alger. Ils ont recueilli les Maures d'Andalousie, qui habitent le village de Tub-Urbo, à six lieues de Tunis, sur la Me-Jerdah (1). Le bey actuel est un homme habile : il cherche à se tirer de la dépendance d'Alger, à laquelle Tunis est soumise depuis la conquête qu'en firent les Algériens en 1757. Ce prince parle italien, cause avec esprit et entend mieux la politique de l'Europe que la plupart des Orientaux. On sait au reste que Tunis fut attaquée par saint Louis en 1270, et prise par Charles-Quint en 1535. Comme la mort de saint Louis

---

(1) La Bagrada de l'antiquité, au bord de laquelle Régulus tua le fameux serpent.

se lie à l'histoire de Carthage, j'en parlerai ailleurs. Quant à Charles-Quint, il défit le fameux Barberousse, et rétablit le roi de Tunis sur son trône, en l'obligeant toutefois à payer un tribut à l'Espagne : on peut consulter à ce sujet l'ouvrage de Robertson (1). Charles-Quint garda le fort de la Goulette, mais les Turcs le reprirent en 1574.

Je ne dis rien de la Tunis des anciens, parce qu'on va la voir figurer à l'instant dans les guerres de Rome et de Carthage.

Au reste, on m'a fait présent à Tunis d'un manuscrit qui traite de l'état actuel de ce royaume, de son gouvernement, de son commerce, de son revenu, de ses armées, de ses caravanes. Je n'ai point voulu profiter de ce manuscrit ; je n'en connais point l'auteur ; mais, quel qu'il soit, il est juste qu'il recueille l'honneur de son travail. Je donnerai cet excellent *Mémoire* à la fin de l'*Itinéraire* (2). Je passe maintenant à l'histoire et aux ruines de Carthage.

L'an 883 avant notre ère, Didon, obligée de fuir sa terre natale, vint aborder en Afrique. Carthage, fondée par l'épouse de Sichée, dut ainsi sa naissance à l'une de ces aventures tragiques qui marquent le berceau des peuples, et qui sont comme le germe et le présage des maux, fruits plus ou moins tardifs de toute société humaine. On connaît l'heureux anachronisme de l'*Énéide*. Tel est le privilége du génie, que les poétiques malheurs de Didon sont devenus une partie de la gloire de Carthage. A la vue des ruines de cette cité, on cherche les flammes du bûcher funèbre ; on croit entendre les imprécations d'une femme abandonnée ; on admire ces puissants mensonges qui peuvent occuper l'imagination, dans des lieux remplis des plus grands souvenirs de l'histoire. Certes, lorsqu'une reine expirante appelle dans les murs de Carthage les divinités ennemies de Rome, et les dieux vengeurs de l'hospitalité ; lorsque Vénus, sourde aux prières de l'amour, exauce les vœux de la haine, qu'elle refuse à Didon un descendant d'Énée, et lui accorde Annibal : de telles merveilles, exprimées dans un merveilleux langage, ne peuvent plus être passées sous silence. L'histoire prend alors son rang parmi les Muses, et la fiction devient aussi grave que la vérité.

Après la mort de Didon, la nouvelle colonie adopta un gouvernement dont Aristote a vanté les lois. Des pouvoirs balancés avec art entre les deux premiers magistrats, les nobles et le peuple, eurent cela de particulier qu'ils subsistèrent pendant sept siècles sans se détruire : à peine furent-ils ébranlés par des séditions populaires et par quelques conspirations des grands. Comme les guerres civiles, source des crimes publics, sont cependant mères des vertus particulières, la république gagna plus qu'elle ne perdit à ces orages. Si ses destinées sur la terre ne furent pas aussi longues que celles de sa rivale, du moins à Carthage la liberté ne succomba qu'avec la patrie.

Mais, comme les nations les plus libres sont aussi les plus passionnées, nous trouvons, avant la première guerre Punique, les Carthaginois engagés dans des guerres honteuses. Ils donnèrent des chaînes à ces peuples de la Bétique, dont

---

(1) *Histoire de Charles-Quint*, liv. v.
(2) Ce mémoire méritait bien de fixer l'attention des critiques, et personne ne l'a remarqué.

le courage ne sauva pas la vertu ; ils s'allièrent avec Xerxès, et perdirent une bataille contre Gélon, le même jour que les Lacédémoniens succombèrent aux Thermopyles. Les hommes, malgré leurs préjugés, font un tel cas des sentiments nobles, que personne ne songe aux quatre-vingt mille Carthaginois égorgés dans les champs de la Sicile, tandis que le monde entier s'entretient des trois cents Spartiates morts pour obéir aux saintes lois de leur pays. C'est la grandeur de la cause, et non pas celle des moyens, qui conduit à la véritable renommée, et l'honneur a fait dans tous les temps la partie la plus solide de la gloire.

Après avoir combattu tour à tour Agathocle en Afrique et Pyrrhus en Sicile, les Carthaginois en vinrent aux mains avec la république romaine. La cause de la première guerre Punique fut légère, mais cette guerre amena Régulus aux portes de Carthage.

Les Romains, ne voulant point interrompre le cours des victoires de ce grand homme, ni envoyer les consuls Fulvius et M. Emilius prendre sa place, lui ordonnèrent de rester en Afrique, en qualité de proconsul. Il se plaignit de ces honneurs ; il écrivit au sénat, et le pria instamment de lui ôter le commandement de l'armée : une affaire importante aux yeux de Régulus demandait sa présence en Italie. Il avait un champ de sept arpents à Pupinium : le fermier de ce champ étant mort, le valet du fermier s'était enfui avec les bœufs et les instruments du labourage. Régulus représentait aux sénateurs que si sa ferme demeurait en friche, il lui serait impossible de faire vivre sa femme et ses enfants. Le sénat ordonna que le champ de Régulus serait cultivé aux frais de la république ; qu'on tirerait du trésor l'argent nécessaire pour racheter les objets volés, et que les enfants et la femme du proconsul seraient pendant son absence, nourris aux dépens du peuple romain. Dans une juste admiration de cette simplicité, Tite-Live s'écrie : « Oh ! combien la vertu est préférable aux « richesses ! Celles-ci passent avec ceux qui les possèdent ; la pauvreté de Ré-
« gulus est encore en vénération ! »

Régulus, marchant de victoire en victoire, s'empara bientôt de Tunis ; la prise de cette ville jeta la consternation parmi les Carthaginois ; ils demandèrent la paix au proconsul. Ce laboureur romain prouva qu'il est plus facile de conduire la charrue après avoir remporté des victoires, que de diriger d'une main ferme une prospérité éclatante : le véritable grand homme est surtout fait pour briller dans le malheur ; il semble égaré dans le succès, et paraît comme étranger à la fortune. Régulus proposa aux ennemis des conditions si dures, qu'ils se virent forcés de continuer la guerre.

Pendant ces négociations, la destinée amenait au travers des mers un homme qui devait changer le cours des événements : un Lacédémonien nommé *Xantippe* vient retarder la chute de Carthage ; il livre bataille aux Romains sous les murs de Tunis, détruit leur armée, fait Régulus prisonnier, se rembarque, et disparaît sans laisser d'autres traces dans l'histoire (1).

Régulus, conduit à Carthage, éprouva les traitements les plus inhumains ; on

---

(1) Quelques auteurs accusent les Carthaginois de l'avoir fait périr par jalousie de sa gloire, mais cela n'est pas prouvé.

lui fit expier les durs triomphes de sa patrie. Ceux qui traînaient à leurs chars avec tant d'orgueil des rois tombés du trône, des femmes, des enfants en pleurs, pouvaient-ils espérer qu'on respectât dans les fers un citoyen de Rome ?

La fortune redevint favorable aux Romains. Carthage demanda une seconde fois la paix ; elle envoya des ambassadeurs en Italie : Régulus les accompagnait. Ses maîtres lui firent donner sa parole qu'il reviendrait prendre ses chaînes si les négociations n'avaient pas une heureuse issue : on espérait qu'il plaiderait fortement en faveur d'une paix qui lui devait rendre sa patrie.

Régulus, arrivé aux portes de Rome, refusa d'entrer dans la ville. Il y avait une ancienne loi qui défendait à tout étranger d'introduire dans le sénat les ambassadeurs d'un peuple ennemi : Régulus, se regardant comme un envoyé des Carthaginois, fit revivre en cette occasion l'antique usage. Les sénateurs furent donc obligés de s'assembler hors des murs de la cité. Régulus leur déclara qu'il venait, par l'ordre de ses maîtres, demander au peuple romain la paix ou l'échange des prisonniers.

Les ambassadeurs de Carthage, après avoir exposé l'objet de leur mission, se retirèrent : Régulus les voulut suivre ; mais les sénateurs le prièrent de rester à la délibération.

Pressé de dire son avis, il représenta fortement toutes les raisons que Rome avait de continuer la guerre contre Carthage. Les sénateurs, admirant sa fermeté, désiraient sauver un tel citoyen : le grand pontife soutenait qu'on pouvait le dégager des serments qu'il avait faits.

« Suivez les conseils que je vous ai donnés, dit l'illustre captif, d'une voix qui
« étonna l'assemblée, et oubliez Régulus : je ne demeurerai point dans Rome
« après avoir été l'esclave de Carthage. Je n'attirerai point sur vous la colère
« des dieux. J'ai promis aux ennemis de me remettre entre leurs mains si vous
« rejetiez la paix ; je tiendrai mon serment. On ne trompe point Jupiter par de
« vaines expiations ; le sang des taureaux et des brebis ne peut effacer un men-
« songe, et le sacrilége est puni tôt ou tard.

« Je n'ignore point le sort qui m'attend ; mais un crime flétrirait mon âme :
« la douleur ne brisera que mon corps. D'ailleurs il n'est point de maux pour
« celui qui sait les souffrir : s'ils passent les forces de la nature, la mort nous
« en délivre. Pères conscrits, cessez de me plaindre : j'ai disposé de moi, et
« rien ne pourra me faire changer de sentiments. Je retourne à Carthage ; je
« fais mon devoir, et je laisse faire aux dieux. »

Régulus mit le comble à sa magnanimité : afin de diminuer l'intérêt qu'on prenait à sa vie, et pour se débarrasser d'une compassion inutile, il dit aux sénateurs que les Carthaginois lui avaient fait boire un poison lent avant de sortir de prison : « Ainsi, ajouta-t-il, vous ne perdrez de moi que quelques instants « qui ne valent pas la peine d'être achetés par un parjure. » Il se leva, s'éloigna de Rome sans proférer une parole de plus, tenant les yeux attachés à la terre, et repoussant sa femme et ses enfants, soit qu'il craignît d'être attendri par leurs adieux, soit que, comme esclave carthaginois, il se trouvât indigne des embrassements d'une matrone romaine. Il finit ses jours dans d'affreux supplices, si toutefois le silence de Polybe et de Diodore ne balance pas le récit des historiens latins. Régulus fut un exemple mémorable de ce que peuvent, sur une âme courageuse, la religion du serment et l'amour de la patrie. Que si l'orgueil eut peut-être un peu de part à la résolution de ce mâle génie, se punir ainsi d'avoir été vaincu, c'était être digne de la victoire.

Après vingt-quatre années de combats, un traité de paix mit fin à la première guerre Punique. Mais les Romains n'étaient déjà plus ce peuple de laboureurs conduit par un sénat de rois, élevant des autels à la Modération et à la Petite-Fortune : c'étaient des hommes qui se sentaient faits pour commander, et que l'ambition poussait incessamment à l'injustice. Sous un prétexte frivole, ils envahirent la Sardaigne, et s'applaudirent d'avoir fait, en pleine paix, une conquête sur les Carthaginois. Ils ne savaient pas que le vengeur de la foi violée était déjà aux portes de Sagonte, et que bientôt il paraîtrait sur les collines de Rome : ici commence la seconde guerre Punique.

Annibal me paraît avoir été le plus grand capitaine de l'antiquité : si ce n'est pas celui que l'on aime le mieux, c'est celui qui étonne davantage. Il n'eut ni l'héroïsme d'Alexandre, ni les talents universels de César; mais il les surpassa l'un et l'autre comme homme de guerre. Ordinairement l'amour de la patrie ou de la gloire conduit les héros aux prodiges : Annibal seul est guidé par la haine. Livré à ce génie d'une nouvelle espèce, il part des extrémités de l'Espagne avec une armée composée de vingt peuples divers. Il franchit les Pyrénées et les Gaules, dompte les nations ennemies sur son passage, traverse les fleuves, arrive au pied des Alpes. Ces montagnes sans chemins, défendues par des Barbares, opposent en vain leur barrière à Annibal. Il tombe de leurs sommets glacés sur l'Italie, écrase la première armée consulaire sur les bords du Tésin, frappe un second coup à la Trébia, un troisième à Trasimène, et du quatrième coup de son épée il semble immoler Rome dans la plaine de Cannes. Pendant seize années, il fait la guerre sans secours au sein de l'Italie, pendant seize années il ne lui échappe qu'une de ces fautes qui décident du sort des empires, et qui paraissent si étrangères à la nature d'un grand homme, qu'on peut les attribuer raisonnablement à un dessein de la Providence.

Infatigable dans les périls, inépuisable dans les ressources, fin, ingénieux, éloquent, savant même, et auteur de plusieurs ouvrages, Annibal eut toutes les distinctions qui appartiennent à la supériorité de l'esprit et à la force du caractère; mais il manqua des hautes qualités du cœur : froid, cruel, sans entrailles, né pour renverser et non pour fonder des empires, il fut en magnanimité fort inférieur à son rival.

Le nom de Scipion l'Africain est un des beaux noms de l'histoire. L'ami des dieux, le généreux protecteur de l'infortune et de la beauté, Scipion a quelques traits de ressemblance avec nos anciens chevaliers. En lui commence cette urbanité romaine, ornement du génie de Cicéron, de Pompée, de César, et qui remplaça chez ces citoyens illustres la rusticité de Caton et de Fabricius.

Annibal et Scipion se rencontrèrent aux champs de Zama; l'un célèbre par ses victoires, l'autre fameux par ses vertus : dignes tous les deux de représenter leurs grandes patries, et de se disputer l'empire du monde.

Au départ de la flotte de Scipion pour l'Afrique, le rivage de la Sicile était bordé d'un peuple immense et d'une foule de soldats. Quatre cents vaisseaux de charge et cinquante trirèmes couvraient la rade de Lilybée. On distinguait à ses trois fanaux la galère de Lélius, amiral de la flotte. Les autres vaisseaux, selon leur grandeur, portaient une ou deux lumières. Les yeux du monde étaient attachés sur cette expédition qui devait arracher Annibal de l'Italie, et décider enfin du sort de Rome et de Carthage. La cinquième et la sixième légion, qui s'étaient trouvées à la bataille de Cannes, brûlaient du désir de ravager les foyers du vainqueur. Le général surtout attirait les regards : sa piété envers les dieux, ses exploits en Espagne, où il avait vengé la mort de son oncle et de son père, le projet de rejeter la guerre en Afrique, projet que lui seul avait conçu contre l'opinion du grand Fabius; enfin, cette faveur que les hommes accordent aux entreprises hardies, à la gloire, à la beauté, à la jeunesse, faisaient de Scipion l'objet de tous les vœux comme de toutes les espérances.

Le jour du départ ne tarda pas d'arriver. Au lever de l'aurore, Scipion parut sur la poupe de la galère de Lélius, à la vue de la flotte et de la multitude qui couvrait les hauteurs du rivage. Un héraut leva son sceptre, et fit faire silence :

« Dieux et déesses de la terre, s'écria Scipion, et vous divinités de la mer,
« accordez une heureuse issue à mon entreprise! que mes desseins tournent à
« ma gloire et à celle du peuple romain! Que, pleins de joie, nous retournions
« un jour dans nos foyers, chargés des dépouilles de l'ennemi; et que Carthage
« éprouve les malheurs dont elle avait menacé ma patrie! »

Cela dit, on égorge une victime; Scipion en jette les entrailles fumantes dans la mer : les voiles se déploient au son de la trompette; un vent favorable emporte la flotte entière loin des rivages de la Sicile.

Le lendemain du départ, on découvrit la terre d'Afrique et le promontoire de Mercure : la nuit survint, et la flotte fut obligée de jeter l'ancre. Au retour du soleil, Scipion apercevant la côte, demanda le nom du promontoire le plus voisin des vaisseaux « C'est le cap Beau, » répondit le pilote. A ce nom d'heureux augure, le général, saluant la fortune de Rome, ordonna de tourner la proue de sa galère vers l'endroit désigné par les dieux.

Le débarquement s'accomplit sans obstacles; la consternation se répandit dans les villes et dans les campagnes; les chemins étaient couverts d'hommes, de femmes et d'enfants qui fuyaient avec leurs troupeaux : on eût cru voir une de ces grandes migrations des peuples, quand des nations entières, par la colère ou par la volonté du ciel, abandonnent les tombeaux de leurs aïeux. L'épouvante saisit Carthage : on crie aux armes, on ferme les portes; on place des soldats sur les murs, comme si les Romains étaient déjà prêts à donner l'assaut.

Cependant Scipion avait envoyé sa flotte vers Utique; il marchait lui-même par terre à cette ville dans le dessein de l'assiéger : Masinissa vint le rejoindre avec deux mille chevaux.

Ce roi numide, d'abord allié des Carthaginois, avait fait la guerre aux Romains en Espagne; par une suite d'aventures extraordinaires, ayant perdu et recouvré plusieurs fois son royaume, il se trouvait fugitif quand Scipion débarqua en Afrique. Syphax, prince des Gétules, qui avait épousé Sophonisbe, fille d'Asdrubal, venait de s'emparer des États de Masinissa. Celui-ci se jeta dans les bras de Scipion, et les Romains lui durent en partie le succès de leurs armes.

Après quelques combats heureux, Scipion mit le siège devant Utique. Les Carthaginois, commandés par Asdrubal et par Syphax, formèrent deux camps séparés à la vue du camp romain. Scipion parvint à mettre le feu à ces deux camps dont les tentes étaient faites de nattes et de roseaux, à la manière des Numides. Quarante mille hommes périrent ainsi dans une seule nuit. Le vainqueur, qui prit dans cette circonstance une quantité prodigieuse d'armes, les fit brûler en l'honneur de Vulcain.

Les Carthaginois ne se découragèrent point : ils ordonnèrent de grandes levées. Syphax, touché des larmes de Sophonisbe, demeura fidèle aux vaincus, et s'exposa de nouveau pour la patrie d'une femme qu'il aimait avec passion. Toujours favorisé du ciel, Scipion battit les armées ennemies, prit les villes de leur dépendance, s'empara de Tunis, et menaça Carthage d'une entière destruction. Entraîné par son fatal amour, Syphax osa reparaître devant les vainqueurs, avec un courage digne d'un meilleur sort. Abandonné des siens sur le champ de bataille, il se précipite seul dans les escadrons romains : il espérait que ses soldats, honteux d'abandonner leur roi, tourneraient la tête et viendraient mourir avec lui : mais ces lâches continuèrent à fuir ; et Syphax, dont le cheval fut tué d'un coup de pique, tomba vivant entre les mains de Masinissa.

C'était un grand sujet de joie pour ce dernier prince de tenir prisonnier celui qui lui avait ravi la couronne : quelque temps après, le sort des armes mit aussi au pouvoir de Masinissa Sophonisbe, femme de Syphax. Elle se jette aux pieds du vainqueur.

« Je suis ta prisonnière : ainsi le veulent les dieux, ton courage et la for-
« tune ; mais par tes genoux que j'embrasse, par cette main triomphante que
« tu me permets de toucher, je t'en supplie, ô Masinissa, garde-moi pour ton
« esclave, sauve-moi de l'horreur de devenir la proie d'un Barbare. Hélas ! il
« n'y a qu'un moment que j'étais, ainsi que toi-même, environnée de la ma-
« jesté des rois ! Songe que tu ne peux renier ton sang ; que tu partages avec
« Syphax le nom de Numide. Mon époux sortit de ce palais par la colère des
« dieux : puisses-tu y être entré sous de plus heureux auspices ! Citoyenne de
« Carthage, fille d'Asdrubal, juge de ce que je dois attendre d'un Romain. Si
« je ne puis rester dans les fers d'un prince né sur le sol de ma patrie, si la
« mort peut seule me soustraire au joug de l'étranger, donne-moi cette mort :
« je la compterai au nombre de tes bienfaits. »

Masinissa fut touché des pleurs et du sort de Sophonisbe : elle était dans tout l'éclat de la jeunesse et d'une incomparable beauté. Ses supplications, dit Tite-Live, étaient moins des prières que des caresses. Masinissa vaincu lui promit tout, et non moins passionné que Syphax, il fit son épouse de sa prisonnière.

Syphax chargé de fers fut présenté à Scipion. Ce grand homme qui naguère avait vu sur un trône celui qu'il contemplait à ses pieds, se sentit touché de compassion. Syphax avait été autrefois l'allié des Romains ; il rejeta la faute de sa défection sur Sophonisbe. « Les flambeaux de mon fatal hyménée, dit-il, ont
« réduit mon palais en cendres ; mais une chose me console : la furie qui a

« détruit ma maison est passée dans la couche de mon ennemi ; elle réserve à
« Masinissa un sort pareil au mien. »

Syphax cachait ainsi, sous l'apparence de la haine, la jalousie qui lui arrachait ces paroles, car ce prince aimait encore Sophonisbe. Scipion n'était pas sans inquiétude ; il craignait que la fille d'Asdrubal ne prît sur Masinissa l'empire qu'elle avait eu sur Syphax. La passion de Masinissa paraissait déjà d'une violence extrême : il s'était hâté de célébrer ses noces avant d'avoir quitté les armes ; impatient de s'unir à Sophonisbe, il avait allumé les torches nuptiales devant les dieux domestiques de Syphax, devant ces dieux accoutumés à exaucer les vœux formés contre les Romains. Masinissa était revenu auprès de Scipion : celui-ci, en donnant des louanges au roi des Numides, lui fit quelques légers reproches de sa conduite envers Sophonisbe. Alors Masinissa rentra en lui-même, et, craignant de s'attirer la disgrâce des Romains, sacrifia son amour à son ambition. On l'entendit gémir au fond de sa tente, et se débattre contre ces sentiments généreux que l'homme n'arrache point de son cœur sans violence. Il fit appeler l'officier chargé de garder le poison du roi : ce poison servait aux princes africains à se délivrer de la vie quand ils étaient tombés dans un malheur sans remède ; ainsi, la couronne, qui n'était point chez eux à l'abri des révolutions de la fortune, était du moins à l'abri du mépris. Masinissa mêla le poison dans une coupe pour l'envoyer à Sophonisbe. Puis, s'adressant à l'officier chargé du triste message : « Dis à la reine que si j'avais été le maître,
« jamais Masinissa n'eût été séparé de Sophonisbe. Les dieux des Romains en
« ordonnent autrement. Je lui tiens du moins une de mes promesses ; elle ne
« tombera point vivante entre les mains de ses ennemis si elle se soumet à sa
« fortune en citoyenne de Carthage, en fille d'Asdrubal et en femme de Syphax
« et de Masinissa. »

L'officier entra chez Sophonisbe, et lui transmit l'ordre du roi. « Je reçois ce
« don nuptial avec joie, répondit-elle, puisqu'il est vrai qu'un mari n'a pu
« faire à sa femme d'autre présent. Dis à ton maître qu'en perdant la vie, j'au-
« rais du moins conservé l'honneur, si je n'eusse point épousé Masinissa la
« veille de ma mort : » Elle avala le poison.

Ce fut dans ces conjectures que les Carthaginois rappelèrent Annibal de l'Italie : il versa des larmes de rage, il accusa ses concitoyens, il s'en prit aux dieux, il se reprocha de n'avoir pas marché à Rome après la bataille de Cannes. Jamais homme en quittant son pays pour aller en exil n'éprouva plus de douleur qu'Annibal en s'arrachant d'une terre étrangère pour rentrer dans sa patrie.

Il débarqua sur la côte d'Afrique avec les vieux soldats qui avaient traversé, comme lui, les Espagnes, les Gaules, l'Italie ; qui montraient plus de faisceaux ravis à des préteurs, à des généraux, à des consuls, que tous les magistrats de Rome n'en faisaient porter devant eux. Annibal avait été trente-six ans absent de sa patrie : il en était sorti enfant ; il y revenait dans un âge avancé, ainsi qu'il le dit lui-même à Scipion. Quelles durent être les pensées de ce grand homme quand il revit Carthage, dont les murs et les habitants lui étaient presque étrangers ! Deux de ses frères étaient morts ; les compagnons de son enfance avaient disparu; les générations s'étaient succédé : les temples chargés de la dépouille des Romains furent sans doute les seuls lieux qu'Annibal put reconnaître dans cette Carthage nouvelle. Si ses concitoyens n'avaient pas été aveuglés par l'envie, avec qu'elle admiration ils auraient contemplé ce héros qui, depuis trente ans, versait son sang pour eux dans une région lointaine, et les couvrait d'une gloire ineffaçable! Mais, quand les services sont si éminents qu'ils excèdent les bornes de la reconnaissance, ils ne sont payés que par l'ingratitude. Annibal eut le malheur d'être plus grand que le peuple chez lequel il était né; et son destin fut de vivre et de mourir en terre étrangère.

Il conduisit son armée à Zama. Scipion rapprocha son camp de celui d'Annibal. Le général carthaginois eut un pressentiment de l'infidélité de la fortune; car il demanda une entrevue au général romain, afin de lui proposer la paix. On fixa le lieu du rendez-vous. Quand les deux capitaines furent en présence, ils demeurèrent muets et saisis d'admiration l'un pour l'autre. Annibal prit enfin la parole :

« Scipion, les dieux ont voulu que votre père ait été le premier des géné-
« raux ennemis à qui je me sois montré en Italie, les armes à la main; ces
« mêmes dieux m'ordonnent de venir aujourd'hui, désarmé, demander la paix
« à son fils. Vous avez vu les Carthaginois campés aux portes de Rome : le bruit
« d'un camp romain se fait entendre à présent jusque dans les murs de Car-
« thage. Sorti enfant de ma patrie, j'y rentre plein de jours; une longue
« expérience de la bonne et de la mauvaise fortune m'a appris à juger des
« choses par la raison et non par l'événement. Votre jeunesse, et le bonheur
« qui ne vous a point encore abandonné, vous rendront peut-être ennemi du
« repos; dans la prospérité on ne songe point aux revers. Vous avez l'âge
« que j'avais à Cannes et à Trasimène. Voyez ce que j'ai été, et connaissez,
« par mon exemple, l'inconstance du sort. Celui qui vous parle en suppliant
« est ce même Annibal qui, campé entre le Tibre et le Téveron, prêt à donner
« l'assaut à Rome, délibérait sur ce qu'il ferait de votre patrie. J'ai porté l'é-
« pouvante dans les champs de vos pères, et je suis réduit à vous prier d'épar-
« gner de tels malheurs à mon pays. Rien n'est plus incertain que le succès des
« armes : un moment peut vous ravir votre gloire et vos espérances. Consentir
« à la paix, c'est rester vous-même l'arbitre de vos destinées; combattre, c'est
« remettre votre sort entre les mains des dieux. »

A ce discours étudié, Scipion répondit avec plus de franchise, mais moins d'éloquence : il rejeta comme insuffisantes les propositions de paix que lui faisait Annibal, et l'on ne songea plus qu'à combattre. Il est probable que l'intérêt de la patrie ne fut pas le seul motif qui porta le général romain à rompre avec le général carthaginois, et que Scipion ne put se défendre du désir de se mesurer avec Annibal.

Le lendemain de cette entrevue, deux armées, composées de vétérans, conduites par les deux plus grands capitaines des deux plus grands peuples de la terre, s'avancèrent pour se disputer, non les murs de Rome et de Carthage, mais l'empire du monde, prix de ce dernier combat.

Scipion plaça les piquiers au premier rang, les princes au second, et les triaires au troisième. Il rompit ces lignes par des intervalles égaux, afin d'ouvrir un passage aux éléphants des Carthaginois. Des vélites répandus dans ces intervalles devaient, selon l'occasion, se replier derrière les soldats pesamment armés, ou lancer sur les éléphants une grêle de flèches et de javelots. Lélius couvrait l'aile gauche de l'armée avec la cavalerie latine, et Masinissa commandait à l'aile droite les chevaux numides.

Annibal rangea quatre-vingts éléphants sur le front de son armée, dont la première ligne était composée de Liguriens, de Gaulois, de Baléares et de Maures; les Carthaginois venaient au second rang; des Bruttiens formaient derrière eux une espèce de réserve, sur laquelle le général comptait peu. Annibal opposa sa cavalerie à la cavalerie des Romains, les Carthaginois à Lélius, et les Numides à Masinissa.

Les Romains sonnent les premiers la charge. Ils poussent en même temps de si grands cris, qu'une partie des éléphants effrayés se replie sur l'aile gauche de l'armée d'Annibal, et jette la confusion parmi les cavaliers numides. Masinissa aperçoit leur désordre, fond sur eux, et achève de les mettre en fuite. L'autre partie des éléphants qui s'étaient précipités sur les Romains est repoussée par les vélites et cause, à l'aile droite des Carthaginois, le même accident qu'à l'aile gauche. Ainsi, dès le premier choc, Annibal demeura sans cavalerie et découvert sur ses deux flancs : des raisons puissantes, que l'histoire n'a pas connues, l'empêchèrent sans doute de penser à la retraite.

L'infanterie en étant venue aux mains, les soldats de Scipion enfoncèrent facilement la première ligne de l'ennemi, qui n'était composée que de mercenaires. Les Romains et les Carthaginois se trouvèrent alors face à face. Les premiers, pour arriver aux seconds, étant obligés de passer sur des monceaux de cadavres, rompirent leur ligne, et furent au moment de perdre la victoire. Scipion voit le danger, et change son ordre de bataille. Il fait passer les princes et les triaires au premier rang, et les place à la droite et à la gauche des piquiers; il déborde par ce moyen le front de l'armée d'Annibal, qui avait déjà perdu sa cavalerie et la première ligne de ses fantassins. Les vétérans carthaginois soutinrent la gloire qu'ils s'étaient acquise dans tant de batailles. On reconnaissait parmi eux, à leurs couronnes, de simples soldats qui avaient tué, de leurs propres mains, des généraux et des consuls. Mais la cavalerie romaine, revenant de la poursuite des ennemis, charge par derrière les vieux compagnons d'Annibal. Entourés de toutes parts, ils combattent jusqu'au dernier soupir, et n'abandonnent leurs drapeaux qu'avec la vie. Annibal lui-même, après avoir fait tout ce qu'on peut attendre d'un grand général et d'un soldat intrépide, se sauve avec quelques cavaliers.

Resté maître du champ de bataille, Scipion donna de grands éloges à l'habileté que son rival avait déployée dans les événements du combat. Était-ce générosité ou orgueil? Peut-être l'une et l'autre; car le vainqueur était Scipion, et le vaincu Annibal.

La bataille de Zama mit fin à la seconde guerre Punique. Carthage demanda la paix, et ne la reçut qu'à des conditions qui présageaient sa ruine prochaine. Annibal, n'osant se fier à la foi d'un peuple ingrat, abandonna sa patrie. Il erra dans les cours étrangères, cherchant partout des ennemis aux Romains, et partout poursuivi par eux; donnant à de faibles rois des conseils qu'ils étaient incapables de suivre, et apprenant par sa propre expérience qu'il ne faut porter chez les hôtes couronnés ni gloire ni malheur. On assure qu'il rencontra Scipion à Éphèse, et que, s'entretenant avec son vainqueur, celui-ci lui dit : « A votre avis, Annibal, quel a été le premier capitaine du monde? — Alexandre, « répondit le Carthaginois. — Et le second? repartit Scipion. — Pyrrhus. — « Et le troisième? — Moi. — Que serait-ce donc, s'écria Scipion en riant, « si vous m'aviez vaincu? — Je me serais placé, répondit Annibal, avant « Alexandre. » Mot qui prouve que l'illustre banni avait appris dans les cours l'art de la flatterie, et qu'il avait à la fois trop de modestie et trop d'orgueil.

Enfin les Romains ne purent se résoudre à laisser vivre Annibal. Seul, proscrit et malheureux, il leur semblait balancer la fortune du Capitole. Ils étaient humiliés en pensant qu'il y avait au monde un homme qui les avait vaincus, et qui n'était point effrayé de leur grandeur. Ils envoyèrent une ambassade jusqu'au fond de l'Asie demander au roi Prusias la mort de son suppliant. Prusias eut la lâcheté d'abandonner Annibal. Alors ce grand homme avala du poison, en disant : « Délivrons les Romains de la crainte que leur « cause un vieillard exilé, désarmé et trahi. »

Scipion éprouva comme Annibal les peines attachées à la gloire. Il finit ses jours à Literne, dans un exil volontaire. On a remarqué qu'Annibal, Philopœmen et Scipion moururent à peu près dans le même temps, tous trois victimes de l'ingratitude de leur pays. L'Africain fit graver sur son tombeau cette inscription si connue :

INGRATE PATRIE,
TU N'AURAS PAS MES OS.

Mais, après tout, la proscription et l'exil, qui peuvent faire oublier des noms vulgaires, attirent les yeux sur les noms illustres : la vertu heureuse nous éblouit; elle charme nos regards lorsqu'elle est persécutée.

Carthage elle-même ne survécut pas longtemps à Annibal. Scipion Nasica et les sénateurs les plus sages voulaient conserver à Rome une rivale; mais on ne change point les destinées des empires. La haine aveugle du vieux Caton l'emporta, et les Romains, sous le prétexte le plus frivole, commencèrent la troisième guerre Punique.

Ils employèrent d'abord une insigne perfidie pour dépouiller les ennemis de leurs armes. Les Carthaginois, ayant en vain demandé la paix, résolurent de s'ensevelir sous les ruines de leur cité. Les consuls Marcius et Manilius parurent bientôt sous les murs de Carthage. Avant d'en former le siége, ils eurent recours à deux cérémonies formidables : l'évocation des divinités tutélaires de cette ville, et le dévouement de la patrie d'Annibal aux dieux infernaux.

« Dieu ou déesse, qui protégez le peuple et la république de Carthage, gé- « nie à qui la défense de cette ville est confiée, abandonnez vos anciennes de- « meures; venez habiter nos temples. Puissent Rome et nos sacrifices vous « être plus agréables que la ville et les sacrifices des Carthaginois! »

Passant ensuite à la formule de dévouement :

« Dieu Pluton, Jupiter malfaisant, dieux Mânes, frappez de terreur la ville
« de Carthage; entraînez ses habitants aux enfers. Je vous dévoue la tête des
« ennemis, leurs biens, leurs villes, leurs campagnes; remplissez mes vœux,
« et je vous immolerai trois brebis noires. Terre, mère des hommes, et vous
« Jupiter, je vous atteste. »

Cependant les consuls furent repoussés avec vigueur. Le génie d'Annibal s'était réveillé dans la ville assiégée. Les femmes coupèrent leurs cheveux; elles en firent des cordes pour les arcs et pour les machines de guerre. Scipion, le second Africain, servait alors comme tribun dans l'armée romaine. Quelques vieillards qui avaient vu le premier Scipion en Afrique vivaient encore, entre autres le célèbre Masinissa. Ce roi numide, âgé de plus de quatre-vingts ans, invita le jeune Scipion à sa cour; c'est sur la supposition de cette entrevue (1) que Cicéron composa le beau morceau de sa *République*, connu sous le nom du *Songe de Scipion*. Il fait parler ainsi l'Émilien à Lélius, à Philus, à Manilius et à Scévola :

« J'aborde Masinissa. Le vieillard me reçoit dans ses bras et m'arrose de
« ses pleurs. Il lève les yeux au ciel et s'écrie : « Soleil, dieux célestes, je vous
« remercie! Je reçois, avant de mourir, dans mon royaume et à mes foyers,
« le digne héritier de l'homme vertueux et du grand capitaine toujours présent
« à ma mémoire! »

« La nuit, plein des discours de Masinissa, je rêvai que l'Africain s'offrait
« devant moi : je tremblais, saisi de respect et de crainte. L'Africain me ras-
« sura, et me transporta avec lui au plus haut du ciel, dans un lieu tout bril-
« lant d'étoiles. Il me dit :

« Abaissez vos regards et voyez Carthage : je la forçai de se soumettre au
« peuple romain; dans deux ans vous la détruirez de fond en comble, et vous
« mériterez par vous-même le nom d'Africain que vous ne tenez encore que
« de mon héritage..... Sachez, pour vous encourager à la vertu, qu'il est dans
« le ciel un lieu destiné à l'homme juste. Ce qu'on appelle la vie sur la terre,
« c'est la mort. On n'existe que dans la demeure éternelle des âmes, et l'on
« ne parvient à cette demeure que par la sainteté, la religion, la justice, le res-
« pect envers ses parents, et le dévouement à la patrie. Sachez surtout mépri-
« ser les récompenses des mortels. Vous voyez d'ici combien cette terre est
« petite, combien les plus vastes royaumes occupent peu de place sur le globe
« que vous découvrez à peine, combien de solitudes et de mers divisent les
« peuples entre eux! Quel serait donc l'objet de votre ambition? Le nom
« d'un Romain a-t-il jamais franchi les sommets du Caucase ou les rivages du
« Gange? Que de peuples à l'orient, à l'occident, au midi, au septentrion, n'en-
« tendront jamais parler de l'Africain! Et ceux qui en parlent aujourd'hui, com-
« bien de temps en parleront-ils? Ils vont mourir. Dans le bouleversement des
« empires, dans ces grandes révolutions que le temps amène, ma mémoire

---

(1) Scipion avait vu auparavant Masinissa. Sa dernière entrevue n'eut pas lieu, car Masinissa était mort quand Scipion arriva à sa cour.

« périra sans retour. O mon fils! ne songez donc qu'aux sanctuaires divins où
« vous entendez cette harmonie des sphères qui charme maintenant vos
« oreilles; n'aspirez qu'à ces temples éternels préparés pour les grandes âmes
« et pour ces génies sublimes qui, pendant la vie, se sont élevés à la con-
« templation des choses du ciel. » L'Africain se tut et je m'éveillai. »

Cette noble fiction d'un consul romain, surnommé *le Père de la patrie*, ne déroge point à la gravité de l'histoire. Si l'histoire est faite pour conserver les grands noms et les pensées du génie, ces grands noms et ces pensées se trouvent ici (1).

Scipion l'Émilien, nommé consul par la faveur du peuple, eut ordre de continuer le siège de Carthage. Il surprit d'abord la ville basse, qui portait le nom de *Mégara* ou de *Magara* (2). Il voulut ensuite fermer le port extérieur au moyen d'une chaussée. Les Carthaginois ouvrirent une autre entrée à ce port, et parurent en mer au grand étonnement des Romains. Ils auraient pu brûler la flotte de Scipion; mais l'heure de Carthage était venue, et le trouble s'était emparé des conseils de cette ville infortunée.

Elle fut défendue par un certain Asdrubal, homme cruel, qui commandait trente mille mercenaires, et qui traitait les citoyens avec autant de rigueur que les ennemis. L'hiver s'étant passé dans les entreprises que j'ai décrites, Scipion attaqua au printemps le port intérieur appelé le *Cothon*.

Bientôt maître des murailles de ce port, il s'avança jusque dans la grande place de la ville. Trois rues s'ouvraient sur cette place et montaient en pente jusqu'à la citadelle connue sous le nom de *Byrsa*. Les habitants se défendirent dans les maisons de ces rues : Scipion fut obligé de les assiéger et de prendre chaque maison tour à tour. Ce combat dura six jours et six nuits. Une partie des soldats romains forçait les retraites des Carthaginois, tandis qu'une autre partie était occupée à tirer avec des crocs les corps entassés dans les maisons ou précipités dans les rues. Beaucoup de vivants furent jetés pêle-mêle dans les fossés avec les morts.

Le septième jour, des députés parurent en habits de suppliants; ils se bornaient à demander la vie des citoyens réfugiés dans la citadelle. Scipion leur accorda leur demande, exceptant toutefois de cette grâce les déserteurs romains qui avaient passé du côté des Carthaginois. Cinquante mille personnes, hommes, femmes, enfants et vieillards, sortirent ainsi de Byrsa.

Au sommet de la citadelle s'élevait un temple consacré à Esculape. Les transfuges, au nombre de neuf cents, se retranchèrent dans ce temple. Asdrubal les commandait; il avait avec lui sa femme et ses deux enfants. Cette troupe désespérée soutint quelque temps les efforts des Romains; mais, chassée peu à peu des parvis du temple, elle se renferma dans le temple même. Alors Asdrubal, entraîné par l'amour de la vie, abandonnant secrètement ses compagnons d'infortune, sa femme et ses enfants, vint, un rameau d'olivier à la main, embrasser les genoux de Scipion. Scipion le fit aussitôt montrer aux trans-

---

(1) Ce songe est une imitation d'un passage de *la République de Platon.*
(2) Je ne ferai la description de Carthage qu'en parlant de ses ruines.

fuges. Ceux-ci, pleins de rage, mirent le feu au temple, en faisant contre Asdrubal d'horribles imprécations.

Comme les flammes commençaient à sortir de l'édifice, on vit paraître une femme couverte de ses plus beaux habits, et tenant par la main deux enfants : c'était la femme d'Asdrubal. Elle promène ses regards sur les ennemis qui entouraient la citadelle, et reconnaissant Scipion : « Romain, s'écria-t-elle, je « ne demande point au ciel qu'il exerce sur toi sa vengeance : tu ne fais que « suivre les lois de la guerre; mais puisses-tu, avec les divinités de mon pays, « punir le perfide qui trahit sa femme, ses enfants, sa patrie et ses dieux ! Et « toi, Asdrubal, Rome déjà prépare le châtiment de tes forfaits ! Indigne chef de « Carthage, cours te faire traîner au char de ton vainqueur, tandis que ce feu « va nous dérober, moi et mes enfants, à l'esclavage ! »

En achevant ces mots, elle égorge ses enfants, les jette dans les flammes, et s'y précipite après eux. Tous les transfuges imitent son exemple.

Ainsi périt la patrie de Didon, de Sophonisbe et d'Annibal. Florus veut que l'on juge de la grandeur du désastre par l'embrasement qui dura dix-sept jours entiers. Scipion versa des pleurs sur le sort de Carthage. A l'aspect de l'incendie qui consumait cette ville naguère si florissante, il songea aux révolutions des empires, et prononça ces vers d'Homère en les appliquant aux destinées futures de Rome : « Un temps viendra où l'on verra périr, et les sacrés murs « d'Ilion, et le belliqueux Priam, et tout son peuple. » Corinthe fut détruite la même année que Carthage, et un enfant de Corinthe répéta, comme Scipion, un passage d'Homère, à la vue de sa patrie en cendres. Quel est donc cet homme que toute l'antiquité appelle à la chute des États et au spectacle des calamités des peuples, comme si rien ne pouvait être grand et tragique sans sa présence; comme si toutes les douleurs humaines étaient sous la protection et sous l'empire du chantre d'Ilion et d'Hector ?

Carthage ne fut pas plutôt détruite, qu'un dieu vengeur sembla sortir de ses ruines : Rome perd ses mœurs; elle voit naître dans son sein des guerres civiles; et cette corruption et ces discordes commencent sur les rivages Puniques. Et d'abord Scipion, destructeur de Carthage, meurt assassiné par la main de ses proches; les enfants de ce roi Masinissa, qui fit triompher les Romains, s'égorgent sur le tombeau de Sophonisbe; les dépouilles de Syphax servent à Jugurtha à pervertir et à vaincre les descendants de Régulus. « O cité vénale ! « s'écrie le prince Africain en sortant du Capitole : ô cité mûre pour ta ruine, « si tu trouves un acheteur ! » Bientôt Jugurtha fait passer une armée romaine sous le joug, presque à la vue de Carthage, et renouvelle cette honteuse cérémonie, comme pour réjouir les mânes d'Annibal; il tombe enfin dans les mains de Marius, et perd l'esprit au milieu de la pompe triomphale. Les licteurs le dépouillent, lui arrachent ses pendants d'oreilles, le jettent nu dans une fosse, où ce roi justifie jusqu'à son dernier soupir ce qu'il avait dit de l'avidité des Romains.

Mais la victoire obtenue sur le descendant de Masinissa a fait naître entre Sylla et Marius cette jalousie qui va couvrir Rome de deuil. Obligé de fuir devant son rival, Marius vint chercher un asile parmi les tombeaux d'Hannon et d'Hamilcar. Un esclave de Sextilius, préfet d'Afrique, apporte à Marius l'ordre de quitter les débris qui lui servent de retraite : « Va dire à ton maître, répond « le terrible consul, que tu as vu Marius fugitif assis sur les ruines de Car-« thage. »

« Marius et Carthage, disent un historien et un poëte, se consolaient mu- « tuellement de leur sort; et tombés l'un et l'autre, ils pardonnaient aux dieux. » Enfin la liberté de Rome expire aux pieds de Carthage détruite et enchaînée. La vengeance est complète : c'est un Scipion qui succombe en Afrique sous les coups de César; et son corps est le jouet des flots qui portèrent les vaisseaux triomphants de ses aïeux.

Mais Caton vit encore à Utique, et avec lui Rome et la liberté sont encore debout. César approche : Caton juge que les dieux de la patrie se sont retirés. Il demande son épée ; un enfant la lui apporte; Caton la tire du fourreau, en touche la pointe et dit: « Je suis mon maître! » Ensuite il se couche; et lit deux fois le dialogue de Platon sur l'immortalité de l'âme, après quoi il s'endort. Le chant des oiseaux le réveille au point du jour : il pense alors qu'il est temps de changer une vie libre en une vie immortelle ; il se donne un coup d'épée au-dessous de l'estomac : il tombe de son lit, se débat contre la mort. On accourt, on bande sa plaie : il revient de son évanouissement, déchire l'appareil et arrache ses entrailles. Il aime mieux mourir pour une cause sainte, que de vivre sous un grand homme.

Le destin de Rome républicaine étant accompli, les hommes, les lois, ayant changé, le sort de Carthage changea pareillement. Déjà Tibérius Gracchus avait établi une colonie dans l'enceinte déserte de la ville de Didon; mais sans doute cette colonie n'y prospéra pas, puisque Marius ne trouva à Carthage que des cabanes et des ruines. Jules César, étant en Afrique, fit un songe : il crut voir pendant son sommeil une grande armée qui l'appelait en répandant des pleurs. Dès lors, il forma le projet de rebâtir Corinthe et Carthage, dont le rêve lui avait apparemment offert les guerriers. Auguste, qui partagea toutes les fureurs d'une révolution sanglante, et qui les répara toutes, accomplit le dessein de César. Carthage sortit de ses ruines, et Strabon assure que de son temps elle était déjà florissante. Elle devint la métropole de l'Afrique, et fut célèbre par sa politesse et par ses écoles. Elle vit naître tour à tour de grands et d'heureux génies. Tertullien lui adressa son *Apologétique* contre les Gentils. Mais, toujours cruelle dans sa religion, Carthage persécuta les chrétiens innocents, comme elle avait jadis brûlé des enfants en l'honneur de Saturne. Elle livra au martyre l'illustre Cyprien, qui faisait refleurir l'éloquence latine. Arnobe et Lactance se distinguèrent à Carthage : le dernier y mérita le surnom de *Cicéron chrétien*.

Soixante ans après, saint Augustin puisa dans la capitale de l'Afrique ce goût des voluptés sur lequel, ainsi que le roi-prophète, il pleura le reste de sa vie. Sa belle imagination, touchée des fictions des poëtes, aimait à chercher les restes du palais de Didon. Le désenchantement que l'âge amène, et le vide qui suit les plaisirs, rappelèrent le fils de Monique à des pensées plus graves. Saint Ambroise acheva la victoire, et Augustin, devenu évêque d'Hippone, fut un modèle de vertu. Sa maison ressemblait à une espèce de monastère où rien n'était affecté ni en pauvreté ni en richesses. Vêtu d'une manière modeste, mais propre et agréable, le vénérable prélat rejetait les habits somptueux, qui ne convenaient, disait-il, ni à son ministère, ni à son corps cassé de vieillesse, ni à ses cheveux blancs. Aucune femme n'entrait chez lui, pas même sa sœur, veuve et servante de Dieu. Les étrangers trouvaient à sa table une hospitalité libérale; mais, pour lui, il ne vivait que de fruits et de légumes. Il faisait sa principale occupation de l'assistance des pauvres et de la prédication de la parole de Dieu. Il fut surpris dans l'exercice de ses devoirs par les Vandales, qui vinrent mettre le siège devant Hippone, l'an 431 de notre ère, et qui changèrent la face de l'Afrique.

Les Barbares avaient déjà envahi les grandes provinces de l'empire; Rome même avait été saccagée par Alaric. Les Vandales, ou poussés par les Visigoths, ou appelés par le comte Boniface, passèrent enfin d'Espagne en Afrique. Ils étaient, selon Procope, de la race des Goths, et joignaient à leur férocité naturelle le fanatisme religieux. Convertis au christianisme, mais ariens de secte, ils persécutèrent les catholiques avec une rage inouïe. Leur cruauté fut sans exemple : quand ils étaient repoussés devant une ville, ils massacraient leurs prisonniers autour de cette ville. Laissant les cadavres exposés au soleil, ils chargeaient, pour ainsi dire, le vent de porter la peste dans les murs que leur rage n'avait pu frapper. L'Afrique fut épouvantée de cette race d'hommes, de géants demi-nus, qui faisaient des peuples vaincus des espèces de bêtes de somme, les chassaient par troupeaux devant eux, et les égorgeaient quand ils en étaient las.

Genseric établit à Carthage le siège de son empire : il était digne de commander aux Barbares que Dieu lui avait soumis. C'était un prince sombre, sujet à des accès de la plus noire mélancolie, et qui paraissait grand dans le naufrage général du monde civilisé, parce qu'il était monté sur des débris.

Au milieu de ses malheurs une dernière vengeance était réservée à la ville de Didon. Genseric traverse la mer et s'empare de Rome : il la livre à ses soldats pendant quatorze jours et quatorze nuits. Il se rembarque ensuite; la flotte du nouvel Annibal apporte à Carthage les dépouilles de Rome, comme la flotte de Scipion avait apporté à Rome les dépouilles de Carthage. Tous les vaisseaux de Genseric, dit Procope, arrivèrent heureusement en Afrique, excepté celui qui portait les dieux. Solidement établi dans son nouvel empire, Genseric en sortait tous les ans pour ravager l'Italie, la Sicile, l'Illyrie et la Grèce. Les aveugles conquérants de cette époque sentaient intérieurement qu'ils n'étaient rien en eux-mêmes, qu'ils n'étaient que des instruments d'un conseil éternel. De là les noms qu'ils se donnaient de *Fléau de Dieu, de Ravageur de l'espèce humaine;* de là cette fureur de détruire dont ils se sentaient tourmentés, cette soif du sang qu'ils ne pouvaient éteindre; de là cette combinaison de toutes choses pour leurs succès, bassesses des hommes, absence de courage, de vertus, de talents, de génie : car rien ne devait mettre d'obstacles à l'accomplissement des arrêts du ciel. La flotte de Genseric était prête; ses soldats étaient embarqués : où allait-il? Il ne le savait pas lui-même. « Prince, lui dit le pilote, « quels peuples allez-vous attaquer? — Ceux-là, répond le Barbare, que Dieu « regarde à présent dans sa colère. »

Genseric mourut trente-neuf ans après avoir pris Carthage. C'était la seule ville d'Afrique dont il n'eût pas détruit les murs. Il eut pour successeur Honoric, l'un de ses fils.

Après un règne de huit ans, Honoric fut remplacé sur le trône par son cousin Gondamond : celui-ci porta le sceptre treize années, et laissa la couronne à Transamond son frère.

Le règne de Transamond fut en tout de vingt-sept années. Ildéric, fils d'Honoric et petit-fils de Genseric, hérita du royaume de Carthage. Gélimer, parent d'Ildéric, conspira contre lui, et le fit jeter dans un cachot. L'empereur Justinien prit la défense du monarque détrôné, et Bélisaire passa en Afrique. Gélimer ne fit point de résistance. Le général romain entra victorieux dans Carthage. Il se rendit au palais, où, par un jeu de la fortune, il mangea des viandes mêmes qui avaient été préparées pour Gélimer, et fut servi par les officiers de ce prince. Rien n'était changé à la cour, hors le maître; et c'est peu de chose quand il a cessé d'être heureux.

Bélisaire au reste était digne de ses succès. C'était un de ces hommes qui paraissent de loin à loin dans les jours du vice, pour interrompre le droit de proscription contre la vertu. Malheureusement ces nobles âmes qui brillent au milieu de la bassesse, ne produisent aucune révolution. Elles ne sont point liées aux affaires humaines de leur temps; étrangères et isolées dans le présent, elles ne peuvent avoir aucune influence sur l'avenir. Le monde roule sur elles sans les entraîner; mais aussi elles ne peuvent arrêter le monde. Pour que les âmes d'une haute nature soient utiles à la société, il faut qu'elles naissent chez un peuple qui conserve le goût de l'ordre, de la religion et des mœurs, et dont le génie et le caractère soient en rapport avec sa position morale et politique. Dans le siècle de Bélisaire, les événements étaient grands et les hommes petits. C'est pourquoi les annales de ce siècle, bien que remplies de catastrophes tragiques, nous révoltent et nous fatiguent. Nous ne cherchons point, dans l'histoire, les révolutions qui maîtrisent et écrasent des hommes, mais les hommes qui commandent aux révolutions, et qui soient plus puissants que la fortune. L'univers bouleversé par les Barbares ne nous inspire que de l'horreur et du mépris; nous sommes éternellement et justement occupés d'une petite querelle de Sparte et d'Athènes dans un petit coin de la Grèce.

Gélimer, prisonnier à Constantinople, servit au triomphe de Bélisaire. Bientôt après, ce monarque devint laboureur. En pareil cas, la philosophie peut consoler un homme d'une nature commune, mais elle ne fait qu'augmenter les regrets d'un cœur vraiment royal.

On sait que Justinien ne fit point crever les yeux à Bélisaire. Ce ne serait après tout qu'un bien petit événement dans la grande histoire de l'ingratitude humaine. Quant à Carthage, elle vit un prince sortir de ses murs pour aller s'asseoir sur le trône des Césars : ce fut cet Héraclius qui renversa le tyran Phocas. Les Arabes firent, en 647, leur première expédition en Afrique. Cette expédition fut suivie de quatre autres dans l'espace de cinquante ans. Carthage tomba sous le joug musulman en 696. La plupart des habitants se sauvèrent en Espagne et en Sicile. Le patrice Jean, général de l'empereur Léonce, occupa la ville en 697, mais les Sarrasins y rentrèrent pour toujours en 698 ; et la fille de Tyr devint la proie des enfants d'Ismaël. Elle fut prise par Hassan, sous le califat d'Abd-el-Melike. On prétend que les nouveaux maîtres de Carthage en rasèrent jusqu'aux fondements. Cependant il en existait encore de grands débris au commencement du neuvième siècle, s'il est vrai que des ambassadeurs de Charlemagne y découvrirent le corps de saint Cyprien. Vers la fin du même siècle, les infidèles formèrent une ligue contre les chrétiens, et ils avaient à leur tête, dit l'histoire, les *Sarrasins de Carthage*. Nous verrons aussi que saint Louis trouva une ville naissante dans les ruines de cette antique cité. Quoi qu'il en soit, elle n'offre plus aujourd'hui que les débris dont je vais parler. Elle n'est connue dans le pays que sous le nom de Bersach, qui semble être une corruption du nom de Byrsa. Quand on veut aller de Tunis à Carthage, il faut demander la tour d'Almenare ou *la torre* de Mastinacès : *ventoso gloria curru!*

Il est assez difficile de bien comprendre, d'après le récit des historiens, le plan de l'ancienne Carthage. Polybe et Tite-Live avaient sans doute parlé fort au long du siége de cette ville, mais nous n'avons plus leurs descriptions. Nous sommes réduits aux abréviateurs latins, tels que Florus et Velléius Paterculus, qui n'entrent point dans le détail des lieux. Les géographes qui vinrent par la suite des temps ne connurent que la Carthage romaine. L'autorité la plus complète sur ce sujet est celle du Grec Appien, qui florissait près de trois siècles après l'événement, et qui, dans son style déclamatoire, manque de précision et de clarté. Rollin, qui le suit, en y mêlant peut-être mal à propos l'autorité de Strabon, m'épargnera la peine d'une traduction.

« Elle était située dans le fond d'un golfe, environnée de mer en forme d'une
« presqu'île dont le col, c'est-à-dire l'isthme qui la joignait au continent, était
« d'une lieue et un quart (vingt-cinq stades). La presqu'île avait de circuit dix-
« huit lieues (trois cent soixante stades). Du côté de l'occident il en sortait une
« longue pointe de terre, large à peu près de douze toises (un demi-stade),
« qui, s'avançant dans la mer, la séparait d'avec le marais, et était fermée de
« tous côtés de rochers et d'une simple muraille. Du côté du midi et du conti-
« nent, où était la citadelle appelée *Byrsa*, la ville était close d'une triple mu-
« raille, haute de trente coudées, sans les parapets et les tours qui la flan-
« quaient tout à l'entour par d'égales distances, éloignées l'une de l'autre de
« quatre-vingts toises. Chaque tour avait quatre étages, les murailles n'en
« avaient que deux ; elles étaient voûtées, et dans le bas il y avait des étables
« pour mettre trois cents éléphants, avec les choses nécessaires pour leur sub-
« sistance, et des écuries au-dessus pour quatre mille chevaux, et les greniers
« pour leur nourriture. Il s'y trouvait aussi de quoi y loger vingt mille fantas-
« sins et quatre mille cavaliers. Enfin, tout cet appareil de guerre était ren-
« fermé dans les seules murailles. Il n'y avait qu'un endroit de la ville dont les
« murs fussent faibles et bas : c'était un angle négligé qui commençait à la pointe
« de terre dont nous avons parlé, et qui continuait jusqu'au port qui était du
« côté du couchant. Il y en avait deux qui se communiquaient l'un à l'autre,
« mais qui n'avaient qu'une seule entrée, large de soixante-dix pieds et fermée
« par des chaînes. Le premier était pour les marchands, où l'on trouvait plu-

« sieurs et diverses demeures pour les matelots. L'autre était le port intérieur,
« pour les navires de guerre, au milieu duquel on voyait une île nommée
« *Cothon*, bordée, aussi bien que le port, de grands quais où il y avait des
« loges séparées pour mettre à couvert deux cent vingt navires, et des maga-
« sins au-dessus, où l'on gardait tout ce qui était nécessaire à l'armement et à
« l'équipement des vaisseaux. L'entrée de chacune de ces loges, destinées à
« retirer les vaisseaux, était ornée de deux colonnes de marbre d'ouvrage
« ionique ; de sorte que tant le port que l'île représentaient des deux côtés deux
« magnifiques galeries. Dans cette île était le palais de l'amiral ; et, comme il
« était vis-à-vis de l'entrée du port, il pouvait de là découvrir tout ce qui se
« passait dans la mer, sans que de la mer on pût rien voir de ce qui se faisait
« dans l'intérieur du port. Les marchands, de même, n'avaient aucune vue
« sur les vaisseaux de guerre, les deux ports étant séparés par une double mu-
« raille, et il y avait dans chacun une porte particulière pour entrer dans la
« ville sans passer par l'autre port. On peut donc distinguer trois parties
« dans Carthage : le port qui était double, appelé quelquefois *Cothon*, à cause
« de la petite île de ce nom ; la citadelle, appelée *Byrsa ;* la ville proprement
« dite, où demeuraient les habitants, qui environnait la citadelle, et était
« nommée *Mégara*. »

Il ne resta vraisemblablement de cette première ville que les citernes publiques et particulières ; elles sont d'une beauté surprenante, et donnent une
grande idée des monuments des Carthaginois ; mais je ne sais si l'aqueduc qui
conduisait l'eau à ces citernes ne doit pas être attribué à la seconde Carthage.
Je me fonde, pour la destruction entière de la cité de Didon, sur ce passage de
Florus : « *Quanta urbs deleta sit, ut de cæteris taceam, vel ignium mora pro-*
« *bari potest. Quippe per continuos XVII dies vix potuit incendium exstingui,*
« *quod domibus ac templis suis sponte hostes immiserant ; ut quatenus urbs eripi*
« *Romanis non poterat, triumphus arderet.* »

Appien ajoute que ce qui échappa aux flammes fut démoli par ordre du sénat
romain. « Rome, dit Velleïus Paterculus, déjà maîtresse du monde, ne se
« croyait pas en sûreté tant que subsisterait le nom de Carthage, » *si nomen us-
quam maneret Carthaginis.*

Strabon, dans sa description courte et claire, mêle évidemment différentes
parties de l'ancienne et de la nouvelle cité :

Καὶ Καρχηδὼν δὲ ἐπὶ χερρόνσου τινὸς ἵδρυται, ...
. . . . etc.

« Carthage, environnée de murs de toutes parts, occupe une presqu'île de
« trois cents stades de tour, qu'elle a attachée à la terre ferme par un isthme
« de soixante stades de largeur. Au milieu de la ville s'élevait une colline sur
« laquelle était bâtie une citadelle appelée *Byrsa*. Au sommet de cette citadelle
« on voyait un temple consacré à Esculape, et des maisons couvraient la
« pente de la colline. Les ports sont au pied de Byrsa, ainsi que la petite île
« ronde appelée *Cothon*, autour de laquelle les vaisseaux forment un cercle. »

Sur ce mot *Karchédôn* de l'original, j'observe, après quelques écrivains, que, selon Samuel Bochard, le nom phénicien de *Carthage* était *Cartha-Hadath* ou *Cartha-Hadtha,* c'est-à-dire la nouvelle ville. Les Grecs en firent *Karchedon,* et les Romains *Carthage.* Les noms des trois parties de la ville étaient également tirés du phénicien, *Magara* de *Magar,* magasin ; *Byrsa* de *bosra,* forteresse ; et *Cothon* de *ratoun,* coupure ; car il n'est pas bien clair que le Cothon fût une île.

Après Strabon, nous ne savons plus rien de Carthage, sinon qu'elle était devenue une des plus grandes et des plus belles villes du monde. Pline pourtant se contente de dire : *Colonia Carthago, magnæ in vestigiis Carthaginis.* Pomponius Mela, avant Pline, ne paraît pas beaucoup plus favorable : *Jam quidem iterum opulenta, etiam nunc tamen priorum excidio rerum, quam ope præsentium clarior;* mais Solin dit : *Alterum post urbem Romam terrarum decus.* D'autres auteurs la nomment *la Grande* et *l'Heureuse : Carthago magna, felicitate reverenda.*

La nouvelle Carthage souffrit d'un incendie sous le règne de Marc-Aurèle ; car on voit ce prince occupé à réparer les malheurs de la colonie.

Commode, qui mit une flotte en station à Carthage pour apporter à Rome les blés de l'Afrique, voulut changer le nom de *Carthage* en celui de *la ville Commodiane.* Cette folie de l'indigne fils d'un grand homme fut bientôt oubliée.

Les deux Gordiens ayant été proclamés empereurs en Afrique firent de Carthage la capitale du monde pendant leur règne d'un moment. Il paraît toutefois que les Carthaginois en témoignèrent peu de reconnaissance ; car, selon Capitolin, ils se révoltèrent contre les Gordiens en faveur de Capélius. Zosime dit encore que ces mêmes Carthaginois reconnurent Sabinien pour leur maître, tandis que le jeune Gordien succédait dans Rome à Balbin et à Maxime. Quand on croirait, d'après Zonare, que Carthage fut favorable aux Gordiens, ces empereurs n'auraient pas eu le temps d'embellir beaucoup cette cité.

Plusieurs inscriptions rapportées par le savant docteur Shaw prouvent qu'Adrien, Aurélien et Septime Sévère élevèrent des monuments en différentes villes du Byzacium, et sans doute ils ne négligèrent pas la capitale de cette riche province.

Le tyran Maxence porta la flamme et le fer en Afrique, et triompha de Carthage comme de l'antique ennemie de Rome. On ne voit pas sans frissonner cette longue suite d'insensés qui, presque sans interruption, ont gouverné le monde depuis Tibère jusqu'à Constantin, et qui vont, après ce dernier prince, se joindre aux monstres de la Byzantine. Les peuples ne valaient guère mieux que les rois. Une effroyable convention semblait exister entre les nations et les souverains : ceux-ci pour tout oser, celles-là pour tout souffrir.

Ainsi ce que nous savons des monuments de Carthage dans les siècles que nous venons de parcourir se réduit à très-peu de chose : nous voyons seulement par les écrits de Tertullien, de saint Cyprien, de Lactance, de saint Augustin, par les canons des conciles de Carthage et par les *Actes des Martyrs*, qu'il y avait à Carthage des amphithéâtres, des théâtres, des bains, des portiques. La ville ne fut jamais bien fortifiée, car Gordien le Vieux ne put s'y défendre ; et, longtemps après, Genseric et Bélisaire y entrèrent sans difficulté.

J'ai entre les mains plusieurs monnaies des rois vandales qui prouvent que les arts étaient tout à fait perdus sous le règne de ces rois : ainsi il n'est pas probable que Carthage ait reçu aucun embellissement de ses nouveaux maîtres. Nous savons au contraire que Genseric abattit les églises et les théâtres ; tous les monuments païens furent renversés par ses ordres : on cite entre autres le temple de Mémoire et la rue consacrée à la déesse Céleste. Cette rue était bordée de superbes édifices.

Justinien, après avoir arraché Carthage aux Vandales, y fit construire des portiques, des thermes, des églises et des monastères, comme on le voit dans le livre *des Édifices* de Procope. Cet historien parle encore d'une église bâtie par les Carthaginois au bord de la mer, en l'honneur de saint Cyprien. Voilà ce que j'ai pu recueillir touchant les monuments d'une ville qui occupe un si haut rang dans l'histoire : passons maintenant à ses débris.

Le vaisseau sur lequel j'étais parti d'Alexandrie étant arrivé au port de Tunis, nous jetâmes l'ancre en face des ruines de Carthage : je les regardais sans pouvoir deviner ce que c'était ; j'apercevais quelques cabanes de Maures, un ermitage musulman sur la pointe d'un cap avancé, des brebis paissant parmi des ruines, ruines si peu apparentes, que je les distinguais à peine du sol qui les portait : c'était là Carthage :

> Devictæ Carthaginis arces
> Procubuere ; jacent infausto in littore turres
> Eversæ. Quantum illa metus, quantum illa laborum
> Urbs dedit insultans Latio et Laurentibus arvis !
> Nunc passim, vix reliquias, vix nomina servans,
> Obruitur, propriis non agnoscenda ruinis.

« Les murs de Carthage vaincue et ses tours renversées gisent épars sur le « rivage fatal. Quelle crainte cette ville n'a-t-elle pas jadis inspirée à Rome ; « quels efforts ne nous a-t-elle pas coûtés lorsqu'elle nous insultait jusque dans « le Latium et dans les champs de Laurente ! Maintenant on aperçoit à peine « ses débris, elle conserve à peine son nom, et ne peut être reconnue à ses « propres ruines. »

Pour se retrouver dans ces ruines, il est nécessaire de suivre une marche méthodique. Je suppose donc que le lecteur parte avec moi du fort de la Goulette, lequel, comme on sait et comme je l'ai dit, est situé sur le canal par où le lac de Tunis se dégorge dans la mer. Chevauchant le long du rivage, en se dirigeant est-nord-est, vous trouvez, après une demi-heure de chemin, des salines qui remontent vers l'ouest jusqu'à un fragment de mur assez voisin des grandes citernes. Passant entre les salines et la mer, vous commencez à découvrir des jetées qui s'étendent assez loin sous les flots. La mer et les jetées sont à votre droite ; à votre gauche, vous apercevez sur des hauteurs inégales beaucoup de débris ; au pied de ces débris est un bassin de forme ronde assez profond, et qui communiquait autrefois avec la mer par un canal dont on voit encore la trace. Ce bassin doit être, selon moi, le Cothon, ou le port intérieur de Carthage. Les restes des immenses travaux que l'on aperçoit dans la mer, indiqueraient, dans ce cas, le môle extérieur. Il me semble même qu'on peut distinguer quelques piles de la levée que Scipion fit construire afin de fermer le port. J'ai remarqué aussi un second canal intérieur, qui sera, si l'on veut, la coupure faite par les Carthaginois lorsqu'ils ouvrirent un autre passage à leur flotte.

Ce sentiment est directement opposé à celui du docteur Shaw, qui place l'ancien port de Carthage au nord et au nord-ouest de la péninsule, dans le marais noyé appelé *El-Mersa*, ou le havre. Il suppose que ce port a été bouché par les vents du nord-est, et par le limon de la Bagrada. D'Anville, dans sa *Géographie ancienne*, et Bélidor, dans son *Architecture hydraulique*, ont suivi cette opinion. Les voyageurs se sont soumis à ces grandes autorités. Je ne sais quelle est à cet égard l'opinion du savant Italien dont je n'ai pas vu l'ouvrage (1).

J'avoue que je suis effrayé d'avoir à combattre des hommes d'un mérite aussi éminent que Shaw et d'Anville. L'un avait vu les lieux, et l'autre les avait devinés, si on me passe cette expression. Une chose cependant m'encourage : M. Humberg, commandant-ingénieur à la Goulette, homme très-habile, et qui réside depuis longtemps au milieu des ruines de Carthage, rejette absolument l'hypothèse du savant Anglais. Il est certain qu'il faut se défier de ces prétendus changements de lieux, de ces accidents locaux, à l'aide desquels on explique les difficultés d'un plan qu'on n'entend pas. Je ne sais donc si la Bagrada a pu fermer l'ancien port de Carthage, comme le docteur Shaw le suppose, ni produire sur le rivage d'Utique toutes les révolutions qu'il indique. La partie élevée du terrain au nord et au nord-ouest de l'isthme de Carthage n'a pas, soit le long de la mer, soit dans l'El-Mersa, la moindre sinuosité qui pût servir d'abri à un bateau. Pour trouver le Cothon dans cette position, il faut avoir recours à une espèce de trou qui, de l'aveu de Shaw, n'occupe pas cent verges en carré. Sur la mer du sud-est, au contraire, vous rencontrez de longues levées, des voûtes qui peuvent avoir été les magasins, ou même les loges des galères; vous voyez des canaux creusés de main d'hommes, un bassin intérieur assez grand pour contenir les barques des anciens; et, au milieu de ce bassin, une petite île.

L'histoire vient à mon secours. Scipion l'Africain était occupé à fortifier Tunis lorsqu'il vit des vaisseaux sortir de Carthage pour attaquer la flotte romaine à Utique. (Tite-Live, liv. x.) Si le port de Carthage avait été au nord, de l'autre côté de l'isthme, Scipion, placé à Tunis, n'aurait pas pu découvrir les galères des Carthaginois; la terre cache dans cette partie le golfe d'Utique. Mais, si l'on place le port au sud-est, Scipion vit et dut voir appareiller les ennemis.

Quand Scipion l'Émilien entreprit de fermer le port extérieur, il fit commencer la jetée à la pointe du cap de Carthage. (Appien.) Or, le cap de Carthage est à l'orient, sur la baie même de Tunis. Appien ajoute que cette pointe de terre était près du port; ce qui est vrai si le port était au sud-est; ce qui est faux si le port se trouvait au nord-ouest. Une chaussée, conduite de la plus longue pointe de l'isthme de Carthage pour enclore au nord-ouest ce qu'on appelle l'*El-Mersa*, est une chose absurde à supposer.

(1) J'ai indiqué cet ouvrage plus haut.
Son opinion paraît semblable à la mienne. Voyez la Préface de la troisième édition.

Enfin, après avoir pris le Cothon, Scipion attaqua Byrsa, ou la citadelle (Appien) ; le Cothon était donc au-dessous de la citadelle ; or, celle-ci était bâtie sur la plus haute colline de Carthage, colline que l'on voit entre le midi et l'orient. Le Cothon placé au nord-ouest aurait été trop éloigné de Byrsa, tandis que le bassin que j'indique est précisément au pied de la colline du sud-est.

Si je m'étends sur ce point plus qu'il n'est nécessaire à beaucoup de lecteurs, il y en a d'autres aussi qui prennent un vif intérêt aux souvenirs de l'histoire, et qui ne cherchent dans un ouvrage que des faits et des connaissances positives. N'est-il pas singulier que, dans une ville aussi fameuse que Carthage, on en soit à chercher l'emplacement même de ses ports, et que ce qui fit sa principale gloire soit précisément ce qui est le plus oublié ?

Shaw me semble avoir été plus heureux à l'égard du port marqué dans le premier livre de l'*Énéide*. Quelques savants ont cru que ce port était une création du poëte ; d'autres ont pensé que Virgile avait eu l'intention de représenter, ou le port d'Ithaque, ou celui de Carthagène, ou la baie de Naples ; mais le chantre de Didon était trop scrupuleux sur la peinture des lieux pour se permettre une telle licence ; il a décrit dans la plus exacte vérité un port à quelque distance de Carthage. Laissons parler le docteur Shaw :

« L'*Arvah-Reah*, l'Aquilaria des anciens, est à deux lieues à l'est-nord-est
« de Seedy-Doude, un peu au sud du promontoire de Mercure : ce fut là que
« Curion débarqua les troupes qui furent ensuite taillées en pièces par Saburra. Il y a ici divers restes d'antiquités, mais il n'y en a point qui méritent
« de l'attention. La montagne située entre le bord de la mer et le village, où il
« n'y a qu'un demi-mille de distance, est à vingt ou trente pieds au-dessus du
« niveau de la mer, fort artistement taillée, et percée en quelques endroits
« pour faire entrer l'air dans les voûtes, que l'on y a pratiquées : on voit en-
« core dans ces voûtes à des distances réglées, de grosses colonnes et des arches
« pour soutenir la montagne. Ce sont ici les carrières dont parle Strabon, d'où
« les habitants de Carthage, d'Utique et de plusieurs autres villes voisines
« pouvaient tirer des pierres pour leurs bâtiments ; et, comme le dehors de la
« montagne est tout couvert d'arbres, que les voûtes qu'on y a faites s'ouvrent
« du côté de la mer, qu'il y a un grand rocher de chaque côté de cette ouver-
« ture vis-à-vis laquelle est l'île d'Ægimurus, et que de plus on y trouve des
« sources qui sortent du roc, et des reposoirs pour les travailleurs, on ne
« saurait presque douter, vu que les circonstances y répondent si exactement,
« que ce ne soit ici la caverne que Virgile place quelque part dans le golfe, et
« dont il fait la description dans les vers suivants, quoiqu'il y ait des com-
« mentateurs qui ont cru que ce n'est qu'une pure fiction du poëte :

    Est in secessu longo locus : insula portum
    Efficit objectu laterum ; quibus omnis ab alto
    Frangitur, inque sinus scindit sese unda reductos.
    Hinc atque hinc vastæ rupes, geminique minantur
    In cœlum scopuli, quorum sub vertice late
    Æquora tuta silent : tum sylvis scena coruscis
    Desuper, horrentique atrum nemus imminet umbra.

Fronte sub adversa, scopulis pendentibus antrum;
Intus aquæ dulces, vivoque sedilia saxo
Nympharum domus, etc.

(VIRG., *Æneid.*, lib. I, v. 153-168.)

A présent que nous connaissons les ports, le reste ne nous retiendra pas longtemps. Je suppose que nous avons continué notre route le long de la mer jusqu'à l'angle d'où sort le promontoire de Carthage. Ce cap, selon le docteur Shaw, ne fut jamais compris dans la cité. Maintenant nous quittons la mer, et, tournant à gauche, nous parcourons en revenant au midi les ruines de la ville, disposées sur l'amphithéâtre des collines.

Nous trouvons d'abord les débris d'un très-grand édifice qui semble avoir fait partie d'un palais et d'un théâtre. Au-dessus de cet édifice, en montant à l'ouest, on arrive aux belles citernes qui passent généralement pour être les seuls restes de Carthage : elles recevaient peut-être les eaux d'un aqueduc dont on voit des fragments dans la campagne. Cet aqueduc parcourait un espace de cinquante milles, et se rendait aux sources du Zawan (1) et de Zungar. Il y avait des temples au-dessus de ces sources : les plus grandes arches de l'aqueduc ont soixante-dix pieds de haut; et les piliers de ces arches emportent seize pieds sur chaque face. Les citernes sont immenses : elles forment une suite de voûtes qui prennent naissance les unes dans les autres, et qui sont bordées, dans toute leur longueur, par un corridor : c'est véritablement un magnifique ouvrage.

Pour aller des citernes publiques à la colline de Byrsa, on traverse un chemin raboteux. Au pied de la colline, on trouve un cimetière et un misérable village, peut-être le *Tents* de lady Montague (2). Le sommet de l'Acropole offre un terrain uni, semé de petits morceaux de marbre, et qui est visiblement l'aire d'un palais ou d'un temple. Si l'on tient pour le palais, ce sera le palais de Didon; si l'on préfère le temple, il faudra reconnaître celui d'Esculape. Là, deux femmes se précipitèrent dans les flammes, l'une pour ne pas survivre à son déshonneur, l'autre, à sa patrie.

Soleil, dont les regards embrassent l'univers,
Reine des dieux, témoin de mes affreux revers,
Triple Hécate, pour qui dans l'horreur des ténèbres
Retentissent les airs de hurlements funèbres;
Pâles filles du Styx, vous tous, lugubres dieux,
Dieux de Didon mourante, écoutez tous mes vœux!
S'il faut qu'enfin ce monstre, échappant au naufrage,
Soit poussé dans le port, jeté sur le rivage;
Si c'est l'arrêt du sort, la volonté des cieux,
Que du moins assailli d'un peuple audacieux,
Errant dans les climats où son destin l'exile,
Implorant des secours, mendiant un asile,
Redemandant son fils arraché de ses bras,

(1) On prononce dans le pays *Zauvan*.
(2) Les *écuries des éléphants*, dont parle lady Montague, sont des chambres souterraines qui n'ont rien de remarquable.

> De ses plus chers amis il pleure le trépas !...
> Qu'une honteuse paix suive une guerre affreuse !
> Qu'au moment de régner, une mort malheureuse
> L'enlève avant le temps ! Qu'il meure sans secours,
> Et que son corps sanglant reste en proie aux vautours !
> Voilà mon dernier vœu ! Du courroux qui m'enflamme
> Ainsi le dernier cri s'exhale avec mon âme.
> Et toi, mon peuple, et toi, prends son peuple en horreur.
> Didon au lit de mort te lègue sa fureur !
> En tribut à ta reine offre un sang qu'elle abhorre !
> C'est ainsi que mon ombre exige qu'on l'honore.
> Sors de ma cendre, sors, prends la flamme et le fer,
> Toi qui dois me venger des enfants de Teucer !
> Que le peuple latin, que les fils de Carthage,
> Opposés par les lieux, le soient plus par leur rage !
> Que de leurs ports jaloux, que de leurs murs rivaux,
> Soldats contre soldats, vaisseaux contre vaisseaux,
> Courent ensanglanter et la mer et la terre !
> Qu'une haine éternelle éternise la guerre !
> . . . .
> A peine elle achevait, que du glaive cruel
> Ses suivantes ont vu partir le coup mortel,
> Ont vu sur le bûcher la reine défaillante,
> Dans ses sanglantes mains l'épée encor fumante.

Du sommet de Byrsa l'œil embrasse les ruines de Carthage, qui sont plus nombreuses qu'on ne le pense généralement : elles ressemblent à celles de Sparte, n'ayant rien de bien conservé, mais occupant un espace considérable. Je les vis au mois de février ; les figuiers, les oliviers et les caroubiers donnaient déjà leurs premières feuilles ; de grandes angéliques et des acanthes formaient des touffes de verdure parmi les débris de marbre de toutes couleurs. Au loin je promenais mes regards sur l'isthme, sur une double mer, sur des îles lointaines, sur une campagne riante, sur des lacs bleuâtres, sur des montagnes azurées ; je découvrais des forêts, des vaisseaux, des aqueducs, des villages maures, des ermitages mahométans, des minarets, et les maisons blanches de Tunis. Des millions de sansonnets, réunis en bataillons et ressemblant à des nuages, volaient au-dessus de ma tête. Environné des plus grands et des plus touchants souvenirs, je pensais à Didon, à Sophonisbe, à la noble épouse d'Asdrubal ; je contemplais les vastes plaines où sont ensevelies les légions d'Annibal, de Scipion et de César ; mes yeux voulaient reconnaître l'emplacement d'Utique : Hélas ! les débris des palais de Tibère existent encore à Caprée, et l'on cherche en vain à Utique la place de la maison de Caton ! Enfin, les terribles Vandales, les légers Maures passaient tour à tour devant ma mémoire, qui m'offrait pour dernier tableau saint Louis expirant sur les ruines de Carthage. Que le récit de la mort de ce prince termine cet *Itinéraire* : heureux de rentrer, pour ainsi dire, dans ma patrie, par un antique monument de ses vertus, et de finir au tombeau du roi de sainte mémoire ce long pèlerinage aux tombeaux des grands hommes.

Lorsque saint Louis entreprit son second voyage d'outre mer, il n'était plus jeune. Sa santé affaiblie ne lui permettait ni de rester longtemps à cheval, ni de soutenir le poids d'une armure ; mais Louis n'avait rien perdu de la vigueur de l'âme. Il assemble à Paris les grands du royaume ; il leur fait la peinture des malheurs de la Palestine, et leur déclare qu'il est résolu d'aller au secours de ses frères les chrétiens. En même temps il reçoit la croix des mains du légat, et la donne à ses trois fils aînés.

Une foule de seigneurs se croisent avec lui : les rois de l'Europe se préparent à prendre la bannière. Charles de Sicile, Édouard d'Angleterre, Gaston de Béarn, les rois de Navarre et d'Aragon. Les femmes montrèrent le même zèle : la dame de Poitiers, la comtesse de Bretagne, Iolande de Bourgogne, Jeanne de Toulouse, Isabelle de France, Amicie de Courtenay, quittèrent la quenouille que filaient alors les reines, et suivirent leurs maris outre mer.

Saint Louis fit son testament : il laissa à Agnès, la plus jeune de ses filles, dix mille francs pour se marier, et quatre mille francs à la reine Marguerite ; il nomma ensuite deux régents du royaume, Mathieu, abbé de Saint-Denis, et Simon, sire de Nesle ; après quoi il alla prendre l'oriflamme.

Cette bannière, que l'on commence à voir paraître dans nos armées sous le règne de Louis le Gros, était un étendard de soie attaché au bout d'une lance : il était *d'un vermeil samit, à guise de gonfanon à trois queues, et avait autour des houpes de soie verte*. On le déposait en temps de paix sur l'autel de l'abbaye de Saint-Denis, parmi les tombeaux des rois, comme pour avertir que, de race en race, les Français étaient fidèles à Dieu, au prince et à l'honneur. Saint Louis prit cette bannière des mains de l'abbé, selon l'usage. Il reçut en même temps l'escarcelle (1) et le bourdon (2) du pèlerin, que l'on appelait alors *la consolation et la marque du voyage* (3): coutume si ancienne dans la monarchie, que Charlemagne fut enterré avec l'escarcelle d'or qu'il avait habitude de porter lorsqu'il allait en Italie.

Louis pria au tombeau des martyrs, et mit son royaume sous la protection du patron de la France. Le lendemain de cette cérémonie, il se rendit pieds nus avec ses fils, du Palais de Justice à l'église de Notre-Dame. Le soir du même jour il partit pour Vincennes, où il fit ses adieux à la reine Marguerite, *gentille, bonne reine, pleine de grand simplece*, dit Robert de Sainceriaux; ensuite il quitta pour jamais ces vieux chênes, vénérables témoins de sa justice et de sa vertu.

« Maintefois ai vu que le saint homme roy s'alloit esbattre au bois de Vin-
« cennes, et s'asseyoit au pied d'un chesne, et nous faisoit seoir auprès de lui,
« et tous ceux qui avoient affaire à lui venoient lui parler sans qu'aucun huissier
« leur donnast empeschement... Aussi plusieurs fois ai vu qu'au temps d'esté
« le bon roy venoit au jardin de Paris, vestu d'une cotte de camelot, d'un surcot
« de tiretaine sans manches et d'un mantel par-dessus de sandal noir ; et fai-
« soit là estendre des tapis pour nous asseoir auprès de lui, et là faisoit depes-
« cher son peuple diligemment comme au bois de Vincennes (4). »

(1) Une ceinture. — (2) Un bâton. (3) *Solatia et indicia itineris.* — (4) Sire de Joinville.

Saint Louis s'embarqua à Aigues-Mortes le mardi 1ᵉʳ juillet 1270. Trois avis avaient été ouverts dans le conseil du roi avant de mettre à la voile : d'aborder à Saint-Jean d'Acre, d'attaquer l'Égypte, de faire une descente à Tunis. Malheureusement saint Louis se rangea au dernier avis par une raison qui semblait assez décisive.

Tunis était alors sous la domination d'un prince que Geoffroy de Beaulieu et Guillaume de Nangis nomment *Omar-el-Muley-Moztanca*. Les historiens du temps ne disent point pourquoi ce prince feignit de vouloir embrasser la religion des chrétiens; mais il est assez probable qu'apprenant l'armement des croisés, et ne sachant où tomberait l'orage, il crut le détourner en envoyant des ambassadeurs en France, et flattant le saint roi d'une conversion à laquelle il ne pensait point. Cette tromperie de l'infidèle fut précisément ce qui attira sur lui la tempête qu'il prétendait conjurer. Louis pensa qu'il suffirait de donner à Omar une occasion de déclarer ses desseins, et qu'alors une grande partie de l'Afrique se ferait chrétienne à l'exemple de son prince.

Une raison politique se joignait à ce motif religieux : les Tunisiens infestaient les mers; ils enlevaient les secours que l'on faisait passer aux princes chrétiens de la Palestine ; ils fournissaient des chevaux, des armes et des soldats aux soudans d'Égypte; ils étaient le centre des liaisons que Bondoc-Dari entretenait avec les Maures de Maroc et de l'Espagne. Il importait donc de détruire ce repaire de brigands, pour rendre plus faciles les expéditions en Terre-Sainte.

Saint Louis entra dans la baie de Tunis au mois de juillet 1270. En ce temps-là un prince maure avait entrepris de rebâtir Carthage : plusieurs maisons nouvelles s'élevaient déjà au milieu des ruines, et l'on voyait un château sur la colline de Byrsa. Les croisés furent frappés de la beauté du pays couvert de bois d'oliviers. Omar ne vint point au-devant des Français : il les menaça au contraire de faire égorger tous les chrétiens de ses États si l'on tentait le débarquement. Ces menaces n'empêchèrent point l'armée de descendre; elle campa dans l'isthme de Carthage, et l'aumônier d'un roi de France prit possession de la patrie d'Annibal en ces mots : *Je vous dis le ban de Nostre-Seigneur Jésus-Christ, et de Louis, roy de France, son sergent*. Ce même lieu avait entendu parler le gétule, le tyrien, le latin, le vandale, le grec et l'arabe, et toujours les mêmes passions dans des langues diverses.

Saint Louis résolut de prendre Carthage avant d'assiéger Tunis, qui était alors une ville riche, commerçante et fortifiée. Il chassa les Sarrasins d'une tour qui défendait les citernes : le château fut emporté d'assaut, et la nouvelle cité suivit le sort de la forteresse. Les princesses qui accompagnaient leurs maris débarquèrent au port; et, par une de ces révolutions que les siècles amènent, les grandes dames de France s'établirent dans les ruines des palais de Didon.

Mais la prospérité semblait abandonner saint Louis dès qu'il avait passé les mers; comme s'il eût toujours été destiné à donner aux infidèles l'exemple de l'héroïsme dans le malheur. Il ne pouvait attaquer Tunis avant d'avoir reçu les secours que devait lui amener son frère, le roi de Sicile. Obligée de se retrancher dans l'isthme, l'armée fut attaquée d'une maladie contagieuse qui en peu de jours emporta la moitié des soldats. Le soleil de l'Afrique dévorait des hommes accoutumés à vivre sous un ciel plus doux. Afin d'augmenter la misère des croisés, les Maures élevaient un sable brûlant avec des machines : livrant au souffle du midi cette arène embrasée, ils imitaient pour les chrétiens les effets du kansim ou du terrible vent du désert : ingénieuse et épouvantable invention, digne des solitudes qui en firent naître l'idée, et qui montre à quel point l'homme peut porter le génie de la destruction. Des combats continuels achevaient d'épuiser les forces de l'armée : les vivants ne suffisaient pas à enterrer les morts ; on jetait les cadavres dans les fossés du camp, qui en furent bientôt comblés.

Déjà les comtes de Nemours, de Montmorency et de Vendôme n'étaient plus ; le roi avait vu mourir dans ses bras son fils chéri, le comte de Nevers. Il se sentit lui-même frappé. Il s'aperçut dès le premier moment que le coup était mortel ; que ce coup abattrait facilement un corps usé par les fatigues de la guerre, par les soucis du trône et par ces veilles religieuses et royales que Louis consacrait à son Dieu et à son peuple. Il tâcha néanmoins de dissimuler son mal et de cacher la douleur qu'il ressentait de la perte de son fils. On le voyait, la mort sur le front, visiter les hôpitaux, comme un de ces pères de la Merci consacrés dans les mêmes lieux à la rédemption des captifs et au salut des pestiférés. Des œuvres du saint il passait aux devoirs du roi, veillait à la sûreté du camp, montrait à l'ennemi un visage intrépide, ou, assis devant sa tente, rendait la justice à ses sujets comme sous le chêne de Vincennes.

Philippe, fils aîné et successeur de Louis, ne quittait point son père qu'il voyait près de descendre au tombeau. Le roi fut enfin obligé de garder sa tente : alors, ne pouvant plus être lui-même utile à ses peuples, il tâcha de leur assurer le bonheur dans l'avenir, en adressant à Philippe cette instruction qu'aucun Français ne lira jamais sans verser des larmes. Il l'écrivit sur son lit de mort. Du Cange parle d'un manuscrit qui paraît avoir été l'original de cette instruction : l'écriture en était grande, mais altérée : elle annonçait la défaillance de la main qui avait tracé l'expression d'une âme si forte.

« Beau filz, la premiere chose que je t'enseigne et commande à garder, si est
« que de tout ton cœur tu aimes Dieu. Car sans ce, nul homme ne peut estre
« sauvé. Et garde bien de faire chose qui lui deplaise. Car tu devrais plutost
« desirer à souffrir toutes manieres de tourments, que de pecher mortellement.

« Si Dieu t'envoie adversité, reçois-la benignement, et lui en rends grace :
« et pense que tu l'as bien desservi, et que le tout te tournera à ton preu. S'il
« te donne prosperité, si l'en remercie très-humblement, et garde que pour
« ce tu n'en sois pas pire par orgueil, ne autrement. Car on ne doit pas guer-
« royer Dieu de ses dons.

« Prends-toi bien garde que tu aies en ta compagnie prudes gens et loyaux,
« qui ne soient point pleins de convoitises, soit gens d'eglise, de religion, se-
« culiers ou autres. Fuis la compagnie des mauvais, et t'efforce d'escouter les
« paroles de Dieu, et les retiens en ton cueur.

« Aussi fait droicture et justice à chacun, tant aux pauvres comme aux
« riches. Et à tes serviteurs sois loyal, liberal et roide de paroles, à ce qu'ils te

« craignent et aiment comme leur maistre. Et si aucune controversité ou action
« se meut, enquiers-toi jusqu'à la verité, soit tant pour toi que contre toi. Si tu
« es averti d'avoir aucune chose d'autrui, qui soit certaine, soit par toi ou par
« tes predecesseurs, fais-la rendre incontinent.

« Regarde en toute intelligence comment les gens et sujets vivent en paix et
« en droicture dessous toi, par especial ès bonnes villes et cités, et ailleurs. Main-
« tiens tes franchises et libertés, esquelles tes anciens les ont maintenues et
« gardées, et les tiens en faveur et amour.

« Garde-toi d'emouvoir guerre contre hommes chrestiens sans grand conseil,
« et qu'autrement tu n'y puisses obvier. Si guerre et débats y a entre tes sujets,
« apaise-les au plutost que tu pourras.

« Prends garde souvent à tes baillifs, prevosts et autres officiers, et t'enquiers
« de leur gouvernement, afin que, si chose y a en eux à reprendre, que tu le fasses.

« Et te supplie, mon enfant, que, en ma fin, tu ayes de moi souvenance, et
« de ma pauvre ame ; et me secours par messes, oraisons, prieres, aumosnes,
« et bienfaits, par tout ton royaume. Et m'octroye partage et portion en tous
« tes bienfaits, que tu feras.

« Et je te donne toute benediction que jamais pere peut donner à enfant, priant
« à toute la Trinité du Paradis, le Père, le Fils et le Saint-Esprit, qu'ils te gar-
« dent et defendent de tous maux ; à ce que nous puissions une fois, après cette
« mortelle vie, estre devant Dieu ensemble, et lui rendre graces et louange
« sans fin. »

Tout homme près de mourir, détrompé sur les choses du monde, peut adresser de sages instructions à ses enfants ; mais, quand ces instructions sont appuyées de l'exemple de toute une vie d'innocence ; quand elles sortent de la bouche d'un grand prince, d'un guerrier intrépide, et du cœur le plus simple qui fut jamais ; quand elles sont les dernières expressions d'une âme divine qui rentre aux éternelles demeures, alors heureux le peuple qui peut se glorifier en disant : « L'homme qui a écrit ces instructions était le roi de mes pères ! »

La maladie faisant des progrès, Louis demanda l'extrême-onction. Il répondit aux prières des agonisants avec une voix aussi ferme que s'il eût donné des ordres sur un champ de bataille. Il se mit à genoux au pied de son lit pour recevoir le saint viatique, et on fut obligé de soutenir par les bras ce nouveau saint Jérôme, dans cette dernière communion. Depuis ce moment il mit fin aux pensées de la terre, et se crut acquitté envers ses peuples. Eh ! quel monarque avait jamais mieux rempli ses devoirs ! Sa charité s'étendit alors à tous les hommes : il pria pour les infidèles qui firent à la fois la gloire et le malheur de sa vie ; il invoqua les saints patrons de la France, de cette France si chère à son âme royale. Le lundi matin, 25 août, sentant que son heure approchait, il se fit coucher sur un lit de cendres, où il demeura étendu les bras croisés sur la poitrine, et les yeux levés vers le ciel.

On n'a vu qu'une fois, et l'on ne reverra jamais un pareil spectacle : la flotte du roi de Sicile se montrait à l'horizon ; la campagne et les collines étaient couvertes de l'armée des Maures. Au milieu des débris de Carthage le camp des chrétiens offrait l'image de la plus affreuse douleur : aucun bruit ne s'y faisait entendre, les soldats moribonds sortaient des hôpitaux, et se traînaient à travers les ruines, pour s'approcher de leur roi expirant. Louis était entouré de sa famille en larmes, des princes consternés, des princesses défaillantes. Les députés de l'empereur de Constantinople se trouvaient présents à cette scène : ils purent raconter à la Grèce la merveille d'un trépas que Socrate aurait admiré. Du lit de cendres où saint Louis rendait le dernier soupir, on découvrait le rivage d'Utique : chacun pouvait faire la comparaison de la mort du philosophe stoïcien et du philosophe chrétien. Plus heureux que Caton, saint Louis ne fut point obligé de lire un traité de l'immortalité de l'âme pour se convaincre de l'existence d'une vie future : il en trouvait la preuve invincible dans sa religion, ses vertus et ses malheurs. Enfin, vers les trois heures de l'après-midi, le roi, jetant un dernier soupir, prononça distinctement ces paroles : « Seigneur, j'entrerai dans votre maison, et je vous adorerai dans votre saint « temple (1); » et son âme s'envola dans le saint temple qu'il était digne d'habiter.

On entend alors retentir la trompette des croisés de Sicile : leur flotte arrive pleine de joie et chargée d'inutiles secours. On ne répond point à leur signal. Charles d'Anjou s'étonne et commence à craindre quelque malheur. Il aborde au rivage, il voit des sentinelles, la pique renversée, exprimant encore moins leur douleur par ce deuil militaire que par l'abattement de leur visage. Il vole à la tente du roi son frère : il le trouve étendu mort sur la cendre. Il se jette sur les reliques sacrées, les arrose de ses larmes, baise avec respect les pieds du saint; et donne des marques de tendresse et de regrets qu'on n'aurait point attendues d'une âme si hautaine. Le visage de Louis avait encore toutes les couleurs de la vie, et ses lèvres même étaient vermeilles.

Charles obtint les entrailles de son frère, qu'il fit déposer à Montréal près de Salerne. Le cœur et les ossements du prince furent destinés à l'abbaye de Saint-Denis, mais les soldats ne voulurent point laisser partir avant eux ces restes chéris, disant que les cendres de leur souverain étaient le salut de l'armée. Il plut à Dieu d'attacher au tombeau du grand homme une vertu qui se manifesta par des miracles. La France, qui ne pouvait se consoler d'avoir perdu sur la terre un tel monarque, le déclara son protecteur dans le ciel. Louis, placé au rang des saints, devint ainsi pour la patrie une espèce de roi éternel. On s'empressa de lui élever des églises et des chapelles plus magnifiques que les simples palais où il avait passé sa vie. Les vieux chevaliers qui l'accompagnèrent à sa première croisade furent les premiers à reconnaître la nouvelle puissance de leur chef : « Et j'ay fait faire, dit le sire de Joinville, un autel en l'honneur « de Dieu et de monseigneur saint Loys. »

La mort de Louis, si touchante, si vertueuse, si tranquille, par où se termine l'histoire de Carthage, semble être un sacrifice de paix offert en expiation des fureurs, des passions et des crimes dont cette ville infortunée fut si longtemps le théâtre. Je n'ai plus rien à dire aux lecteurs ; il est temps qu'ils rentrent avec moi dans notre commune patrie.

Je quittai M. Devoise, qui m'avait si noblement donné l'hospitalité. Je m'em-

(1) *Psalm.*

barquai sur le schooner américain, où, comme je l'ai dit, M. Lear m'avait fait obtenir un passage. Nous appareillâmes de la Goulette le lundi 9 mars 1807, et nous fîmes voile pour l'Espagne. Nous prîmes les ordres d'une frégate américaine dans la rade d'Alger. Je ne descendis point à terre. Alger est bâti dans une position charmante, sur une côte qui rappelle la belle colline du Pausilippe. Nous reconnûmes l'Espagne le 19 à sept heures du matin, vers le cap de Gatte, à la pointe du royaume de Grenade. Nous suivîmes le rivage, et nous passâmes devant Malaga. Enfin nous vînmes jeter l'ancre, le vendredi-saint, 27 mars, dans la baie de Gibraltar.

Je descendis à Algésiras le lundi de Pâques. J'en partis le 4 avril pour Cadix, où j'arrivai deux jours après, et où je fus reçu avec une extrême politesse par le consul et le vice-consul de France, MM. Leroi et Canclaux. De Cadix je me rendis à Cordoue : j'admirai la mosquée, qui fait aujourd'hui la cathédrale de cette ville. Je parcourus l'ancienne Bétique, où les poëtes avaient placé le bonheur. Je remontai jusqu'à Andujar, et je revins sur mes pas pour voir Grenade. L'Alhambra me parut digne d'être regardé, même après les temples de la Grèce. La vallée de Grenade est délicieuse, et ressemble beaucoup à celle de Sparte; on conçoit que les Maures regrettent un pareil pays.

Je partis de Grenade pour Aranjuès; je traversai la patrie de l'illustre chevalier de la Manche, que je tiens pour le plus noble, le plus brave, le plus aimable et le moins fou des mortels. Je vis le Tage à Aranjuès, et j'arrivai le 21 avril à Madrid.

M. de Beauharnais, ambassadeur de France à la cour d'Espagne, me combla de bontés: il avait connu autrefois mon malheureux frère, mort sur l'échafaud avec son illustre aïeul (1). Je quittai Madrid le 24. Je passai à l'Escurial, bâti par Philippe II sur les montagnes désertes de la Vieille-Castille. La cour vient chaque année s'établir dans ce monastère, comme pour donner à des solitaires morts au monde le spectacle de toutes les passions, et recevoir d'eux ces leçons dont les passions ne profitent jamais. C'est là que l'on voit encore la chapelle funèbre où les rois d'Espagne sont ensevelis dans des tombeaux pareils, disposés en échelons; de sorte que toute cette poussière est étiquetée et rangée en ordre comme les curiosités d'un muséum. Il y a des sépulcres vides pour les souverains qui ne sont point encore descendus dans ces lieux.

De l'Escurial je pris ma route pour Ségovie; l'aqueduc de cette ville est un des plus grands ouvrages des Romains; mais il faut laisser M. de Laborde nous décrire ces monuments dans son beau *Voyage*. A Burgos, une superbe cathédrale gothique m'annonça l'approche de mon pays. Je n'oubliai point les cendres du Cid :

> Don Rodrigue surtout n'a trait à son visage
> Qui d'un homme de cœur ne soit la haute image,
> Et sort d'une maison si féconde en guerriers,
> Qu'ils y prennent naissance au milieu des lauriers.
> . . . . Il adorait Chimène.

(1) M. de Malesherbes.

A Miranda, je saluai l'Èbre qui vit le premier pas de cet Annibal dont j'avais si longtemps suivi les traces.

Je traversai Vittoria et les charmantes montagnes de la Biscaye. Le 3 de mai je mis le pied sur les terres de France : j'arrivai le 5 à Bayonne, après avoir fait le tour entier de la Méditerranée, visité Sparte, Athènes, Smyrne, Constantinople, Rhodes, Jérusalem, Alexandrie, le Caire, Carthage, Cordoue, Grenade et Madrid.

Quand les anciens pèlerins avaient accompli le voyage de la Terre-Sainte, ils déposaient leur bourdon à Jérusalem, et prenaient pour le retour un bâton de palmier : je n'ai point rapporté dans mon pays un pareil symbole de gloire, et je n'ai point attaché à mes derniers travaux une importance qu'ils ne méritent pas. Il y a vingt ans que je me consacre à l'étude au milieu de tous les hasards et de tous les chagrins, *diversa exilia et desertas quærere terras :* un grand nombre de feuilles de mes livres ont été tracées sous la tente, dans les déserts, au milieu des flots ; j'ai souvent tenu la plume sans savoir comment je prolongerais de quelques instants mon existence : ce sont là des droits à l'indulgence, et non des titres à la gloire. J'ai fait mes adieux aux Muses dans les *Martyrs*, et je les renouvelle dans ces Mémoires, qui ne sont que la suite ou le commentaire de l'autre ouvrage. Si le ciel m'accorde un repos que je n'ai jamais goûté, je tâcherai d'élever en silence un monument à ma patrie ; si la Providence me refuse ce repos, je ne dois songer qu'à mettre mes derniers jours à l'abri des soucis qui ont empoisonné les premiers. Je ne suis plus jeune ; je n'ai plus l'amour du bruit ; je sais que les lettres, dont le commerce est si doux quand il est secret, ne nous attirent au dehors que des orages : dans tous les cas, j'ai assez écrit, si mon nom doit vivre ; beaucoup trop, s'il doit mourir.

FIN DE L'ITINÉRAIRE.

NOTES

Note *a*, page 154. — Voici la description que le père Babin fait du temple de Minerve :

« Ce temple, qui paraît de fort loin, et qui est l'édifice d'Athènes le plus élevé au milieu
« de la citadelle, est un chef-d'œuvre des plus excellents architectes de l'antiquité. Il est
« long d'environ cent vingt pieds, et large de cinquante. On y voit trois rangs de voûtes sou-
« tenues de fort hautes colonnes de marbre, savoir, la nef et les deux ailes : en quoi il
« surpasse Sainte-Sophie, bâtie à Constantinople par l'empereur Justinien, quoique d'ail-
« leurs ce soit un miracle du monde. Mais j'ai pris garde que ses murailles par dedans sont
« seulement encroûtées et couvertes de grandes pièces de marbre qui sont tombées en
« quelques endroits des galeries d'en haut, où l'on voit des briques et des pierres qui étaient
« couvertes de marbre.

« Mais quoique ce temple d'Athènes soit si magnifique pour sa matière, il est encore plus
« admirable pour sa façon et pour l'artifice qu'on y remarque : ***Materiam superabat***
« ***opus***. Entre toutes les voûtes, qui sont de marbre, il y en a une qui est la plus remar-
« quable, à cause qu'elle est tout ornée d'autant de belles figures gravées sur le marbre
« qu'elle en peut contenir.

« Le vestibule est long de la largeur du temple, et large d'environ quatorze pieds, au-
« dessous duquel il y a une longue voûte plate qui semble être un riche plancher ou un
« magnifique lambris, car on y voit de longues pièces de marbre, qui semblent de longues
« et grosses poutres, qui soutiennent d'autres grandes pièces de même matière, ornées de
« diverses figures et de personnages avec un artifice merveilleux.

« Le frontispice du temple, qui est fort élevé au-dessus de ce vestibule, est tel que j'ai
« peine à croire qu'il y en ait un si magnifique et si bien travaillé dans toute la France.
« Les figures et statues du château de Richelieu, qui est le chef-d'œuvre des ouvriers de ce
« temps, n'ont rien qui approche de ces belles et grandes figures d'hommes, de femmes et
« de chevaux, qui paraissent environ au nombre de trente à ce frontispice, et autant à l'autre
« côté du temple, derrière le lieu où était le grand autel du temps des chrétiens.

« Le long du temple, il y a une allée ou galerie de chaque côté, où l'on passe entre les
« murailles du temple, et dix-sept fort hautes et fort grosses colonnes cannelées qui ne sont
« pas d'une seule pièce, mais de diverses grosses pièces de beau marbre blanc, mises les
« unes sur les autres. Entre ces beaux piliers, il y a le long de cette galerie une petite mu-
« raille qui laisse entre chaque colonne un lieu qui serait assez long et assez large pour y faire
« un autel et une chapelle, comme on en voit aux côtés et proche des murailles des grandes
« églises.

« Ces colonnes servent à soutenir en haut, avec des arcs-boutants, les murailles du temple,
« et empêchent par dehors qu'elles ne se démantellent par la pesanteur des voûtes. Les
« murailles de ce temple sont embellies en haut, par dehors, d'une belle ceinture de pierres
« de marbre, travaillées en perfection, sur lesquelles sont représentés quantité de triomphes ;
« de sorte qu'on y voit en demi-relief une infinité d'hommes, de femmes, d'enfants, de che-
« vaux et de chariots, représentés sur ces pierres, qui sont si élevées, que les yeux ont
« peine à en découvrir toutes les beautés, et à remarquer toute l'industrie des architectes et
« des sculpteurs qui les ont faites. Une de ces grandes pierres a été portée dans la mos-
« quée, derrière la porte, où l'on voit avec admiration quantité de personnages qui y sont
« représentés avec un artifice non pareil.

« Toutes les beautés de ce temple, que je viens de décrire, sont des ouvrages des anciens
« Grecs païens. Les Athéniens, ayant embrassé le christianisme, changèrent ce temple de
« Minerve en une église du vrai Dieu, et y ajoutèrent un trône épiscopal et une chaire de
« prédicateur, qui y restent encore, des autels qui ont été renversés par les Turcs, qui n'offrent
« point de sacrifices dans leurs mosquées. L'endroit du grand autel est encore plus blanc
« que le reste de la muraille : les degrés pour y monter sont entiers et magnifiques. »

Cette description naïve du Parthénon, à peu près tel qu'il était du temps de Périclès, ne vaut-elle pas bien les descriptions plus savantes que l'on a faites des ruines de ce beau temple?

Cette citation était insérée dans la note des deux premières éditions.

NOTE *b*, page 484. — Cette citation faisait partie du texte des deux premières éditions.

« Cependant les capitaines et lieutenants du roy de Perse Darius, ayant mis une grosse
« puissance ensemble, l'attendoient au passage de la riviere de Granique. Si estoit nécessaire de
« combattre là comme à la barrière de l'Asie, pour en gaigner l'entrée ; mais la plupart des
« capitaines de son conseil craignoient la profondeur de ceste riviere, et la hauteur de l'autre
« rive qui estoit roide et droite, et si ne la pouvoit-on gaigner ny y monter sans combattre : et
« y en avoit qui disoient qu'il falloit prendre garde à l'observance ancienne des mois, pource
« que les rois de Macedoine n'avoient jamais accoustumé de mettre leur armée aux champs
« le mois de juing, à quoy Alexandre leur respondit qu'il y remédieroit bien, commandant
« que l'on l'appellast le second mai. Davantage Parmenion estoit d'avis que pour le premier
« jour il ne falloit rien hasarder, à cause qu'il estoit desjà tard ; à quoy il luy respondit que
« l'Hellespont rougiroit de honte si luy craignoit de passer une riviere, veu qu'il venoit de
« passer un bras de mer ; » et en disant cela, il entra luy mesme dedans la riviere avec
« treize compagnies de gens de cheval, et marcha la teste baissée à l'encontre d'une infinité
« de traicts que les ennemis lui tirerent, montant contre-mont d'autre rive, qui estoit couppée
« et droite, et, qui pis est, toute couverte d'armes, de chevaux et d'ennemis qui l'attendoient
« en bataille rangée, poulsant les siens à travers le fil de l'eau, qui restoit profonde, et qui
« couroit si roide, qu'elle les emmenoit presque aval, tellement que l'on estimoit qu'il y eust
« plus de fureur en sa conduite que de bon sens ny de conseil. Ce nonobstant il s'obstina à
« vouloir passer à toute force, et feit tant qu'à la fin il gaigna l'autre rive à grande peine et
« grande difficulté : mesmement pour ce que la terre y glissoit à cause de la fange qu'il y
« avoit. Passé qu'il fust, il fallut aussi tost combattre pesle mesle d'homme à homme, pour-
« ce que les ennemis chargèrent incontinent les premiers passez, avant qu'ils eussent loisir
« de se ranger en bataille, et leur coururent sus avec grands cris, tenant leurs chevaux bien
« joints et serrez l'un contre l'autre, et combattirent à coups de javelines premierement, et
« puis à coups d'espée, après que les javelines furent brisées. Si se ruerent plusieurs ensemble
« tout à coup sur luy, pour ce qu'il estoit facile à remarquer et cognoistre entre tous les
« autres à son escu, et à la queue qui pendoit de son armet, à l'entour de laquelle il y avoit de
« costé et d'autre un pennache grand et blanc à merveille. Si fut atteinct d'un coup de ja-
« velot au default de la cuirasse, mais le coup ne percea point ; et comme Roesaces et Spithri-
« dates, deux des principaux capitaines persans, s'adressassent ensemble à luy, il se des-
« tourna de l'un, et picquant droit à Roesaces, qui estoit bien armé d'une bonne cuirasse,
« luy donna un si grand coup de javeline, qu'elle se rompit en sa main, et meit aussi tost la
« main à l'espée ; mais ainsi comme ils estoient accouplez ensemble, Spithridates s'appro-
« chant de lui en flanc, se souleva sur son cheval, et luy ramena de toute sa puissance un si
« grand coup de hache barbaresque, qu'il couppa la creste de l'armet, avec un des costez du
« pennache, et y feit une telle faulsée, que le tranchant de la hache penetra jusques aux
« cheveux : et ainsi comme il en vouloit encore donner un autre, le grand Clitus le prevint, qui
« lui passa une parthisane de part en part à travers le corps, et à l'instant mesme tomba
« aussi Roesaces, mort en terre d'un coup d'espée que lui donna Alexandre. Or, pendant que
« la gendarmerie combattoit en tel effort, le bataillon des gens de pied macedoniens passa la
« riviere, et commencerent les deux batailles à marcher l'une contre l'autre : mais celle des

« Perses ne sousteint point courageusement ny longuement, ains se tourna incontinent en
« fuite, exceptez les Grecs qui estoyent à la soude du roy de Perse, lesquelz se retirerent
« ensemble dessus une motte, et demanderent qu'on les prist à mercy ! Mais Alexandre don-
« nant le premier dedans, plus par cholere que de sain jugement, y perdit son cheval qui
« luy fut tué sous luy d'un coup d'espée à travers les flancs. Ce n'estoit pas Bucéphal, ains
« un autre, mais tous ceulx qui furent en celle journée tuez ou blecez des siens le furent en
« cest endroit-là, pource qu'il s'opiniastra à combattre obstineement contre homme aggueriz
« et desesperez. L'on dit qu'en ceste premiere bataille il mourut du costé des Barbares
« vingt mille hommes de pied, et deux mille cinq cents de cheval : du costé d'Alexandre,
« Aristobolus escrit qu'il y en eut de morts trente et quatre en tout, dont douze estoyent
« gens de pied, à tous lesquelz Alexandre voulut, pour honorer leur memoire, que l'on
« dressast des images de bronze faites de la main de Lysyppus : et voulant faire part de
« ceste victoire aux Grecs, il envoya aux Atheniens particulierement trois cents boucliers de
« ceulx qui furent gaignez en la bataille, et generalement sur toutes les autres despouilles ;
« et sur tout le butin feit mettre ceste très-honorable inscription : « Alexandre, fils de Phi-
« lippus, et les Grecs, exceptez les Lacedemoniens, ont conquis ce butin sur les Barbares
« habitants en Asie. »

NOTE c, page 188.—CONTRAT PASSÉ ENTRE LE CAPITAINE DIMITRI ET M. DE
CHATEAUBRIAND (1).

Διὰ τοῦ παρόντος γράμματος γείνεται δῆλον ὅτι ὁ κὺρ Χατζὶ Πολύκαρπος τοῦ Λαζάρου Χαβιαρτζὶς ὁποῦ ἔχει ναβλωμένην τὴν πολάκα ὀνόματι ὁ ἅγιος Ἰωάννης τοῦ Καν. Δημητρίου Στέριου ἀπὸ τὸ Βόλο μὲ ὢθω μανικὴν παντιέραν ἀπὸ ἐδῶ διὰ τὸν γιάφαν διὰ νὰ πιγαίνη τοὺς Χατζίδους Ῥωμαίους, ἐσυμφώνισεν τὴν σήμερον μετὰ τοῦ μουσοῦ Σατὸ Μπριάντ μπεΐζαντες Φραντζέζος νὰ τοῦ δώσουν μέσα εἰς τὸ ἄνωθεν, καράβι μίαν μικρὰν κάμαραν νὰ καθίση αὐτὸς καὶ δυῶ του δοῦλοι μαζὶ, διὰ νὰ κάμη τὸ ταξίδι ἀπὸ ἐδῶ εἰς τὸ γιάφα, νὰ τοῦ δείδουν τόπον εἰς τὸ ὀτζάκι τοῦ καπιτάνου νὰ μαγειρεύη τὸ φαγητοῦ, ὅσον νερον χρειαστεῖ κάθε φοφάν, νὰ τὸν καλοκιτάζουν εἰς ὅσον καιρὸν σταθεῖ εἰς τὸ ταξίδι, καὶ κατὰ πάντα τρώπον να τὸν συχαριστίσουν χωρς νὰ τοῦ προξενιθῆ καμία ἐνώχλησις. διὰ νάβλον αὐτῆς τῆς κάμαρας ὁποῦ εἶναι ἡ ἀντικάμερα τοῦ καπιτάνου, καὶ διὰ ὅλλαις ταῖς ἀνωθεν δουλευσαις ἐσυμφώνισαν γρόσους ἑπτακώσια ἤτι L : 700 : τὰ ὁποῖα ὁ ἄνωθεν μπεΐζαντες τὰ ἐμέτρησεν τοῦ Χατζὶ Πολυκάρπου, καὶ αὐτὸς ὁμολογεῖ πῶς τὰ ἔλαβεν, ὅθεν δὲν ἔχει πλέον ὁ καπιτάνος νὰ τοῦ ζητᾶ τίποτες, οὔτε ἐδῶ, οὔτε εἰς τὸ γιάφαν, ὅταν φθάσει καὶ ἔχεινά ξεμπαρκαρισῇ. διὰ τοῦτο αἱ ὑπώσχεται τῶσον ὁ ῥηθεὶς Χατζὶ πολύκαρπος ναβλωκτὴς καθὼς καὶ ὁ Καπιτάνος νὰ φυλάξουν ὅλλα αὐτὰ ὁποῦ ὑποσχέθηκαν καὶ εἰς ἔνδυξιν ἀληθίας ὑπόγραψαν ἀμφότεροι τὸ πάρον γράμμα καὶ τὸ ἔδωσαν εἰς χεῖρας τοῦ μουσοῦ Σατὸ Μριάντ, ὅπος ἔχει τὸ κύρος καὶ τὴν ἰσχὺν ἐν παντὶ καιρῷ καὶ τόπῳ. Κωνσταντινόπολ. $\frac{6}{18}$ σεπτεμβρίου 1806.

χατζη πολικαρπος λαζαρου βεβιονο (2)
καπηταν δημητρης στηρηο βεβηονο (3).
(4) Ο καπιταν δίμιτρις ηποσχετε μεταμενα ανιφ
εξ εναντιας κερου να μιν σταθη περισσοτερο
απο μιαν ημερα καστρι και χηου.
ελαβον τον ναβαμν γρο 700 ητι επτακοσια
χατζη πολικαρπο λαζαρου.

(1) Ce contrat a été copié avec les fautes d'orthographe grossières, les faux accents et les barbarismes de l'original.— (2) Signature de Policarpe. — (3) Signature de Démétrius. — (4) Écrite de la main de Policarpe.

TRADUCTION DU CONTRAT PRÉCÉDENT (1).

Par le présent contrat, déclare le Hadgi Policarpe de Lazare Caviarzi nolisateur de la polaque nommée *Saint-Jean*, commandé par le capitain Dimitry Sterio de Vallo, avec pavillon ottoman pour porter les pellerins grecs d'ici à Jaffa, avoir aujourd'hui contracté avec M. de Chateaubriand, de lui céder une petite chambre dans le susdit bâtiment, où il puisse se loger lui et deux domestiques à son service; en outre il lui sera donné une place dans la cheminée du capitain pour faire sa cuisine. On lui fournira de l'eau quand il en aura besoin, et l'on fera tout ce qui sera nécessaire pour le contenter pendant son voyage, sans permettre qu'il lui soit occasionné aucune molestie tout le temps de sa demeure à bord. — Pour nolis de son passage et payement de tout service qui doit lui être rendu, se sont convenus la somme de piastres sept-cent n° 700 que M. Chateaubriand a compté audit Policarpe, et lui déclarer de les avoir reçu; moyennant quoi le capitain ne doit et ne pourra rien autre demander de lui, ni ici, ni à leur arrivée à Jaffa, et lorsqu'il devra se débarquer.

C'est pourquoi ils s'engagent, ce nolisateur et ce capitain, d'observer et remplir les susdits conditions dont ils se sont convenus, et ont signé tous les deux le présent contrat qui doit valoir en tout temps, et lieu.

Constantinopoli 6 septembre 1806.

Hadgi Policarpe de Lazare
Nogligeateur
Capitain Dimitri acro
Le susdit cap^e. s'engage avec moi qu'il ne s'arrêtera
devant les Dardanelles et Scio qu'un jour.
Hadgi Policarpe de Lazare.

Note *d*, page 198. — Cette citation faisait partie du texte dans les deux premières éditions.

« En arrivant dans l'île, dit le fils d'Ulysse, je sentis un air doux qui rendait les corps
« lâches et paresseux, mais qui inspirait une humeur enjouée et folâtre. Je remarquai que la
« campagne, naturellement fertile et agréable, était presque inculte, tant les habitants étaient
« ennemis du travail. Je vis de tous côtés des femmes et des jeunes filles, vainement pa-
« rées, qui allaient en chantant les louanges de Vénus se dévouer à son temple. La beauté,
« les grâces, la joie, les plaisirs, éclataient également sur leurs visages, mais les grâces y
« étaient affectées : on n'y voyait point une noble simplicité et une pudeur aimable, qui
« fait le plus grand charme de la beauté. L'air de mollesse, l'art de composer leur visage,
« leur parure vaine, leur démarche languissante, leurs regards qui semblent chercher ceux
« des hommes, leur jalousie entre elles pour allumer de grandes passions, en un mot tout
« ce que je voyais dans ces femmes me semblait vil et méprisable : à force de vouloir plaire
« elles me dégoûtaient.

« On me conduisit au temple de la déesse : elle en a plusieurs dans cette île ; car elle est
« particulièrement adorée à Cythère, à Idalie et à Paphos. C'est à Cythère que je fus conduit.
« Le temple est tout de marbre, c'est un parfait péristyle ; les colonnes sont d'une grosseur
« et d'une hauteur qui rendent cet édifice très-majestueux : au-dessus de l'architrave et de
« la frise sont, à chaque face, de grands frontons où l'on voit en bas-relief toutes les plus
« agréables aventures de la déesse. A la porte du temple est sans cesse une foule de peuples
« qui viennent faire leurs offrandes.

« On n'égorge jamais dans l'enceinte du lieu sacré aucune victime ; on n'y brûle point,
« comme ailleurs, la graisse des génisses et des taureaux ; on n'y répand jamais leur sang : on
« présente seulement devant l'autel les bêtes qu'on offre, et on n'en peut offrir aucune qui
« ne soit jeune, blanche, sans défaut et sans tache : on les couvre de bandelettes de
« pourpre brodées d'or ; leurs cornes sont dorées et ornées de bouquets et de fleurs odorifé-
« rantes. Après qu'elles ont été présentées devant l'autel, on les renvoie dans un lieu écarté,
« où elles sont égorgées pour les festins des prêtres de la déesse.

---

(1) Cette traduction barbare est de l'interprète franc à Constantinople.

« On offre aussi toutes sortes de liqueurs parfumées et du vin plus doux que le nectar.
« Les prêtres sont revêtus de longues robes blanches avec ceintures d'or et des franges de
« même au bas de leurs robes. On brûle, nuit et jour, sur les autels, les parfums les plus
« exquis de l'Orient, et ils forment une espèce de nuage qui monte vers le ciel. Toutes les
« colonnes du temple sont ornées de festons pendants; tous les vases qui servent aux sacri-
« fices sont d'or : un bois sacré de myrtes environne le bâtiment. Il n'y a que de jeunes gar-
« çons et de jeunes filles d'une rare beauté qui puissent présenter les victimes aux prêtres,
« et qui osent allumer le feu des autels. Mais l'impudence et la dissolution déshonorent un
« temple si magnifique. » *(Télémaque.)*

Note *e*, page 248. — Cette citation faisait partie du texte dans les deux premières éditions.

« Toute l'étendue de Jérusalem est environnée de hautes montagnes ; mais c'est sur celle de
« Sion que doivent être les sépulcres de la famille de David dont on ignore le lieu. En effet, il
« y a quinze ans qu'un des murs du temple, que j'ai dit être sur la montagne de Sion, croula.
« Là-dessus, le patriarche donna ordre à un prêtre de le réparer des pierres qui se trouvaient
« dans le fondement des murailles de l'ancienne Sion. Pour cet effet, celui-ci fit marché avec
« environ vingt ouvriers, entre lesquels il se trouva deux hommes amis et de bonne intelli-
« gence. L'un d'eux mena un jour l'autre dans sa maison pour lui donner à déjeuner. Étant
« revenus après avoir mangé ensemble, l'inspecteur de l'ouvrage leur demanda la raison
« pourquoi ils étaient venus si tard, auquel ils répondirent qu'ils compenseraient cette heure
« de travail par une autre. Pendant donc que le reste des ouvriers furent à dîner, et que ceux-ci
« faisaient le travail qu'ils avaient promis, ils levèrent une pierre qui bouchait l'ouverture
« d'un antre, et se dirent l'un à l'autre : Voyons s'il n'y a pas là-dessous quelque trésor caché.
« Après y être entrés, ils avancèrent jusqu'à un palais soutenu par des colonnes de marbre, et
« couvert de feuilles d'or et d'argent. Au devant il y avait une table avec un sceptre et une
« couronne dessus : c'était là le sépulcre de David, roi d'Israël ; celui de Salomon, avec les
« mêmes ornements, était à la gauche, aussi bien que plusieurs autres rois de Juda de la
« famille de David, qui avaient été enterrés en ce lieu. Il s'y trouva aussi des coffres fermés ;
« mais on ignore encore ce qu'ils contenaient. Les deux ouvriers ayant voulu pénétrer dans le
« palais, il s'éleva un tourbillon de vent qui entrant par l'ouverture de l'antre, les renversa par
« terre, où ils demeurèrent, comme s'ils eussent été morts, jusqu'au soir. Un autre souffle de
« vent les réveilla, et ils entendirent une voix semblable à celle d'un homme, qui leur dit :
« *Levez-vous, et sortez de ce lieu.* La frayeur dont ils étaient saisis les fit retirer en dili-
« gence, et ils rapportèrent tout ce qui leur était arrivé au patriarche, qui le leur fit répéter
« en présence d'Abraham de Constantinople, le pharisien, et surnommé *le Pieux*, qui demeu-
« rait alors à Jérusalem. Il l'avait envoyé chercher pour lui demander quel était son senti-
« ment là-dessus ; à quoi il répondit que c'était le lieu de la sépulture de la maison de David,
« destiné pour les rois de Juda. Le lendemain, on trouva ces deux hommes couchés dans leurs
« lits, et fort malades de la peur qu'ils avaient eue. Ils refusèrent de retourner dans le même
« lieu , à quel prix que ce fût, assurant qu'il n'était pas permis à aucun mortel de pénétrer
« dans un lieu dont Dieu défendait l'entrée ; de sorte qu'elle a été bouchée par le comman-
« dement du patriarche, et la vue en a été ainsi cachée jusqu'aujourd'hui. »

Cette histoire paraît être renouvelée de celle que raconte Josèphe au sujet du même tombeau. Hérode le Grand ayant voulu faire ouvrir le cercueil de David, il en sortit une flamme
qui l'empêcha de poursuivre son dessein.

Note *f*, page 254. — Cette citation faisait partie du texte dans les deux premières éditions.

« A peine, dit Massillon, l'âme sainte du Sauveur a-t-elle ainsi accepté le ministère sanglant
« de notre réconciliation, que la justice de son Père commence à le regarder comme un homme
« de péché. Dès lors il ne voit plus en lui son Fils bien-aimé, en qui il avait mis toute sa com-
« plaisance ; il n'y voit plus qu'une hostie d'expiation et de colère, chargée de toutes les ini-
« quités du monde, et qu'il ne peut plus se dispenser d'immoler à toute la sévérité de sa ven-
« geance. Et c'est ici que tout le poids de sa justice commence à tomber sur cette âme

« pure et innocente : c'est ici où Jésus-Christ, comme le véritable Jacob, va lutter toute la
« nuit contre la colère d'un Dieu même, et où va se consommer par avance son sacrifice,
« mais d'une manière d'autant plus douloureuse que son âme sainte va expirer, pour ainsi
« dire, sous les coups de la justice d'un Dieu irrité, au lieu que sur le Calvaire elle ne sera
« livrée qu'à la fureur et à la puissance des hommes. . . . .
« . . . .
« L'âme sainte du Sauveur, pleine de grâce, de vérité et de lumière ; ah ! elle voit le péché
« dans toute son horreur ; elle en voit le désordre, l'injustice, la tache immortelle ; elle en
« voit les suites déplorables : la mort, la malédiction, l'ignorance, l'orgueil, la corruption,
« toutes les passions, de cette source fatale nées et répandues sur la terre. En ce moment
« douloureux, la durée de tous les siècles se présente à elle : depuis le sang d'Abel jusqu'à
« la dernière consommation, elle voit une tradition non interrompue de crimes sur la terre ;
« elle parcourt cette histoire affreuse de l'univers, et rien n'échappe aux secrètes horreurs
« de sa tristesse ; elle y voit les plus monstrueuses superstitions établies parmi les hommes :
« la connaissance de son père effacée ; les crimes infâmes érigés en divinités ; les adultères,
« les incestes, les abominations avoir leurs temples et leurs autels ; l'impiété et l'irréligion de-
« venues le parti des plus modérés et des plus sages. Si elle se tourne vers les siècles des
« chrétiens, elle y découvre les maux futurs de son Église : les schismes, les erreurs, les
« dissensions qui devaient déchirer les mystères précieux de son unité, les profanations de
« ses autels, l'indigne usage des sacrements, l'extinction presque de sa foi, et les mœurs
« corrompues du paganisme rétablies parmi ses disciples. . . . .
« . . . .
« Aussi, cette âme sainte ne pouvant plus porter le poids de ses maux, et retenue d'ail-
« leurs dans son corps par la rigueur de la justice divine, triste jusqu'à la mort, et ne pou-
« vant mourir, hors d'état et de finir ses peines, et de les soutenir, semble combattre, par les
« défaillances et les douleurs de son agonie, contre la mort et contre la vie ; et une sueur de
« sang qu'on voit couler à terre est le triste fruit de ses pénibles efforts : *Et factus est*
« *sudor ejus sicut guttæ sanguinis decurrentis in terram*. Père juste, fallait-il encore
« du sang à ce sacrifice intérieur de votre Fils ? N'est-ce pas assez qu'il doive être répandu
« par ses ennemis ? Faut-il que votre justice se hâte, pour ainsi dire, de le voir répandre ? »

Note *g*, page 251. — Cette citation faisait partie du texte dans les deux premières éditions.
La destruction de Jérusalem, prédite et pleurée par Jésus-Christ, mérite bien qu'on s'y arrête. Écoutons Josèphe, témoin oculaire de cet événement. La ville étant prise, un soldat met
le feu au temple.

« Lorsque le feu dévorait ainsi ce superbe temple, les soldats, ardents au pillage, tuaient
« tous ceux qu'ils y rencontraient. Ils ne pardonnaient ni à l'âge ni à la qualité : les vieillards
« aussi bien que les enfants, et les prêtres comme les laïques, passaient par le tranchant de l'é-
« pée : tous se trouvaient enveloppés dans ce carnage général, et ceux qui avaient recours
« aux prières n'étaient pas plus humainement traités que ceux qui avaient le courage de se dé-
« fendre jusqu'à la dernière extrémité. Les gémissements des mourants se mêlaient au bruit
« du pétillement du feu, qui gagnait toujours plus avant ; et l'embrasement d'un si grand édi-
« fice, joint à la hauteur de son assiette, faisait croire à ceux qui ne le voyaient que de loin
« que toute la ville était en feu.

« On ne saurait rien imaginer de plus terrible que le bruit dont l'air retentissait de toutes
« parts ; car, quel n'était pas celui que faisaient les légions romaines dans leur fureur ? Quels cris
« ne jetaient pas les factieux qui se voyaient environnés de tous côtés du fer et du feu ? Quelle
« plainte ne faisait point ce pauvre peuple qui, se trouvant alors dans le temple, était dans
« une telle frayeur, qu'il se jetait, en fuyant, au milieu des ennemis ! Et quelles voix confuses
« ne poussait point jusqu'au ciel la multitude de ceux qui, de dessus la montagne opposée au
« temple, voyaient un spectacle si affreux ! Ceux même que la faim avait réduits à une telle ex-
« trémité que la mort était prête à leur fermer pour jamais les yeux, apercevant cet embrasa-

« ment du temple, rassemblaient tout ce qui leur restait de forces pour déplorer un si étrange
« malheur ; et les échos des montagnes d'alentour et du pays qui est au delà du Jourdain re-
« doublaient encore cet horrible bruit ; mais quelque épouvantable qu'il fût, les maux qui le
« causaient l'étaient encore davantage. Ce feu qui dévorait le temple était si grand et si vio-
« lent, qu'il semblait que la montagne même sur laquelle il était assis brûlât jusque dans
« ses fondements. Le sang coulait en telle abondance, qu'il paraissait disputer avec le feu à
« qui s'étendrait davantage. Le nombre de ceux qui étaient tués surpassait celui de ceux qui
« les sacrifiaient à leur colère et à leur vengeance ; toute la terre était couverte de corps morts ;
« et les soldats marchaient dessus pour suivre par un chemin si effroyable ceux qui s'enfuyaient.
. . . .
«

« Quatre ans avant le commencement de la guerre, lorsque Jérusalem était encore dans une
« profonde paix et dans l'abondance, Jésus, fils d'Ananus, qui n'était qu'un simple paysan,
« étant venu à la fête des Tabernacles, qui se célèbre tous les ans dans le temple en l'honneur
« de Dieu, cria : « Voix du côté de l'orient ; voix du côté de l'occident ; voix du côté des quatre
« vents ; voix contre Jérusalem et contre le temple ; voix contre les nouveaux mariés et les nou-
« velles mariées ; voix contre tout le peuple. » Et il ne cessait point, jour et nuit, de courir par
« toute la ville en répétant même chose. Quelques personnes de qualité, ne pouvant souffrir
« des paroles d'un si mauvais présage, le firent prendre et extrêmement fouetter. . . . . . .
« . . . .

« Mais à chaque coup qu'on lui donnait, il répétait d'une voix plaintive et lamentable :
« Malheur ! malheur sur Jérusalem ! » . . . .
« . . . .
« Quand Jérusalem fut assiégée, on vit l'effet de ses prédictions. Et faisant alors le tour des
« murailles de la ville, il se mit encore à crier : « Malheur ! malheur sur la ville ! malheur
« sur le peuple ! malheur sur le temple ! » « A quoi ayant ajouté : « et malheur sur moi ! »,
« une pierre poussée par une machine le porta par terre, et il rendit l'esprit en profé-
« rant ces mêmes mots. »

NOTE *h*, page 252. — « On verra, dit encore Massillon, le Fils de l'Homme parcourant des
« yeux, du haut des airs, les peuples et les nations confondus et assemblés à ses pieds, re-
« lisant dans ce spectacle l'histoire de l'univers, c'est-à-dire des passions ou des vertus des
« hommes : on le verra rassembler ses élus des quatre vents, les choisir de toute langue, de
« tout état, de toute nation ; réunir les enfants d'Israël dispersés dans l'univers ; exposer
« l'histoire secrète d'un peuple saint et nouveau ; produire sur la scène des héros de la foi,
« jusque-là inconnus au monde : ne plus distinguer les siècles par les victoires des conqué-
« rants, par l'établissement ou la décadence des empires, par la politesse ou la barbarie
« des temps, par les grands hommes qui ont paru dans chaque âge, mais par les divers
« triomphes de la grâce, par les victoires cachées des justes sur leurs passions, par l'établisse-
« ment de son règne dans un cœur, par la fermeté héroïque d'un fidèle persécuté. . . . . .
« La disposition de l'univers ainsi ordonnée ; tous les peuples de la terre ainsi séparés ;
« chacun immobile à la place qui lui sera tombée en partage ; la surprise, la terreur, le déses-
« poir, la confusion, peints sur le visage des uns ; sur celui des autres la joie, la sérénité, la
« confiance ; les yeux des justes levés en haut vers le Fils de l'Homme d'où ils attendent leur
« délivrance ; ceux des impies fixés d'une manière affreuse sur la terre, et perçant presque
« les abîmes de leurs regards, comme pour y marquer déjà la place qui leur est destinée. »

NOTE *i*, page 253. — Cette citation faisait partie du texte dans les deux premières éditions.
Bossuet a renfermé toute cette histoire en quelques pages, mais ces pages sont sublimes :
« Cependant la jalousie des pharisiens et des prêtres le mène à un supplice infâme ; ses
« disciples l'abandonnent ; un d'eux le trahit ; le premier et le plus zélé de tous le renie trois
« fois. Accusé devant le conseil, il honore jusqu'à la fin le ministère des prêtres, et répond en
« termes précis au pontife qui l'interrogeait juridiquement ; mais le moment était arrivé où
« la synagogue devait être réprouvée. Le pontife et tout le conseil condamnent Jésus-Christ,

« parce qu'il se disait le Christ, Fils de Dieu. Il est livré à Ponce-Pilate, président romain :
« son innocence est reconnue par son juge, que la politique et l'intérêt font agir contre sa
« conscience : le Juste est condamné à mort : le plus grand de tous les crimes donne lieu à
« la plus parfaite obéissance qui fut jamais. Jésus, maître de sa vie et de toutes choses,
« s'abandonne volontairement à la fureur des méchants, et offre ce sacrifice qui devait être
« l'expiation du genre humain. A la croix, il regarde dans les prophéties ce qui lui restait à
« faire : il l'achève, et dit enfin : Tout est consommé. »

« A ce mot, tout change dans le monde : la loi cesse, les figures passent, les sacrifices sont
« abolis par une oblation plus parfaite. Cela fait, Jésus-Christ expire avec un grand cri : toute
« la nature s'émeut; le centurion qui le gardait, étonné d'une telle mort, s'écrie qu'il est
« vraiment le Fils de Dieu ; et les spectateurs s'en retournent frappant leur poitrine. Au troi-
« sième jour il ressuscite ; il paraît aux siens qui l'avaient abandonné, et qui s'obstinaient à ne
« pas croire sa résurrection. Ils le voient, ils lui parlent, ils le touchent, ils sont convaincus.
« . . . .

« Sur ce fondement, douze pêcheurs entreprennent de convertir le monde entier, qu'ils
« voient si opposé aux lois qu'ils avaient à lui prescrire et aux vérités qu'ils avaient à lui an-
« noncer. Ils ont ordre de commencer par Jérusalem, et de là de se répandre par toute la
« terre, pour instruire toutes les nations et les baptiser au nom du Père, du Fils, et du Saint-
« Esprit. Jésus-Christ leur promet d'être avec eux jusqu'à la consommation des siècles, et assure
« par cette parole la perpétuelle durée du ministère ecclésiastique. Cela dit, il monte aux cieux
« en leur présence. »

Note j, page 261. — Cette citation faisait partie du texte dans les deux premières éditions.

« Voyant le roi qui avoit la maladie de l'ost et la menaison comme les autres que nous
« laissions, so fust bien garanti s'il eust voulu ès grands gallées ; mais il disoit qu'il aimoit
« mieux mourir que laisser son peuple : il nous commença à hucher et à crier que demou-
« rassions, et nous tiroit de bon garrots pour nous faire demeurer jusqu'à ce qu'il nous
« donnast congé de nager. Or je vous lerray ici, et vous dirai la façon et manière comme
« fut prins le roi, ainsi que lui-mesme me conta. Je lui ouï dire qu'il avoit laissé ses gens
« d'armes et sa bataille, et s'estoit mis lui et messire Geoffroy de Sergine en la bataille de
« messire Gaultier de Chastillon, qui faisoit l'arrière-garde. Et estoit le roi monté sur un
« petit coursier, une housse de soie vestue ; et ne lui demoura, ainsi que lui ai depuis oy
« dire, de tous ses gens d'armes, que le bon chevalier messire Geoffroy de Sergine, lequel
« se rendit jusques à une petite ville nommée *Casel*, là où le roi fut prins. Mais avant que
« les Turcs le pussent voir, lui oy conter que messire Geoffroy de Sergine le deffendoit en la
« façon que le bon serviteur deffend le hanap de son seigneur, de peur des mouches. Car
« toutes les fois que les Sarrazins l'approchoient, messire Geoffroy le deffendoit à grands
« coups d'espée et de pointe, et ressembloit sa force lui estre doublée d'oultre moitié,
« et son preux et hardi courage. Et à tous coups les chassoit de dessus le roi. Et ainsi
« l'emmena jusqu'au lieu de Casel, et là fut descendu au giron d'une bourgeoisie qui estoit
« de Paris. Et là le cuidèrent voir passer le pas de mort, et n'esperoient point que jamais il
« peust passer celui jour sans mourir (1). »

C'était déjà un coup assez surprenant de la fortune, que d'avoir livré un des plus grands rois que la France ait eus aux mains d'un jeune soudan d'Égypte, dernier héritier du grand Saladin. Mais cette fortune qui dispose des empires, voulant, pour ainsi dire, montrer en un jour l'excès de sa puissance et de ses caprices, fit égorger le roi vainqueur sous les yeux du roi vaincu.

« Et ce voyant le soudan qui estoit encore jeune, et la malice qui avoit esté inspirée
« contre sa personne, il s'enfuit en sa haute tour qu'il avoit près de sa chambre, dont j'ai
« devant parlé. Car ses gens mesme de la Haulequa lui avoient jà abattu tous ses pavillons,

(1) Sire de Joinville.

« et environnoient cette tour, où il s'en estoit fui. Et dedans la tour il y avoit trois de ses eves-
« ques, qui avoient mangé avec lui, qui lui escrivirent qu'il descendist. Et il leur dit que vo-
« lontiers il descendroit, mais qu'ils l'assurassent. Ils lui respondirent que bien le feroient
« descendre par force, et malgré lui; et qu'il n'estoit mye encore à Damiète. Et tantost ils
« vont jecter le feu gregeois dedans cette tour, qui estoit seulement de perches de sapin et
« de toile, comme j'ai devant dit. Et incontinent fut embrasée la tour. Et vous promets que
« jamais ne vis plus beau feu, ne plus soudain. Quand le sultan vit que le feu le pressoit,
« il descendit par la voie du Prael, dont j'ai devant parlé, et s'enfuit vers le fleuve; et en s'en-
« fuyant, l'un des chevaliers de la Haulequa le ferit d'un grand glaive parmi les costes, et il
« se jecte à tout le glaive dedans le fleuve. Et après lui descendirent environ de neuf cheva-
« liers, qui le tuèrent là dans le fleuve, assez près de nostre gallée. Et quand le soudan fut
« mort, l'un desdits chevaliers, qui avoit nom Faracataie, le fendit, et lui tira le cœur du
« ventre. Et lors il s'en vint au roi, sa main tout ensanglantée, et lui demanda : « Que me
« donneras-tu, dont j'ai occis ton ennemi qui t'eust fait mourir s'il eust vescu? » Et à cette
« demande ne lui respondit oncques un seul mot le bon roi saint Louis. »

NOTE *k*, page 262. — Cette citation faisait partie du texte dans les deux premières éditions.
Le tableau du royaume de Jérusalem, tracé par l'abbé Guénée, mérite d'être rapporté.
Il y aurait de la témérité à vouloir refaire un ouvrage qui ne pèche que par des omissions vo-
lontaires. Sans doute l'auteur, ne pouvant pas tout dire, s'est contenté des principaux traits.

« Ce royaume s'étendait, dit-il, du couchant au levant, depuis la mer Méditerranée jusqu'au
« désert de l'Arabie, et du midi au nord, depuis le fort de Darum au delà du torrent
« d'Égypte jusqu'à la rivière qui coule entre Bérith et Biblos. Ainsi, il comprenait d'abord
« les trois Palestines, qui avaient pour capitales : la première, Jérusalem ; la deuxième Césarée
« maritime ; et la troisième, Bethsan, puis Nazareth : il comprenait en outre tout le pays
« des Philistins, toute la Phénicie avec la deuxième et la troisième Arabie, et quelques par-
« ties de la première.

« Cet État, disent les *Assises de Jérusalem*, avait deux chefs seigneurs, l'un spirituel et
« l'autre temporel : le patriarche était le seigneur spirituel, et le roi, le seigneur temporel.

« Le patriarche étendait sa juridiction sur les quatre archevêchés de Tyr, de Césarée, de
« Nazareth et de Krak; il avait pour suffragants les évêques de Bethléem, de Lyde et d'Hé-
« bron ; de lui dépendaient encore les six abbés de Mont-Sion, de la Latine, du Temple, du
« Mont-Olivet, de Josaphat et de Saint-Samuel ; le prieur du Saint-Sépulcre, et les trois ab-
« besses de Notre-Dame la Grande, de Sainte-Anne et de Saint-Ladre.

« Les archevêques avaient pour suffragants : celui de Tyr, les évêques de Bérith, de Sidon,
« de Panéas et de Ptolémaïs ; celui de Césarée, l'évêque de Sébaste ; celui de Nazareth, l'é-
« vêque de Tibériade et le prieur du Mont-Tabor ; celui de Krak, l'évêque du Mont-Sinaï.

« Les évêques de Saint-Georges, de Lyde et d'Acre, avaient sous leur juridiction : le pre-
« mier, les deux abbés de Saint-Joseph d'Arimathie et de Saint-Habacuc, les deux prieurs
« de Saint-Jean l'Évangéliste et de Sainte-Catherine du Mont-Gisart, avec l'abbesse des Trois-
« Ombres ; le deuxième, la Trinité et les Repenties.

« Tous ces évêchés, abbayes, chapitres, couvents d'hommes et de femmes, paraissent avoir
« eu d'assez grands biens, à en juger par les troupes qu'ils étaient obligés de fournir à l'État.
« Trois ordres surtout religieux et militaires tout à la fois se distinguaient par leur opulence ;
« ils avaient dans le pays des terres considérables, des châteaux et des villes.

« Outre les domaines que le roi possédait en propre, comme Jérusalem, Naplouse, Acre,
« Tyr et leurs dépendances, on comptait dans le royaume quatre grandes baronnies ; elles
« comprenaient, la première, les comtés de Jafa et d'Ascalon, avec les seigneuries de Rama,
« de Mirabel et d'Ybelin ; la deuxième, la principauté de Galilée ; la troisième, les seigneuries
« de Sidon, de Césarée et de Bethsan ; la quatrième, les seigneuries de Krak, de Montréal
« et d'Hébron. Le comté de Tripoli formait une principauté à part, dépendante, mais distin-
« guée du royaume de Jérusalem.

« Un des premiers soins des rois avait été de donner un code à leur peuple. De *sages*
« *hommes* furent chargés de recueillir les principales lois des différents pays d'où étaient
« venus les croisés, et d'en former un corps de législation, d'après lequel les affaires civiles
« et criminelles seraient jugées. On établit deux cours de justice : la haute pour les nobles,
« l'autre pour la bourgeoisie et toute la roture. Les Syriens obtinrent d'être jugés suivant
« leurs propres lois.

« Les différents seigneurs, tels que les comtes de Jafa, les seigneurs d'Ybelin, de Césarée,
« de Caïfas, de Krak, l'archevêque de Nazareth, etc., eurent leurs cours et justice ; et les prin-
« cipales villes, Jérusalem, Naplouse, Acre, Jafa, Césarée, Bethsan, Hébron, Gades, Lyde,
« Assur, Panéas, Tibériade, Nazareth, etc., leurs cours et justices bourgeoises : les justices
« seigneuriales et bourgeoises, au nombre de vingt à trente de chaque espèce, augmentèrent
« à proportion que l'État s'agrandissait.

« Les baronnies et leurs dépendances étaient chargées de fournir deux mille cavaliers ; les
« villes de Jérusalem, d'Acre et de Naplouse en devaient six cent soixante-six et cent treize
« sergents ; les cités de Tyr, de Césarée, d'Ascalon, de Tibériade, mille sergents.

« Les églises, évêques, abbés, chapitres, etc., devaient en donner environ sept mille, sa-
« voir : le patriarche, l'église du Saint-Sépulcre, l'évêque de Tibériade, et l'abbé de Mont-
« Thabor, chacun six cents ; l'archevêque de Tyr et l'évêque de Tibériade, chacun cinq cent
« cinquante ; les évêques de Lyde et de Bethléem, chacun deux cents ; et les autres à pro-
« portion de leurs domaines.

« Les troupes de l'État réunies firent d'abord une armée de dix à douze mille hommes ;
« on les porta ensuite à quinze ; et quand Lusignan fut défait par Saladin, son armée montait
« à près de vingt-deux mille hommes, toutes troupes du royaume.

« Malgré les dépenses et les pertes qu'entraînaient des guerres presque continuelles, les
« impôts étaient modérés, l'abondance régnait dans le pays, le peuple se multipliait, les sei-
« gneurs trouvaient dans leurs fiefs de quoi se dédommager de ce qu'ils avaient quitté en Eu-
« rope ; et Baudoin du Bourg lui-même ne regretta pas longtemps son riche et beau comté
« d'Édesse. »

Note *l*, page 264. — Cette citation faisait partie du texte dans les deux premières éditions.

« Je ne puis cependant m'empêcher de donner ici un calcul qui faisait partie de mon travail ; il est tiré de l'*Itinéraire* de Benjamin de Tudèle. Ce Juif espagnol avait parcouru la terre au treizième siècle pour déterminer l'état du peuple hébreu dans le monde connu (1). J'ai relevé, la plume à la main, les nombres donnés par le voyageur, et j'ai trouvé sept cent soixante-dix-huit mille huit cent soixante-cinq Juifs dans l'Afrique, l'Asie et l'Europe. Il est vrai que Benjamin parle des Juifs d'Allemagne sans en citer le nombre, et qu'il se tait sur les Juifs de Londres et de Paris. Portons la somme totale à un million d'hommes ; ajoutons à ce million d'hommes un million de femmes et deux millions d'enfants, nous aurons quatre millions d'individus pour la population juive au treizième siècle. Selon la supputation la plus probable, la Judée proprement dite, la Galilée, la Palestine ou l'Idumée, comptaient, du temps de Vespasien, environ six ou sept millions d'habitants ; quelques auteurs portent ce nombre beaucoup plus haut : au seul siège de Jérusalem par Titus il périt onze cent mille Juifs. La population juive aurait donc été, au treizième siècle, le sixième de ce qu'elle était avant sa dispersion. Voici le tableau tel que je l'ai composé d'après l'*Itinéraire* de Benjamin. Il est curieux d'ailleurs pour la géographie du moyen âge ; mais les noms des lieux y sont souvent estropiés par le voyageur ; l'original hébreu a dû se refuser à leur véritable orthographe dans certaines lettres ; Arias Montanus a porté de nouvelles altérations dans la version latine, et la traduction française achève de défigurer ces noms :

---

(1) Il n'est pourtant pas bien clair que Benjamin ait parcouru tous les lieux qu'il a nommés. Il est même évident, par des passages du texte hébreu, que le voyageur juif n'a souvent écrit que sur des Mémoires.

NOTES.

Villes.	Juifs.
Barcelone	4 chefs.
Narbonne	300
Bidrasch	3 chefs.
Montpellier	6 chefs.
Lunel	300
Beaucaire	40
Saint-Gilles	100
Arles	200
Marseille	300
Gênes	20
Lucques	40
Rome	200
Capoue	300
Naples	500
Salerne	600
Malfi	20
Bénévent	200
Malchi	200
Ascoli	40
Trani	200
Tarente	300
Bardenis	10
Otrante	500
Corfou	1
Leptan	100
Achilon	10
Patras	50
Lépante	100
Crissa	200
Corinthe	300
Thèbes	2,000
Egrifou	100
Jabustérisa	100
Sinon-Potamon	40
Gardegin (quelques Juifs).	
Armilon	500
Bissine	100
Séleucie	500
Mitricin	20
Darman	140
Canisthol	20
Constantinople	1,000
Doroston	100
Galipoline	200
Galas	50
Mityles (une université).	
Giham	500
Ismos	300
Rhodes	500
Dophros (assemblée de Juifs).	
Laodicée	200
Gébal	120
Birot	40
Sidon	20
A reporter	11,694

NOTES.

Report	11,694
Tyr	500
Akadi	100
Césarée	10
Luz	1
Bethgebarin	3
Torondolos (autrefois Sunam)	30
Nob	2
Ramas	3
Joppé	1
Ascalon	240
Dans la même ville, Juifs samaritains	300
Ségura	1
Tibériade	50
Timin	20
Ghalmal	50
Damas	3,000
Thadmur	4,000
Siha	1,500
Kelagh-Geher	2,000
Dakia	700
Hharan	700
Achabor	2,000
Nisibis	1,000
Gezir-Ben-Ghamar	4,000
Al-Mutsal (autrefois Assur)	7,000
Rahaban	2,000
Karkésia	5,000
Al-Jobar	2,000
Hhardan	15,000
Ghukbéran	10,000
Bagdad	1,000
Gébiaga	5,000
Dans un lieu à vingt pas de Gégaiga	20,000
Hhilan	10,000
Naphahh	200
Alkotsonath	300
Rupha	7,000
Séphitbib (une synagogue).	
Juifs qui habitent dans les villes et autres lieux du pays de Théma	300,000
Chibar	50,000
Vira, fleuve du pays d'Eliman (au bord)	3,000
Néasat	7,000
Bostan	1,000
Samura	1,500
Chuzsetham	7,000
Robard-Bar	2,000
Vaanath	4,000
Pays de Mollhheath (deux synagogues).	
Charian	25,000
Hhendam	50,000
Tabarethan	4,000
Asbaham	15,000
A reporter	585,905

Report...	585,905
Scaphas...	10,000
Ginat...	8,000
Samareant...	50,000
Dans les montagnes de Nisbon, appartenant au roi de Perse, on dit qu'il y a quatre tribus d'Israël, savoir : Dan, Zabulon, Aser et Nephtali.	
Cherataan...	500
Katbiphan...	50,000
Pays de Haalam (les Juifs, au nombre de vingt familles).	
Ilé de Cheneray...	23,000
Gihgalan...	1,000
L'Ynde (une grande quantité de Juifs).	
Bhalavan...	1,300
Kita...	30,000
Misraïm...	2,000
Gössen...	1,000
Al-Bubug...	200
Ramira...	700
Lamhhala...	500
Alexandrie...	3,000
Damiette...	200
Tunis...	40
Messine...	20
Palerme...	1,500
Total...	768,865

Benjamin ne spécifie point le nombre des Juifs d'Allemagne ; mais il cite les villes où se trouvaient les principales synagogues ; ces villes sont : Coblentz, Andernach, Caub, Creutznach, Bengen, Germersheim, Munster, Strasbourg, Mantern, Freising, Bamberg, Tsor et Reguespurch. En parlant des Juifs de Paris, il dit : *In qua sapientium discipuli sunt omnium qui hodie in omni regione sunt doctissimi.*

NOTE *m*, page 269. — Cette citation faisait partie du texte dans les deux premières éditions. Josèphe parle ainsi du premier temple :

« La longueur du temple est de soixante coudées, sa hauteur d'autant, et sa largeur de
« vingt. Sur cet édifice on en éleva un autre de même grandeur ; et ainsi, toute la hauteur du
« temple était de six vingts coudées. Il était tourné vers l'orient, et son portique était de
« pareille hauteur de six vingts coudées, de vingt de long et de six de large. Il y avait à l'en-
« tour du temple trente chambres en forme de galeries, et qui servaient au dehors comme
« d'arcs-boutants pour le soutenir. On passait des unes dans les autres, et chacune avait vingt
« coudées de long, autant de large, et vingt de hauteur. Il y avait au-dessus de ces chambres
« deux étages de pareil nombre de chambres toutes semblables. Ainsi, la hauteur des trois
« étages ensemble, montant ensemble à soixante coudées, revenait justement à la hauteur du
« bas édifice du temple dont nous venons de parler ; et il n'y avait rien au-dessus. Toutes ces
« chambres étaient couvertes de bois de cèdre, et chacune avait sa couverture à part, en forme
« de pavillon ; mais elles étaient jointes par de longues et grosses poutres, afin de les rendre
« plus fermes, et ainsi elles ne faisaient ensemble qu'un seul corps. Leurs plafonds étaient de
« bois de cèdre fort poli, et enrichis de feuillages dorés, taillés dans le bois. Le reste était
« aussi lambrissé de bois de cèdre, si bien travaillé et si bien doré, qu'on ne pouvait y entrer
« sans que leur éclat éblouît les yeux. Toute la structure de ce superbe édifice était de pierres
« si polies et tellement jointes, qu'on ne pouvait pas en apercevoir les liaisons ; mais il semblait

« que la nature les eût formées de la sorte, d'une seule pièce, sans que l'art ni les instruments
« dont les excellents maîtres se servent pour embellir leurs ouvrages, y eussent en rien con-
« tribué. Salomon fit faire dans l'épaisseur du mur, du côté de l'orient, où il n'y avait point
« de grand portail, mais seulement deux portes, un degré à vis de son invention pour monter
« jusqu'au haut du temple. Il y avait dedans et dehors le temple des ais de cèdre, attachés
« ensemble avec de grandes et fortes chaînes, pour servir encore à le maintenir en état.

« Lorsque tout ce grand corps de bâtiment fut achevé, Salomon le fit diviser en deux
« parties, dont l'une, nommée *le Saint des Saints* ou *Sanctuaire*, qui avait vingt coudées
« de long, était particulièrement consacrée à Dieu, et il n'était permis à personne d'y entrer;
« l'autre partie, qui avait quarante coudées de longueur, fut nommée *le saint Temple*, et
« destinée pour les sacrificateurs. Ces deux parties étaient séparées par de grandes portes
« de cèdre, parfaitement bien taillées et fort dorées sur lesquelles pendaient des voiles de
« lin, pleins de diverses fleurs de couleur de pourpre, d'hyacinthe et d'écarlate. . . . .

« Salomon se servit, pour tout ce que je viens de dire, d'un ouvrier admirable, mais prin-
« cipalement aux ouvrages d'or, d'argent et de cuivre, nommé *Chiram*, qu'il avait fait venir
« de Tyr, dont le père, nommé *Ur*, quoique habitué à Tyr, était descendu des Israélites, et
« sa mère était de la tribu de Nephtali. Ce même homme lui fit aussi deux colonnes de bronze
« qui avaient quatre doigts d'épaisseur, dix-huit coudées de haut, et douze coudées de tour,
« au-dessus desquelles étaient des corniches de fonte en forme de lis, de cinq coudées de
« hauteur. Il y avait à l'entour de ces colonnes des feuillages d'or qui couvraient ces lis,
« et on y voyait pendre en deux rangs deux cents grenades aussi de fonte. Ces colonnes
« furent placées à l'entrée du porche du temple; l'une nommée *Jachim*, à la main droite;
« et l'autre nommée *Boz*, à la main gauche.

« Salomon fit bâtir hors de cette enceinte une espèce d'autre temple d'une forme quadran-
« gulaire, environné de grandes galeries, avec quatre grands portiques qui regardaient le
« levant, le couchant, le septentrion et le midi, et auxquels étaient attachées de grandes
« portes toutes dorées; mais il n'y avait que ceux qui étaient purifiés selon la loi, et résolus
« d'observer les commandements de Dieu, qui eussent la permission d'y entrer. La construc-
« tion de cet autre temple était un ouvrage si digne d'admiration, qu'à peine est-ce une chose
« croyable; car, pour le pouvoir bâtir au niveau du haut de la montagne sur laquelle le
« temple était assis, il fallut remplir, jusqu'à la hauteur de quatre cents coudées, un vallon
« dont la profondeur était telle qu'on ne pouvait la regarder sans frayeur. Il fit environner
« ce temple d'une double galerie soutenue par un double rang de colonnes de pierres d'une
« seule pièce; et ces galeries, dont toutes les portes étaient d'argent, étaient lambrissées
« de bois de cèdre (1). »

Il est clair par cette description que les Hébreux, lorsqu'ils bâtirent le premier temple,
n'avaient aucune connaissance des ordres. Les deux colonnes de bronze suffisent pour le
prouver : les chapiteaux et les proportions de ces colonnes n'ont aucun rapport avec le premier dorique, seul ordre qui fût peut-être alors inventé dans la Grèce; mais ces mêmes
colonnes, ornées de feuillages d'or, de fleurs de lis et de grenades, rappellent les décorations ca-
pricieuses de la colonne égyptienne. Au reste, les chambres en forme de pavillons, les
lambris de cèdre doré, et tous ces détails imperceptibles sur de grandes masses, prouvent
la vérité de ce que j'ai dit sur le goût des premiers Hébreux.

NOTE *n*, page 277. — Cette citation faisait partie du texte dans les deux premières éditions.
Le plus ancien auteur qui ait décrit la mosquée de la Roche, est Guillaume de Tyr : il la
devait bien connaître, puisqu'elle sortait à peine des mains des chrétiens à l'époque où le sage
archevêque écrivait son histoire. Voici comment il en parle :

« Nous avons dit, au commencement de ce livre, qu'Omar, fils de Calab, avait fait bâtir ce
« temple. . . . .
« . . . . et c'est ce que prouvent évidemment les inscriptions anciennes gravées au

---

(1) *Histoire des Juifs*, trad. d'Arnaud d'Andilly.

« dedans et au dehors de cet édifice............................. »

L'historien passe à la description du parvis, et il ajoute :

« Dans les angles de ce parvis il y avait des tours extrêmement élevées, du haut des-
« quelles, à certaines heures, les prêtres des Sarrasins avaient coutume d'inviter le peuple à la
« prière. Quelques-unes de ces tours sont demeurées debout jusqu'à présent ; mais les autres
« ont été ruinées par différents accidents. On ne pouvait entrer ni rester dans le parvis sans
« avoir les pieds nus et lavés............................

« Le temple est bâti au milieu du parvis supérieur ; il est octogone et décoré, en dedans et
« en dehors, de carreaux de marbre et d'ouvrages de mosaïque. Les deux parvis, tant le
« supérieur que l'inférieur, sont pavés de dalles blanches pour recevoir pendant l'hiver les
« eaux de la pluie qui descendent en grande abondance des bâtiments du temple, et tombent
« très-limpides et sans limons dans les citernes au-dessous. Au milieu du temple, entre le
« rang intérieur des colonnes, on trouve une roche un peu élevée ; et sous cette roche il y a
« une grotte pratiquée dans la même pierre. Ce fut sur cette pierre que s'assit l'ange qui, en
« punition du dénombrement du peuple, fait inconsidérément par David, frappa ce peuple
« jusqu'à ce que Dieu lui ordonnât de remettre son épée dans le fourreau. Cette roche, avant
« l'arrivée de nos armées, était exposée nue et découverte ; et elle demeura encore en cet état
« pendant quinze années ; mais ceux qui dans la suite furent commis à la garde de ce lieu, la
« recouvrirent et construisirent dessus un chœur et un autel, pour y célébrer l'office divin. »

Ces détails sont curieux, parce qu'il y a huit cents ans qu'ils sont écrits ; mais ils nous apprennent peu de chose sur l'intérieur de la mosquée. Les plus anciens voyageurs, Arculfe dans Adamannus, Willibaldus, Bernard le Moine, Ludolphe, Breydenbach, Sanut, etc., n'en parlent que par ouï-dire, et ils ne paraissent pas toujours bien instruits. Le fanatisme des musulmans était beaucoup plus grand dans ces temps reculés qu'il ne l'est aujourd'hui, et jamais ils n'auraient voulu révéler à un chrétien les mystères de leurs temples. Il faut donc passer aux voyageurs modernes, et nous arrêter encore à Deshayes.

Cet ambassadeur de Louis XIII aux lieux saints refusa, comme je l'ai dit, d'entrer dans la mosquée de la Roche ; mais les Turcs lui en firent la description.

« Il y a, dit-il, un grand dôme qui est porté au dedans par deux rangs de colonnes de
« marbre, au milieu duquel est une grosse pierre, sur laquelle les Turcs croient que Mahomet
« monta quand il alla au ciel. Pour cette cause, ils y ont une grande dévotion ; et ceux qui
« ont quelque moyen fondent de quoi entretenir quelqu'un, après leur mort, qui lise l'Al-
« coran, à l'entour de cette pierre, à leur intention.

« Le dedans de cette mosquée est tout blanchi, hormis en quelques endroits, où le nom
« de Dieu est écrit en caractères arabiques. »

Ceci ne diffère pas beaucoup de la relation de Guillaume de Tyr. Le père Roger nous instruira mieux ; car il paraît avoir trouvé le moyen d'entrer dans la mosquée. Du moins voici comment il s'explique :

« Si un chrétien y entrait (dans le parvis du temple), quelques prières qu'il fît en ce lieu,
« disent les Turcs, Dieu ne manquerait pas de l'exaucer, quand même ce serait de mettre
« Jérusalem entre les mains des chrétiens. C'est pourquoi, outre la défense qui est faite aux
« chrétiens non-seulement d'entrer dans le temple, mais même dans le parvis, sous peine
« d'être brûlés vifs ou de se faire Turcs, ils y font une soigneuse garde, laquelle fut gagnée
« de mon temps par un stratagème qu'il ne m'est pas permis de dire, pour les accidents qui
« en pourraient arriver, me contentant de dire toutes les particularités qui s'y remarquent. »

Du parvis il vient à la description du temple.

« Pour entrer dans le temple, il y a quatre portes situées à l'orient, occident, septentrion
« et midi ; chacune ayant son portail bien élaboré de moulures, et six colonnes avec leurs
« pieds-d'estail et chapiteaux, le tout de marbre et de porphyre. Le dedans est tout de
« marbre blanc : le pavé même est de grandes tables de marbre de diverses couleurs, dont
« la plus grande partie, tant des colonnes que du marbre, et le plomb, ont été pris par les
« Turcs, tant en l'église de Bethléem qu'en celle du Saint-Sépulcre et autres qu'ils ont démolies.

« Dans le temple il y a trente-deux colonnes de marbre gris en deux rangs, dont seize
« grandes soutiennent la première voûte, et les autres le dôme, chacune étant posée sur son
« pied-d'estail et leurs chapiteaux. Tout autour des colonnes, il y a de très-beaux ouvrages de
« fer doré et de cuivre, faits en forme de chandeliers, sur lesquels il y a sept mille lampes
« posées, lesquelles brûlent depuis le jeudi au soleil couché jusqu'au vendredi matin ; et tous
« les ans un mois durant, à savoir, au temps de leur radaman, qui est leur carême. »

« Dans le milieu du temple, il y a une petite tour de marbre, où l'on monte en dehors par
« dix-huit degrés. C'est où se met le cadi tous les vendredis, depuis midi jusqu'à deux heures,
« que durent leurs cérémonies, tant la prière que les expositions qu'il fait sur les principaux
« points de l'Alcoran.

« Outre les trente-deux colonnes qui soutiennent la voûte et le dôme, il y en a deux autres
« moindres, assez proches de la porte de l'occident, que l'on montre aux pèlerins étrangers,
« auxquels ils font accroire que lorsqu'ils passent librement entre ces colonnes, ils sont pré-
« destinés pour le paradis de Mahomet, et disent que si un chrétien passait entre ces co-
« lonnes, elles se serreraient et l'écraseraient. J'en sais bien pourtant à qui cet accident n'est
« pas arrivé, quoiqu'ils fussent bons chrétiens.

« A trois pas de ces deux colonnes il y a une pierre dans le pavé, qui semble de marbre
« noir, de deux pieds et demi en carré, élevée un peu plus que le pavé. En cette pierre il y
« a vingt-trois trous où il semble qu'autrefois il y ait eu des clous, comme de fait il en reste
« encore deux. Savoir à quoi ils servaient, je ne le sais pas : même les mahométans l'igno-
« rent, quoiqu'ils croient que c'était sur cette pierre que les prophètes mettaient les pieds
« lorsqu'ils descendaient de cheval pour entrer au temple, et que ce fut sur cette pierre que
« descendit Mahomet lorsqu'il arriva de l'Arabie Heureuse, quand il fit le voyage du paradis
« pour traiter d'affaires avec Dieu. »

NOTE o, tome II, page 20.—Cette note faisait partie du texte dans les deux premières éditions.

« Cependant la barque s'approcha, et Septimius se leva le premier en pieds qui salua
« Pompeius, en langage romain, du nom d'*Imperator*, qui est à dire, souverain capitaine,
« et Achillas le salua aussi en langage grec, et luy dit qu'il passast en sa barque, pource que
« le long du rivage il y avoit force vase et des bans de sable, tellement qu'il n'y avoit pas assez
« eau pour sa galere ; mais en mesme temps on voyoit de loing plusieurs galeres de celles du
« roy, qu'on armoit en diligence, et toute la coste couverte de gens de guerre, tellement que
« quand Pompeius et ceulx de sa compagnie eussent voulu changer d'advis, ils n'eussent plus
« sceu se sauver, et si y avoit d'avantage qu'en monstrant de se deffier, ilz donnoient au
« meurtrier quelque couleur d'exécuter sa meschanceté. Parquoy prenant congé de sa femme
« Cornelia, laquelle desjà avant le coup faisoit les lamentations de sa fin, il commanda à deux
« centeniers qu'ilz entrassent en la barque de l'Egyptien devant luy, et à un de ses serfs
« affranchiz qui s'appeloit *Philippus*, avec un autre esclave qui se nommoit *Scynes*. Et comme
« jà Achillas luy tendoit la main dedans sa barque, il se retourna devers sa femme et son
« fils, et leur dit ces vers de Sophocle :

Qui en maison de prince entre, devient
Se.f, quoy qu'il soit libre quand il y vien

« Ce furent les dernieres paroles qu'il dit aux siens, quand il passa de sa galere en la barque :
« et pource qu'il y avoit loing de sa galere jusqu'à la terre ferme, voyant que par le chemin
« personne ne lui entamoit propos d'amiable entretien, il regarda Septimius au visage et
« luy dit : « Il me semble que je te recognois, compagnon, pour avoir autrefois esté à la
« guerre avec moy. » L'autre luy feit signe de la teste seulement qu'il estoit vray, sans luy
« faire autre reponse ne caresse quelconque : parquoy n'y ayant plus personne qui dist
« mot, il prist en sa main un petit livret, dedans lequel il avoit escript une harengue en lan-
« gage grec, qu'il vouloit faire à Ptolemæus, et se met à la lire. Quand ilz vindrent à appro-

« cher de la terre, Cornelia, avec ses domestiques et familiers amis, se leva sur ses pieds, re-
« gardant en grande detresse quelle seroit l'issue. Si luy sembla qu'elle devoit bien esperer,
« quand elle aperceut plusieurs des gens du roy qui se presenterent à la descente comme
« pour le recueillir et l'honorer : mais sur ce poinct ainsi comme il prenoit la main de son
« affranchy Philippus pour se lever plus à son aise, Septimius vint le premier par derriere qui
« luy passa son espée à travers le corps, après lequel Salvius et Achillas desgaisnerent aussi
« leurs espées, et adonc Pompeius tira sa robe à deux mains au-devant de sa face, sans dire
« ny faire aucune chose indigne de luy, et endura vertueusement les coups qu'ilz luy donne-
« rent, en souspirant un peu seulement; estant aagé de cinquante-neuf ans, et ayant achevé
« sa vie le jour ensuivant celuy de sa nativité. Ceulx qui estoient dedans les vaisseaux à la
« rade, quand ilz aperceurent ce meurtre jetterent une si grande clameur, que l'on l'en-
« tendoit jusques à la coste, et levant en diligence les anchres se mirent à la voile pour
« s'enfouir, à quoy leur servit le vent qui se leva incontinent frais aussi tost qu'ilz eurent
« gaigné la haute mer, de maniere que les Egyptiens qui s'appareilloient pour voguer après
« eulx, quand ils veirent cela, s'en desporterent, et ayant coupé la teste en jetterent le tronc
« du corps hors de la barque, exposé à qui eut envie de voir un si miserable spectacle.
« Philippus son affranchy demoura toujours auprès, jusques à ce que les Egyptiens fussent
« assouvis de le regarder, et puis l'ayant lavé de l'eau de la mer, et enveloppé d'une sienne
« pauvre chemise, pource qu'il n'avoit autre chose, il chercha au long de la greve, où il
« trouva quelque demourant d'un vieil bateau de pescheur, dont les pièces estoient bien
« vieilles, mais suffisantes pour brusler un pauvre corps nud, et encore non tout entier.
« Ainsi comme il les amassoit et assembloit, il survint un Romain homme d'aage, qui en
« ses jeunes ans avoit esté à la guerre sous Pompeius : si luy demanda, « Qui es-tu, mon
« amy, qui fais cest appprest pour les funerailles du grand Pompeius? » Philippus luy res-
« pondit qu'il estoit un sien affranchy. « Ha! dit le Romain, tu n'auras pas tout seul cest
« honneur, et te prie, veuille-moy recevoir pour compagnon en une si saincte et si devote
« rencontre, afin que je n'aie point occasion de me plaindre en tout et partout de m'estre ha-
« bitué en pays estranger, ayant, en recompense de plusieurs maulx que j'y ay endurez,
« rencontré au moins cette bonne adventure de pouvoir toucher avec mes mains, et aider à
« ensepvelir le plus grand capitaine des Romains. » Voilà comment Pompeius fut ensepulturé.
« Le lendemain Lucius Lentulus ne sachant rien de ce qui estoit passé, ains venant de Cypre,
« alloit cinglant au long du rivage, et aperceut un feu de funerailles, et Philippus auprès,
« lequel il ne recogneut pas du premier coup : si luy demanda, « Qui est celuy qui ayant ici
« achevé le cours de sa destinée, repose en ce lieu? » Mais soubdain, jettant un grand soupir,
« il ajouta : Hélas! à l'adventure est-ce toi, grand Pompeius? » Puis descendit en terre, là où
« tantost après il fut pris et tué. Telle fut la fin du grand Pompeius.

« Il ne passa guere de temps après que Cæsar n'arrivast en Egypte ainsi troublée et es-
« tonnée, là où luy fut la teste de Pompeius presentée ; mais il tourna la face arriere pour ne
« la point veoir, et ayant en horreur celuy qui luy presentoit comme un meurtrier excom-
« munié, se prit à plorer : bien prit-il l'anneau duquel il cachetoit ses lettres, qui luy fut
« aussi présenté, et où il avoit engravé en la pierre un lion tenant une espée ; mais il feit
« mourir Achillas et Pothinus : et leur roy mesme Ptolomæus ayant esté desfait dans une
« bataille au long de la riviere du Nil, disparut, de maniere qu'on ne sceut onques puis ce
« qu'il estoit devenu. Quant au rhestoricien Theodotus, il eschappa la punition de Cæsar :
« car il s'enfouit de bonne-heure, et s'en alla errant cà et là par le pays d'Egypte, estant
« miserable et haï de tout le monde. Mais depuis, Marcus Brutus, après avoir occis Cæsar,
« se trouvant le plus fort en Asie, le rencontra par cas d'adventure, et après luy avoir feit
« endurer tous les tourments dont il se peut adviser, le feit finalement mourir. Les cendres
« du corps de Pompeius furent depuis rapportées à sa femme Cornelia, laquelle les posa
« en une sienne terre qu'il avoit près la ville de Alba. »

NOTE *p*, page 33. — *Fragment d'une Lettre de J. B. d'Ansse de Villoison, membre de l'Institut de France, au professeur Millin, sur l'inscription grecque de la prétendue colonne de Pompée.*

Le professeur Jaubert vient de rapporter d'Alexandrie une copie de l'inscription fruste qui porte faussement le nom de *Pompée*. Cette copie est parfaitement conforme à une autre que j'avais déjà reçue. La voici avec mes notes et avec ma traduction :

1 ΤΟ....ΩΤΑΤΟΝΑΥΤΟΚΡΑΤΟΡΑ
2 ΤΟΝΠΟΛΙΟΥΧΟΝΑΛΕΞΑΝΔΡΕΙΑϹ
3 ΔΙΟΚ.Η. ΙΑΝΟΝΤΟΝ...ΤΟΝ
4 ΠΟ...ΕΠΑΡΧΟϹΑΙΓΥΠΤΟΥ.

Ligne première, ΤΟ. Il est évident que c'est l'article τὸν.

Ibid., ligne première,.. ΩΤΑΤΟΝΑΥΤΟΚΡΑΤΟΡΑ. Il est également clair que c'est une épithète donnée à l'empereur Dioclétien ; mais, pour la trouver, il faut chercher un superlatif qui se termine en ὡτατον, par un *oméga* (et non par un *omicron*, ce qui serait plus facile et plus commun), et ensuite qui convienne particulièrement à ce prince. Je crois que c'est ὁσιώτατον, *très-saint* : qu'on ne soit pas surpris de cette épithète ; je la vois donnée à Dioclétien sur une inscription grecque découverte dans la vallée de Thymbra (aujourd'hui *Thimbrek-Déré*), près la plaine de Bounar-Bachi, et rapportée par Lechevalier, n° 1, page 256 de son *Voyage dans la Troade*, seconde édition, Paris, an VII, in-8°. On y lit : ΤΩΝ ΟϹΙΩΤΑΤΩΝ ΗΜΩΝ ΑΥΤΟΚΡΑΤΟΡΩΝ ΔΙΟΚΛΗΤΙΑΝΟΥ ΚΑΙ ΜΑΞΙΜΙΑΝΟΥ ; c'est-à-dire *de nos très-saints empereurs Dioclétien et Maximien.* Sur une autre inscription d'une colonne voisine, ils partagent avec Constance Chlore ce même titre, ὁσιώτατοι, *très-saints*, dont les empereurs grecs et chrétiens du Bas-Empire ont hérité, comme je l'ai observé *ibidem*, page 249.

Ligne 2, ΤΟΝ ΠΟΛΙΟΥΧΟΝ ΑΛΕΞΑΝΔΡΕΙΑϹ. C'est proprement *le protecteur, le génie tutélaire d'Alexandrie*. Les Athéniens donnaient le nom de πολιοῦχος à Minerve, qui présidait à leur ville et la couvrait de son égide. Voyez ce que dit *Spanheim* sur le 53e vers de l'hymne de Callimaque, *sur les bains de Pallas*, page 668 et suiv., tome II, édition d'Ernesti.

Ligne 3, ΔΙΟΚ.Η.ΙΑΝΟΝ. Le Λ et le Τ sont détruits ; mais on reconnaît tout de suite le nom de *Dioclétien*, ΔΙΟΚΛΗΤΙΑΝΟΝ.

Ibid., ligne 3, ΤΟΝ... ΤΟΝ. Je crois qu'il faut suppléer ϹΕΒΑϹΤΟΝ, *c'est-à-dire* Auguste, τὸν σεβαστόν. Tout le monde sait que Dioclétien prend les deux titres d'εὐσεβής et de σεβαστός, *pius Augustus*, sur plusieurs médailles, et celui de σεβαστός, Auguste, sur presque toutes, notamment sur celles d'Alexandrie, et le place immédiatement après son nom. Voy. M. Zoëga, pag. 335 et suiv. de ses *Nummi Ægyptii imperatorii, Romæ*, 1787, in-4°.

Quatrième et dernière ligne, ΠΟ. C'est l'abréviation si connue de Πόβλιος, Publius. Voyez Corsini, pag. 55. col. 1, *De notis Græcorum, Florentiæ*, 1749, in-folio ; *Gennaro Sisti*, pag. 51 de son *Indirizzo per la lettura greca dalle sue oscurità rischiarata, in Napoli*, 1758, in-8°, etc. Les Romains rendaient le même nom de *Publius* par ces deux lettres PV. Voyez page 328 d'un ouvrage fort utile, et totalement inconnu en France, intitulé : *Notæ et siglæ quæ in nummis et lapidibus apud Romanos obtinebant, explicatæ*, par mon savant et vertueux ami feu M. Jean-Dominique Coletti, ex-jésuite vénitien, dont je regretterai sans cesse la perte. Ses estimables frères, les doctes MM. Coletti, les Aldes de nos jours, ont donné cet ouvrage classique à Venise, en 1785, in-4°.

Peut-être la lettre initiale du nom suivant, entièrement effacé, de ce préfet d'Égypte, était-elle un Μ, qu'on aura pu joindre mal à propos dans cette occasion aux lettres précédentes ΠΟ. Alors on aura pu croire que ΠΟΜ. était une abréviation de ΠΟΜΠΗΙΟϹ, Pompée, dont le nom est quelquefois indiqué par ces trois lettres, comme dans une inscription de Sparte, rapportée n° 248, page XXXVIII des *Inscriptiones et Epigrammata græca et latina, reperta a Cyriaco Anconitano*, recueil publié à Rome, in-fol., en 1654, par Charles Moroni, bibliothécaire du cardinal Albani. Voyez aussi Maffei, pag. 66 de ses *Siglæ Græcorum lapidariæ. Veronæ*, 1746, in-8°; *Gennaro Sisti*, l. c. pag. 51, etc. Cette erreur en aurait engendré une autre, et aurait donné lieu à la dénomination vulgaire et fausse de *colonne de Pompée*. Les seules lettres ΠΟ suffisaient pour accréditer cette opinion dans les siècles d'ignorance.

Quoi qu'il en soit de cette conjecture, les historiens qui ont parlé du règne de Dioclétien ne m'apprennent pas le nom totalement détruit de ce préfet d'Égypte, et me laissent dans l'impossibilité de suppléer cette petite lacune, peu importante, et la seule qui reste maintenant dans cette inscription. Serait-ce Pomponius Januarius, qui fut consul, en 288, avec Maximien?

Je soupçonne, au reste, que ce gouverneur a pris une ancienne colonne, monument d'un âge où les arts florissaient, et l'a choisie pour y placer le nom de *Dioclétien*, et lui faire sa cour aux dépens de l'antiquité.

A la fin de cette inscription, il faut nécessairement sous-entendre, suivant l'usage constant, ἀνέθηκεν, ἀνέστησεν, ou τιμήσεν, ou ἀφιέρωσεν, ou quelque autre verbe semblable, qui désigne que ce préfet a érigé, a consacré ce monument à la gloire de Dioclétien. L'on ferait un volume presque aussi gros que le recueil de Gruter, si l'on voulait entasser toutes les pierres antiques et accumuler toutes les inscriptions grecques où se trouve cette ellipse si commune dont plusieurs antiquaires ont parlé, et cette construction avec l'accusatif sans verbe. C'est ainsi que les Latins omettent souvent le verbe POSVIT.

Il ne reste plus qu'à tâcher de déterminer la date précise de cette inscription. Elle ne paraît pas pouvoir être antérieure à l'année 296 ou 297, époque de la défaite et de la mort d'Achillée, qui s'était emparé de l'Égypte, et s'y soutint pendant environ six ans. Je serais tenté de croire qu'elle est de l'an 302, et a rapport à la distribution abondante de pain que l'empereur Dioclétien fit faire à une foule innombrable d'indigents de la ville d'Alexandrie, dont il est appelé, pour cette raison, le génie tutélaire, le conservateur, le protecteur, πολιοῦχος. Ces immenses largesses continuèrent jusqu'au règne de Justinien, qui les abolit. Voyez le *Chronicon Paschale*, à l'an 302, pag. 276 de l'édition de du Cange, et l'*Histoire secrète* de Procope, chap. XXVI, pag. 77, édition du Louvre.

Je crois maintenant avoir éclairci toutes les difficultés de cette inscription fameuse. Voici la manière dont je l'écrirais en caractères grecs ordinaires cursifs; j'y joins ma version latine et ma traduction française :

Τὸν ὁσιώτατον αὐτοκράτορα,
Τὸν πολιοῦχον Ἀλεξανδρείας,
Διοκλητιανὸν τὸν σεβαστὸν,
Πόβλιος..., ἔπαρχος Αἰγύπτου.

SANCTISSIMO IMPERATORI,
PATRONO CONSERVATORI ALEXANDRIÆ,
DIOCLETIANO AVGVSTO,
PVBLIVS... PRÆFECTVS ÆGYPTO.

C'est-à-dire : Publius... (ou Pomponius), préfet d'Égypte, a consacré ce monument à la gloire du très-saint empereur Dioclétien Auguste, le génie tutélaire d'Alexandrie.

Ce 29 juin 1803.

FIN DES NOTES.

PIÈCES JUSTIFICATIVES.

N° Ier.

ITINERARIUM

A BURDIGALA HIERUSALEM USQUE

ET AD HERACLEA PER AULONAM, ET PER URBEM ROMAM,

MEDIOLANUM USQUE;

SIC : CIVITAS BURDIGALA, UBI EST FLUVIUS GARONNA, PER QUEM FACIT MARE OCEANUM ACCESSA ET RECESSA, PER LEUCAS PLUS MINUS CENTUM.

Mutatio Stomatas.	Leuc. VII.
Mutatio Sirione.	L. VIIII.
Civitas Vasatas.	L. VIIII.
Mutatio Tres Arbores.	L. V.
Mutatio Oscineio.	L. VIII.
Mutatio Scittio.	L. VIII.
Civitas Elusa.	L. VIII.
Mutatio Vanesia.	L. XII.
Civitas Auscius.	L. VIII.
Mutatio ad Sextum.	L. VI.
Mutatio Hungunverro.	L. VII.
Mutatio Bucconis.	L. VII.
Mutatio ad Jovem.	L. VII.
Civitas Tholosa.	L. VII.
Mutatio ad Nonum.	M. VIIII.
Mutatio ad Vicesimum.	M. XI.
Mansio Elusione.	M. VIIII.
Mutatio Sostomago.	M. VIIII.
Vicus Hebromago.	M. X.
Mutatio Cedros.	M. VI.
Castellum Curcassone.	M. VIII.
Mutatio Tricensimum.	M. VIII.
Mutatio Hosverbas.	M. XV.
Civitas Narbone.	M. XV.
Civitas Biterris.	M. XVI.
Mansio Cessarone.	M. XII.
Mutatio foro Domiti	M. XVIII.

Mutatio Sostantione. . . . . M. XVII.
Mutatio Ambrosio. . . . . M. XV.
Civitas Nemauso . . . . M. XV.
Mutatio Ponte Ærarium. . . . . . . M. XII.
Civitas Arellate. . . . . M. VIII.

Fit a Burdigala Arellate usque Millia CCCLXXI;
Mutationes XXX; Mansiones XI.

Mutatio Arnagie. . . . . M. VIII.
Mutatio Bellinto. . . . . M. X.
Civitas Avenione. . . . . M. V.
Mutatio Cypresseta. . . . . M. V.
Civitas Arausione . . . . M. XV.
Mutatio ad Lectoce. . . . . M. XIII.
Mutatio Novem Craris. . . . . M. X.
Mansio Acuno. . . . . M. XV.
Mutatio Vancianis . . . . M. XII.
Mutatio Umbenno . . . . M. XII.
Civitas Valentia. . . . . M. VIIII.
Mutatio Cerebelliaca . . . . M. XII.
Mansio Augusta. . . . . M. X.
Mutatio Darentiaca. . . . . M. XII.
Civitas Dea Vocontiorum. . . . . . . M. XVI.
Mansio Luco. . . . . M. XII.
Mutatio Vologatis . . . . M. VIIII.

Inde ascenditur Gaura Mons.

Mutatio Cambono. . . . . M. VIII.
Mansio Monte Seleuci. . . . . M. VIII.
Mutatio Daviano. . . . . M. VIII.
Mutatio ad Fine. . . . . M. XII.
Mansio Vapineo. . . . . M. XI.
Mansio Catorigas . . . . M. XII.
Mansio Hebriduno. . . . . M. XVI.

Inde incipiunt Alpes Cottiæ.

Mutatio Rame. . . . . M. XVII.
Mansio Birigantum. . . . . M. XVII.

Inde ascendis Matronam.

Mutatio Gesdaone . . . . M. X.
Mansio ad Marte. . . . . M. VIIII.
Civitas Secussione . . . . M. XVI.

Inde incipit Italia.

Mutatio ad Duodecimum. . . . . . . M. XII.
Mansio ad Fines. . . . . M. XII.

PIÈCES JUSTIFICATIVES.

Fines Italiæ et Norci.

Mutatio ad Medias.	M. XIII.
Civitas Celeia.	M. XIII.
Mutatio Lotodos.	M. XII.
Mansio Ragindone.	M. XII.
Mutatio Pultovia	M. XII.
Civitas Perovione	M. XII.

Transis pontem, intras Pannoniam inferiorem.

Mutatio Ramista.	M. VIIII.
Mansio Aqua Viva.	M. VIIII.
Mutatio Popolis.	M. X.
Civitas Jovia.	M. VIIII.
Mutatio Sunista.	M. VIIII.
Mutatio Peritur.	M. XII.
Mansio Lentolis.	M. XII.
Mutatio Cardono	M. X.
Mutatio Cocconis	M. XII.
Mansio Serota	M. X.
Mutatio Bolentia.	M. X.
Mansio Maurianis.	M. VIIII.

Intras Pannoniam superiorem.

Mutatio Serena.	M. VIII.
Mansio Vereis	M. X.
Mutatio Jovalia.	M. VIII.
Mutatio Mersella	M. VIII.
Civitas Mursa	M. X.
Mutatio Leutuoano.	M. XII.
Civitas Cibalis	M. XII.
Mutatio Celena.	M. XI.
Mansio Ulmo.	M. XI.
Mutatio Sponeta.	M. X.
Mutatio Vedulia.	M. VIII.
Civitas Sirmium.	M. VIII.

Fit ab Aquileia Sirmium usque, Millia CCCXII; Mutationes XXXVIIII; Mansiones XVII.

Mutatio Fossis.	M. VIIII.
Civitas Bassianis	M. X.
Mutatio Noviciani.	M. XII.
Mutatio Altina	M. XI.
Civitas Singiduno	M. VIII.

Finis Pannoniæ et Mysiæ.

Mutatio ad Sexlum.	M. VI.
Mutatio Tricornia Castra.	M. VI.
Mutatio ad Sextum Miliare.	M. VII.
Civitas Aureo Monte	M. VI.
Mutatio Vingeio.	M. VI.
Civitas Margo	M. VIIII.
Civitas Viminatio	M. X.

Mutatio ad Octavum.	M. VIII.
Civitas Taurinis.	M. VIII.
Mutatio ad Decimum.	M. X.
Mansio Quadratis.	M. XII.
Mutatio Ceste.	M. XI.
Mansio Rigomago	M. VIII.
Mutatio ad Medias.	M. X.
Mutatio ad Cottias.	M. XIII.
Mansio Laumello	M. XII.
Mutatio Duriis.	M. VIIII.
Civitas Ticeno	M. XII.
Mutatio ad Decimum.	M. X.
Civitas Mediolanum	M. X.
Mansio Fluvio Frigido.	M. XII.

Fit ab Arellato ad Mediolanum usque, Millia CCCLXXV; Mutationes LXIII; Mansiones XXII.

Mutatio Argentia	M. X.
Mutatio Ponte Aurioli.	M. X.
Civitas Vergamo.	M. XIII.
Mutatio Tollegatæ.	M. XII.
Mutatio Tetellus.	M. X.
Civitas Brixa.	M. X.
Mansio ad Flexum.	M. XI.
Mutatio Beneventum.	M. X.
Civitas Verona	M. X.
Mutatio Cadiano	M. X.
Mutatio Auræos.	M. X.
Civitas Vincentia	M. XI.
Mutatio ad Finem.	M. XI.
Civitas Patavi.	M. X.
Mutatio ad Duodecimum.	M. XII.
Mutatio ad Nonum.	M. XI.
Civitas Altino	M. VIIII.
Mutatio Sanos	M. X.
Civitas Concordia	M. VIIII.
Mutatio Apicilia.	M. VIIII.
Mutatio ad Undecimum.	M. X.
Civitas Aquileia.	M. XI.

Fit a Mediolano Aquileiam usque, Millia CCLI; Mutationes XXIV; Mansiones VIII.

Mutatio ad Undecimum	M. XI.
Mutatio al Fornolus	M. XII.
Mutatio Castra	M. XII.

Inde sunt Alpes Juliæ.

Ad Pirum summas Alpes.	M. VIIII.
Mansio Longatico	M. XII.
Mutatio ad Nonum.	M. VIII.
Civitas Emona	M. XIII.
Mutatio ad Quartodecimo.	M. X.
Mansio Hadrante	M. XIII.

Ubi Diocletianus occidit Carinum.

Mutatio ad Nonum.	M. VIIII.
Mansio Municipio	M. VIIII.
Mutatio Jovis Pago.	M. X.
Mutatio Bao.	M. VII.
Mansio Idomo	M. VIIII.
Mutatio ad Octavum.	M. VIIII.
Mansio Oromago.	M. VIII.

Finis Mysiæ et Daciæ.

Mutatio Sarmatorum	M. XII.
Mutatio Cametas.	M. XI.
Mansio Ipompeis.	M. VIIII.
Mutatio Rappana	M. XII.
Civitas Naisso	M. XII.
Mutatio Redicibus.	M. XII.
Mutatio Ulmo.	M. VII.
Mansio Romansiana	M. VIIII.
Mutatio Latina.	M. VIIII.
Mansio Turribus.	M. VIIII.
Mutatio Translitis	M. XII.
Mutatio Ballanstra.	M. X.
Mansio Meldia	M. VIIII.
Mutatio Scretisca	M. XII.
Civitas Serdica.	M. XI.

Fit a Sirmio Serdicam usque, Millia CCCXIIII; Mutationes XXIV; Mansiones XIII.

Mutatio Extvomme.	M. VIII.
Mansio Buragara	M. VIIII.
Mutatio Sparata.	M. VIII.
Mansio Iliga.	M. X.
Mutatio Soneio.	M. VIIII.

Finis Daciæ et Traciæ.

Mutatio Ponteucasi.	M. VII.
Mansio Bonamans.	M. V.
Mutatio Alusore.	M. VIIII.
Mansio Basapare	M. XII.
Mutatio Tugugero.	M. VIIII.
Civitas Eilopopuli	M. XII.
Mutatio Syrnota.	M. X.
Mutatio Paramuole.	M. VIII.
Mansio Cillio.	M. XII.
Mutatio Carassura.	M. VIIII.
Mansio Azzo.	M. XI.
Mutatio Palæ.	M. VII.
Mansio Castozobra.	M. XI.
Mutatio Rhamis.	M. VII.
Mansio Burdista	M. XI.
Mutatio Daphabæ	M. XI.
Mansio Nicæ.	M. VIIII.
Mutatio Tarpodizo.	M. X.

Mutatio Urisio	M. VII.
Mansio Virgolis.	M. VII.
Mutatio Nargo.	M. VIII.
Mansio Drizupara.	M. VIIII.
Mutatio Tipso.	M. X.
Mansio Tunorullo.	M. XI.
Mutatio Beodizo.	M. VIII.
Civitas Heraclia.	M. VIIII.
Mutatio Baunne.	M. XII.
Mansio Salamembria	M. X.
Mutatio Callum.	M. X.
Mansio Atyra.	M. X.
Mansio Regio.	M. XII.
Civitas Constantinopoli	M. XII.

Fit a Serdica Constantinopolim usque, Millia CCCCXIII; Mutationes XII; Mansiones XX.

Fit omnis summa a Burdigala Constantinopolim vicies bis centena vigenti unum Millia; Mutationes CCXXX; Mansiones CXII.

Item ambulavimus Dalmatio et Dalmaticei, Zenofilo Cons. III kal. jun. a Chalcedonia.

Et reversi sumus Constantinopolim VII kal. jan. Consule suprascripto.

A Constantinopoli transis Pontum, venis Chalcedoniam, ambulas, provinciam Bithyniam.

Mutatio Nassete.	M. VII.S.
Mansio Pandicia	M. VII.S.
Mutatio Pontamus.	M. XIII.
Mansio Libissa.	M. VIIII.

Ibi positus est Rex Annibalianus, qui fuit Afrorum.

Mutatio Brunga.	M. XII.
Civitas Nicomedia.	M. XIII.

Fit a Constantinopoli Nicomediam usque, Millia VIII; Mutationes VII; Mansiones III.

Mutatio Hyribolum.	M. X.
Mansio Libum	M. XI.
Mutatio Liada	M. XII.
Civitas Nicia.	M. VIII.
Mutatio Schinæ.	M. VIII.
Mansio Mido.	M. VII.
Mutatio Chogeæ.	M. VI.
Mutatio Thateso.	M. X.
Mutatio Tutaio	M. VIIII.
Mutatio Protunica	M. XI.
Mutatio Artemis.	M. XII.
Mansio Dablæ	M. VI.
Mansio Ceratæ	M. VI.

Finis Bithyniæ et Galatiæ.

Mutatio Finis	M. X.
Mansio Dadastan	M. VI.

PIÈCES JUSTIFICATIVES.

Mutatio Transmonte	M. VI.
Mutatio Milia	M. XI.
Civitas Juliopolis	M. VII.
Mutatio Hycronpotamum.	M. XIII.
Mansio Agannia.	M. XI.
Mutatio Ipetobrogen	M. VI.
Mansio Mnizos.	M. X.
Mutatio Prasmon	M. XII.
Mutatio Cenaxepaliden	M. XIII.
Civitas Anchira Galatiæ.	

Fit a Nicomedia Anchiram Galatiæ usque, Millia CCLVIII; Mutationes XXVI; Mansiones VII.

Mutatio Delemna	M. X.
Mansio Curveunta.	M. XI.
Mutatio Rosolidiaco.	M. XII.
Mutatio Aliassum	M. XIII.
Civitas Arpona	M. XVIII.
Mutatio Galea	M. XIII.
Mutatio Andrapa	M. VIIII.

Finis Galatiæ et Cappadociæ.

Mansio Parnasso	M. XIII.
Mansio Iogola	M. XVI.
Mansio Nitatis	M. XVIII.
Mutatio Argustana.	M. XIII.
Civitas Colonia.	M. XVI.
Mutatio Momoasson	M. XII.
Mansio Anathiango	M. XII.
Mutatio Chusa.	M. XII.
Mansio Saismam	M. XII.
Mansio Andavilis	M. XVI.

Ibe est villa Pampali, unde veniunt equi curules.

Civitas Thian.	

Inde fuit Apollonius magus.

Civitas Faustinopoli	M. XII.
Mutatio Cœna	M. XIII.
Mansio Opodanda.	M. XII.
Mutatio Pilas	M. XIV.

Finis Cappadociæ et Ciliciæ.

Mansio Mansuerine.	M. XII.
Civitas Tharso	M. XII.

Inde fuit Apostolus Paulus.

Fit ab Anchira Galatiæ Tharson usque, Millia CCCXLIII; Mutationes XXV; Mansiones XVIII.

Mutatio Pargais.	M. XIII.
Civitas Adana	M. XIV.
Civitas Masista.	M. XVIII.
Civitas Tardequeia.	M. XV.
Mansio Catavolomis	M. XVI.

Mansio Baiæ.	M. XVII.
Mansio Alexandria Scabiosa	M. XVI.
Mutatio Pictanus	M. VIIII.

Finis Ciliciæ et Syriæ.

Mansio Pangrios	M. VIII.
Civitas Antiochia	M. XVI.

Fit a Tharso Ciliciæ Antiochiam (usque), Millia CLXI; Mutationes X; Mansiones VII.

Ad Palatium Dafne.	M. V.
Mutatio Ilysdata.	M. XI.
Mansio Platanus	M. VIII.
Mutatio Buchaias	M. VIII.
Mansio Cattelas.	M. XVI.
Civitas Ladica	M. XVI.
Civitas Gavala.	M. XIV.
Civitas Balaneas.	M. XIII.

Finis Syriæ Cœlis et Fœnicis.

Mutatio Maraccas.	M. X.
Mansio Antaradus.	M. XVI.

Est civitas in mare a ripa M. II.

Mutatio Spiclin.	M. XII.
Mutatio Basiliscum.	M. XII.
Mansio Arcas	M. VIII.
Mutatio Bruttus.	M. IIII.
Civitas Tripoli	M. XII.
Mutatio Tridis.	M. XII.
Mutatio Bruttosalia.	M. XII.
Mutatio Alcobile.	M. XII.
Civitas Berito	M. XII.
Mutatio Heldua.	M. XII.
Mutatio Parphirion.	M. VIII.
Civitas Sidona.	M. VIII.

Ibi Helias ad viduam ascendit, et petit sibi cibum.

Mutatio ad Nonum.	M. IIII.
Civitas Tyro.	M. XII.

Fit ab Antiochia Tyrum usque, Millia CLXXIIII; Mutationes XX; Mansiones XI.

Mutatio Alexandrochene.	M. XII.
Mutatio Ecdeppa.	M. XII.
Civitas Ptolemaida.	M. VIII.
Mutatio Calamon	M. XII.
Mansio Sicamenos.	M. III.

Ibi est mons Carmelus; ibi Helias sacrificium faciebat.

Mutatio Certa	M. VIII.

Finis Syriæ et Palestinæ.

Civitas Cæsarea Palestina, id est Judæ	M. VIII.

Fit a Tyro Cæsaream Palestinam usque, *Millia LXXIII; Mutationes II; Mansiones III.*

Ibi est balneus Cornelii centurionis, qui multas eleemosynas faciebat.

In tertio milliario est mons Syna, ubi fons est in quem mulier, si laverit, gravida fit.

Civitas Maxianopoli	M. XVII.
Civitas Stradela.	M. X.

Ibi sedit Achab rex, et Helias prophetavit.
Ibi est campus ubi David Goliath occidit.

Civitas Sciopoli.	M. XII.
Aser, ubi fuit villa Job.	M. VI.
Civitas Neapoli.	M. XV.

Ibi est mons *Agazaren.* Ibi dicunt Samaritani *Abraham sacrificium* obtulisse, et ascenduntur usque ad summum montem *gradus num. CCC.*

Inde *ad pedem montis* ipsius locus est, cui nomen est *Sechim.*

Ibi positum est monumentum, ubi positus est Joseph *in villa*, quam dedit ei Jacob pater ejus. Inde rapta est et Dina filia Jacob, a *filiis Amorrhæorum.*

Inde passus mille, locus est cui nomen *Secher*, unde descendit mulier Samaritana ad eumdem locum, ubi Jacob puteum fodit, ut de eo *aqua impleret*, et Dominus noster Jesus Christus cum ea loquutus est. Ubi sunt *arbores platani*, quos plantavit Jacob, et balneus qui de eo puteo lavatur.

INDE MILLIA XVIII EUNTIBUS HIERUSALEM.

In parte sinistra est villa, quæ dicitur *Bethar.*

Inde passus mille est locus, ubi Jacob, cum iret in Mesopotamiam, addormivit, et ibi est arbor *amigdala*, et vidit visum, et *Angelus* cum eo luctatus est. Ibi fuit rex Hieroboam, ad quem *missus fuit propheta* ut converteretur ad Deum excelsum: et *jussum fuerat prophetæ*, ne cum pseudopropheta; quem secum Rex habebat, manducaret. Et quia seductus est a pseudopropheta, et cum eo manducavit, rediens occurrit prophetæ leo in via, et occidit eum leo.

INDE HIERUSALEM MILLIA XII.

Fit a Cæsarea Palestinæ Hierusalem usque, *Millia CXVI; Mansiones IV; Mutationes IV.*

Sunt in Hierusalem piscinæ magnæ duæ ad latus Templi, id est, una ad dexteram, alia ad sinistram, quas Salomon fecit. *Interius vero civitatis sunt piscinæ gemellares*, quinque porticus habentes, quæ appellantur *Betsaida.* Ibi ægri multorum annorum sanabantur. Aquam autem habent eæ piscinæ *in modum coccini turbatam.* Est ibi et crypta *ubi Salomon dæmones* torquebat. Ili est angelus turris excelsissimæ, ubi Dominus ascendit, et dixit ei is *qui tentabat* cum (1). Et ait ei Dominus: Non tentabis Dominum Deum tuum, sed illi soli servies. Ibi est et lapis angularis magnus, de quo *dictum est:* Lapidem quem reprobaverunt ædificantes. Item ad caput anguli, et sub pinna turris ipsius, sunt cubicula plurima ubi Salomo palatium habebat. Ibi etiam *constat cubiculus,* in quo sedit et sapientiam descripsit : ipse vero cubiculus uno lapide est tectus. Sunt ibi et *exceptoria magna* aquæ subterraneæ, et piscinæ magno opere ædificatæ, et in æde ipsa ubi Templum fuit, quod Salomon ædificavit, in marmore ante aram *sanguinem Zachariæ* (2), ibi dicas hodie fusum. Etiam parent vestigia *clavorum militum* qui eum occiderunt, in totam aream, ut putes in cera fixum esse. Sunt ibi et statuæ *duæ Hadriani.* Est et non longe de statuis *lapis pertusus,* ad quem veniunt Judæi *singulis annis,* et unguent eum, et *lamentant* se cum gemitu, et vestimenta sua scindunt, et sic recedunt. Et ibi et domus Ezechiæ Regis Judæ. Item exeunti in Hierusalem, ut ascendas Sion, in parte sinistra, et deorsum in valle juxta murum, est piscina, quæ dicitur *Siloa,* habet quadriporticum, et alia piscina, grandis foras. Hic fons *sex diebus atque noctibus* currit: septima vero die est sabbathum ; in totum nec nocte nec die currit. In eadem ascenditur Sion, et paret *ubi fuit domus Caiphæ* sacerdotis, et *columna adhuc* ibi est, in qua Christum flagellis ceciderunt. Intus autem intra murum Sion, paret locus ubi palatium habuit David, et *septem synagogæ,* quæ illic fuerunt; una tantum remansit, reliquæ autem *arantur et seminantur,* sicut Isaias propheta dixit. Inde ut eas foris murum de Sione euntibus ad portam Neapolitanam, ad partem dextram, deorsum in valle sunt parietes, ubi domus fuit sive *prætorium Pontii* Pilati. Ibi Dominus auditus est antequam pateretur. A sinistra autem parte est *monticulus Golgotha,* ubi Dominus crucifixus est. Inde quasi *ad lapidem missum,* est crypta, ubi corpus ejus positum fuit et tertia die resurrexit. Ibidem *modo jussu Constantini* imperatoris basilica facta est, id est *Dominicum miræ pulchritudinis*, habens ad latus exceptoria unde aqua levatur, et balneum a tergo, ubi *infantes lavantur.* Item ab Hierusalem euntibus ad portam quæ est contra orientem, ut ascendatur in montem Oliveti, *vallis que dicitur* Josaphat ad partem sinistram ubi sunt vineæ. Est et petra, ubi *Juda Scarioth* Christum tradidit. A parte vero dextra est arbor palmæ, de qua infantes ramos tulerunt, et *veniente Christo* substraverunt. Inde non longe quasi ad lapidis missum, sunt monumenta duo (3) *monubiles* miræ pulchritudinis facta. In unum positus est Isaias propheta, *qui est vere monolithus*, et in alium Ezechias rex Judæorum. Inde ascendis in montem Oliveti, ubi Dominus ante passionem Apostolos docuit. Ibi facta est *basilica jussu Constantini.* Inde non longe est *monticulus ubi Dominus* ascendit orare, et apparuit illic Moyses et Helias, quando Petrum et Joannem secum duxit. Inde ad *orientem passus mille* quingentos , est villa quæ appellatur *Bethania.* Est ibi crypta ubi Lazarus positus fuit, quem Dominus suscitavit.

(1) Deficiunt hoc loco quæ Matth., cap. IV, 6, reperies. (*Note de P Wesseling.*)

(2) Asteriscus quo hæc signata sunt, deesse aliquid monet; quanquam si vocula *ibi* tollores, sana videri possent. (*Note de P. Wesseling.*)

(3) Asteriscus defectum videtur indicare. Cæteroqui, si post vocem *pulchritudinis* distinguas, non male cohærent. (*Note de P. Wesseling.*)

ITEM AB HIERUSALEM IN HIERICHO MILLIA XVIII.

Descendentibus montem in parte dextra, retro monumentum est *arbor sycomori*, in quam Zachæus ascendit, ut Christum videret. A civitate passus mille quingentos est fons Helisæi prophetæ; antea si qua mulier ex ipsa aqua bibebat, *non faciebat natos.* Ad latus est vas fictile Helisæi; misit in eo sales, et venit, et stetit super fontem, et dixit: Hæc dicit Dominus : Sanavi aquas has; ex eo si qua mulier inde biberit, filios faciet. Supra eumdem vero fontem est domus Rachab *fornicariæ*, ad quam exploratores introierunt, et occultavit eos, quando Hiericho, *versa est sola* evasit. Ibi fuit civitas Hiericho, cujus muros gyraverunt cum arca Testamenti filii Israel, et ceciderunt muri. Ex eo non paret nisi locus ubi fuit *arca Testamenti et lapides* 12, quos filii Israel de Jordane levaverunt. Ibidem Jesus Filius Nave *circumcidit filios Israel,* et circumcisiones eorum sepelivit.

ITEM AB HIERICHO AD MARE MORTUUM, MILLIA IX.

Est aqua ipsius *valde amarissima,* ubi in totum nullius generis piscis est, nec *aliqua navis,* et si quis hominum miserit se ut natet, ipsa aqua eum versat.

INDE AD JORDANEM UBI DOMINUS A JOANNE BAPTIZATUS EST MILLIA V.

Ibi est *locus super flumen* monticulus in illa ripa, ubi raptus est Helias in cœlum. Item ab Hierusalem euntibus Bethleem *millia quatuor, super strata* in parte dextra, est monumentum, ubi Rachel posita est uxor Jacob. Inde millia duo a parte sinistra est Bethleem, ubi natus est Dominus noster Jesus Christus; *ibi basilica* facta est jussu Constantini. Inde non longe est *monumentum Ezechiel*, Asaph, Job et Jesse, David, Salomon, et habet in ipsa crypta ad latus deorsum descendentibus, *Hebræis scriptum* nomina superscripta.

INDE BETHAZORA MILLIA XIV.

Ubi est fons in quo Philippus Eunuchum baptizavit.

INDE TEREBINTHO MILLIA IX.

Ubi *Abraham habitavit* et *puteum fodit* sub arbore Terebintho, et cum angelis locutus est, et cibum sumpsit. *Ibi basilica* facta est jussu Constantini miræ pulchritudinis.

INDE TEREBINTHO CEDRON MILLIA II.

Ubi est *memoria* per quadrum ex lapidibus miræ pulchritudinis, *in qua positi* sunt Abraham, Isaac, Jacob, Sara, Rebecca et Lia.

ITEM AB HIEROSOLYMA SIC :

Civitas Nicopoli.	M. XXII.
Civitas Lidda	M. X.
Mutatio Antipatrida	M. X.
Mutatio Bethar.	M. X.
Civitas Cæsarea	M. XVI.

Fit omnis summa a Constantinopoli usque Hierusalem millia undecies centena LXIIII Millia; Mutationes LXVIIII; Mansiones LVIII.

Item per Nicopolim Cæsaream, Millia LXXIII; S. Mutationes V; Mansiones III.

Item ab Heraclea per Macedoniam Mut. aerea Millia XVI.

Mansio Registo	M. XII.
Mutatio Bediso	M. XII.
Civitas Apris.	M. XII.
Mutatio Zesutera	M. XII.

Finis Europæ et Rhodopeæ.

Mansio Sirogellis	M. X.
Mutatio Drippa	M. XIIII.
Mansio Gipsila	M. XII.
Mutatio Demas.	M. XII.
Civitas Trajanopoli.	M. XIII.
Mutatio Adunimpara	M. VIII.
Mutatio Salei	M. VII. S.
Mutatio Melalico	L. VIII.
Mansio Berozica	M. XV.
Mutatio Breierophara.	M. X.
Civitas Maximianopoli	M. X.
Mutatio Adstabulodio.	M. XII.
Mutatio Rumbodona	M. X.
Civitas Epyrum.	M. X.
Mutatio Purdis.	M. VIII.

Finis Rhodopeæ et Macedoniæ.

Mansio Herconlroma.	M. VIIII.
Mutatio Neapolim	M. VIIII.
Civitas Philippis	M. X.

Ubi Paulus et Silcas in carcere fuerunt.

Mutatio ad Duodecim.	M. XII.
Mutatio Domeros	M. VII.
Civitas Amphipolim	M. XIII.
Mutatio Pennana	M. X.
Mutatio Peripidis	M. X.

Ibi positus est Euripides poeta.

Mansio Apollonia	M. XI.
Mutatio Heracleustibus	M. XI.
Mutatio Duodea.	M. XIV.
Civitas Thessalonica	M. XIII.
Mutatio ad Decimum	M. X.
Mutatio Gephira.	M. X.
Civitas Pelli, unde fuit Alexander magnus Macedo.	M. X.
Mutatio Scurio.	M. XV.
Civitas Edissa	M. XV.
Mutatio ad Duodecimum.	M. XII.
Mansio Cellis	M. XVI.

Mutatio Grande.	M. XIV.
Mutatio Melitonus.	M. XIV.
Civitas Heraclea.	M. XIII.
Civitas Philippis.	M. X.
Mutatio Parambole.	M. XII.
Mutatio Brucida	M. XIX.

Finis Macedoniæ et Epyri.

Civitas Cledo.	M. XIII.
Mutatio Patras	M. XII.
Mansio Claudanon.	M. IIII.
Mutatio Tabernas.	M. VIIII.
Mansio Granda Via	M. VIIII.
Mutatio Trajecto.	M. VIIII.
Mansio Hiscampis.	M. VIIII.
Mutatio ad Quintum	M. VI.
Mansio Coladiana.	M. XV.
Mansio Marusio	M. XIII.
Mansio Absos	M. XIV.
Civitas Appollonia.	M. XVIII.
Mutatio Stefana.	M. XII.
Mansio Aulona Trajectum.	M. XII.

Fit omnis summa ab Heraclea per Macedoniam Aulonam usque, Millia DCLXXVIII; Mutationes LVIII; Mansiones XV.

Trans mare stadia mille. Quod facit millia centum.

ET VENIS ODRONTO MANSIONES MILLE PASSUS.

Mutatio ad Duodecimum.	M. XIII.
Mansio Clipeas	M. XII.
Mutatio Valentia	M. XIII.
Civitas Brindisi.	M. XI.
Mansio Spitenaees.	M. XIIII.
Mutatio ad Decimum.	M. XI.
Civitas Leonatiæ	M. X.
Mutatio Turres Aurilianas	M. XV.
Mutatio Turres Julianas	M. VIIII.
Civitas Beroes	M. XI.
Mutatio Botontones.	M. XI.
Civitas Rubos	M. XI.
Mutatio ad Quintum Decimum.	M. XV.
Civitas Canusio.	M. XV.
Mutatio Undecimum	M. XI.
Civitas Serdonis	M. XV.
Civitas Aecas	M. XVIII.
Mutatio Aquilonis.	M. X.

Finis Apuliæ et Campaniæ.

Mutatio ad Equum magnum.	M. VIII.
Mutatio Vicus Forno novo.	M. XII.
Civitas Benevento	M. X.
Civitas et Mansio Claudiis	M. XII.
Mutatio Novas	M. VIIII.
Civitas Capua	M. VII.

PIÈCES JUSTIFICATIVES.

ab Aulona usque Capuam Millia CCLXXXIX; Mutationes XXV, Mansiones XIII.

Mutatio ad Octavum	M. VIII.
Mutatio Ponte Campano.	M. VIIII.
Civitas Sonuessa	M. VIIII.
Civitas Menturnas.	M. VIIII.
Civitas Formis.	M. VIIII.
Civitas Fondis	M. XII.
Civitas Terracina	M. XIII.
Mutatio ad Medias.	M. X.
Mutatio Appi foro.	M. VIIII.
Mutatio Sponsas	M. VII.
Civitas Aricia et Albona.	M. XIIII.
Mutatio ad Nono	M. VII.
In Urbe Roma	M. VIIII.

Fit a Capua usque ad Urbem Romam Millia CXXXVI; Mutationes XIV; Mansiones IX.

Fit ab Heraclea per Aulonam in urbem Romam usque, Millia undecies centena XII; Mutationes XVIII; Mansiones XLVI.

AB URBE MEDIOLANUM.

Mutatio Rubras.	M. VIIII.
Mutatio ad Vicencimum.	M. XI.
Mutatio Aqua viva.	M. XII.
Civitas Vericulo.	M. XII.
Civitas Narniæ.	M. XII.
Civitas Interamna.	M. VIIII
Mutatio Tribus Tabernis	M. III.
Mutatio Fani fugitivi.	M. X.
Civitas Spolitio.	M. VII.
Mutatio Sacraria	M. VIII.
Civitas Trevis	M. IV.
Civitas Fulginis.	M. V.
Civitas Foro Flamini	M. III.
Civitas Noceria.	M. XII.
Civitas Ptanias.	M. VIII.
Mansio Herbelloni.	M. VII.
Mutatio Adhesis.	M. X.
Mutatio ad Cale.	M. XIV.
Mutatio Intercisa	M. VIIII.
Civitas Foro Simproni	M. VIIII.
Mutatio ad Octavum.	M. VIIII.
Civitas Fano Fortunæ.	M. VIII.
Civitas Pisauro.	M. XXIV.

Usque Ariminum.

Mutatio Conpetu	M. XII.
Civitas Cesena	M. VI.
Civitas Foropopuli.	M. VI.
Civitas Forolivi.	M. VI.
Civitas Faventia	M. V.

Civitas Foro Corneli	M. X.
Civitas Claterno.	M. XIII.
Civitas Bononia.	M. X.
Mutatio ad Medias.	M. XV.
Mutatio Victuriolas.	M. X.
Civitas Mutena.	M. III.
Mutatio Ponte Secies	M. V.
Civitas Regio.	M. VIII.
Mutatio Canneto	M. X.
Civitas Parmæ.	M. VIII.
Mutatio ad Turum.	M. VII.
Mansio Fidentiæ	M. VIII.
Mutatio ad Fonteclos.	M. VIII.
Civitas Placentia	M. XIII.
Mutatio ad Rota.	M. XI.
Mutatio Tribus Tabernis.	M. V.
Civitas Laude	M. VIIII.
Mutatio ad Nonum.	M. VII.
Civitas Mediolanum	M. VII.

Fit omnis summa ab urbe Roma Mediolanum usque, Millia CCCCXVI; Mutationes XLII; Mansiones XXIIII.

EXPLICIT ITINERARIUM.

EX EODEM V. C. DE VERBIS GALLICIS.

Lugdunum, Desideratum-Montem.
Aremorici, ante mare, aræ, ante; More dicunt Mare, et ideo Morini Marini.
Arverni, ante obsta.
Rhodanum, violentum. Nam Rho nimium; Dan judicem, hoc et gallice, hoc et hebraice dicitur.

N° II.

DISSERTATION

SUR L'ÉTENDUE DE L'ANCIENNE JÉRUSALEM ET DE SON TEMPLE,

ET SUR LES MESURES HÉBRAÏQUES DE LONGUEUR.

Les villes qui tiennent un rang considérable dans l'histoire exigent des recherches particulières sur ce qui les regarde dans le détail ; et on ne peut disconvenir que Jérusalem ne soit du nombre de celles qui méritent de faire l'objet de notre curiosité. C'est ce qui a engagé plusieurs savants à traiter ce sujet fort amplement et dans toutes ses circonstances, en cherchant à retrouver les différents quartiers de cette ville, ses édifices publics, ses portes, et presque généralement tous les lieux dont on trouve quelque mention dans les livres saints et autres monuments de l'antiquité. Quand même les recherches de ces savants ne paraîtraient pas suivies partout d'un parfait succès, leur zèle n'en mérite pas moins des éloges et de la reconnaissance.

Ce qu'on se propose principalement dans cet écrit est de fixer l'étendue de cette ville, sur laquelle on ne trouve encore rien de bien déterminé, et qui semble même en général fort exagérée. L'emploi du local devait en décider; et c'est parce qu'on l'a négligé, que ce point est demeuré à discuter. S'il est difficile et comme impossible de s'éclaircir d'une manière satisfaisante sur un grand nombre d'articles de détail concernant la ville de Jérusalem, ce que nous mettons ici en question peut être excepté, et se trouve susceptible d'une grande évidence.

Pour se mettre à portée de traiter cette matière avec précision, il faut commencer par reconnaître ce qui composait l'ancienne Jérusalem. Cet examen ne laissera aucune incertitude dans la distinction entre la ville moderne de Jérusalem et l'ancienne. L'enceinte de celle-ci paraîtra d'autant mieux déterminée, que la disposition naturelle des lieux en fait juger infailliblement. C'est dans cette vue que nous insérons ici le calque très-fidèle d'un plan actuel de Jérusalem, levé vraisemblablement par les soins de M. Deshayes, et qui a été publié dans la Relation du voyage qu'il entreprit au Levant en 1621, en conséquence des commissions dont il était chargé par le roi Louis XIII auprès du Grand Seigneur. Un des articles de ces commissions étant de maintenir les religieux latins dans la possession des saints lieux de la Palestine, et d'établir un consul à Jérusalem, il n'est pas surprenant qu'un pareil plan se rencontre plutôt dans ce Voyage que dans tout autre. L'enceinte actuelle de la ville, ses rues, la topographie du sol, sont exprimées dans ce plan, et mieux que partout ailleurs, que je sache. Nous n'admettons dans notre calque, pour plus de netteté, ou moins de distraction à l'égard de l'objet principal, que les circonstances qui intéressent particulièrement la matière de cette Dissertation. L'utilité, la nécessité même d'un plan en pareil sujet, sont une juste raison de s'étonner qu'on n'ait encore fait aucun usage de celui dont nous empruntons le secours.

I.

DISCUSSION DES QUARTIERS DE L'ANCIENNE JÉRUSALEM.

Josèphe nous donne une idée générale de Jérusalem, en disant (livre VI de la *Guerre des Juifs*, chap. VI) que cette ville était assise sur deux collines en face l'une de l'autre, et séparée par une vallée; que ce qui était appelé la *Haute-Ville* occupait la plus étendue ainsi que la plus élevée de ces collines, et celle que l'avantage de sa situation avait fait choisir par David pour sa forteresse; que l'autre colline, nommée *Acra*, servait d'assiette à la Basse-Ville. Or, nous voyons que la montagne de Sion, qui est la première des deux collines, se distingue encore parfaitement sur le plan. Son escarpement plus marqué regarde le midi et l'occident, étant formé par une profonde ravine, qui dans l'Écriture est nommée *Ge-be-Hinnom*, ou *la Vallée des Enfants d'Hinnom*. Ce vallon, courant du couchant au levant, rencontre à l'extrémité du mont de Sion la vallée de Kedron, qui s'étend du nord au sud. Ces circonstances locales, et dont la nature même décide, ne prennent aucune part aux changements que le temps et la fureur des hommes ont pu apporter à la ville de Jérusalem. Et par là nous sommes assurés des limites de cette ville dans la partie que Sion occupait. C'est le côté qui s'avance le plus vers le midi; et non-seulement on est fixé de manière à ne pouvoir s'étendre plus loin de ce côté-là, mais encore l'espace que l'emplacement de Jérusalem peut y prendre en largeur se trouve déterminé, d'une part, par la pente ou l'escarpement de Sion qui regarde le couchant, et de l'autre, par son extrémité opposée vers Cédron et l'orient. Celui des murs de Jérusalem que Josèphe appelle *le plus ancien*, comme étant attribué à David et à Salomon, bordait la crête du rocher, selon le témoignage de cet historien. A quoi se rapportent aussi ces paroles de Tacite, dans la description qu'il fait de Jérusalem (*Hist.*, liv. v, ch. xi) : *Duos colles, immensum editos, claudebant muri... extrema rupis abrupta.* D'où il suit que le contour de la montagne sert encore à indiquer l'ancienne enceinte, et à la circonscrire.

La seconde colline s'élevait au nord de Sion, faisant face par son côté oriental au mont Moria, sur lequel le temple étais assis, et dont cette colline n'était séparée que par une cavité, que les Hasmonéens comblèrent en partie, en rasant le sommet d'Acra, comme on l'apprend de Josèphe (au même endroit que ci-dessus). Car, ce sommet ayant vue sur le temple, et en étant très-voisin, selon que Josèphe s'en explique, Antiochus Épiphane y avait construit une forteresse, pour brider la ville et incommoder le temple; laquelle forteresse, ayant garnison grecque ou macédonienne, se soutint contre les Juifs jusqu'au temps de Simon, qui la détruisit, et aplanit en même temps la colline. Comme il n'est même question d'Acra que depuis ce temps-là, il y a toute apparence que ce nom n'est autre chose que le mot grec Ἄκρα, qui signifie un lieu élevé, et qui se prend quelquefois aussi pour une forteresse; de la même manière que nous y avons souvent employé le terme de *Roca*, la Roche. D'ailleurs le terme de *Hakra*, avec aspiration, paraît avoir été propre aux Syriens, ou du moins adopté par eux, pour désigner un lieu fortifié. Et dans la paraphrase chaldaïque (Samuel, liv. ii, chap. ii, v. 7), Hakra-Dsiun est la forteresse de Sion. Josèphe donne une idée de la figure de la colline dans son assiette, par le terme de ἀμφίκυρτος, lequel, selon Suidas, est propre à la lune dans une de ses phases entre le croissant et la pleine lune, et, selon Martianus-Capella, entre la demi-lune et la pleine. Une circonstance remarquable dans le plan qui nous sert d'original, est un vestige de l'éminence principale d'Acra entre Sion et le temple; et la circonstance est d'autant moins équivoque que, sur le plan même, en tirant vers l'angle sud-ouest du temple, on a eu l'attention d'écrire *lieu-haut*.

Le mont Moria, que le temple occupait, n'étant d'abord qu'une colline irrégulière, il avait fallu, pour étendre les dépendances du temple sur une surface égale et augmenter l'aire du sommet, en soutenir les côtés, qui formaient un carré, par d'immenses constructions. Le côté oriental bordait la vallée de Cédron, dite communément *de Josaphat*, et très-profonde. Le côté du midi, dominant sur un terrain très-enfoncé, était revêtu de bas en haut d'une forte maçonnerie, et Josèphe ne donne pas moins de trois cents coudées d'élévation à cette partie du temple : de sorte même que, pour sa communication avec Sion, il avait été besoin d'un pont, comme le même auteur nous en instruit. Le côté occidental regardait Acra, dont l'aspect pour le temple est comparé à un théâtre par Josèphe. Du côté du nord, un fossé creusé, τάφρος δὲ ὀρώρυκτο, dit notre historien, séparait le temple d'avec une colline nommée *Bezetha*, qui fut dans la suite jointe à la ville par un agrandissement de son enceinte. Telle est la disposition générale du mont Moria dans l'étendue de Jérusalem.

La fameuse tour Antonia flanquait l'angle du temple qui regardait le N. O Assise sur un rocher, elle avait d'abord été construite par Hyrcan, premier du nom, et appelée Βάρεις, terme grec selon Josèphe, mais que saint Jérôme dit avoir été commun dans la Palestine, et jusqu'à son temps, pour désigner des maisons fortes et construites en forme de tours. Celle-ci reçut de grands embellissements de la part d'Hérode, qui lui fit porter le nom d'Antoine son bienfaiteur; et avant l'accroissement de Bezetha, l'enceinte de la ville ne s'étendait pas au delà du côté du nord. Il faut même rabaisser un peu vers le sud, à une assez petite distance de la face occidentale du temple, pour exclure de la ville le Golgotha ou Calvaire, qui, étant destiné au supplice des criminels, n'était point compris dans l'enceinte de la ville. La piété des chrétiens n'a souffert en aucun temps que ce lieu demeurât inconnu, même avant le règne du grand Constantin. Car l'aurait-il été à ces Juifs convertis au christianisme, que saint Épiphane dit avoir repris leur demeure dans les débris de Jérusalem, après la destruction de cette ville par Tite, et qui y menèrent une vie édifiante? Constantin, selon le témoignage d'Eusèbe, couvrit le lieu même d'une basilique, l'an 326, de laquelle parle très-convenablement à ce témoignage l'auteur de l'*Itinerarium a Burdigala Hierusalem usque*, lui qui était à Jérusalem en 333, suivant le consulat qui sert de date à cet Itinéraire : *ibidem* modo *jussu Constantini Imperatoris, Basilica facta est, id est dominicum, miræ pulchritudinis.* Et bien qu'au commencement du onzième siècle, Almansor-Hakimbillâ, calife de la race des Fatimites d'Égypte, eût fait détruire cette église, pour ne vouloir tolérer la supercherie du prétendu feu saint des Grecs la veille de Pâques; cependant l'empereur grec Constantin Monomaque acquit trente-sept ans après, et en 1048, du petit-fils de Hakim, le droit de réédifier la même église; et il en fit la dépense, comme on l'apprend de Guillaume, archevêque de Tyr (liv. I, chap. VII). D'ailleurs, la conquête de Jérusalem par Godefroy de Bouillon en 1099 ne laisse pas un grand écoulement de temps depuis l'accident dont on vient de parler. Or, vous remarquerez que les circonstances précédentes qui concernent l'ancienne Jérusalem n'ont rien d'équivoque, et sont aussi décisives que la disposition du mont de Sion du côté opposé.

Il n'y a aucune ambiguïté à l'égard de la partie orientale de Jérusalem. Il est notoire et évident que la vallée de Cédron servait de borne à la ville, sur la même ligne, ou à peu près, que la face du temple, tournée vers le même côté, décrivait au bord de cette vallée. On sait également à quoi s'en tenir pour le côté occidental de la ville quand on considère sur le plan du local que l'élévation naturelle du terrain, qui borne l'étendue de Sion de ce côté-là, comme vers le midi, continue, en se prolongeant vers le nord, jusqu'à la hauteur du temple. Et il n'y a aucun lieu de douter que ce prolongement de pente, qui commande sur un vallon au dehors de la ville, ne soit le côté d'Acra contraire à celui qui regarde le temple. La situation avantageuse que les murs de la ville conservent sur l'escarpement justifie pleinement cette opinion. Elle est même appuyée du témoignage formel de Brocardus, religieux dominicain, qui était en Palestine l'an 1283, comme il nous l'apprend dans la description qu'il a faite de ce pays. C'est à la partie occidentale de l'enceinte de Jérusalem prolongée depuis Sion vers le nord, que se rapportent ces paroles tirées de la Description spéciale de cette ville : *Vorago seu vallis, quæ procedebat versus aquilonem, faciebatque fossam civitatis juxta longitudinem ejus, usque ad plagam aquilonis; et super eam erat intrinsecus rupes eminens, quam Josephus Acram appellat, quæ sustinebat murum civitatis superpositum, cingentem ab occidente civitatem, usque ad portam Ephraïm, ubi curvatur contra orientem.* Cet exposé de la part d'un auteur qui a écrit en vertu des connaissances qu'il avait prises sur le lieu même, est parfaitement conforme à ce que la représentation du terrain, par le plan qu'il en est donné, vient de nous dicter : *rupes imminens voragini, sive fossæ, procedenti versus aquilonem, sustinebat murum civitatis, cingentem eam ab occidente usque dum curvatur versus orientem.* En voilà suffisamment pour connaître les différents quartiers qui composaient l'ancienne Jérusalem, leur assiette et situation respective.

II.

ENCEINTE DE L'ANCIENNE JÉRUSALEM.

Le détail dans lequel Josèphe est entré des diverses murailles qui enveloppaient Jérusalem, renferme des circonstances qui achèvent de nous instruire sur l'enceinte de cette ville.

Cet historien distingue trois murailles différentes. Celle qu'il nomme *la plus ancienne* couvrait non-seulement Sion à l'égard des dehors de la ville, mais elle séparait encore cette partie d'avec la ville inférieure ou Acra ; et c'est même par cet endroit que Josèphe entame la description de cette muraille. Il dit que la tour nommée *Hippicos*, appuyant le côté qui regardait le nord, ἀρχόμενον δὲ κατὰ βορέαν ἀπὸ τοῦ Ἱππικοῦ, *incipiens ad boream ab Hippico;* elle s'étendait de là jusqu'au portique occidental du temple, par où nous devons entendre, comme le plan en fait juger, son angle sud-ouest. On voit clairement que cette partie de muraille fait une séparation de la Haute-Ville d'avec la Basse. Elle paraît répondre à l'enceinte méridionale de la ville moderne de Jérusalem, qui exclut Sion ; en sorte qu'il y a tout lieu de présumer que la tour Hippicos dont on verra par la suite que la position nous importe, était élevée vers l'angle sud-ouest de l'enceinte actuelle de Jérusalem. Si on en croit plusieurs relations, cette enceinte est un ouvrage de Soliman, qui en 1520 succéda à son père Sélim, auquel les Turcs doivent la conquête de la Syrie et de l'Égypte. Cependant El-Edrisi, qui écrivait sa géographie pour Roger I*er*, roi de Sicile, mort en 1151, représente Jérusalem dans un état conforme à celui d'aujourd'hui, en disant qu'elle s'étend en longueur d'occident en orient. Il exclut même formellement de son enceinte le mont de Sion; puisqu'au terme de sa description, pour aller à un temple où les chrétiens prétendaient dès lors que Jésus-Christ avait célébré la Cène, et qui est situé sur ce mont, il faut sortir de la ville par une porte dite *de Sion, Bab-Seihun*, ce qui s'accorde à l'état actuel de Jérusalem. Benjamin de Tudèle, dont le voyage est daté de l'an 1173, remarque qu'il n'y avait alors d'autre édifice entier sur le mont de Sion que cette église. Et ce qui se lit dans le Voyage fait par Willebrand d'Oldemboug, en 1211, à l'égard du mont de Sion, *Nunc includitur muris civitatis, sed tempore Passionis Dominicæ excludebatur*, doit être pris au sens contraire, quand ce ne serait que par rapport à ce dernier membre, *excludebatur tempore Passionis*. Il est très-vraisemblable, en général, que, dans les endroits où les parties de l'ancienne enceinte prennent quelque rapport à l'enceinte moderne, la disposition des lieux, les vestiges même d'anciens fondements, ayant déterminé le passage de cette enceinte moderne, elle nous indique par conséquent la trace de l'ancienne. Il y a même une circonstance particulière qui autorise cette observation générale, pour la séparation de Sion d'avec Acra. C'est ce coude rentrant à l'égard de Sion, que vous remarquerez sur le plan, en suivant l'enceinte actuelle et méridionale de la ville de Jérusalem, dans la partie plus voisine de l'emplacement du temple, ou du mont Moria. Car, si l'on y prend garde, ce n'est en effet que de cette manière que le quartier de Sion pouvait être séparé d'Acra, puisque, comme nous l'avons observé en parlant d'Acra, l'endroit marqué *haut-lieu* sur le plan, et duquel le coude dont il s'agit paraît dépendre, désigne indubitablement une partie de l'éminence qui portait le nom d'*Acra*, et vraisemblablement celle qui dominait davantage et qui par conséquent se distinguait le plus d'avec Sion.

Josèphe, ayant décrit la partie septentrionale de l'enceinte de Sion, depuis la tour Hippicos jusqu'au temple, la reprend à cette tour, pour la conduire par l'occident, et ensuite nécessairement par le midi, jusque vers la fontaine de Siloé. Cette fontaine est dans le fond d'une ravine profonde, qui coupe la partie inférieure de Sion prolongée jusque sur le bord de la vallée de Cédron, et qui la sépare d'avec une portion de la ville située le long de cette vallée, jusqu'au pied du temple. A cette ravine venait aboutir l'enfoncement ou vallon qui distinguait le mont de Sion d'avec la colline d'Acra, et que Josèphe appelle τῶν τυροποιῶν, *caseariorum*, ou des fromagers. Edrisi fait mention de ce vallon, et très-distinctement, disant qu'à la sortie de la porte dont il a fait mention sous le nom de *Sion*, on descend dans un creux (*in fossam*, selon la version des Maronites) qui se nomme, ajoute-t-il, *la Vallée d'enfer*, et dans laquelle est la fontaine Seluan (ou Siloan). Cette fontaine n'était pas renfermée dans l'enceinte de la ville : saint Jérôme nous le fait connaître par ces paroles (*in Matth.* XXIII, 25) : *In portarum exitibus, quæ Siloam ducunt*. Le vallon dans l'enfoncement duquel est Siloé remontant du sud-est au nord-ouest, Josèphe doit nous paraître très-exact lorsqu'il dit que la muraille qui domine sur la fontaine de Siloé court d'un côté vers le midi, et de l'autre vers l'orient. Car c'est ainsi, selon le plan même du local, et presque à la rigueur, que cette muraille suivait le bord des deux escarpements qui forment la ravine. L'*Itinéraire de Jérusalem* s'explique convenablement sur la fontaine de Siloé : *Deorsum in valle, juxta murum, est piscina quæ dicitur Siloa*. Remarquons même la mention qui est faite de ce mur dans un écrit de l'âge du grand Constantin. On en peut inférer que le rétablissement de Jérusalem, après la destruction de cette ville par Tite, rétablissement qu'on sait être l'ouvrage d'Adrien, sous le nouveau nom d'*Ælia Capitolina*, s'étendit à Sion comme au reste de la ville. De sorte que la ruine de Sion, telle qu'elle paraît aujourd'hui, ne peut avoir de première cause que dans ce que souffrit cette ville de la part de Chosroës, roi de Perse, qui la prit en 614. Ce serait donc à tort qu'on prendrait à la lettre ce qu'a dit Abulpharage (*Dynast.* 7), que l'Ælia d'Adrien était auprès de la Jérusalem détruite. Cela ne doit signifier autre chose, sinon que l'emplacement de cette ville, conforme à son état présent du temps de cet historien, et depuis l'établissement du mahométisme, ne répond pas exactement à celui d'un âge plus reculé. Il ne faut pas imaginer que l'usage du nom d'*Ælia*, employé par Abulpharage, se renferme étroitement dans la durée de la puissance romaine, puisque les écrivains orientaux emploient quelquefois la dénomination d'*Ilia* pour désigner Jérusalem.

Mais, pour reprendre la trace du mur à la suite de Siloé, ce mur était prolongé au travers d'Ophla, venant aboutir et se terminer à la face orientale du temple, ce qui nous conduit en effet à son angle entre l'orient et le midi. Il est mention d'Olph'l ou Ophel en plusieurs endroits de l'Écriture. Ce terme est même employé métaphoriquement, mais sans qu'on puisse décider par le sens de la phrase du texte original, s'il signifie plutôt présomption ou orgueil qu'aveuglement. Les commentateurs sont partagés, les uns voulant qu'Ophel désigne un lieu élevé, les autres un lieu profond. La contrariété de cette interprétation n'a, au reste, rien de plus extraordinaire que ce qu'on observera dans l'usage du mot latin *altus*, qui s'emploie quelquefois pour profondeur comme pour élévation. La version grecque (*Reg.* IV, v. 24) a traduit Ophel σκοτεινήν, lieu couvert, et pour ainsi dire ténébreux; et, en effet, si l'on remarque qu'Ophla, dans Josèphe, se rencontre précisément au passage de la muraille dans ce terrain si profond, sur lequel il a été dit, en parlant du mont Moria, que dominait la face méridionale du temple, on ne pourra disconvenir que l'interprétation du nom *Ophel* comme d'un lieu enfoncé, ne soit justifiée par une circonstance de cette nature, et hors de toute équivoque.

L'emplacement que prend Ophel paraîtra convenable à ce que dit Josèphe (liv. VI de la *Guerre des Juifs*, chap. VII) parlant des factions ou partis qui tenaient Jérusalem divisée; savoir que l'un de ces partis occupait le temple, et Ophla et la vallée de Cédron. Dans *les Paralipomènes* II, XXXIII, 14), le roi Manassé est dit avoir renfermé Ophel dans l'enceinte de la ville; ce qui est d'autant plus remarquable qu'il s'ensuivrait que la cité de David n'avait point jusque-là excédé les limites naturelles de la montagne de Sion, qui est réellement bornée par la ravine de Siloé. Voici la traduction littérale du texte : *Ædificavit murum exteriorem civitati David, ab occidente Gihon, in torrente, procedendo usque ad portam Piscium, et circuivit Ophel, et munivit eum*. Ces paroles *Murum ex-*

teriorem civitati David, feraient allusion à la conséquence que l'on vient de tirer de l'accroissement d'Ophel, *circuivit*. *Gihon*, selon les commentateurs, est la même chose que Siloé; et, en ce cas, *ab occidente* doit s'entendre depuis ce qui est au couchant de Siloé, c'est-à-dire depuis Sion dont la position est véritablement occidentale à l'égard de cette fontaine, jusqu'au bord du torrent, *in torrente*, lequel il est naturel de prendre pour celui de Cédron. Je ne vois rien que la disposition du lieu même puisse approuver davantage que cette interprétation, laquelle nous apprend à mettre une distinction entre ce qui était proprement Cité de David et ce qui a depuis été compris dans le même quartier de Sion. Nous avons donc suivi la trace de l'enceinte qui renfermait ce quartier tout entier, et avec ce qui en dépendait jusqu'au pied du temple

Le second mur dont parle Josèphe n'intéresse point notre sujet, par la raison qu'il était renfermé dans la ville même. Il commençait à la porte appelée *Genath*, ou *des Jardins*, comme ce mot peut s'interpréter; laquelle porte était ouverte dans le premier des murs ou celui qui séparait Sion d'avec Acra. Et ce second mur, s'avançant vers la partie septentrionale de la ville, se repliait sur la tour Antonia, où il venait aboutir. Donc ce mur n'était qu'une coupure dans l'étendue d'Acra, appuyée d'un côté sur le mur de Sion, de l'autre sur la tour qui couvrait l'angle nord-ouest du temple. La trace de ce mur pourrait répondre à une ligne ponctuée que l'on trouvera tracée sur le plan, dans l'espace qu'Acra occupe. Il est naturel de croire qu'il n'existait que parce qu'il avait précédé un mur ultérieur, ou tel que celui qui donne plus de grandeur au quartier d'Acra, et dont il nous reste à parler. J'ajoute seulement que c'est à ce mur moins reculé qu'il convient de s'attacher par préférence, si l'on veut suivre le détail de la réédification de l'enceinte de Jérusalem par Néhémie; étant plus vraisemblable d'attribuer aux princes Hasmonéens, et au temps même de la plus grande prospérité de leurs affaires, l'ouvrage d'un nouveau mur qui double celui-là, et qui embrasse plus d'espace.

Le troisième mur, qui, joint au premier, achèvera la circonscription de l'enceinte de Jérusalem, se prend, en suivant Josèphe, à la tour Hippicos. La description de la première muraille nous a déjà servi à connaître le lieu de cette tour. Ce que le même historien dit de la muraille dont il s'agit à présent confirme cet emplacement. Commençant donc à la tour Hippicos, cette muraille s'étendait en droiture vers le septentrion jusqu'à une autre tour fort considérable, nommée *Psephina*. Or, nous voyons encore que l'enceinte actuelle de Jérusalem, conservant l'avantage d'être élevée sur la pente de la colline qui servait d'assiette à la Basse-Ville ancienne, s'étend du midi au septentrion, depuis l'angle boréal de Sion, où il convient de placer l'Hippicos, jusqu'au château qu'on nomme *des Pisons*. La tour Psephina, selon que Josèphe en parle ailleurs, ne cédait à aucune de celles qui entraient dans les fortifications de Jérusalem. Le Castel-Pisano est encore aujourd'hui une espèce de citadelle à l'égard de cette ville. C'est là que logent l'aga et la garnison qu'il commande. Le Grec Phocas, qui visita les saints lieux de la Palestine l'an 1185, et dont le Voyage a été mis au jour par Allatius, *in Symmictis sive Opusculis*, dit que cette tour, ou plutôt ce château, pour répondre aux termes dont il se sert, πύργος μαμμεγιθέστατος (*turris insigni admodum magnitudine*) était appelée par ceux de Jérusalem, *la Tour de David*. Il la place au nord de la ville ; Épiphane l'hagiopolite, près de la porte qui regarde le couchant, ce qui est plus exact, eu égard surtout à la ville moderne de Jérusalem. Selon la relation du moine Brocard, que j'ai citée précédemment, la **tour de David** aurait été comprise dans l'étendue de Sion, et élevée vers l'encoignure que le vallon qui séparait ce mont d'avec Acra faisait avec l'escarpement occidental de Sion, situation plus convenable à l'Hippicos qu'à Psephina. Mais cela n'empêche pas que, dans cette même relation, on ne trouve une mention particulière du lieu qui se rapporte au Castel-Pisano. On le reconnaît distinctement dans ces paroles : *Rupes illa, super quam ex parte occidentis erat exstructus murus civitatis, erat valde eminens, præsertim in angulo, ubi occidentalis muri pars connectebatur aquilonari ; ubi et turris* Neblosa *dicta, et propugnaculum valde firmum, cujus ruinæ adhuc visuntur, unde tota Arabia, Jordanis, mare Mortuum, et alia plurima loca, sereno cœlo videri possunt.* Cette dernière circonstance, qui fait voir tout l'avantage de la situation du lieu, est bien propre à déterminer notre opinion sur l'emplacement qui peut mieux convenir à l'ancienne tour Psephina, comme au Castel-Pisano d'aujourd'hui. Disons plus : ce que Brocard nous rapporte ici est conforme à ce qu'on lit dans Josèphe (liv. VI de la *Guerre des Juifs*, chap. VI), qu'au lever du soleil, la tour Psephine découvrait l'Arabie, la mer, et le pays le plus reculé de la Judée. Et, quoiqu'il n'y ait point de vraisemblance que le château, de la manière dont il existe, soit encore le même que celui dont il tient la place, et qu'on eût tort, comme Phocas l'a bien remarqué, de le rapporter à David même, cependant il ne s'ensuit pas qu'il fût différent quant au lieu et à l'assiette. Benjamin de Tudèle prétend même que les murailles construites par les Juifs ses ancêtres subsistaient encore de son temps, c'est-à-dire dans le douzième siècle, à la hauteur de dix coudées.

S'il paraît déjà tant de convenance entre Castel-Pisano et la tour Psephina, voici ce qui en décide d'une manière indubitable. Josèphe dit formellement que cette tour flanquait l'angle de la ville tourné vers le nord et le couchant, et comme on vient de voir que Brocard s'explique sur le lieu que nous y faisons correspondre, *ubi occidentalis muri pars connectebatur aquilonari.* Or, vous remarquerez qu'à la hauteur de la face septentrionale de Castel-Pisano, ou de la porte du couchant qui joint cette face, on ne peut exclure de l'ancienne ville le lieu du Calvaire, sans se replier du côté du levant. Donc le Castel-Pisano, auquel nous avons été conduits par le cours de la muraille depuis la tour Hippicos, ou par une ligne tendante vers le nord, prend précisément cet angle de l'ancienne enceinte. Il faut ensuite tomber d'accord que, si le lieu de l'Hippicos avait besoin de confirmation, il la trouverait dans une détermination aussi précise de Psephina, en conséquence du rapport de situation.

Quant au nom de *Castel-Pisano* (car on peut vouloir savoir la raison de cette dénomination), j'avoue n'avoir point rencontré dans l'histoire de fait particulier qui y ait un rapport direct. Il est constant néanmoins, qu'en vertu de la part que les Pisans, très-puissants autrefois, prirent aux guerres saintes, ils eurent des établissements et concessions à Acre, Tyr, et autres lieux de la Palestine.

L'auteur des *Annales de Pise*, Paolo Tronci (page 35), attribue même à deux de ses compatriotes l'honneur d'avoir escaladé les premiers la muraille de Jérusalem, lors de la prise de cette ville par Godefroy de Bouillon. On peut encore remarquer que le premier prélat latin qui fut installé dans la chaire patriarcale de Jérusalem après cette conquête, fut un évêque de Pise nommé ***Daibert***. Je pense, au reste, qu'il a pu suffire de trouver quelques écussons aux armes de Pise en quelque endroit du château, pour lui faire donner dans les derniers temps le nom qu'il porte. Du temps que Brocard était en Palestine, c'est-à-dire vers la fin du treizième siècle, nous voyons que ce château se nommait *Neblosa*, qui ont la forme que le nom de *Neapolis* prend communément dans le langage des Levantins. Il n'est pas surprenant que ce religieux en parle comme d'un lieu ruiné ou fort délabré, puisqu'il est vrai qu'environ trente-trois ans après la prise de Jérusalem par Saladin, et en l'an de l'hégire 616, de Jésus-Christ 1219, Isa, neveu de ce prince, régnant à Damas, fit démolir les fortifications de Jérusalem, et que David, fils de celui-ci, détruisit, vingt ans après, une forteresse que les Français avaient rétablie en cette ville.

A la suite de Psephina, Josèphe achève de tracer l'enceinte de Jérusalem dans sa partie septentrionale. Avant que Bezetha fît un agrandissement à la ville, il n'eût été question, pour terminer l'enceinte de ce côté-là, que de se rendre à la tour Antonia, près de l'angle nord-ouest du temple. Aussi n'est-il fait aucune mention de cette tour dans ce qui regarde la troisième muraille. Josèphe y indique un angle pour revenir à la ligne de circonférence sur le bord du Cédron; et nous voyons en effet que l'enceinte moderne, dans laquelle le terrain de Bezetha est conservé, donne cet angle, et même à une assez grande distance de l'angle nord-est du temple, où il convient d'aboutir. L'enceinte actuelle de Jérusalem, par son reculement à l'égard de la face septentrionale du temple, fournit à Bezetha une étendue qui ne cède guère à celle de la Basse-Ville, ce qui a tout lieu de paraître convenable et bien suffisant. Josèphe nous indique les Grottes Royales comme un lieu situé vis-à-vis du passage de l'enceinte, dans cette partie qui regarde le septentrion. Ces grottes se retrouvent dans le voisinage de celle que l'on nomme *de Jérémie;* et on ne peut serrer de plus près cette grotte qu'en prenant la trace de l'enceinte actuelle, comme il s'ensuit du plan de Jérusalem. Josèphe prétend que le nom de *Bezetha* revient à la dénomination grecque de καινή-πόλις, la Nouvelle-Ville, ce qui lui est contesté par Villalpando et par Lamy, qui produisent d'autres interprétations. Agrippa, le premier qui régna sous ce nom, commença sous l'empire de Claude l'enceinte qui renfermait ce quartier; et ce qu'il n'avait osé achever, qui était d'élever ce nouveau mur à une hauteur suffisante pour la défense, fut exécuté dans la suite par les Juifs.

C'est ainsi que non-seulement les différents quartiers qui composaient la ville de Jérusalem dans le plus grand espace qu'elle ait occupé, mais encore que les endroits même par lesquels passait son enceinte se font reconnaître. Avant que toutes ces circonstances eussent été déduites et réunies sous un point de vue, qu'elles fussent vérifiées par leur application à la disposition même du local, un préjugé d'incertitude sur les moyens de fixer ses idées touchant l'état de l'ancienne Jérusalem pouvait induire à croire qu'il était difficile de conclure son étendue, d'une comparaison avec l'état actuel et moderne. Bien loin que cette incertitude puisse avoir lieu, on verra, par la suite de cet écrit, que les mesures du circuit de l'ancienne Jérusalem qui s'empruntent de l'antiquité même, ne prennent point d'autre évaluation que celle qui résulte d'une exacte combinaison avec la mesure actuelle et fournie par le local. Il est clair qu'une convenance de cette nature suppose nécessairement qu'on ne se soit point mépris en ce qui regarde l'ancienne Jérusalem.

III.

MESURE ACTUELLE DU PLAN DE JÉRUSALEM.

L'échelle du plan de M. Deshayes demandant quelques éclaircissements, je rendrai un fidèle compte de ce qu'un examen scrupuleux m'y a fait remarquer. On y voit une petite verge, définie *cent pas*, et nous en donnons la répétition sur le plan ci-joint. A côté de cette verge en est une plus longue, avec le nombre de *cent*, et dont la moitié est subdivisée en partie de dix en dix. Par la combinaison de longueur entre ces deux verges, il est aisé de reconnaître en gros que l'une indique des pas communs, l'autre des toises. Mais je ne dissimulerai point qu'il n'y a pourtant pas une exacte proportion entre ces mesures. L'échelle des pas communs m'a paru donner, en suivant le pourtour de la ville, environ cinq mille cent pas, lesquels à deux pieds et demi, selon la définition du pas commun, fournissent douze mille sept cent cinquante pieds, ou deux mille cent vingt-cinq toises. Or, par l'échelle en toises, on n'en compte qu'environ deux mille, savoir, dans la partie septentrionale, et de l'angle nord-est à l'angle nord-ouest, six cent soixante-dix-sept toises; dans la partie occidentale, jusqu'à l'angle sud-ouest, trois cent cinquante-cinq; dans la partie méridionale, cinq cent quarante-quatre; et de l'angle sud-est, en regagnant le premier par la partie orientale, quatre cent vingt-huit. Total, deux mille quatre. Dans ces mesures, on a cru devoir négliger la saillie des tours et quelques petits redans que fait l'enceinte en divers endroits; mais tous les changements de direction et autres détours marqués ont été suivis. Et ce qu'on ne fait point ici, par rapport à la mesure prise selon l'échelle des pas, qui est d'entrer dans le détail des quatre principaux aspects suivant lesquels l'emplacement de Jérusalem se trouve disposé, a paru devoir être déduit préférablement selon l'échelle des toises, par la raison que cette échelle semble beaucoup moins équivoque que l'autre. Nonobstant cette préférence, qui trouvera sa justification dans ce qui doit suivre, il faut, pour tout dire, accuser la verge de cette échelle des toises d'être subdivisée peu correctement dans l'espace pris pour cinquante toises, ou pour la moitié de cette verge; car cette partie se trouve trop courte, eu égard au total de la verge; et j'ai étendu l'examen jusqu'à m'instruire que par cette portion de verge le circuit de Jérusalem monterait à deux mille deux cents toises.

Quoiqu'on ne puisse disconvenir que ces variétés ne donnent quelque atteinte à la précision de l'échelle du plan de Jérusalem, il ne conviendrait pas néanmoins de s'en autoriser pour rejeter totalement cette échelle. Je dis que la verge des cent toises me paraît moins équivoque que le reste. La mesure du tour de Jérusalem dans son état moderne, et tel que le plan de M. Deshayes le représente, est donnée par Maundrell, Anglais, dans son *Voyage d'Alep à Jérusalem*, un des meilleurs morceaux sans contredit qu'on ait en ce genre. Cet habile et très-exact voyageur a compté quatre mille six cent trente de ses pas dans le circuit extérieur des murailles de Jérusalem ; et il remarque que la défalcation d'un dixième sur ce nombre donne la mesure de ce circuit à quatre mille cent soixante-sept verges anglaises, c'est-à-dire que dix pas font l'équivalent de neuf verges. En composant une toise anglaise de deux verges, puisque la verge est de trois pieds, cette toise revient à huit cent onze lignes de la mesure du pied français, selon la plus scrupuleuse évaluation, ce qui ajoute même quelque chose aux comparaisons précédemment faites entre le pied français et le pied anglais, comme je l'ai remarqué dans le *Traité des Mesures itinéraires*. Conséquemment, les quatre mille cent soixante-sept verges, ou deux mille quatre-vingt-trois et demi toises anglaises fourniront un million six cent quatre-vingt-neuf mille sept cent dix-huit lignes, qui produisent cent quarante-huit mille cent dix pouces, ou onze mille sept cent trente-quatre pieds deux pouces, ou mille neuf cent cinquante-cinq toises quatre pieds deux pouces. Or, si nous mettons cette mesure à mille neuf cent soixante toises de compte rond, et que nous prenions de la même manière celle du plan de M. Deshayes à deux mille, la moyenne proportionnelle ne sera qu'à vingt toises de distance des points extrêmes, ou à un centième du tout. Et que peut-on désirer de plus convenable sur le sujet dont il est question? On ne trouverait peut-être pas de moindres contrariétés entre les divers plans de nos places et villes frontières. Il convient de regarder comme une preuve du choix et de la préférence que demande la verge des cent toises, que, quoique son écart des autres indications de l'échelle du plan consiste à donner moins de valeur de mesure, toutefois elle pèche plutôt en abondance qu'autrement, par comparaison à la mesure prise sur le terrain par Maundrell.

IV.

MESURE DE L'ENCEINTE DE L'ANCIENNE JÉRUSALEM

Après avoir discuté et reconnu la mesure positive de l'espace sur le plan actuel de Jérusalem, voyons les mesures que plusieurs écrivains de l'antiquité nous ont laissées du circuit de Jérusalem. On peut conclure, tant de l'exposition ci-dessus faite de son état ancien que de la disposition même du terrain, et des circonstances locales qui n'ont pu éprouver de changement, qu'il n'y a point à craindre de méprise sur les anciennes limites de cette ville. Elles se circonscrivent sur le lieu, non-seulement en conséquence des points de fait qui s'y rapportent, mais encore par ce qui convient au lieu même. Ce qui a fait dire à Brocard : *Quum, ob locorum munitionem, transferri non possit (Jerusalem) a pristino situ.* De sorte qu'on juge assez positivement de son circuit par le plan du local, pour pouvoir se permettre de tracer sur ce plan une ligne de circonférence ou d'enceinte qui soit censée représenter la véritable. C'est ce dont on a pu se convaincre en suivant sur le plan ce qui a été exposé en détail sur l'ancienne Jérusalem. Il doit donc être maintenant question des mesures qu'on vient d'annoncer.

Eusèbe, dans sa *Préparation évangélique* (liv. ix, chap. xxxvi), nous apprend, d'après un arpenteur syrien, τοῦ τῆς Συρίας σχοινομέτρου, que la mesure de l'enceinte de Jérusalem est de vingt-sept stades. D'un autre côté, Josèphe (liv. vi de la *Guerre des Juifs*, chap. vi) compte trente-trois stades dans le même pourtour de la ville. Selon le témoignage du même Eusèbe, Timocharès avait écrit, dans une histoire du roi Antiochus Épiphane, que Jérusalem avait quarante stades de circuit. Aristéas, auteur d'une histoire des septante interprètes qui travaillèrent sous Ptolémée Philadelphe, convient sur cette mesure avec Timocharès. Enfin, Hécatée, cité par Josèphe dans son livre 1er contre Appien, donnait à Jérusalem cinquante stades de circonférence. Les nombres des stades ici rapportés roulent de vingt-sept à cinquante. Quelle diversité! Comment reconnaître de la convenance dans des indications qui varient jusqu'à ce point? Je ne sache pas que cette convenance ait encore été développée. Elle a jusqu'à présent fort embarrassé les savants; témoin Réland, un des plus judicieux entre tous ceux qui ont traité ce sujet, et qui, après avoir déféré à la mesure de Josèphe, de trente-trois stades, s'explique ainsi, page 837 : *Non confirmabo sententiam nostram testimonio* τοῦ τῆς Συρίας σχοινομέτρου, *qui ambitum Hierosolymæ viginti et septem stadii definivit apud Eusebium*, etc.

Cette mesure de vingt-sept stades, la première que nous alléguions, semble néanmoins mériter une déférence particulière, puisque c'est l'ouvrage d'un arpenteur qui a mesuré au cordeau, σχοινομέτρον. Un plus petit nombre de stades que dans les autres mesures indiquées doit naturellement exiger la plus grande portée du stade, qui est sans difficulté celle du stade le plus connu, et que l'on nomme *olympique*. Son étendue se définit à quatre-vingt-quatorze toises deux pieds huit pouces, en vertu des six cents pieds grecs dont il est composé, et de l'évaluation du pied grec à mille trois cent soixante parties du pied de Paris divisé en mille quatre cent quarante, ou onze pouces quatre lignes. Les vingt-sept stades reviennent donc à deux mille cinq cent cinquante toises. Or, la trace de l'ancienne enceinte de Jérusalem, dans le plus grand espace qu'elle puisse embrasser, paraîtra consumer environ deux mille six cents toises de l'échelle prise sur le plan de M. Deshayes. On s'en éclaircira si l'on veut par soi-même en prenant le compas. Mais remarquez au surplus que, par la mesure de Maundrell, qui ne donne que mille neuf cent soixante au lieu de deux mille, dans le circuit actuel de Jérusalem, ou un cinquantième de moins, l'enceinte dont il s'agit se réduit à deux mille cinq cent cinquante toises, conformément au produit des vingt-sept stades. Ainsi, ayant divisé, pour la commodité du lecteur, la trace d'enceinte de l'ancienne Jérusalem en parties égales et au nombre de cinquante et une, chacune de ces parties prend à la lettre l'espace de cinquante toises, selon la mesure de Maundrell; et le pis-aller sera que quarante-neuf en valent cinquante, selon l'échelle du plan.

Mais, dira-t-on, ce nombre de stades étant aussi convenable à la mesure de l'enceinte de Jérusalem, il faut donc n'avoir aucun égard à toute autre indication. Je répondrai que les anciens ont usé de différentes mesures de stade dans des temps différents, et quelquefois même dans un seul et même temps. Ils les ont souvent employées indistinctement, et sans y faire observer aucune diversité d'étendue. Ils nous ont laissés dans la nécessité de démêler, par de l'application et de la critique, les espèces plus convenables aux circonstances des temps et des lieux. On ne peut mieux faire que de calculer les trente-trois stades de la mesure de Josèphe sur le pied d'un stade plus court d'un cinquième que le stade olympique, et dont la connaissance est développée dans le petit *Traité* que j'ai publié *sur les Mesures itinéraires*. Il semble que le raccourcissement de ce stade le rendit même plus propre aux espaces renfermés dans l'enceinte des villes qu'aux plus grands qui se répandent dans l'étendue d'une région ou contrée. La mesure que Diodore de Sicile et Pline ont donnée de la longueur du grand cirque de Rome ne convient qu'à ce stade, et non au stade olympique. Ce stade s'évaluant sur le pied de soixante-quinze toises trois pieds quatre pouces, le nombre de trente-trois stades de cette mesure produit deux mille quatre cent quatre-vingt-treize toises deux pieds. Or, que s'en faut-il que ce calcul ne tombe dans celui des vingt-sept stades précédents ? cinquante et quelques toises. Une fraction de stade, une toise de plus, si l'on veut, sur l'évaluation du stade, ne laisseraient, à la rigueur, aucune diversité dans le montant d'un pareil calcul.

On exigera peut-être que, indépendamment d'une convenance de calcul, il y ait encore des raisons pour croire que l'espèce de mesure soit par elle-même applicable à la circonstance en question. Comme le sujet qu'on s'est proposé de traiter dans cet écrit doit conduire à la discussion des mesures hébraïques, on trouvera ci-après que le mille des Juifs se compare à sept stades et demi, selon ce que les Juifs eux-mêmes en ont écrit; et que ce mille étant composé de deux mille coudées hébraïques, l'évaluation qui en résulte est de cinq cent soixante-neuf toises deux pieds huit pouces. Conséquemment le stade employé par les Juifs revient à soixante-treize toises moins quelques pouces, et ne peut être censé différent de celui qu'on a fait servir au calcul ci-dessus. L'évaluation actuelle ayant même quelque chose de plus que celle qui m'était donnée précédemment de cette espèce de stade, les trente-trois stades du circuit de Jérusalem passeront deux mille cinq cents toises, et ne seront qu'à quarante et quelques toises au-dessous du premier montant de ce circuit. Mais on peut aller plus loin, et vérifier l'emploi que Josèphe personnellement fait de la mesure du stade dont il s'agit, par l'exemple que voici : au livre xx de ses *Antiquités*, chap. vi, il dit que la montagne des Oliviers est éloignée de Jérusalem de cinq stades. Or, en mesurant sur le plan de M. Deshayes, qui s'étend jusqu'au sommet de cette montagne, la trace de deux voies qui en descendent, et cette mesure étant continuée jusqu'à l'angle le plus voisin du temple, on trouve dix-neuf parties de vingt toises, selon que la verge des cent toises, divisée en cinq parties, les fournit; donc, trois cent quatre-vingts toises; par conséquent cinq stades de l'espèce qui a été produite, puisque la division de trois cent quatre-vingts par cinq donne soixante-seize. Il n'est point ambigu que, pour prendre la distance dans le sens le plus étendu, on ne peut porter le terme plus loin que le sommet de la montagne. Ce n'est donc point l'effet du hasard, ou un emploi arbitraire, c'est une raison d'usage qui donne lieu à la convenance du calcul des trente-trois stades sur le pied qu'on vient de voir.

Je passe à l'indication de l'enceinte de Jérusalem à quarante stades. L'évaluation qu'on en doit faire demande deux observations préalables : la première, que les auteurs de qui nous la tenons ont écrit sous les princes macédoniens qui succédèrent à Alexandre dans l'Orient : la seconde, que la ville de Jérusalem, dans le temps de ces princes, ne comprenait point encore le quartier nommé *Bezetha*, situé au nord du temple et de la tour Antonia, puisque Josèphe nous apprend que ce fut seulement sous l'empire de Claude que ce quartier commença à être renfermé dans les murs de la ville. Il paraîtra singulier que, pour appliquer à l'enceinte de Jérusalem un plus grand nombre de stades que les calculs précédents n'en admettent, il convienne néanmoins de prendre cette ville dans un état plus resserré. En conséquence du plan qui nous est donné, j'ai reconnu que l'exclusion de Bezetha apportait une déduction d'environ trois cent soixante-dix toises sur le circuit de l'enceinte, par la raison que la ligne qui exclut Bezetha ne valant qu'environ trois cents toises, celle qui renferme le même quartier en emporte six cent soixante-dix. Si l'enceinte de Jérusalem, y compris Bezetha, se monte à deux mille cinq cent cinquante toises, selon le calcul des vingt-sept stades ordinaires, auquel la mesure de Maundrell se rapporte précisément, ou à deux mille six cents pour le plus, selon l'échelle du plan de M. Deshayes : donc, en excluant Bezetha, cette enceinte se réduit à environ deux mille cent quatre-vingts toises ou deux mille deux cent vingt-quatre au plus.

A ces observations j'ajouterai qu'il est indubitable qu'un stade particulier n'ait été employé dans la mesure des marches d'Alexandre, stade tellement abrégé par comparaison aux autres stades, qu'à en juger sur l'évaluation de la circonférence du globe donnée par Aristote, précepteur d'Alexandre, il entrera mille cent onze stades dans l'étendue d'un degré de grand cercle. On trouvera quelques recherches sur le stade qui se peut appeler *Macédonien*, dans le *Traité des Mesures itinéraires*. L'évaluation qui résulterait de la mesure d'Aristote n'y a point été adoptée à la lettre et sans examen ; mais, en conséquence d'une mesure particulière de pied, qui paraît avoir été propre et spéciale à ce stade, l'étendue du stade s'établit de manière que mille cinquante sont suffisants pour remplir l'espace d'un degré. Ce stade, par une suite de la connaissance de son élément, ayant sa définition avec quelque précision à cinquante-quatre toises deux pieds cinq pouces, les quarante stades fournissent ainsi deux mille cent soixante-seize toises. Or, n'est-ce pas là positivement le résultat de ce qui précède ? Et en rétablissant les trois cent soixante-dix toises que l'exclusion de Bezetha fait soustraire, ne retrouve-t-on pas le montant du calcul qui résulte de la première mesure des vingt-sept stades ?

Qu'il me soit néanmoins permis de remarquer, en passant, que l'on ne saurait supposer qu'il pût être question en aucune manière de ménager des convenances par rapport à l'enceinte de Jérusalem, dans les définitions qui ont paru propres à chacune des mesures qu'on y voit entrer. Si toutefois ces convenances sont d'autant plus frappantes qu'elles sont fortuites, n'est-on pas en droit d'en conclure que les définitions mêmes acquièrent par là l'avantage d'une vérification ?

Il reste une mesure de cinquante stades, attribuée à Hécatée. On n'aurait pas lieu de s'étonner que cet auteur, en faisant monter le nombre des habitants de Jérusalem à plus de deux millions, environ deux millions cent mille, eût donné plus que moins à son étendue, qu'il y eût compris des faubourgs ou habitations extérieures à l'égard de l'enceinte. Mais ce qui pouvait être vrai du nombre des Juifs qui affluaient à Jérusalem dans le temps pascal ne convient point du tout à l'état ordinaire de cette ville. D'ailleurs, si nous calculons ces cinquante stades sur le pied du dernier stade, selon ce qui paraît plus à propos, la supputation n'ira guère qu'à deux mille sept cents toises; ainsi l'évaluation ne passera que d'environ cent toises, ce qui résulte de l'échelle du plan de M. Deshayes.

En s'attachant à ce qu'il y a de plus positif dans tout ce corps de combinaison, il est évident que la plus grande enceinte de Jérusalem n'allait qu'à environ deux mille cinq cent cinquante toises. Outre que la mesure actuelle et positive le veut ainsi, le témoignage de l'antiquité y est formel. Par une suite de cette mesure, nous connaîtrons que le plus grand espace qu'occupait cette ville, ou sa longueur, n'allait qu'à environ neuf cent cinquante toises, sa largeur à la moitié. On ne peut comparer son étendue qu'à la sixième partie de Paris, en n'admettant même dans cette étendue aucun des faubourgs qui sont au dehors des portes. Au reste, il ne conviendrait peut-être pas de tirer de cette comparaison une réduction proportionnelle du nombre ordinaire des habitants de Jérusalem. A l'exception de l'espace du temple, qui même avait ses habitants, la ville de Jérusalem pouvait être plus également serrée partout que ne l'est une ville comme Paris, qui contient des maisons plus spacieuses et des jardins plus vastes qu'il n'est convenable de les supposer dans l'ancienne Jérusalem, et dont on composerait l'étendue d'une grande ville.

V.

OPINIONS PRÉCÉDENTES SUR L'ÉTENDUE DE JÉRUSALEM.

La mesure de l'enceinte de Jérusalem ayant tiré sa détermination de la comparaison du local même, avec toutes et chacune des anciennes mesures qui sont données, il n'est pas hors de propos de considérer jusqu'à quel point on s'était écarté du vrai sur ce sujet. Villalpando a prétendu que les trente-trois stades marqués par Josèphe se rapportaient à l'étendue seule de Sion, indépendamment du reste de la ville. J'ai combiné qu'il s'ensuivrait d'une pareille hypothèse que le circuit de Jérusalem consumerait par proportion soixante-quinze stades. Et sans prendre d'autres mesures de stade que celle qui paraît propre aux trente-trois stades en question, la supputation donnera cinq mille sept cents toises. Ce sera pis encore, si l'on ne fait point la distinction des stades, et qu'on y emploie le stade ordinaire, d'autant que les autres ont été peu connus jusqu'à présent. La mesure de ce stade fera monter le calcul à près de sept mille deux cents toises, ce qui triple presque la vraie mesure. Or, je demande si la disposition du local, et la mesure d'espace qui y est propre, peuvent admettre une étendue analogue à de pareils décomptes ! Pouvons-nous déborder l'emplacement de Sion ? Ne sommes-nous pas arrêtés d'un côté par la vallée de Cédron, de l'autre par le lieu du Calvaire? D'ailleurs, Josèphe ne détruit-il pas cette opinion, comme le docte et judicieux Réland l'a bien remarqué, en disant que le circuit des lignes dont Tite investit Jérusalem entière, était de trente-neuf stades ? Dans un juste calcul de l'ancienne enceinte de cette cité, on ne se trouve point dans le besoin de recourir au moyen d'oppositions, qui s'emploie d'ordinaire, lorsque les mesures données par les anciens démentent une hypothèse, qui est de vouloir qu'il y ait erreur de chiffres dans le texte.

Le père Lamy, dans son grand ouvrage *De sancta Civitate et Templo*, conclut la mesure du circuit de Jérusalem à soixante stades ; se fondant sur la supposition que cette enceinte contenait cent vingt tours, dont chacune, avec sa courtine, fournirait deux cents coudées, ou un demi-stade. Il est vrai que ce nombre de coudées d'une tour à l'autre se tire de Josèphe. Mais, comme le même historien parle de cent soixante-quatre tours, distribuées en trois murailles différentes ; que dans l'étendue de ces murailles est comprise une séparation de Sion d'avec Acra ; qu'Acra était divisée par un mur intérieur, et avait sa séparation d'avec Bezetha, il est difficile de statuer quelque chose de positif sur un pareil fondement ; et il resterait toujours beaucoup d'incertitude sur ce point, quand même la mesure actuelle des espaces n'y ferait aucun obstacle. On peut encore observer que le savant auteur que nous citons ne se trouve point d'accord avec lui-même, quand on compare avec son calcul le plan qu'il a donné de Jérusalem. Car il y a toute apparence que les stades qu'il emploie sont les stades ordinaires, puisque, dans le *Traité des Mesures*, qui sert de préliminaire à son ouvrage, il ne donne point de définition de plus d'une espèce de stade. Sur ce pied, l'enceinte de Jérusalem, dans le calcul du père Lamy, s'évalue cinq mille six cent soixante et quelques toises. Or, selon le plan dont je viens de parler, le circuit de Jérusalem est aux côtés du carré du temple comme quarante et un est à deux ; et l'échelle qui manque à ce plan se supplée par celle que l'auteur a appliquée à son Ichnographie particulière du temple, dont les côtés sont évalués environ mille cent vingt pieds français. Conséquemment le circuit de la ville, dans le plan, ne peut aller qu'à environ vingt-trois mille pieds, ou trois mille huit cent trente et quelques toises, qui n'équivalent qu'à quarante et un stades au plus. Si même on a égard à ce que le plan du père Lamy semble conforme à une sorte de perspective, et que la partie du temple s'y trouve dans le reculement, il doit s'ensuivre que ce qui est sur le devant prend moins d'espace ; ce qui réduit encore par conséquent le calcul de l'enceinte. Le plan de M. Deshayes était donné au père Lamy ; la mesure prise sur le lieu par Maundrell avait été publiée. Serait-ce que les savants veulent devoir tout à leurs recherches, et ne rien admettre que ce qui entre dans un genre d'érudition qui leur est réservé ?

Ce qu'on vient d'observer dans deux célèbres auteurs qui sont précisément ceux qui ont employé le plus de savoir et de recherches sur ce qui concerne l'ancienne Jérusalem, justifie, ce semble, ce qu'on a avancé dans le préambule de ce Mémoire, que l'étendue de cette ville n'avait point été déterminée jusqu'à présent avec une sorte de précision, et qu'on avait surtout exagéré beaucoup en ce point.

VI.

MESURE DE L'ÉTENDUE DU TEMPLE.

Maundrell, qui a donné la longueur et la largeur du terrain compris dans l'enceinte de la fameuse mosquée qui occupe l'emplacement du temple, ne paraît pas avoir fait une juste distinction entre ces deux espaces, à en juger par le plan de M. Deshayes. Il donne à la longueur cinq cent soixante-dix de ses pas, qui, selon l'estimation par lui appliquée à la mesure de l'enceinte, reviendraient à cinq cent treize verges anglaises, dont on déduit deux cent quarante toises. Cependant on n'en trouve qu'environ deux cent quinze sur le plan. L'erreur pourrait procéder, du moins en partie, de ce que Maundrell aurait jugé l'encoignure de cet emplacement plus voisine de la porte dite de *Saint-Étienne*. Mais ce qu'il y a d'essentiel, cette erreur ne tire point du tout à conséquence pour ce qui regarde l'enceinte de la ville; car, dans la mesure de Maundrell, la partie de cette enceinte comprise entre la porte dont on vient de parler et l'angle sud-est de la ville, qui est en même temps celui du terrain de la mosquée, se trouve employée pour six cent vingt des pas de ce voyageur; et, selon son estimation, ce sont cinq cent cinquante-huit verges anglaises, dont le calcul produit deux cent soixante-deux toises, à quelques pouces près. Or l'échelle du plan paraît fournir deux cent soixante-cinq toises, qui en valent environ deux cent soixante, en se servant à la rigueur de la proportion reconnue entre cette échelle et la mesure de Maundrell.

Dans les extraits tirés des *Géographes orientaux*, par l'abbé Renaudot, et qui sont manuscrits entre mes mains, la longueur du terrain de la mosquée de Jérusalem est marquée de sept cent quatre-vingt-quatorze coudées. C'est de la coudée arabique qu'il est ici question. Pour ne nous point distraire de notre objet actuel par la discussion particulière que cette coudée exigerait, je m'en tiendrai, quant à présent, à ce qui en ferait le résumé; et ce que j'aurais à exposer en détail pour y conduire et lui servir de preuve peut faire la matière d'un article séparé à la suite des mesures hébraïques. Qu'il suffise ici qu'un moyen non équivoque de connaître la coudée d'usage chez les Arabes est de la déduire du mille arabique. Il était composé de quatre mille coudées : et, vu que, par la mesure de la terre prise sous le calife Al-Mamoun, le mille ainsi composé s'évalue sur le pied de cinquante-six deux tiers dans l'espace d'un degré, il s'ensuit que ce mille revient à environ mille six toises, à raison de cinquante-sept mille toises par degré, pour ne point entrer dans une délicatesse de distinction sur la mesure des degrés. Donc mille coudées arabiques sont égales à deux cent cinquante toises, et de plus neuf pieds qui se peuvent négliger ici. Et, en supposant huit cents coudées de compte rond au lieu de sept cent quatre-vingt-quatorze, il en résulte deux cents toises de bonne mesure. Ainsi le compte de deux cent quinze toises, qui se tire du plan de Jérusalem figuré dans toutes ces circonstances, est préférable à une plus forte supputation.

La largeur du terrain de la mosquée est, selon Maundrell, de trois cent soixante-dix pas, dont on déduit cent cinquante-six toises quatre pieds et demi. Or, la mesure du plan revient à environ cent soixante-douze. Et ce qu'on observe ici est que la mesure de Maundrell perd en largeur la plus grande partie de ce qu'elle avait de trop sur sa longueur. D'où l'on peut conclure que le défaut de précision en ces mesures consiste moins dans leur produit en général que dans leur distribution. Il y a toute apparence que les édifices adhérents à l'enceinte de la mosquée, dans l'intérieur de la ville, ont rendu la mesure de cette enceinte plus difficile à bien prendre que celle de la ville. Maundrell avoue même que c'est d'une supputation faite sur les dehors qu'il a tiré sa mesure. Et le détail dans lequel nous n'avons point évité d'entrer sur cet article fera voir que, notre examen s'étant porté sur toutes les circonstances qui se trouvaient données, il n'y a rien de dissimulé ni d'ajusté dans le compte qu'on en rend.

La mosquée qui remplace le temple est singulièrement respectée dans l'islamisme. Omar, ayant pris Jérusalem, la quinzième année de l'hégire (de J. C. 637), jeta les fondements de cette mosquée, qui reçut de grands embellissements de la part du calife Abd-el-Melik, fils de Mervan. Les mahométans ont porté la vénération pour ce lieu jusqu'au point de le mettre en parallèle avec leur sanctuaire de la Mecque, le nommant *Alacsa*, ce qui signifie *extremum* sive *ulterius*, par opposition à ce sanctuaire; et il y a toute apparence qu'ils se sont fait un objet capital de renfermer dans son enceinte tout l'emplacement du temple judaïque, *totum antiqui Sacri fundum*, dit Golius dans ses notes savantes sur l'*Astronomie* de l'Affergane, page 136. Phocas, que j'ai déjà cité, et qui écrivait dans le douzième siècle, est précisément de cette opinion, que tout le terrain qui environne la mosquée est l'ancienne aire du temple, παλαιὸν τοῦ μεγάλου ναοῦ δάπεδον. Quoique ce temple eût été détruit, il n'était pas possible qu'on ne retrouvât des vestiges, qu'on ne reconnût pour le moins la trace de ces bâtisses prodigieuses qui avaient été faites pour égaler les côtés du temple et son aire entière, au terrain du temple même, placé sur le sommet du mont Moria. Les quatre côtés qui partageaient le circuit du temple étaient tournés vers les points cardinaux du monde; et on avait eu en vue que l'ouverture du temple fût exposée au soleil levant, en tournant le *Sancta Sanctorum* vers le côté opposé. En cela on s'était conformé à la disposition du tabernacle; et ces circonstances ne souffrent point de difficultés. Or, la disposition des quatre faces se remarque encore dans l'enceinte de la mosquée de Jérusalem, dont les côtés sont, à treize ou quatorze degrés près, orientés conformément à la boussole placée sur le plan de M. Deshayes. Supposé même que la disposition de cette boussole dépende du nord de l'aimant, et qu'elle doive souffrir une déclinaison occidentale; que de plus cette position ne soit pas de la plus grande justesse, il peut s'ensuivre encore plus de précision dans l'orientement dont il s'agit. On trouve dans Sandys, voyageur anglais, un petit plan de Jérusalem qui, ne pouvant être mis en parallèle pour le mérite avec celui de M. Deshayes, tire néanmoins beaucoup d'avantage d'une conformité assez générale avec ce plan; et, selon les aires de vent marquées sur le plan de Sandys, chaque face du carré du temple répond exactement à ce qui est indiqué N. S. E. W.

Mais il semble qu'il y ait une égalité établie entre les côtés du temple judaïque, ce qui forme un carré plus régulier que le terrain actuel de la mosquée mahométane. On convient généralement que la mesure d'Ézéchiel donne à chacun des côtés cinq cents coudées. Quoique dans l'hébreu on lise des verges pour des coudées, et dans *la Vulgate, calamos* pour *cubitos*, la méprise saute aux yeux, d'autant que le *calamus* ne comprenait pas moins de six coudées ; et d'ailleurs la version grecque, faite apparemment sur un texte plus correct, dit précisément πήχεις πεντακοσίους. Rabbi-Jehuda, auteur de la *Misna*, et qui a ramassé les traditions des Juifs sur le temple, dans un temps peu éloigné de sa destruction (il vivait sous Antonin-Pie), s'accorde sur le même point, dans le traité particulier intitulé *Middoth* ou *la Mesure*. On ne peut donc révoquer en doute que telle était en effet l'étendue du temple.

Nous avons une seconde observation à faire, qui est que cette mesure ne remplira point non-seulement la longueur, mais même la largeur ou plus courte dimension du terrain de la mosquée, quelque disposé que l'on puisse être à ne point épargner sur la longueur de la coudée. Ézéchiel doit nous porter en effet à supposer cette mesure de coudée plutôt forte que faible, disant aux Juifs captifs en Babylone (xl, 5, et xliii, 13), que, dans la construction d'un nouveau temple, dans le rétablissement de l'autel, ils doivent employer la coudée sur une mesure plus forte d'un travers de main, ou d'une palme, que la coudée, ἐν πήχει τοῦ πήχεως καὶ παλαιστῆς, dit la version grecque, *in cubito cubiti et palmi*. Plusieurs savants, entre autres le père Lamy, ont pensé que la coudée hébraïque pouvait être la même mesure, ou à peu près, que le *dérah* ou la coudée égyptienne, dont l'emploi dans la mesure du débordement du Nil a dû maintenir dans tous les temps la longueur sans altération (ou les conséquences), et la rendre invariable, malgré les changements de dominations. Greaves, mathématicien anglais, et Cumberland, évêque de Peterborough, trouvent dans l'application du dérah à divers espaces renfermés dans la grande Pyramide, où cette mesure s'emploie complète et convient sans fraction, une preuve de sa haute antiquité. Il est fort probable, au surplus, que les Israélites, qui ne devinrent un peuple, par la multiplication d'une seule famille, que pendant leur demeure en Égypte, et qui furent même employés aux ouvrages publics dans ce pays, en durent tirer les mesures dont on se servait dans ces ouvrages. Auparavant cela, les patriarches de cette nation ne bâtissant point, n'étant même point attachés à des possessions d'héritages, il n'y a pas d'apparence qu'ils eussent en partage, et pour leur usage propre, des mesures particulières assujetties à des étalons arrêtés et fixés avec grande précision, puisque les choses de cette espèce n'ont pris naissance qu'avec le besoin qu'on s'en est fait. Moïse, élevé dans les sciences des Égyptiens, a dû naturellement tirer de leur mathématique ce qui pouvait y avoir du rapport dans les connaissances qu'il avait acquises. Quoi qu'il en soit, une circonstance hors de toute équivoque dans l'emploi du dérah, est qu'on ne peut donner plus d'étendue à ce qui prend le nom de *coudée*. Greaves, ayant pris sur le nilomètre du Caire la mesure du dérah, en a fait la comparaison au pied anglais; et, en supposant ce pied divisé en mille parties, le dérah prend mille huit cent vingt-quatre des mêmes parties. Par la comparaison du pied anglais au pied français, dans laquelle le pied anglais est d'un sixième de ligne plus fort qu'on ne l'avait estimé par le passé, le dérah équivaut à vingt pouces et demi de bonne mesure du pied français. Partant, les cinq cents coudées, sur la mesure du dérah, font dix mille deux cent cinquante pouces, qui fournissent huit cent cinquante-quatre pieds, ou cent quarante-deux toises deux pieds. Ainsi, on a été bien fondé à dire que la mesure du temple est inférieure à l'espace du terrain de la mosquée, puisque cette mesure n'atteint pas même celle des dimensions de ce terrain, qui prend moins d'étendue, ou sa largeur. Que serait-ce si on refusait à la coudée hébraïque, considérée étroitement comme coudée, autant de longueur que le dérah en contient?

Cependant, quand on fait réflexion que le sommet du mont Moria n'a pris l'étendue de son aire que par la force de l'art, on a peine à se persuader qu'on ait ajouté à cet égard aux travaux du peuple juif; travaux qui, à diverses reprises, ont coûté plusieurs siècles, comme Josèphe l'a remarqué. L'édifice octogone de la mosquée étant contenu dans l'espace d'environ quarante-cinq toises, selon l'échelle du plan, l'espèce de cloître intérieur qui renferme cette mosquée n'ayant qu'environ cent toises en carré, on ne présume pas que les mahométans eussent quelque motif pour étendre l'enceinte extérieure au delà des bornes que les Juifs n'avaient prises qu'en surmontant la nature. Ces considérations donnent tout lieu de croire que le terrain que l'on voit dépendant de la mosquée appartenait en entier au temple; duquel terrain la superstition mahométane a bien pu ne vouloir rien perdre, sans vouloir s'étendre plus loin. Le père Lamy, dans la distribution des parties du temple, distinguant et séparant l'*Atrium Gentium* d'avec celui des Israélites, en quoi il diffère de Villalpando, a jugé que cet *Atrium* des Gentils était extérieur au lieu mesuré par Ezéchiel. Or, il semble que la discussion dans laquelle nous venons d'entrer favorise cette opinion, et que cette même opinion fournisse l'emploi convenable du terrain qui se trouve surabondant. Lightfoot, dans ce qu'il a écrit sur le temple, cite un endroit du *Talmud* ajouté au *Middoth*, qui dit que le mont Moria surpassait la mesure de cinq cents coudées; mais ce qui sortait de cette mesure n'était pas réputé saint comme ce qui y était renfermé. Cette tradition juive prouverait deux choses : l'une que l'aire du mont Moria avait été accrue au delà même de ce qui se renferme dans la mesure d'Ezéchiel, ainsi qu'en effet nous remarquons que l'espace actuel est plus grand; l'autre que l'excédant de cette mesure ne peut mieux s'entendre que du lieu destiné ou permis aux Gentils qu'un motif de vénération pour le Dieu d'Israël conduisait à son temple, mais qui n'étaient pas regardés comme de véritables adorateurs. Ces circonstances ont une singulière convenance à ce qui est dit au chap. xi de l'*Apocalypse*, où saint Jean, ayant reçu ordre de mesurer le temple de Dieu, *datus est mihi calamus similis virgæ, et dictum est mihi : Metire Templum Dei, altare, et adorantes in eo*, ajoute : *Atrium vero quod est foris Templum... ne metiaris illud, quoniam datum est Gentibus.* Cet article, *ne metiaris*, nous donne à entendre que, dans la mesure du temple, on a pu et dû même se renfermer dans un espace plus étroit que l'aire entière du temple; et ce qui précède, savoir *Atrium quod est foris*, nous fait néanmoins connaître un supplément d'espace à cette mesure, et nous apprend en même temps sa destination, *quoniam datum est Gentibus.* Cet endroit de l'*Apocalypse* peut avoir un fondement absolu et de comparaison (indépendamment de tout sens mystique ou figuré) sur la connaissance que saint Jean avait conservée du temple même de Jérusalem. Josèphe, qui attribue au temple une triple enceinte, désigne indubitablement par là trois espaces différents. De manière qu'outre l'*Atrium Sacerdotum* et l'*Atrium Israelitarum*, desquels on ne peut disputer, il faut de nécessité admettre un troisième espace, tel en effet qu'il se manifeste ici.

Le père Lamy, que l'habileté en architecture a beaucoup servi dans sa description du temple, appliquant la mesure des cinq cents coudées à l'enceinte de l'*Atrium* des Israélites, et pratiquant un *Atrium* extérieur avec une sorte de combinaison dans les proportions des parties du temple, se trouve conduit par là à attribuer environ deux mille six cent vingt coudées hébraïques au pourtour de son *Ichnographie du Temple.* Ce nombre de coudées, sur le même pied que ci-dessus, revient à sept cent quarante-six toises. Or, rappelons-nous que la longueur du terrain de la mosquée de Jérusalem, déduite du plan de cette ville, a été donnée d'environ deux cent quinze toises : la largeur d'environ cent soixante-douze. Multipliez chacune de ces sommes par deux, vous aurez au total sept cent soixante-quatorze toises. Sur quoi on peut vouloir rabattre un cinquantième, ou quinze à seize toises pour mettre l'échelle du plan au niveau de ce qui a paru plus convenable dans la mesure totale de l'enceinte de Jérusalem. Et sur ce pied il n'y aura que treize ou quatorze toises de plus ou de moins dans la supputation du circuit du terrain qui appartient au temple. Il est vrai que le père Lamy a employé en quatre côtés égaux la quantité de mesure qui a quelque inégalité de partage dans ce que fournit le local. Mais qui ne voit que la parfaite égalité dans le père Lamy n'a d'autre fondement qu'une imitation ou répétition de ce qui était propre au corps du temple, isolé de l'*Atrium* extérieur des Gentils? Et, vu qu'aucune circonstance de fait ne sert de preuve à une semblable répétition, plus aisée vraisemblablement à imaginer que propre au terrain, elle ne peut être regardée comme positive.

Après avoir reconnu quelle était l'étendue du temple, on ne peut s'empêcher d'être extrêmement surpris que ce qu'on trouve dans Josèphe sur ce sujet soit peu conforme au vrai. On ne comprend pas que cet historien, qui, dans les autres circonstances, cherche avec raison à donner une haute idée de cet édifice, ait pu se tenir fort au-dessous de ce qu'il convient d'attribuer à son étendue. Les côtés du carré du temple sont comparés à la longueur d'un stade, en quoi il paraît s'être mépris comme du rayon au diamètre; et, dans un autre endroit, le circuit du terrain entier, y compris même la tour Antonia, qui tenait à l'angle nord-ouest de l'enceinte du temple, est estimé six stades. Il aurait pu écrire δέκα au lieu d'ἕξ, en usant du stade qui lui paraît propre dans la mesure de l'enceinte de Jérusalem, et dont les dix fournissent sept cent soixante toises, ce qui prend le juste milieu des supputations qu'on vient de voir.

VII.

DES MESURES HÉBRAÏQUES DE LONGUEUR.

Je terminerai cet écrit par quelque discussion des mesures hébraïques propres aux espaces. Cette discussion se lie d'autant mieux à ce qui précède, qu'elle fournit des preuves sur plusieurs points. Il ne paraît pas équivoque que la coudée, dite en hébreu *ameh* (*per aleph, mem, he*) en langue chaldaïque *ametha*, appelée par les Grecs πῆχυς, d'où est venu le mot de *pic*, et autrement ὠλένη, d'où les Latins ont pris le mot d'*ulna*, ne soit un élément de mesure qu'il soit très-essentiel de vérifier. La mesure que cette coudée a prise ci-dessus par rapport à l'étendue du temple paraît assez convenable pour qu'elle en tire déjà grand avantage. Voyons si elle se peut répéter d'ailleurs, ou déduire de quelque autre moyen.

Si l'on s'en rapporte au rabbin Godolias sur l'opinion de Maïmonides, la coudée hébraïque se compare à l'aune de Bologne; et, de cette comparaison, le docteur Cumberland, évêque de Peterborough, a conclu la coudée de vingt et un pouces anglais et sept cent trente-cinq millièmes de pouce, comme je l'apprends d'Arbuthnot (*Traité des poids, monnaies et mesures*), ce qui revient à vingt pouces et environ cinq lignes du pied de Paris, et ne diffère par conséquent que d'une ligne en déduction de l'évaluation propre au dérah ou à la coudée égyptienne.

Mais un moyen de déterminer la mesure de la coudée hébraïque, duquel je ne sache point qu'on ait fait usage, tout décisif qu'il puisse paraître, est celui-ci : les Juifs conviennent à définir l'*iter sabaticum*, ou l'étendue de chemin qu'ils se permettaient le jour du Sabbat, en dérogeant au précepte du xvi⁰ chapitre de l'*Exode*, v. 30 : *Nullus egrediatur de loco suo die septimo;* ils conviennent, dis-je, sur le pied de deux mille coudées. L'auteur de la *Paraphrase Chaldaïque* s'en explique positivement, à l'occasion du v. 6 du chap. Iᵉʳ du livre de *Ruth*. Œcumenius confirme cette mesure par le témoignage d'Origène, lorsqu'il dit que le mille, étant égal au chemin sabbatique, comprend δισχιλίων πηχῶν. Le *Traité des mesures judaïques* composé par saint Épiphane, qui, étant né Juif et dans la Palestine, devait être bien instruit du fait dont il s'agit, nous apprend que l'espace du chemin sabbatique revient à la mesure de six stades. Pour donner à la coudée en question plus que moins d'étendue, on ne peut mieux faire que d'employer ici le stade ordinaire, dont huit remplissent l'espace d'un mille romain, et qui semble même avoir prévalu sur tout autre stade dans les bas temps. La mesure de ce stade, définie à quatre-vingt-quatorze toises deux pieds huit pouces, étant multipliée par six, fournit cinq cent soixante-six toises quatre pieds. En décomposant ce calcul en pieds, on y trouve trois mille quatre cents pieds, qui renferment quarante mille huit cents pouces. Et, en divisant cette somme de pouces en deux mille parties, chacune de ces parties se trouve de vingt pouces et deux cinquièmes de pouce. Or, le produit de ce calcul semblerait en quelque sorte fait exprès pour servir de vérification à la mesure déduite ci-dessus. Que s'en faut-il même que l'évaluation qui vient d'être conclue ne soit précisément la même que celle que nous avons employée précédemment pour la coudée hébraïque, en la croyant une même mesure avec le dérah ou la coudée égyptienne? La diversité d'une ligne et un cinquième ne doit-elle pas être censée de petite considération dans une combinaison de cette espèce. Outre que la diversité ne va pas à un deux-centième sur le contenu, il faudrait, pour que cette diversité pût être regardée à la rigueur comme un défaut de précision dans l'emploi du dérah pour la coudée hébraïque, qu'on fût bien assuré que les six stades faisaient étroitement et sans aucun déficit le juste équivalent des deux mille coudées. Il ne conviendrait pas aussi de trouver à redire à la compensation que saint Épiphane donne de six stades pour deux mille coudées, sur ce qu'il peut avoir négligé d'y ajouter un trente-quatrième de stade, où la valeur de seize à dix-sept pieds.

Les Juifs ont eu une mesure d'espace à laquelle, outre le terme de *berath*, que quelques commentateurs croient lui être propre, ils ont adapté celui de *mil* (*mem, jod, lamed*), au pluriel *milin*. Quoiqu'on ne puisse douter que cette dénomination ne soit empruntée des Romains, cela n'empêche pas que, chez les Juifs, le mille n'ait sa définition distincte et particulière, laquelle est donnée sur le pied de deux mille coudées; ce qui se rapporte précisément à ce que dit Œcumenius, que l'on vient de citer. Plusieurs endroits de la *Gémare*, indiqués par Réland (*Palæstina*, vol. 1ᵉʳ, pag. 400), nous apprennent que les Juifs compensent la mesure du mille par sept stades et demi. Le terme dont ils se servent pour exprimer le stade est *riz* (*resch, jod, samech*), au pluriel *risin*. Il peut s'interpréter par le latin *curriculum*, qui est propre à la carrière du stade, *curriculum stadii*, dans Aulu-Gelle (*Noct. Attic.*, lib. I, cap. I.) La jonction de quatre *milin* compose chez les Juifs une espèce de lieue nommée *parseh* (*pe, resch, samech, he*). Dans la langue syriaque, *paras* signifie étendre, et *parseh* étendue. Et il est d'autant plus naturel que ce terme paraisse emprunté de cette langue, qu'elle était devenue propre aux Juifs dans les temps qui ont suivi la captivité. On trouvera dans Réland (pag. 97) un endroit du *Talmud* qui donne positivement la définition du mille judaïque à deux mille coudées, et la composition de la parseh de quatre mille. Les deux mille coudées assujetties à la mesure précise du dérah font cinq cent soixante-neuf toises deux pieds huit pouces. En multipliant cette somme par quatre, la parsch se trouve de deux mille deux cent soixante-dix-sept toises quatre pieds huit pouces. Cette mesure ne diffère presque en rien de notre lieue française, composée de deux lieues gauloises, et dont vingt-cinq font presque le juste équivalent d'un degré.

Le docte Réland, partant de la supposition que le mille judaïque n'est point différent du mille romain, et comparant le nombre de deux mille coudées dans l'un, à celui de cinq mille pieds dans l'autre, conclut la coudée à deux pieds et demi. Mais, quoiqu'on ne puisse disconvenir que l'étendue de la domination romaine n'ait rendu le mille romain presque universel, toutefois il est bien certain que la mesure de ce mille ne peut être confondue avec celle qui nous est donnée du mille judaïque. Et outre que l'évaluation de la coudée qui résulterait de l'équivoque est naturellement difficile à admettre, excédant la vraisemblance en qualité de coudée, une simple comparaison de nombres destituée des rapports essentiels ne peut se soutenir contre une définition positive, et qui éprouve des vérifications. Il y a un endroit de la *Gémare* qui définit le chemin d'une journée ordinaire à dix *parsaut* (tel est le pluriel de *parseh*). Si la parseh équivalait à quatre milles romains, il en résulterait quarante milles. Mais les anciens ne vont point jusque-là dans cette estimation : ils s'en tiennent communément à vingt-cinq milles, ou deux cents stades; et si Hérodote (liv. v) y emploie deux cent cinquante stades, il faut avoir égard à ce que l'usage des stades à dix au mille est propre à cet historien en beaucoup d'endroits. Les géographes orientaux conviennent aussi sur ce nombre de vingt-cinq milles pour l'espace d'une journée commune, ce que les maronites qui ont traduit la *Géographie* d'El-Edrisi dans l'état où nous l'avons, ou plutôt son extrait, ont noté dans la préface de leur traduction. Et quand les Orientaux ont paru varier sur le nombre des milles, en marquant quelquefois trente au lieu de vingt-cinq, c'est à raison de la différence des milles, qu'ils n'ont pas toujours employés à la rigueur sur le pied du mille arabique, dont les vingt-cinq peuvent équivaloir trente ou trente et un d'une espèce plus ordinaire. Par l'évaluation qui est propre à la parseh, les dix faisant la compensation de trente milles romains, il est évident qu'une mesure sensiblement supérieure sort des bornes de ce dont il s'agit. Le père Lamy a objecté à Villalpando, sur une pareille opinion, que la coudée hébraïque égalait deux pieds romains; que la hauteur de l'autel des parfums étant indiquée de deux coudées, il aurait fallu que la taille du prêtre qui faisait le service et répandait l'encens sur cet autel eût été gigantesque. Il est constant que les convenances que nous avons rencontrées sur le local, à l'égard du temple, n'auraient point eu lieu avec une mesure de la coudée plus forte d'environ un quart que celle qui est ici donnée. Le pied romain s'évaluant mille trois cent six dixièmes de ligne du pied de Paris, les deux pieds et demi renferment trois cent vingt-six lignes et demie, ou vingt-sept pouces deux lignes et demie. On remarquera même, au surplus, que Villalpando attribuait encore au pied romain quelque excédant sur cette définition.

Je n'ai observé ci-dessus la convenance fortuite qui se rencontrait entre la parseh et notre lieue française, que pour communiquer à cette parseh l'idée de ce qui nous est propre et familier. Mais la même convenance entre la parseh et une ancienne mesure orientale ne doit pas être également regardée comme l'effet du hasard. Cette extrême convenance sera plutôt la vérification d'une seule et même mesure. J'ai fait voir, dans le *Traité des Mesures itinéraires*, que le stade, qui revient à un dixième du mille romain, convenait précisément à la mesure des marches de Xénophon, et qu'en conséquence de l'évaluation faite par Xénophon lui-même du nombre de stades en parasanges, il paraissait constant que trente stades répondaient à une parasange. Cette compensation n'a même rien que de conforme à la définition précise qu'Hérodote, Hésychius, Suidas, ont donnée de la parasange. En multipliant par trente la mesure de soixante-quinze toises trois pieds quatre pouces, à laquelle le stade de dix au mille est défini, on aura par ce calcul deux mille deux cent soixante-six toises quatre pieds. Or, cette évaluation de la parasange n'est qu'à onze toises de la parseh ; de manière que deux pieds deux pouces de plus sur la définition du stade qui sert à composer la parasange mettraient le calcul rigidement au pair. Si même on veut donner par préférence dans la supputation qui résulte de la comparaison que saint Épiphane a faite du mille judaïque ou chemin sabbatique avec six stades ordinaires, savoir, cinq cent soixante-six toises quatre pieds, et qu'on multiplie cette valeur par quatre pour avoir la parseh, on rencontrera précisément les deux mille deux cent soixante-six toises quatre pieds qui sont le produit de nos trente stades. Qui ne conclura de là que la parseh n'est autre chose que la parasange persane, babylonienne, comme on voudra l'appeler? La parseh ne renferme-t-elle pas en elle-même la composition des trente stades, puisque le mille judaïque, la quatrième partie de la parseh, est comparé par les Juifs à sept stades et demi? Ajoutons que les noms de *parseh* et de *parasange* ont assez d'affinité pour concourir avec l'identité de mesure ; et que, comme les termes de *parseh* et de *para* trouvent dans l'ancien langage oriental, chaldaïque, de même que syriaque, une interprétation propre et littérale qui ne peut renfermer de sens plus convenable à l'égard de la chose même, c'est acquérir indubitablement la signification propre du mot de *parasange*. La parseh n'étant point mentionnée dans les livres saints, il y a tout lieu de croire que les Juifs ne l'auront adoptée que depuis leur captivité dans le pays de Babylone.

Mais remarquez quel enchaînement de convenances! La définition de la parasange a son existence, indépendamment de ce qui constitue la parseh ; car cette parasange dépend d'un stade particulier, lequel se produit par des moyens tout à fait étrangers à ce qui paraît concerner ou intéresser la parasange même, comme on peut s'en éclaircir par le Traité que j'ai donné des Mesures. La parseh, d'un autre côté, sort d'éléments absolument différents, et prend ici son principe de ce que la coudée égyptienne paraît une mesure de la plus haute antiquité, et dont il semble vraisemblable que le peuple hébreu ait adopté l'usage. Sur ces présomptions (car jusque-là il n'y a, ce semble, rien de plus), l'application de cette coudée à la parseh trouve une vérification plus précise qu'on ne pourrait oser l'espérer, dans ce qui se doit conclure de la mesure que saint Épiphane donne de la quatrième partie de la parseh. Toutes ces voies différentes, dont aucune n'a de vue sur l'autre, conduisent néanmoins aux mêmes conséquences, se réunissent dans des points communs. On ne pourrait se procurer plus d'accord par des moyens concertés. Qu'en doit-il résulter? Une garantie mutuelle, si l'on peut employer cette expression, de toutes les parties et circonstances qui entrent dans la combinaison.

La connaissance positive de la coudée hébraïque est un des principaux avantages d'une pareille discussion. Il est bien vrai que le père Lamy, ainsi que quelques autres savants, avait déjà proposé la mesure du dérah pour cette coudée, mais sans en démontrer positivement la propriété, ou la vérifier par des applications de la nature de celles qui viennent d'être produites. Il semble même que la précision de cette mesure ait en quelque manière échappé au père Lamy, puisque, nonobstant sa conjecture sur le dérah, il conclut la coudée hébraïque à vingt pouces (liv. 1, sect. 1) *Nos*, dit-il, *cubitum Hebræum facimus viginti pollicum.*

La coudée hébraïque était composée de six palmes mineurs, et ce palme est appelé en hébreu *tophach* (*teth, phe, thelh.*) La version des Septante a rendu ce mot par celui de παλαιστή, qui est propre au palme dont il s'agit, et que les définitions données par Hésychius et par Julius Pollux fixent à quatre doigts. Par conséquent la coudée contenait vingt-quatre doigts : et c'est en effet le nombre de divisions que porte la coudée égyptienne ou dérah, sur la colonne de *Mihias*, qui est le nilomètre près de Fostat ou du Vieux-Caire. Abul-Feda est cité par Kircher, pour dire que la coudée légale des Juifs, la même que l'égyptienne, contient vingt-quatre doigts. Dans Diodore de Sicile (liv. 1), lorsqu'il parle du nilomètre qui existait à Memphis, et qu'il appelle Νειλοσκοπὸς, on trouve mention non-seulement des coudées qui en faisaient la division, mais encore des doigts, δακεύλους, qui étaient de subdivision par rapport à la coudée.

En conséquence de la mesure qui est propre à cette coudée, le tophach ou palme revient à trois pouces cinq lignes de notre pied; et j'observe que cette mesure particulière a l'avantage de paraître prise dans la nature. Car, étant censée relative à la largeur qu'ont les quatre doigts d'une main fermée, comme Pollux s'en explique, l'étude des proportions entre les parties du corps peut faire voir que cette mesure conviendra à une statue d'environ cinq pieds huit pouces français; et cette hauteur de stature, qui fait le juste équivalent de six pieds grecs, passe plutôt la taille commune des hommes qu'elle ne s'y confond. Mais si le palme, qui fait la sixième partie de la coudée hébraïque, prend cette convenance avec une belle et haute stature, et qu'on ne saurait passer sensiblement sans donner dans le gigantesque, il s'ensuivra que la mesure de cette coudée ne peut, en tant que coudée, participer à la même convenance. Le père Lamy, en fixant la coudée hébraïque à vingt pouces, en a conclu la hauteur des patriarches à quatre-vingts pouces, ou six pieds huit pouces, ce qui est conforme en proportion à ce principe de Vitruve : *Pes altitudinis corporis sextæ, cubitus quartæ.* Sur cette proportion, la mesure prise du dérah produirait sept pieds moins deux pouces. Si une telle hauteur de taille devient admissible, au moyen d'une distinction particulière entre la race des premiers hommes et l'état actuel de la nature, toujours est-il bien constant que la mesure de la coudée en question excède les bornes que les hommes ont reconnues depuis longtemps dans leur stature ordinaire. De manière que, relativement à la hauteur de la taille à laquelle la mesure du palme paraît s'assortir en particulier, ou cinq pieds et environ huit pouces, la coudée proportionnelle n'irait qu'à environ dix-sept pouces. Or, les rabbins paraissent persuadés que l'on distinguait la coudée commune de la coudée légale et sacrée, dont l'étalon était déposé dans le sanctuaire; et cette coudée commune différait de l'autre par la suppression d'un tophach. Ainsi, se réduisant à cinq *tiphuchim* (pluriel de tophach) ou à vingt doigts, et perdant la valeur de trois pouces cinq lignes, sa longueur revenait à dix-sept pouces et une ligne. Quoique le père Lamy ait combattu la tradition judaïque sur cette coudée commune, toutefois la grande analogie de proportion qui s'y rencontre lui peut servir d'appui. Le témoignage des rabbins trouve même une confirmation positive dans la comparaison que Josèphe a faite de la coudée d'usage chez les Juifs avec la coudée attique. Car, cette coudée se déduisant de la proportion qui lui est naturelle avec le pied grec, lequel se compare à mille trois cent soixante parties ou dixièmes de ligne du pied de Paris, revient à deux mille quarante des mêmes parties, ou deux cent quatre lignes, qui font dix-sept pouces. Rappelons-nous, au surplus, ce qui a été ci-dessus rapporté d'Ezéchiel, en traitant de la mesure du temple, lorsqu'il prescrit aux Juifs de Babylone d'employer, dans la réédification du temple, une coudée plus forte d'un travers de main que l'ordinaire. Ce travers de main n'étant autre chose que le palme mineur, ou tophach, n'est-ce pas là cette distinction formelle de plus ou de moins entre deux coudées, dont la plus faible mesure paraît même prévaloir par l'usage? Mais, en tombant d'accord que la coudée inférieure était admise durant le second temple, on pourrait, par délicatesse, et pour ne porter aucune atteinte au précepte divin, qui ne souffre qu'un seul poids, qu'une seule mesure, vouloir rejeter la coudée en question pour les temps qui ont précédé la captivité : en quoi toutefois on ne serait point autorisé absolument par le silence de l'Écriture, puisque, dans le *Deutéronome* (chap. III, v. 11), la mesure du lit d'Og, roi de Basan, est donnée en coudées prises de la proportion naturelle de l'homme, *in cubito viri ;* ou, selon la Vulgate, *ad mensuram cubiti virilis manus.* Bien qu'un nombre infini de mesures, qui enchérissent sur leurs principes naturels, par exemple, tout ce que nous appelons pied, sans entrer dans un plus grand détail, autorise suffisamment la dénomination de coudée dans une mesure aussi forte que celle qui paraît propre à la coudée égyptienne et hébraïque; toutefois, la considération de ces principes devient souvent essentielle dans la discussion des mesures, et il ne faut pas la perdre de vue. C'est à elle que j'ai dû la découverte du pied naturel, dont la mesure et l'emploi ont trouvé leur discussion dans le *Traité des Mesures itinéraires* que j'ai donné.

Nous avons donc dans cet écrit une analyse des mesures hébraïques qui, bien qu'indépendante de toute application particulière, se concilie néanmoins à la mesure d'enceinte de Jérusalem et de l'étendue du temple, selon que cette mesure se déduit des diverses indications de l'antiquité conférées avec le local même. Il paraît une telle liaison entre ces différents objets ici réunis, qu'ils semblent dépendants les uns des autres, et se prêter, sur ce qui les regarde, une mutuelle confirmation.

DISCUSSION

DE LA COUDÉE ARABIQUE.

J'ai pris engagement, au sujet d'un article qui intéresse la mesure du temple, d'entrer en discussion sur la coudée arabique, à la suite des mesures hébraïques.

Cette coudée, *deraga* ou *derah*, est de trois sortes, l'ancienne, la commune et la noire. La première, qui tire sa dénomination de ce qu'on prétend qu'elle existait du temps des Persans, est composée de trente-deux doigts; la seconde, de vingt-quatre, selon la définition plus ordinaire et naturelle; la troisième tient le milieu, et est estimée vingt-sept doigts. On distingue la première par l'addition de deux palmes aux six palmes, qui sont l'élément de la seconde, et qui lui ont été communs avec la coudée égyptienne et hébraïque. Ces définitions se tirent, ainsi de l'extrait d'un arpenteur oriental, dont on est redevable à Golius, dans les notes dont il a illustré les *Éléments d'Astronomie* de l'Alfergane.

De ces trois coudées, celle à laquelle il semble qu'on doive avoir plus d'égard, surtout par rapport à l'usage et à une plus grande convenance avec ce qui est de l'espèce de coudée en général, est la commune. Et ce qui devient essentiel pour parvenir à en fixer la mesure, je dis que celle qui se déduit de l'analyse de la mesure de la terre, faite par ordre du calife Almamoun, dans les plaines de Sinjar, en Mésopotamie, ne peut se rapporter mieux qu'à la coudée qualifiée de *commune* ou *ordinaire*. Selon la narration d'Abul-Feda sur la mesure d'Almamoun, le degré terrestre sur le méridien fut évalué cinquante-six milles arabiques et deux tiers; et l'Alfergane (chap. vIII) dit que le mille en cette mesure était composé de quatre mille coudées. En prenant le degré de cinquante-sept mille toises de compte rond (par la raison dont nous avons cru devoir le faire en parlant de la mesure du temple), le mille arabique revient à mille six au plus près. Les mille toises font la coudée de dix-huit pouces; et si l'on veut avoir égard à l'excédant de six toises, il en résultera une ligne et à peu près trois dixièmes de ligne par delà.

Le docte Golius a cru qu'il était question de la coudée noire dans la mesure d'Almamoun, sur ce que l'Alfergane s'est servi du terme de *coudée royale* pour désigner celle qu'il a pensé être propre à cette mesure. Il faut convenir d'ailleurs que l'opinion veut que cette coudée doive son établissement à Almamoun, et qu'elle fut ainsi appelée pour avoir été prise sur le travers de main ou palme naturel d'un esclave éthiopien au service de ce prince, et qui s'était trouvé fournir plus d'étendue qu'aucun autre. Mais, outre que l'arpenteur cité par Golius applique l'usage de la coudée noire à la mesure des étoffes de prix dans Bagdad, la proportion établie entre les différentes coudées arabiques est d'un grand inconvénient pour l'application de la coudée noire à la mesure de la terre sous Almamoun. Remarquez, 1° que la coudée noire, avec l'avantage de trois doigts sur la coudée commune, n'aurait point toutefois l'excédant trop marqué sur la portée ordinaire, si son évaluation n'allait qu'à dix-huit pouces; 2° que la coudée commune, qui serait à deux pouces au-dessous, pourrait conséquemment paraître faible, puisque nous voyons que la coudée d'usage chez les Juifs, malgré son infériorité à l'égard de la coudée légale, s'évalue au moins dix-sept pouces; 3° que la coudée ancienne, qui est appelée *hashémide*, ne monterait par proportion qu'à vingt et un pouces et quelques lignes, quoiqu'il y ait des raisons pour la vouloir plus forte. Car, selon le Marufide, la hauteur de la basilique de Sainte-Sophie, qui, du pavé au dôme, est de soixante-dix-huit coudées hashémides, s'évalue par Évagrius à cent quatre-vingts pieds grecs, et, par une suite de la proportion qui est entre le pied grec et le nôtre, la coudée dont il s'agit montera à vingt-six pouces et près de deux lignes. Ce n'est pas même assez, si l'on s'en rapporte au module de la coudée hashémienne du Marufide, qu'Edward Bernard dit être marqué sur un manuscrit de la bibliothèque d'Oxford, et qu'il évalue vingt-huit pouces neuf lignes du pied anglais, ce qui égale à peu de chose près vingt-sept pouces du pied de Paris. Les mesures données par le Marufide de la longueur et largeur de Sainte Sophie, savoir : cent une coudées d'une part, et quatre-vingt-treize et demie de l'autre, feront la coudée plus forte, si on les compare aux dimensions de Grelot, quarante-deux toises et trente-huit. La comparaison n'étant point en parfaite analogie, il résultera de la longueur près de trente pouces dans la coudée, et de la largeur vingt-neuf pouces trois lignes de bonne mesure.

Je sens bien que l'on pourrait se croire en droit de prétendre que l'évaluation quelconque de la coudée ancienne ou hashémide ait une influence de proportion sur les autres coudées et qu'elle fasse monter la commune à vingt pouces trois lignes, en se conformant à l'étalon même de la coudée hashémide, puisque la comparaison apparente entre ces coudées est comme de quatre à trois. Mais un tel raisonnement ne suffisant pas pour supprimer et rendre nulle l'analyse de coudée résultante de la mesure positive du degré terrestre sous Almamoun, quand même cette mesure ne serait pas jugée de la plus grande précision, il sera toujours naturel de présumer qu'il n'y a point de proportion entre les différentes coudées arabiques qui soit plus propre à cadrer à cette analyse de coudée, que la coudée commune. Et la coudée noire y sera d'autant moins convenable, qu'en conséquence de la mesure hashémide, elle devait monter à vingt-deux pouces et neuf lignes.

Thévenot, dont l'exactitude et l'habileté au-dessus du commun des voyageurs sont assez connues, ayant remarqué, dans une géographie écrite en persan, que le doigt, la quatrième partie du palme, la vingt-quatrième de la coudée, était défini à six grains d'orge mis à côté l'un de l'autre (définition qui est en effet universelle chez tous les auteurs orientaux), dit avoir trouvé que la mesure de six grains d'orge, multipliés huit fois, revenait à six pouces de notre pied, d'où il conclut que la coudée composée de cent quarante-quatre grains, doit valoir un pied et demi. (Voyez liv. II du second Voyage, chap. VII.) Or, n'est-ce pas là ce qui résulte non-seulement de la mesure du degré terrestre par ordre d'Almamoun, mais encore de l'application spéciale que nous faisons de la coudée commune à cette mesure? Je remarque que la coudée noire, par proportion avec la mesure analysée de la commune, sera de vingt pouces et quatre à cinq lignes par delà; ce qui, pour le dire en passant, prend beaucoup de convenance avec la coudée égyptienne et hébraïque. Or, cette coudée noire n'ayant excédé la commune que parce que le travers de main de l'Éthiopien, ou le palme qu'on prenait pour étalon, surpassait la mesure plus ordinaire, non parce qu'il fut question de déroger à la définition de la coudée sur le pied de six palmes : n'est-ce pas en effet charger très-sensiblement la proportion naturelle que d'aller à vingt pouces et près de demi, tandis que les six palmes grecs, quoique proportionnés à une stature d'homme de cinq pieds huit pouces, comme il a été remarqué précédemment, ne s'évaluent que dix-sept pouces? Si ces convenances et probabilités ne s'étendent point à la comparaison qui est faite de la coudée ancienne ou heshémide avec les autres coudées, disons que cette comparaison n'est vraisemblablement que numéraire à l'égard des palmes et des doigts, sans être proportionnelle quant à la longueur effective. Ne voit-on pas une pareille diversité entre des mesures de pieds, bien qu'ils soient également de douze pouces? Et pour trouver un exemple dans notre sujet même, quoique la coudée noire excédât la commune de la valeur de trois doigts des vingt-quatre de cette commune, avait-on pris plus de six palmes pour la composer?

Cette discussion de la coudée arabique, qui ne regarde qu'un point particulier dans ce qui a fait l'objet de notre Dissertation, m'a occupé d'autant plus volontiers, que je n'ai point connu que ce qui en résulte eût été développé jusqu'à présent.

N° III.

MÉMOIRE SUR TUNIS.

QUESTION Ire.

Les beys qui gouvernent Tunis sont-ils Turcs ou Arabes? A quelle époque précisément se sont-ils emparés de l'autorité que les deys avaient auparavant?

SOLUTION Ire.

Il y a à peu près cent cinquante ans que les beys de Tunis ont enlevé l'autorité aux deys; mais ils n'ont pas gardé sans révolutions la puissance qu'ils avaient usurpée. Le parti des deys l'emporta sur eux à plusieurs reprises et ne fut entièrement abattu qu'en 1684 par la fuite du dey Mahmed-Icheleby, dépossédé par Mahmed et Aly-Bey, son frère. Une monarchie héréditaire s'établit alors, et Mahmed-Bey, auteur de la révolution, en fut la première tige. Ce nouvel ordre de choses fut aussitôt interrompu qu'établi : le dey d'Alger, ayant à se plaindre des Tunisiens, vint expliquer ses prétentions à la tête de son armée, mit le siége devant Tunis (13 octobre 1689), s'en empara par la fuite du bey, et fit reconnaître à sa place Ahmed-ben-Chouques. Mahmed-Bey, ayant réussi à mettre dans son parti les Arabes des frontières, s'avança contre Ahmed-ben-Chouques, lui livra bataille, la gagna, et vint mettre le siége devant Tunis (13 juillet 1695). Son compétiteur s'étant retiré à Alger après l'issue de la bataille, Mahmed-Bey parvint sans peine à s'emparer de la capitale; il y établit de nouveau son autorité, et la conserva jusqu'à sa mort. Ramadan-Bey, son frère, lui succéda : la bonté de son caractère annonça aux Tunisiens un règne tranquille : elle ne les trompa pas, mais elle causa sa perte. Son neveu Mourat, fils d'Aly-Bey, impatient de jouir du trône auquel il était appelé, profita de l'indolence de son oncle, se révolta, le fit prisonnier, et le fit mourir. Le règne de Mourat, trop long pour le bonheur du peuple, fut signalé par des cruautés excessives. Le Turc Ibrahim-Cherif en arrêta heureusement le cours en l'assassinant (10 juin 1702). La branche de Mahmed-Bey se trouvant éteinte par ce meurtre, Ibrahim pouvait sans peine se faire reconnaître bey par le divan et par la milice. Dans la suite, ayant été fait prisonnier dans une bataille qu'il perdit contre les Algériens, l'armée élut, pour le remplacer, Hassan-ben-Aly, petit-fils d'un renégat grec. Une nouvelle dynastie commença avec lui, et elle s'est soutenue jusqu'à ce jour sans interruption. Le nouveau bey sentit bien qu'il ne serait pas sûr de son pouvoir tant qu'Ibrahim serait vivant. Cette considération le porta à tenter divers moyens pour l'attirer auprès de lui. Il y réussit en publiant qu'il n'était que dépositaire de l'autorité d'Ibrahim, et qu'il n'attendait que sa présence pour abdiquer. Ibrahim, trompé par cette soumission apparente, se rendit à Porto-Farina, où on lui trancha la tête (10 janvier 1706).

Hassan-ben-Aly régnait paisiblement; il ne manquait à son bonheur que de se voir un héritier, mais ne pouvant avoir d'enfant d'aucune des femmes qu'il avait prises, il se décida à désigner pour son successeur Aly-Bey, son neveu, qui commandait les camps. Plusieurs années se passèrent ainsi, lorsqu'il se trouva, dans une prise faite par les corsaires de la régence, une femme génoise qui fut mise dans le harem d'Assan-ben-Aly. Cette femme, qui lui plut, devint enceinte; lorsque sa grossesse fut constatée, il assembla son divan, et lui demanda si, en cas que cette femme qu'il avait en vain sollicitée de se faire Turque vînt à lui donner un prince, il pouvait être reconnu et lui succéder : le divan opina que cela ne pouvait être, à moins que l'esclave chrétienne n'embrassât la loi de Mahomet. Hassan-ben-Aly fit de nouvelles instances auprès de son odalisque, qui se décida enfin à se renier. Elle accoucha d'un prince, qui fut nommé *Mahmed-Bey*, et en eut ensuite deux autres, Mahmoud et Aly-Bey. Hassan-ben-Aly, se voyant trois héritiers, fit connaître à son neveu Aly-Bey que, le ciel ayant changé l'ordre des choses, il ne pouvait plus lui laisser le trône après lui, mais que, voulant lui donner une preuve constante de son amitié, il allait acheter pour lui la place de pacha que la Porte nommait encore à Tunis. Le jeune bey se soumit à la volonté de son oncle, accepta la place promise, et prit le titre d'*Aly-Pacha*. Son ambition parut satisfaite; mais il affectait un contentement qu'il n'éprouvait pas, pour couvrir les grands desseins qu'il avait conçus : il souffrait impatiemment de voir passer le sceptre en d'autres mains que les siennes; et, pour s'épargner cette honte, il s'enfuit de Tunis à la montagne des Osseletis, se mit à la tête d'un parti qu'il s'était fait secrètement, et vint attaquer son oncle, Hassan-ben-Aly. Le succès ne répondit pas à son attente. Il fut défait, et, se voyant obligé de quitter son asile, il se réfugia à Alger; pendant son exil il intrigua, et, à force de promesses, il engagea les Algériens à lui donner des secours (1735). Ils s'y décidèrent, marchèrent à Tunis, et, après une victoire complète, ils obligèrent Hassan-ben-Aly à quitter sa capitale et à se réfugier au Kairouan. A la suite de la guerre civile, qui amena la famine, ce prince fugitif quitta le Kairouan pour aller à Sousse.

Un capitaine français de la Ciotat, nommé *Mareilhier*, qui lui était attaché depuis longtemps, lui donna des preuves de son dévouement en allant continuellement lui chercher des blés et des vivres . le prince lui en faisait ses obligations, qu'il devait remplir en cas que la fortune le remît sur le trône. Mais elle lui devint de plus en plus contraire ; et, privé de toute ressource, il se décida à envoyer ses enfants à Alger, qui semble être le refuge de tous les princes fugitifs de Tunis, espérant pouvoir les y rejoindre : mais lorsqu'il s'y disposait, Younnes-Bey, fils aîné d'Aly-Pacha, le surprit dans sa fuite, et lui trancha lui-même la tête. Aly-Pacha, défait de son plus dangereux ennemi, paraissait devoir jouir d'un sort paisible ; mais sa tranquillité fut troublée par la division qui se mit entre ses enfants. Mahmed-Bey, l'un d'eux, et pour lequel il avait de la prédilection, forma le projet d'enlever à Younnes-Bey, son aîné, le trône qui lui était dévolu. Il tâcha en conséquence d'indisposer son père contre son frère, et y réussit. Aly-Pacha, séduit par ses raisons, voulut le faire arrêter ; Younnes l'apprit, se révolta, et s'empara du château de la Gaspe et de la ville de Tunis : il y fut forcé par Aly-Pacha et obligé de se réfugier à Alger. Mahmed-Bey, débarrassé d'un concurrent dangereux, songea aussi à se défaire de son cadet, et il lui fit donner du poison. Il se fit reconnaître héritier présomptif, et paraissait devoir jouir un jour du sort que ses crimes lui avaient préparé, lorsque les choses changèrent de face. La ville d'Alger éprouva une de ces révolutions si fréquentes dans les gouvernements militaires ; un nouveau dey fut nommé, et le choix de la milice tomba sur le Turc Aly-Tchaouy. Il avait été précédemment en ambassade à Tunis, et y avait reçu un affront de ce même Younnes-Bey, qui se voyait réduit à implorer sa protection. Loin d'avoir égard à ses prières, il prit, pour se venger, le parti des enfants d'Hassan-ben-Aly, en leur donnant des troupes, commandées par le bey de Constantine, pour le replacer sur le trône.

Le succès couronna leur entreprise ; ils saccagèrent la ville de Tunis, et firent prisonnier Aly-Pacha, qui fut immédiatement étranglé. Mahmed-Bey, fils aîné d'Hassan-ben-Aly, fut mis sur le trône. Ce bon prince ne régna que deux ans et demi, et laissa deux enfants en bas âge, Mahmoud et Ismaïl-Bey.

Aly-Bey, son frère, lui succéda, avec promesse, dit-on, de remettre le trône aux enfants de son frère, lorsque l'aîné serait en état de l'occuper. Le désir de le perpétuer dans sa propre race l'empêcha de la tenir. Il chercha peu à peu à éloigner ses neveux du gouvernement et à y élever son fils. Il montra le jeune Hamoud au peuple, lui donna le commandement des camps, et enfin sollicita pour lui, à la Porte, le titre de pacha : il assura par là le suffrage du peuple à son fils, et, à force d'égards, il se rendit si bien maître de l'esprit de ses neveux, qu'à sa mort, arrivée en 1782 (26 mai 1782), ils se désistèrent eux-mêmes de leurs prétentions, et furent les premiers à saluer Hamoud-Pacha, leur cousin, unique bey de Tunis.

Depuis cette époque, l'État n'a été troublé par aucune révolution, et ceux qui pourraient en exciter paraissaient trop bien unis au bey pour leur en supposer l'envie.

Le souvenir des malheurs passés, le spectacle des troubles d'Alger, ont trop appris aux Tunisiens à quel point il faut se méfier de l'esprit inquiet et remuant des Turcs, pour les admettre dans le gouvernement. Aussi les beys ont-ils peu à peu cherché à abolir l'autorité que les Turcs avaient usurpée : ils se sont attachés à les éloigner des places importantes de l'administration réservées aux indigènes et aux Géorgiens, et à ne leur laisser absolument que celles qui n'ont plus qu'une ombre d'autorité. Ainsi donc, quoique la famille régnante soit regardée comme turque, puisque Hassan-ben-Aly descend d'un renégat grec, le gouvernement doit être considéré comme maure.

QUESTIONS IIe, XVIIe, XVIIIe.

IIe.

Quelles sont les nations de l'Europe auxquelles Tunis a accordé des capitulations? A quelle époque et à quelles conditions ont-elles été accordées? Existent-elles encore?

XVIIe.

Quelles sont les nations qui ont des consuls à Tunis? Y a-t-il des nations qui permettent à leurs consuls de faire le commerce?

XVIIIe.

Combien y a-t-il de maisons étrangères établies à Tunis pour leur commerce, et de quelles nations ces maisons sont-elles? Sont-elles toutes dans la capitale (1)?

SOLUTIONS IIe, XVIIe, XVIIIe.

La France, l'Angleterre, la Hollande, la Suède, le Danemark et l'Espagne, sont les nations européennes auxquelles Tunis a accordé des traités; on peut même comprendre dans ce nombre Venise, malgré la guerre actuelle qu'elle a avec cette régence, et l'empereur dont le pavillon n'a été abattu qu'en raison de sa rupture avec la Porte. Les Ragusais, comme tributaires du Grand Seigneur, ont aussi leur traité, mais sans pavillon et sans commerce, et seulement pour la franchise de leurs navigations.

Les capitulations de la France avec Tunis sont les plus anciennes; elles datent de 1685, quoiqu'il y en ait d'antécédentes et qui n'existent plus, et qui ne sont pas rappelées dans ce traité. Celui de l'Angleterre a été fait cinq ou six mois après, et celui de la Hollande, peu d'années ensuite. La paix des autres nations nommées ci-dessus n'a pas une époque plus reculée que celle de quarante à cinquante ans. En donnant ici un résumé des capitulations de la France, on peut juger de celles des autres nations, puisque c'est sur ces capitulations qu'on a à peu près calqué les leurs. Par un article des traités, et relativement à ce qui se pratique à la Porte envers les ambassadeurs, le consul de France à Tunis a le pas sur les autres consuls. Sa Majesté lui accorde le titre de *consul général* et de *chargé des affaires*, parce que, d'un côté, il est dans le cas d'administrer la justice aux maisons établies sur l'Échelle et aux navigateurs qui y abordent; et que, d'un autre, il traite des intérêts des deux puissances. Tous les consuls ont le droit de faire le commerce, à l'exception de celui de France, auquel cela est défendu, sous peine de destitution. Cette sage défense est fondée sur ce qu'il pourrait se trouver juge et partie en même temps, et de plus un concurrent trop puissant pour les marchands, puisque la considé-

(1) On a réuni ces questions, ainsi que quelques autres suivantes, à cause du rapprochement qu'elles ont entre elles.

ration attachée à sa place lui ferait aisément obtenir la préférence dans les affaires.

Les autres nations n'ayant aucun négociant établi sur l'Échelle, par une conséquence contraire, permettent à leurs consuls de faire le commerce.

Il y a (en 1787) huit maisons de commerce établies à Tunis, toutes françaises, et fixées dans la capitale.

QUESTION IIIe.

A combien fait-on monter la population de l'empire? Sont-ce les Maures ou les Arabes qui sont les plus nombreux? Paient-ils l'impôt par tribu ou par individu? Y a-t-il quelques proportions dans les impositions? Y a-t-il des Arabes fixés dans la ville?

SOLUTION IIIe.

On faisait monter à quatre ou cinq millions d'âmes la population de l'empire avant la peste ; mais on peut dire qu'elle en a enlevé environ un huitième : le nombre des Arabes surpasse celui des Maures.

Il est des impôts qui se paient par tribus et d'autres par individus : il n'y a absolument aucune règle pour mettre quelque proportion dans les impôts, et rien en général ne dépend plus de l'arbitraire. Il y a des Arabes fixés dans la ville, mais ce ne sont pas les citadins les plus nombreux.

QUESTION IVe.

Y a-t-il dans le cœur du royaume, ou sur les frontières, beaucoup de tribus qui se refusent aux impositions? Sont-ce les Maures ou les Arabes qui sont les plus indociles? Quels sont les plus riches, des Maures ou des Arabes? Les hordes errantes afferment-elles quelquefois les terres des habitants des villes pour les cultiver ou pour y faire paître leurs troupeaux? En quoi consistent ces troupeaux?

SOLUTION IVe.

Il y a quelques tribus sur les frontières qui se refusent parfois aux impositions, mais les camps qu'on envoie pour les prélever les contraignent bientôt à payer. Ce sont en général les Arabes qui sont les plus indociles. Il est à présumer que les Maures sont plus riches, en ce qu'ils se livrent en même temps à l'agriculture, au commerce, aux manufactures et aux emplois, tandis que les premiers se bornent à l'agriculture ; les hordes errantes afferment souvent des terres des habitants des villes, soit pour les cultiver, soit pour y faire paître leurs troupeaux, qui consistent en gros et en menu bétail, en chameaux, qui leur servent pour le transport, dont ils filent le poil, et dont le lait leur sert de nourriture : ils se nourrissent souvent de l'animal lui-même.

Les beaux chevaux sont devenus très-rares, les Arabes s'étant dégoûtés d'en élever, fatigués de voir le gouvernement ou ses employés leur enlever à vil prix le moindre cheval passable.

QUESTION V^e.

Y a-t-il beaucoup de propriétaires de terres? Ces propriétaires sont-ils tous dans les villes, ou y en a-t-il encore dans des maisons isolées ou dans des villages? Ces derniers ne sont-ils pas exposés aux brigandages des hordes errantes?

SOLUTION V^e.

Quoique le bey possède beaucoup de terres, quoiqu'il y en ait beaucoup dont les revenus appartiennent à la Mecque, il ne laisse pas cependant d'y avoir quantité de propriétaires; ils sont dans les villes, dans les villages, et même dans des habitations isolées, et, dans cette position, peu exposés aux brigandages des hordes errantes.

QUESTION VIe.

A combien peut s'élever le revenu de l'État? Quels sont les objets qui le forment? Les dépenses ordinaires le consomment-elles en entier, ou peut-on en mettre une partie en réserve? Croit-on que le bey ait un trésor, et un trésor considérable?

SOLUTION VIe.

Autant qu'il est possible d'évaluer les finances d'un État dont la plupart des revenus sont annuellement aux enchères, et dont une grande partie consiste en vexations, on peut faire monter à vingt-quatre millions les revenus du bey de Tunis. Les objets qui les forment sont les douanes, les permissions de sortie pour les denrées, le bail des différentes sommes d'argent que donne chaque nouveau gouverneur, et dont la somme est toujours plus considérable par les enchères annuelles; le revenu de son domaine, la dîme qu'il prend sur les terres, le produit des prises, la vente des esclaves, etc., etc. Il s'en faut que les dépenses consomment annuellement le revenu, dont une partie est mise en réserve chaque année.

Il n'y a point de doute que le bey n'ait un trésor considérable, et qu'il augmente sans cesse, la plus sordide avarice étant un de ses défauts. La paix de l'Espagne vient d'enfler ce trésor de quelques millions, et Venise ne tardera pas à en faire de même.

Alger et Constantine font parfois de fortes saignées à ce trésor, que le gouvernement de Tunis pourrait garantir de leurs atteintes, s'il en employait une partie à l'entretien de ses places, à celui de sa marine et de quelques troupes disciplinées.

QUESTION VIIe

Y a-t-il beaucoup d'esclaves chrétiens à Tunis? En a-t-il été racheté dans les dernières années, et à quel prix? De quelle nation étaient-ils?
Depuis l'époque du prince Paterno le rachat ordinaire a été fixé à trois cents sequins vénitiens, et six cents piastres les rachats doubles.

SOLUTION VIIe.

Le nombre des esclaves chrétiens à Tunis est assez considérable, et s'est beaucoup accru depuis quelques années, en raison de la jeunesse et de l'esprit militaire du bey, qui encourage la course en faisant sortir lui-même beaucoup de corsaires. On ne peut précisément savoir le nombre de ces esclaves, parce qu'on en prend et qu'on en rachète fréquemment : ils sont en général napolitains, vénitiens, russes et impériaux. Dans ce moment-ci Naples fait racheter les siens le plus qu'elle peut, Gênes parfois, Malte presque jamais; mais la religion fait quelquefois des échanges, dans lesquels Tunis gagne toujours, ne relâchant jamais qu'un Maltais pour deux, trois et quatre musulmans.

Le rachat des esclaves appartenant au bey, qui sont le plus grand nombre, est fixé à deux cent trente sequins vénitiens pour les matelots, et à quatre cent soixante pour les capitaines et les femmes, de quelque âge qu'elles soient ; les particuliers suivent assez ce prix, dont ils se relâchent cependant quelquefois, soit à raison de la vieillesse de l'esclave, soit à cause de son peu de talent. Quel mensonge ! pour ne pas dire plus. On peut assurer que le sort des esclaves à Tunis est en général fort doux ; plusieurs y restent ou y reviennent après avoir été rachetés; quelques-uns obtiennent leur liberté à la mort de leur maître ou de son vivant.

QUESTION VIIIᵉ.

Quel est le nombre des troupes qu'entretient le bey et de quelle nation sont-elles ? Combien lui coûtent-elles ? Sont-elles un peu disciplinées et aguerries ? Où sont-elles placées ?

Il n'y a aujourd'hui que deux compagnies de Mamelucks, seulement d'environ vingt-cinq chacune.

Nota. A l'expédition de Tripoli, le bey a fait une augmentation considérable dans les troupes. Il a enrôlé quasi tous les jeunes Krougoulis du royaume, au nombre de plus de douze cents; ce qui fait qu'aujourd'hui les troupes réglées coûtent au gouvernement environ sept cent mille piastres par an.

SOLUTION VIIIᵉ.

Le bey entretient environ vingt mille hommes, cinq mille Turcs, Mamelucks ou Krougoulis : ces derniers sont naturels du pays, mais fils de Turcs ou de Mamelucks, ou de leur race; deux mille Spahis maures, sous le commandement de quatre agas, savoir : l'aga de Tunis, du Kairouan, du Ref et de Bejea ; quatre cents Ambas maures, sous le commandement du bachitenba leur chef; deux mille ou deux mille cinq cents Zouaves maures de tous les pays, sous les ordres de leur hodgia. Il existe environ vingt mille hommes enrôlés dans le corps de Zouaves, mais le gouvernement n'en paie que deux mille cinq cents au plus : les autres ne jouissent que de quelques franchises, et servent dans les occasions extraordinaires.

Onze à douze mille Arabes de la campagne, des races des Berbes, Auledt, Seïds, Auledt-Hassan, etc., compris tous collectivement sous le nom de *Mazerguis :* ceux-ci servent pour accompagner les camps et les troupes réglées, pour veiller sur les mouvements des Arabes tributaires, et particulièrement sur quelques chefs d'Arabes indépendants qui sont campés sur les confins de Tunis et de Constantine.

Les Turcs, Mamelucks et Krougoulis, qui représentent l'ancienne milice, coûtent aujourd'hui au gouvernement sept cent mille piastres de Tunis, et plus, par an.

La plus grande partie des Mamelucks est destinée à la garde du bey, divisée en quatre compagnies, chacune de vingt-cinq Mamelucks. Ceux-ci, outre leur paie, ont tous les six mois vingt piastres de gratification et quelques petites rétributions en étoffes et en denrées. Ils sont aussi porteurs des ordres que le gouvernement fait passer aux gouverneurs et cheiks. Lorsque ces ordres ont pour objet des contestations de particuliers, c'est à ceux-ci à les entretenir pendant leur mission.

Quelques Turcs et Krougoulis sont aussi employés à la garde du bey, et on leur fait à peu près les mêmes avantages qu'aux Mamelucks : le gouvernement ne les emploie que dans les affaires qui ont rapport à la milice. Il en est de même des Ambas maures et des Spahis.

Près de la moitié des soldats est à Tunis. Elle est destinée à la garnison de la ville et au camp : le reste est réparti sur les frontières ;

SAVOIR :

A Tabarque	600
Gafsa	75
Gerbis	75
Mehdia	50
Galipia	50
Hamamet	50
Bizerte	150
Porto-Farina	100
La Goulette	300
Total	1,450

On compte environ huit cents Zouaves employés dans les garnisons ;

SAVOIR :

A Gerbis	100
Zarsis	25
Beben	25
Gouvanes	25
Guèbes	25
Hamma	25
Haxe	25
Sousse	25
Taburda	50
Sidi-Daoud	25
Dans les châteaux de Tunis	150
Total	500
A Aubarde	200
La Goulette	50
Total	750

Le gouvernement emploie le reste des Zouaves qu'il soudoie au camp qu'il envoie tous les ans sur les frontières de Tripoli.

QUESTION IXe.

Y a-t-il quelques caravanes dans le royaume? Où vont-elles? Font-elles un commerce considérable? Quels sont les objets d'échanges? Rendent-elles quelque chose au gouvernement?

SOLUTION IXe.

Deux caravanes font chaque année des voyages réglés à Tunis : l'une vient de Constantine et l'autre de Godemes. Celle de Constantine se renouvelle huit à

PIÈCES JUSTIFICATIVES.

dix fois l'année, achète de la mercerie, de la quincaillerie, des drogues, des épiceries, du drap, des toiles, de l'argenterie, des bijoux et des bonnets de la fabrique de Tunis, qu'elle paie avec du bétail, des bernus et des piastres fortes coupées. Celle de Godemes fait rarement plus de trois voyages; elle apporte des nègres, achète de la mercerie, de la quincaillerie, des toiles, d'autres articles détaillés ci-dessus, et généralement tout ce qui peut servir à alimenter le commerce qu'elle fait dans l'intérieur de l'Afrique : le gouvernement ne retire aucun droit direct sur ces caravanes.

QUESTION X^e.

Le gouvernement s'est-il réservé quelque branche de commerce?

SOLUTION X^e.

Les branches de commerce que le gouvernement s'est réservées sont les cuirs, les cires, qu'il abandonne annuellement à une compagnie de Juifs ou de Maures, moyennant une rétribution de draps, d'étoffes ou d'argent; les soudes ou barils qu'il vend au plus offrant; la pêche du thon, dont le privilége se paie annuellement vingt mille francs; celle du corail, pour laquelle la compagnie d'Afrique paie annuellement à peu près la même somme.

QUESTION XIe.

A quelles sommes se sont montées, l'année dernière (1787), les exportations de Tunis pour le Levant, et les importations du Levant à Tunis?

SOLUTION XIe.

Il est de toute impossibilité de calculer, même d'une manière approximative, les exportations de Tunis pour le Levant. Les douanes, dispersées dans les différents ports du royaume, ne tiennent que des registres informes : il se fait d'ailleurs beaucoup de contrebande, que les gouverneurs et les douaniers facilitent, parce que le premier profit leur en revient.

QUESTIONS XIIe et XIIIe.

XIIe.

A quelles sommes se sont montées, à la même époque, les exportations de Tunis pour l'Europe, et les importations de l'Europe à Tunis?

XIIIe.

Dans quels ports ont été faits les chargements, et par les vaisseaux de quelle nation de l'Europe ou du Levant a eu lieu ce commerce?

SOLUTIONS XIIe et XIIIe.

Le tableau succinct, et aussi fidèle qu'il est possible, que l'on va donner ci-après, répondra pleinement à ces deux questions.

RÉSULTAT DES ÉTATS DE COMMERCE DE L'ANNÉE 1787.

Les marchandises que nous avons importées de Tunis montent à . 5,225,844
Celles que nous avons extraites, à. 4,634,531
Reste donc en excédant de p. 591,313
En résumant ces deux premières sommes, qui font. . . . 9,860,375
En comparant ce total à celui du commerce actif et passif de
toutes les nations étrangères, qui montent à. 5,208,477

Il résulte que la balance est en notre faveur.	4,751,898
Il en est de même des tonnages respectifs ; le nôtre monte à T.	12,606
Celui des étrangers, à T.	6,870
Le nôtre l'emporte de T.	5,936

Les étrangers eux-mêmes ont mis en activité une partie de nos bâtiments. Les chargements ont été faits à Tunis, Bizerte, Porto-Farina, Sousse et Gerbis ; quant aux marchandises d'entrées, elles entrent toutes dans le royaume par le port de la Goulette.

Selon la note mise au bas des Questions de M. l'abbé Raynal, il se trouve que l'importation de Marseille à Tunis ne s'est élevée, en 1787, qu'à 1,009,963 l., tandis que, d'après l'état ci-dessus, elle monte à 5,225,844 l. La différence étonnante qui se trouve entre ces deux calculs provient de ce qu'on n'a compté dans les premiers que les marchandises proprement dites, tandis qu'on y a ajouté l'argent reçu de Marseille, et les traites tirées directement sur cette place ou par la voie de Livourne : ces deux objets se montent à 4,215,881 l., et c'est effectivement, à peu de chose près, l'excédant qui se trouve en espèces de ce calcul à celui qui a été remis d'ailleurs à M. l'abbé Raynal.

QUESTION XIVe.

Y a-t-il beaucoup de propriétaires de terres ? Ces propriétés sont-elles considérables et assurées ? Le gouvernement n'hérite-t-il point de ceux qui ne laissent pas d'enfants, comme il hérite de tous ses agents ?

SOLUTION XIVe.

Il est impossible de savoir l'évaluation des propriétés en fonds de terres, ainsi que la proportion qu'il peut y avoir entre les domaines, les propriétés particulières, et la masse générale. Le gouvernement possède en propre une grande partie de terres, mais il n'a aucun cadastre des propriétés particulières. Il perçoit la dîme sur les récoltes, et rien sur les fonds de terre ; de manière que tant que les champs d'un particulier restent en friche, ils ne rapportent absolument rien au gouvernement. On ne voit point ici de grands propriétaires de terres comme en Europe. Toute propriété est sous la sauvegarde de la loi et n'éprouve que très-rarement l'avidité du fisc. Le gouvernement, depuis quelque temps, et particulièrement sur la fin du règne d'Ali-Bey, s'est assez respecté lui-même pour ne pas toucher aux biens de ses sujets et même à ceux de ses agents qui, après avoir fait des fortunes assez considérables et en avoir joui paisiblement, en ont laissé la propriété à leurs héritiers.

Les Hanefis (ce terme générique désigne les Turcs et les Mamelucks) qui meurent sans enfants ou autres héritiers légitimes, peuvent disposer, selon la loi, du tiers de leurs biens, et le fisc hérite du reste.

Il hérite aussi de tous les Melckis (ce sont des Maures) qui ne laissent point d'enfants mâles ; et si les héritiers sont des filles, le fisc entre en partage avec elles selon la loi. On appelle *ben elmengi* l'agent du fisc chargé du recouvrement ; il fait vendre les biens-fonds ou mobiliers, et en verse le produit dans la caisse du domaine.

QUESTION XVe.

Quel est le nombre des bâtiments corsaires qu'entretient le gouvernement ? De quelle espèce sont ces bâtiments ? Quel est le port où ils se tiennent ?

On l'a augmenté dernièrement de deux kerlanglisches, d'un gros bâtiment suédois qu'on a percé pour vingt-quatre pièces de canon, et d'un chebeck dont la France lui a fait présent.

SOLUTION XVe.

Le gouvernement entretient ordinairement quinze à vingt corsaires ; ils consistent en trois grosses barques de vingt pièces de canon et de cent trente hommes d'équipage, quelques chebecks de moindre force, des galiotes et des felouques. Porto-Farina est le seul port qui serve aux armements du prince. Les corsaires des particuliers ne sont pas plus nombreux, et à peu près dans la même proportion de forces ; ils arment et ils désarment dans tous les ports du royaume, et s'attribuent la dîme sur toutes les prises que font les corsaires particuliers.

QUESTION XVIe.

Quel est le droit que paie chaque bâtiment ? Quel est le droit que paie chaque marchandise d'exportation ou d'importation ? Le droit est-il le même pour toutes les nations de l'Europe et pour les gens du pays ? A-t-il varié depuis quelques années ?

1802.

Blés de huit à dix mahouds et plus, orge de vingt à vingt-cinq piastres et plus, huile deux et demie à trois piastres ; et pour ces autres échelles plus, à proportion de la mesure qui est plus grande.

SOLUTION XVIe.

Tout bâtiment en lest ne paie rien ; tout bâtiment qui décharge paie dix-sept piastres et demie, et autant s'il charge. Les Français, pour les marchandises venant de France et sous le pavillon français, ne paient que trois pour cent ; sur les marchandises venant d'Italie ou du Levant, les Anglais, huit pour cent ; sur toutes les marchandises, de quelque endroit qu'elles viennent, les autres nations européennes, un peu plus ou un peu moins que ces derniers. Les indigènes quelconques paient onze pour cent sur les marchandises venant de chrétienté, et quatre pour cent sur celles venant du Levant.

Quant aux bonnets, la principale fabrique du pays, le gouvernement, pour exciter l'industrie, n'exige aucun droit de sortie.

Quant aux marchandises d'exportation qui consistent en denrées, le gouvernement n'en accorde la sortie que selon les circonstances, et perçoit un droit plus ou moins fort selon la quantité des demandes. Ce droit est, sur le blé, de douze à quinze piastres le caffis ; de cinq à neuf sur l'orge ; de quatre et demie sur tous les légumes et autres menus grains ; d'une trois quarts sur le métal d'huile.

N. B. On peut calculer à une livre douze sous la piastre de Tunis, le caffis à trois charges un quart de Marseille ; il faut trois métaux environ pour faire la millerolle, la rotte ayant environ un quart de plus que la livre. Il ne faut que quatre-vingts rottes pour faire un quintal, poids de table.

FIN DES PIÈCES JUSTIFICATIVES.

MÉLANGES HISTORIQUES.

PRÉFACE

(1826.)

Mes ouvrages historiques se composent de l'*Essai sur les Révolutions*, des *Mémoires touchant la vie et la mort de monseigneur le duc de Berry*, de quelques articles nécrologiques, d'une *Notice sur la Vendée*, et de mes *Discours servant d'introduction à l'Histoire de France* : ceux-ci formeront la base de mon *Histoire de France* proprement dite.

Ce n'est pas que dans mes ouvrages littéraires et dans mes *Voyages* on ne trouve des morceaux d'histoire, entre autres le dernier chapitre sur l'avenir des nations, dans le *Génie du Christianisme*, et la *Mort de saint Louis*, dans l'*Itinéraire*; mais ces morceaux ne sont point isolés, et ne peuvent être publiés à part.

C'est à la tête de mes *Discours d'introduction à l'Histoire de France* que je placerai ma Préface générale sur l'Histoire. Je n'ai donc que quelques mots à dire ici du volume que je donne maintenant au public.

La mémoire de monseigneur le duc de Berry, de ce prince qui encourageait les talents, qui honorait la vertu militaire; cette auguste mémoire ne sera point offensée que j'aie placé, comme sous sa protection, la mémoire de deux hommes illustres dans les lettres, celle d'un général célèbre, celle d'un jeune soldat malheureux, et le souvenir de cette Vendée, la France des Bourbons, quand il n'y avait plus pour eux d'autre France.

J'ai représenté la famille royale dans des jours de douleur ; les peintres ne manqueront pas pour les jours de prospérité : si mes portraits ne sont pas ceux d'un maître, ils sont du moins ressemblants. Monsieur, aujourd'hui le ROI, n'est-il pas toujours le prince *dont la conscience n'a rien à cacher à la terre?* Monseigneur le duc d'Angoulême, aujourd'hui monseigneur le Dauphin, n'est-il pas toujours *ce juste sur la foi duquel on peut se reposer?* La gloire qu'il a ajoutée à sa vie n'a pas changé le chrétien. Madame, aujourd'hui madame la Dauphine, a-t-elle cessé d'être la femme représentée par ces traits : « Que lui « importent les périls? est-il une douleur qui puisse se passer d'elle, une ad-

« versité qui l'ait jamais fait reculer? Madame est accoutumée à regarder la ré-
« volution en face : ce n'était pas la première fois que la fille de Louis XVI et
« de Marie-Antoinette prenait soin d'un frère mourant. »

J'ai reçu, pour un travail trop au-dessous du sujet, une récompense que j'estime plus que tous les honneurs de la terre : la mère de monseigneur le duc de Bordeaux, cette jeune princesse, le charme et l'amour de la France, a enseveli les *Mémoires* avec le noble cœur qui fut percé du poignard : que n'ai-je pu le ranimer !

L'écrit (1) où j'ai exprimé les regrets et les espérances de la France devait naturellement se placer ici comme une page historique. En déplorant avec la patrie la mort du vénérable auteur de la Charte, je déplore celle de mon bienfaiteur.

Des pièces justificatives importantes ont été jointes aux Mémoires sur monseigneur le duc de Berry : ce sont des lettres de Louis XVIII, de Charles X, de monseigneur le Dauphin, de monseigneur le duc de Berry, de monseigneur le prince de Condé, et un fragment de journal inédit.

Depuis plusieurs années on a bien voulu me faire passer des réclamations très-justes, ou des documents très-précieux relatifs à ma *Notice sur la Vendée*. J'aurais voulu y faire droit, j'aurais voulu nommer tout le monde ; mais cela m'a été impossible : une *Notice* n'est point un *ouvrage complet*. Si jamais je puis conduire mon *Histoire de France* jusqu'à l'époque de la révolution, je réparerai les omissions auxquelles m'ont forcé les limites étroites d'un premier essai.

Depuis la restauration, on a beaucoup affecté de parler des Stuarts ; entendant leur nom sans cesse retentir à la tribune, j'ai voulu savoir ce qu'il en fallait croire.

L'*Essai historique* prouve que je m'étais autrefois occupé du règne de Charles Ier ; j'en avais même écrit l'histoire complète. J'ai relu attentivement les mémoires latins et anglais des contemporains sur la matière : les historiens de nos jours, MM. Guizot, Lingard, Mazure, ont éclairé ma marche et ajouté à mon instruction ; j'ai déterré quelques pièces peu connues. De tout cela il est résulté, non une histoire des Stuarts que je ne voulais pas faire, mais une sorte de traité où les faits n'ont été placés que pour en tirer des conséquences politiques. Tantôt la narration est courte lorsque aucun sujet de réflexions ne se présente, ou qu'on n'est pas attaché par l'intérêt des événements ; tantôt elle est longue quand les réflexions en sortent avec abondance, ou quand les événements sont pathétiques. Il n'y a personne qui n'ait lu quelque récit de la mort de Charles Ier ; j'ose croire que de petits détails négligés des historiens frapperont les lecteurs dans la *Politique historique ;* ils verront, par exemple, sur les anneaux scellés à l'échafaud, sur les deux hommes *masqués*, etc., des renseignements qui se trouvent consignés au procès des régicides, et qui ajoutent à l'épouvante de la scène.

J'ai tâché de faire sentir les principales ressemblances et différences des deux révolutions, de la révolution de 1640 et de 1688, et de la révolution de 1789

---

(1) *Le Roi est mort : vive le Roi !*

et de 1814. Je me suis proposé de signaler les écueils, afin d'en rendre l'évitée plus facile; mais l'homme pervertit souvent les choses à son usage, et quand on lui croit offrir des leçons on ne lui fournit que des exemples.

MÉMOIRES

SUR S. A. R. MONSEIGNEUR LE DUC DE BERRY.

AVERTISSEMENT

DE LA PREMIÈRE ÉDITION.

Les *Mémoires* ont été composés sur les documents originaux les plus précieux : on le verra suffisamment par les pièces citées ou rapportées en entier dans l'ouvrage. Plusieurs personnes, que nous n'avons pas l'honneur de connaître, ont bien voulu aussi nous envoyer des renseignements dont nous nous empressons de les remercier. Quant aux ouvrages imprimés, nous avons fait usage de l'excellent recueil connu sous le nom de *Mémoires pour servir à l'histoire de la maison de Condé*. L'ouvrage de M. le marquis d'Ecquevilly, *Campagnes du corps sous les ordres de S. A R. monseigneur le prince de Condé*, nous a fourni une suite de dates et de faits exacts. Nous avons de plus consulté le *Moniteur*, les journaux et divers écrits qui ont paru en France, en Angleterre et en Allemagne. Enfin, nous avons lu avec attention tout ce que le zèle et le talent ont dernièrement publié sur la vie et la mort de monseigneur le duc de Berry. Ces *Mémoires* serviront aux historiens qui voudront un jour écrire sur les affaires de notre temps; et, dès à présent, ils apprendront à ceux qui peuvent l'ignorer ce que faisaient les Bourbons à une époque où la révolution cherchait à justifier ses crimes par des calomnies, pour faire ensuite de ses calomnies le prétexte de ses crimes.

PREMIÈRE PARTIE.

VIE DE MONSEIGNEUR LE DUC DE BERRY HORS DE FRANCE.

LIVRE PREMIER.

Éducation et émigration du prince : sa vie militaire jusqu'à la retraite de l'armée de Condé en Pologne.

CHAPITRE PREMIER.

EXPOSITION.

Louis XIV emporta avec lui dans la tombe la splendeur de la monarchie. Le régent laissa perdre les mœurs; prince brave et voluptueux qui ne permettait pas qu'on troublât ses plaisirs, et qui du moins savait maintenir la paix à la longueur de son épée. Sous Louis XV, l'ordre naturel des choses se dérangea : la médiocrité passa dans les hommes d'État, la supériorité dans les hommes privés. Il n'y eut plus d'histoire de France au dehors : elle se renferma toute dans le cabinet des ministres, le salon des maîtresses, la société des gens de lettres. Les vanités, principes des crimes parmi nous, s'exaltèrent. La mollesse de la vie contrastait avec l'âpreté des doctrines : la monarchie tournait à la république, parce que la licence des mœurs amenait l'indépendance des opinions. La France fut enfin jetée par la révolution dans un abîme où elle a vécu trente ans. Elle eût été dévorée dans cette fosse aux lions, si elle ne se fût cachée derrière la vertu de quelques justes issus du sang des rois.

Nous ne doutons point que nous n'ayons été rachetés par le mérite des enfants de saint Louis : quand le sang des Bourbons a cessé de couler pour notre gloire, il a coulé pour notre salut. Un nouvel holocauste vient d'être offert. Les générations présentes, accoutumées aux meurtres, se souviennent encore de l'assassinat de Henri IV ; mais par delà le couteau de Ravaillac, elles ne connaissent plus rien. Veulent-elles néanmoins se faire une idée de la grandeur du dernier sacrifice ; veulent-elles apprendre tout ce qui a été immolé dans la personne de monseigneur le duc de Berry, il faut qu'elles connaissent la race de ce prince.

CHAPITRE II.

DES BOURBONS.

Saint Louis eut six fils. L'aîné, Philippe le Hardi, lui succéda, et sa postérité occupa le trône jusqu'à la mort de Henri III. Le dernier des fils de saint Louis, Robert, comte de Clermont, épousa Béatrix de Bourgogne, fille unique de Jean de Bourgogne et d'Agnès de Bourbon : celle-ci était l'héritière de la branche aînée des sires de Bourbon, ancienne lignée dite des Archambaults, d'où sortit, par Guillaume de Dampierre, la seconde maison des comtes de Flandre.

Charles le Bel érigea en duché-pairie le comté de Bourbon pour Louis Ier, comte de Bourbon, fils aîné de Robert. Charles obligea Louis à quitter le nom de Clermont pour prendre celui de Bourbon, parce qu'il voulait réunir à la couronne la terre de Clermont où il était né, laquelle terre avait été donnée par saint Louis à son fils Robert. Philippe de Valois rendit le comté de Clermont aux descendants de Robert ; mais le nom de Bourbon resta à cette branche royale. Dans les lettres d'érection du duché de Bourbon par Charles le Bel, on lit ces paroles prophétiques : « Le roi a érigé en duché-pairie le comté de Bour-
« bon, en considération des richesses, des services et de la générosité des princes
« de cette maison. Comme ils sont du sang royal, il se tient honoré de leur
« élévation, et il espère que ses successeurs seront soutenus par la grandeur de
« ces princes. »

Ainsi Dieu, partageant les enfants de Robert le Fort, dans la personne de saint Louis, en deux familles, donna le sceptre à l'une, et mit l'autre en réserve dans un rang moins élevé, pour y conserver ces vertus qui s'usent quelquefois sur le trône. Sujets avant d'être rois, les Bourbons moururent pour les Français avant que les Français mourussent pour eux : Pierre de Bourbon fut tué à la journée de Poitiers, Louis de Bourbon, à celle d'Azincourt, Françoisde Bourbon à celle de Sainte-Brigide, Antoine de Bourbon au siége de Rouen. Les femmes de cette famille donnèrent de grands monarques à la France, en attendant le règne de la lignée masculine : Marguerite de Bourbon, duchesse de Savoie, fut l'aïeule de François Ier. Lorsque les Bourbons, alliés à plus de huit cents familles militaires, eurent reçu tout ce qu'il y avait d'héroïque dans le sang français, la Providence fit paraître Henri IV et les Condé.

CHAPITRE III.

GRANDEUR DE LA MAISON DE FRANCE.

Quand il n'y aurait dans la France que cette Maison de France dont la majesté étonne, encore pourrions-nous, en fait de gloire, en remontrer à toutes les nations, et porter un défi à l'histoire. Les Capets régnaient lorsque tous les autres souverains de l'Europe étaient encore sujets. Les vassaux de nos rois sont devenus rois : les uns ont conquis l'Angleterre, les autres ont régné en Écosse; ceux-ci ont chassé les Sarrasins de l'Espagne et de l'Italie, ceux-là ont formé les États de Portugal, de Naples et de Sicile. La Navarre et la Castille, les trônes de Léon et d'Aragon, les royaumes d'Arménie, de Constantinople et de Jérusalem ont été occupés par des princes du sang capétien. En 1380, plus de quinze branches composaient la Maison de France, et cinq monarques de cette Maison régnaient ensemble dans six monarchies diverses, sans compter un duc de Bretagne et un duc de Bourgogne. En tout, une seule famille produit cent quatorze souverains : trente-six rois de France depuis Eudes jusqu'à Louis XVIII; vingt-deux rois de Portugal, onze rois de Naples et de Sicile, quatre rois de toutes les Espagnes et des Indes, trois rois de Hongrie, trois empereurs de Constantinople, trois rois de Navarre de la branche d'Évreux, et Antoine de la maison de Bourbon; dix-sept ducs de Bourgogne de la première et de la seconde maison, douze ducs de Bretagne, deux ducs de Lorraine et de Bar. Il faut se représenter dans cette nation, plutôt que dans cette famille de rois, une foule de grands hommes : ces souverains nous ont transmis leurs noms avec des titres que la postérité a reconnus authentiques : les uns sont appelés *auguste, saint, pieux, grand, courtois, hardi, sage, victorieux, bien-aimé ;* les autres, *père du peuple, père des lettres.* « Comme il est écrit par blasme, dit un vieil histo-
« rien (1), que tous les bons roys seroient aisément pourtraits en un anneau,
« les mauvais roys de France y pourroient mieux tant le nombre en est petit ! »
Sous la famille royale, les ténèbres de la barbarie se dissipent, la langue se forme, les lettres et les arts produisent leurs chefs-d'œuvre, nos villes s'embellissent, nos monuments s'élèvent, nos chemins s'ouvrent, nos ports se creusent, nos armées étonnent l'Europe et l'Asie, et nos flottes couvrent les deux mers. Ajoutez plus de mille ans d'antiquité à cette race : hé bien ! la révolution a livré tout cela au couteau de Louvel !

(1) Du Tillet, *Recueil des rois de France.*

CHAPITRE IV.

NAISSANCE ET ENFANCE DE MONSEIGNEUR LE DUC DE BERRY.

La France pleurera longtemps monseigneur le duc de Berry ; elle peut dire de lui ce que Plutarque dit de Philopœmen par rapport à la Grèce : « La Grèce « l'aima singulièrement comme le dernier homme de vertus qu'elle eût porté « dans sa vieillesse. » Il naquit à Versailles le 24 janvier 1778. Il eut pour père Charles-Philippe de France, comte d'Artois, aujourd'hui Monsieur, frère du roi, et pour mère Marie-Thérèse de Savoie. Son frère aîné, Louis-Antoine de France, duc d'Angoulême, était né à Versailles le 6 août 1775, et avait par conséquent deux ans six mois dix-huit jours plus que lui.

Monseigneur le duc de Berry eut pour gouvernante madame la comtesse de Caumont. La première enfance du prince fut pénible. A l'âge de cinq ans et demi, il fut remis à la garde de M. le duc de Sérent, qui déjà exerçait la charge de gouverneur de monseigneur le duc d'Angoulême. Ce respectable vieillard se consolait encore, il y a quelques mois, d'avoir perdu ses deux fils dans les guerres de Bretagne, en voyant prospérer les deux autres fils qu'il avait élevés pour la France : il ne se console plus aujourd'hui.

Les princes allèrent s'établir pour leur éducation à Beauregard : c'était un château où l'on voyait un de ces grands bois (1) de tout temps réservés en France pour l'ornement des maisons de campagne. Ce château et ces jardins existent encore, ainsi qu'une pièce d'eau à laquelle les enfants de France ont travaillé.

Ce fut dans cette solitude, tout auprès des pompes de Versailles, qui devaient bientôt cesser, que M. le duc de Sérent prépara sans le savoir, contre les rigueurs de l'infortune, ceux qu'il ne croyait avoir à défendre que des séductions de la prospérité. Les sous-gouverneurs des jeunes princes furent MM. de Buffevent, de La Bourdonnaie et d'Arbouville. Ils eurent pour sous-précepteurs l'abbé Marie, savant dans les mathématiques, et l'abbé Guénée, qui a su tourner contre Voltaire l'arme avec laquelle ce beau génie attaquait la religion. Les illustres élèves revenus en France n'ont point oublié leurs précepteurs : après vingt-cinq ans d'exil et la chute d'un empire, ils se sont rappelé, au milieu de tant de souvenirs, l'homme de bien dont ils reçurent les leçons. Ces pieux disciples ont fait ériger à Fontainebleau, où l'abbé Guénée est mort, un monument à sa mémoire : il était touchant de les voir soutenir d'une main le trône rétabli, et de l'autre élever la tombe de leur humble maître.

CHAPITRE V.

TRAITS DE L'ENFANCE DU PRINCE.

Les deux frères montrèrent des inclinations différentes : monseigneur le duc d'Angoulême avait un penchant décidé pour les sciences, monseigneur le duc

---

(1) *Arbores quæ ab antiquo servatæ et fotæ fuerunt, propter decorem et amœnitatem maneriorum.* (Ordonn. des rois de France.)

de Berry pour les arts. Celui-ci offrait comme un mélange de l'esprit des Bourbons et des Valois : par sa mère et par ses aïeules, il tenait quelque chose du génie de l'Italie.

On raconte mille traits ingénieux de son enfance. Il était fougueux comme l'élève de Fénelon, mais plein de saillies d'esprit et d'effusions de cœur. « Si « fut enfant plaisant de visage, et assez couloré. Si estoit avenant, joyeux en « tous ses infantibles faicts (1). » On lut un jour au petit prince quelques scènes du *Misanthrope;* le lendemain un des maîtres composa une fable : la morale de cette fable était que monseigneur le duc de Berry n'apprenait rien, et ne se souvenait point de ses lectures. Le maître, ayant fini, demanda à Son Altesse Royale ce qu'elle pensait de ce morceau. L'enfant repartit brusquement :

« Franchement, il est bon à mettre au cabinet. »

Un M. Rochon, maître d'écriture des jeunes princes, avait éprouvé une perte considérable causée par un incendie. Monseigneur le duc de Berry pria son gouverneur de lui donner vingt-cinq louis pour le pauvre Rochon. M. le duc de Sérent y consentit, mais à condition que le prince satisferait son maître pendant quinze jours, sans lui parler des vingt-cinq louis. Voilà Monseigneur à l'ouvrage : il trace de grandes lettres, le moins de travers possible. Rochon s'émerveille à ce changement subit, et ne cesse d'applaudir à son élève. Les quinze jours se passent : monseigneur le duc de Berry reçoit les vingt-cinq louis, et les porte triomphant à Rochon. Celui-ci ne sachant si le gouverneur consentait à cette générosité, refuse de recevoir l'argent. L'enfant insiste ; le maître se défend. L'impatience saisit le jeune prince, qui s'écrie en jetant les vingt-cinq louis sur la table : « Prenez-les ; ils m'ont coûté assez cher : c'est pour cela que « j'écris si bien depuis quinze jours ! »

CHAPITRE VI.

ÉMIGRATION DE MONSEIGNEUR LE DUC D'ANGOULÊME ET DE MONSEIGNEUR LE DUC DE BERRY.

Le temps du malheur approchait ; monseigneur le duc d'Angoulême et monseigneur le duc de Berry ne devaient pas jouir même du repos de l'enfance. Leur éducation commençait à peine, que déjà la monarchie finissait. On leur enseignait à être rois, et l'adversité allait leur apprendre à devenir hommes.

Les têtes des premières victimes avaient été promenées dans Paris ; la Bastille était tombée. La famille royale, menacée, fut obligée de se retirer : le roi même lui en donna l'ordre. Monseigneur le comte d'Artois partit pour les Pays-Bas 2), et laissa à M. le duc de Sérent le soin de lui amener ses deux fils.

Le péril était grand ; il fallait traverser le royaume, sans escorte, au milieu des insurrections. Chargé de la fortune et de l'espoir de la France, M. le duc de Sérent cacha son projet aux jeunes princes. Il leur dit qu'il allait les mener voir en garnison un régiment de hussards qu'ils avaient aperçu sur le chemin,

(1) *Mémoires de Boucicaut.*
(2) Le 16 juillet 1789.

et dont ils ne cessaient de lui parler. Les enfants montent avec joie, la nuit, dans une chaise de poste qu'on avait préparée secrètement : ils croyaient aller à une fête, et ils quittaient leur patrie. M. le duc de Sérent ne dut son salut et celui de ses élèves qu'à la rapidité de sa course. A peine avait-il quitté Péronne, qu'une sédition éclata dans cette ville. Lorsqu'il fut prêt à passer la frontière, il apprit aux princes, toujours enchantés du voyage, le but réel de ce voyage, et la proscription dont ils étaient l'objet : ils jetèrent alors autour d'eux un regard attendri et étonné. Monseigneur le duc de Berry dit vivement à son gouverneur : « Nous reviendrons. » Malheureux prince, vous êtes revenu !

Des Pays-Bas, M. le duc de Sérent conduisit ses élèves à Turin (1), où ils furent reçus par leur oncle le roi de Sardaigne, qui, avec son auguste famille, ne cessa de montrer le plus généreux attachement à la Maison de France.

CHAPITRE VII.

MONSEIGNEUR LE DUC DE BERRY A TURIN.

Monseigneur le duc de Berry amusait toute la cour par ses reparties et sa vivacité. On retrouvait en lui, à cette époque, quelques-unes des singularités des divers personnages que l'on avait vus paraître à Turin, depuis le brillant comte de Grammont jusqu'à ces Vendômes, braves, spirituels, insouciants, qui, négligeant tout dans la vie, ne soignaient que leurs victoires.

Monseigneur le duc d'Angoulême et monseigneur le duc de Berry étudièrent un excellent plan d'éducation militaire, tracé par M. le duc de Sérent. Ce plan, formé pour la France, fut, par un changement devenu nécessaire, rendu applicable à un terrain étranger. On se servit des marches de Charles VIII, de Louis XII, de François Ier, et des campagnes de ce Catinat, héros à Marsaille, solitaire à Saint-Gratien, indifférent aux honneurs, parce qu'il les méritait tous.

Il y avait à Turin une bonne école d'artillerie ; monseigneur le duc d'Angoulême et monseigneur le duc de Berry en suivirent les exercices. Ils passèrent par tous les grades, depuis le rang de simple canonnier jusqu'à celui de capitaine. Ils chargeaient, pointaient et tiraient leurs pièces avec rapidité et précision. Ils fondirent deux canons sur lesquels leurs noms furent gravés. Un de ces canons tomba entre les mains des Français lors de l'invasion du Piémont. On le voyait encore, il y a quelque temps, dans un de nos dépôts d'artillerie : singulier monument de nos conquêtes et des jeux de la fortune.

Cependant les troubles croissants de la révolution commençaient à menacer les États voisins : l'Europe se disposait à la guerre. Ce fut alors que monseigneur le duc de Berry écrivit cette lettre à son père ; c'est le premier cri de l'honneur dans le cœur d'un Français et d'un Bourbon (2) :

« Avec quel plaisir nous avons appris la lettre du régiment de Berwick, et
« votre réponse, ainsi que celle de Monsieur ! Ah ! que ne suis-je près de
« vous ! je voudrais bien voir ces bons soldats et me battre avec eux ; je leur

(1) Octobre 1789.
(2) Turin, 15 août 1791.

« dirais comme notre Henri : *Camarades , si dans la chaleur du combat vous*
« *perdez vos drapeaux , ralliez-vous à mon panache blanc, qui ne sera jamais*
« *qu'au chemin de l'honneur.* Cette pensée m'a fait bouillir le sang dans les
« veines. Marchons, mon cher papa, pour rendre la liberté à notre malheu-
« reux roi ; trente-deux officiers du régiment de Vexin sont arrivés à Nice, rem-
« plis de zèle et de courage ; je n'en manque pas non plus et suis prêt à me
« bien battre. »

CHAPITRE VIII.

DÉPART DE MONSEIGNEUR LE DUC D'ANGOULÊME ET DE MONSEIGNEUR LE DUC DE BERRY POUR L'ARMÉE DES PRINCES.

L'Assemblée nationale déclara la guerre à l'Autriche et à la Prusse (1). Les deux princes, partis de Turin, vinrent rejoindre monseigneur le comte d'Artois, pour faire sous les ordres de Monsieur, et sous ceux de leur auguste père, cette campagne qui devait tout finir, et qui commença tout. Beaucoup d'émigrés n'avaient rien apporté avec eux ; quelques-uns déployaient les dernières marques de la fortune. Les différents corps d'officiers de l'armée faisaient le service de soldats ; la marine était à cheval ; les gentilshommes , formés en compagnies, se distinguaient par le nom de leurs provinces. On était gai , parce qu'on était sous la tente, qu'on allait puiser l'eau, couper le bois, préparer les vivres, et qu'on entendait le son de la trompette. La pauvre noblesse remplissait son devoir sans y penser, tout simplement, comme on respire et comme on vit. Elle ne regrettait point ce qu'elle avait perdu ; d'ailleurs, elle le croyait bientôt retrouver : elle espérait revoir, à la fin de l'automne, son magnifique héritage, la bruyère, le grand bois, le vieux colombier. Que d'aventures à conter ! que de desseins pour le jour du retour !

Dans tous les temps , les Français ont été les mêmes : peuple essentiellement guerrier, les camps où il retrouve ses vertus lui ont fait oublier ses misères, soit qu'il ait eu pour étendard la chape de saint Martin ou la cornette blanche, soit qu'il ait commencé la charge au refrain de la *chanson de Roland* ou au cri de *vive le roi*.

Monseigneur le duc de Berry eut le plaisir d'aller au premier feu devant Thionville. Les compagnies bretonnes se trouvant parmi les plus avancées vers la place, il leur disait : « Je voudrais être Breton pour voir de plus près
« l'ennemi. » C'est une dure nécessité pour l'homme de s'habituer à la vue du sang ; et, ce qu'il y a de plus malheureux, plusieurs vertus dépendent de la force d'âme qui fait le guerrier.

CHAPITRE IX.

RETRAITE DE CHAMPAGNE. — LE PRINCE ACHÈVE SON ÉDUCATION MILITAIRE,
ET VA REJOINDRE L'ARMÉE DE CONDÉ.

Après la retraite de Champagne, le changement des événements, les jalousies politiques, les différents intérêts des divers cabinets, retinrent les princes

(1) Août 1792.

oisifs jusqu'en 1794. Pendant ce temps-là, la monarchie disparut; et Louis XVI, en montant au ciel, laissa le drapeau de cette monarchie au prince de Condé. Monseigneur le duc de Berry brûlait de se ranger sous cette bannière; mais il fallait attendre l'ordre des rois, afin qu'un fils de France pût tirer l'épée. Monseigneur le duc d'Angoulême et monseigneur le duc de Berry, retirés au château de Ham, profitèrent de ce repos pour perfectionner leur éducation militaire. Ils devinrent d'excellents cavaliers, en suivant le conseil d'un grand homme de l'antiquité (1), qui veut que *le maître de la cavalerie* commence ses revues par de pieux sacrifices. Rien n'était agréable comme de voir monseigneur le duc de Berry, si jeune encore, manier avec adresse des chevaux fougueux; créatures de Dieu si nobles par elles-mêmes, qu'elles ont donné leur nom aux classes de la société humaine les plus distinguées, les plus braves et les plus généreuses.

Dans le cours de l'année 1794, monseigneur le duc d'Angoulême alla rejoindre, avec son père monseigneur le comte d'Artois, les corps d'émigrés français qui combattaient dans la Flandre autrichienne et dans la Hollande. Monseigneur le duc de Berry, à peine âgé de seize ans, obtint la permission de se rendre à l'armée de Condé. Dans son transport, il écrivit sur-le-champ au prince sous les yeux duquel il allait combattre (2) : « Monsieur mon cousin, je
« ne puis vous exprimer la joie que j'ai éprouvée lorsque mon père m'a annoncé
« que j'allais servir sous vos ordres. J'ai une grande impatience de vous voir,
« ainsi que tous les braves gentilshommes que vous commandez. Je suis gen-
« tilhomme comme eux; c'est un titre dont je m'honore, et j'espère que
« vous trouverez en moi la même soumission, et surtout le même zèle. »

Un mois après, il avait rejoint l'armée. Il arriva le 28 juillet à Rastadt, accompagné du comte de Damas-Crux (3) et du chevalier de Lageard. Le prince de Condé, en le recevant et le serrant dans ses bras, lui dit : « Je crains bien,
« monseigneur, que nous ne vous amusions pas autant cette campagne que
« nous aurions pu le faire l'année dernière; mais ce n'est pas ma faute. »
Ces *amusements* d'un Condé convenaient parfaitement à un fils de France.

CHAPITRE X.

ARMÉE DE CONDÉ.

A la fin de la monarchie, les gentilshommes français redevinrent ce qu'ils avaient été au commencement de cette monarchie, et tels que les anciennes ordonnances de nos rois nous les représentent : « *Nobles hommes à pied, armés
« d'une tunique, d'une gambière et d'un bassinet* (4). » Ils rajeunirent leur noblesse dans ses sources, c'est-à-dire dans les combats : tout soldat français a ses lettres de noblesse écrites sur sa cartouche. L'armée de Condé, souvent contrainte de se replier avec les grandes armées dont elle subissait les fautes, ne fut jamais

---

(1) ΞΕΝΟΦ. Ἱππαρχικός. — (2) Ham, 27 juin 1794. — (3) Frère de M. le duc de Damas, premier gentilhomme de monseigneur le duc d'Angoulême. — (4) *Nobilis homo pedes, armatus tunica, camberata et bassineto*. (Ordonn. des rois de France.)

défaite. Hors de la portée du canon, elle marchait sans discipline : généraux, officiers, soldats, tous égaux, n'obéissaient presque plus ; au feu, elle serrait ses rangs et s'alignait sous le boulet ennemi. Pendant neuf campagnes, elle n'eut pas une nuit de sommeil ; cent mille guerriers dormaient en paix derrière elle. Qu'avaient-ils à craindre ? Trois Condé étaient à leurs avant-postes.

Lorsque monseigneur le duc de Berry rejoignit l'armée de Condé, elle était à sa troisième campagne ; elle avait emporté avec les Autrichiens les lignes de Weissembourg, et, dans la brillante affaire de Berstheim, elle avait empêché les républicains de percer la ligne des alliés. Ce fut dans ce combat que les trois Condé, renouvelant l'aventure de la bataille de Senef, déployèrent une valeur héroïque : le vieux Condé dans le village même de Berstheim, qu'il reprit à la tête des gentilshommes à pied (1) ; le duc de Bourbon, en avant du village, dans une charge de cavalerie où il fut grièvement blessé d'un coup de sabre au poignet ; le duc d'Enghien, dans une autre charge de cavalerie par laquelle il s'empara d'une pièce de canon, après avoir eu ses habits percés de balles et de coups de baïonnette. « Vous êtes à l'âge, et vous portez
« le nom du vainqueur de Rocroi, lui écrivait à cette occasion Monsieur, régent
« du royaume ; son sang coule dans vos veines ; vous avez devant les yeux
« l'exemple d'un père et d'un grand-père au-dessus de tous les éloges : que de
« motifs d'espérer que vous serez un jour la gloire et l'appui de l'État ! »

Quand on songe à ce qu'on a fait de *cette gloire et de cet appui de l'État*, ces belles paroles fendent le cœur. Le jeune d'Enghien devint le frère d'armes du jeune Berry ; ces princes se sentaient unis par une même destinée : « *Saül et*
« *Jonathas, si aimables durant leur vie, plus prompts que les aigles et plus*
« *courageux que les lions, sont demeurés inséparables dans leur mort même* (2). »

Monseigneur le duc de Berry se trouvait à une grande école : amis et ennemis lui offraient également des exemples ; c'étaient partout des Français. Les uns défendaient le roi, les autres la France : dans les deux camps était la gloire, également attirée par l'éclat des succès et par la noblesse des revers.

CHAPITRE XI.

MONSEIGNEUR LE DUC DE BERRY A L'ARMÉE DE CONDÉ.

Le lendemain de l'arrivée du fils de France, le prince de Condé tint un conseil secret. Il recommanda à M. le baron de La Rochefoucauld, maréchal des logis, de veiller à la sûreté de monseigneur le duc de Berry : « Mais prenez garde « qu'il ne s'en aperçoive, ajouta-t-il, car il s'en fâcherait. » C'est de la surveillance à la manière des héros : les balles sont plus faciles à conjurer que les poignards.

Monseigneur le prince de Condé remercia S. A. R. monseigneur le comte d'Artois de la marque de confiance qu'il avait bien voulu lui donner en lui envoyant son fils ; il l'assurait qu'*il prendrait le plus vif intérêt aux succès cer-*

---

(1) 2 décembre 1793. — (2) *Reg.*, lib. II, cap. I.

tains du jeune prince, doué par le ciel des plus heureuses dispositions (1). Monseigneur le duc de Berry servit d'abord comme volontaire. Monseigneur le prince de Condé lui présenta les officiers les plus distingués de l'armée et ceux qui avaient été blessés dans les campagnes précédentes. Le jeune prince se fit remarquer par son amour pour la discipline, et par son empressement à se soumettre aux règlements militaires. Il ne se plaignait jamais que des usages étrangers à la France. « Il faut, s'écriait-il, aller prendre les grosses bottes et « tout l'attirail d'un Prussien, moi qui suis Français autant que possible (2). » Il étudiait les nouveaux et les anciens champs de bataille. Il visita Philipsbourg où périt le maréchal de Berwick, et le champ de Saltzbach où tomba Turenne. Il voulait assister aux moindres affaires. Lorsqu'on lui représentait qu'il se ferait blesser : « Tant mieux, disait-il, cela fait honneur à une famille. » Il écrivait à une femme : « La guerre va commencer. Nous en serons, nous autres « princes. Il faut espérer, pour l'honneur du corps, que quelqu'un de nous s'y « fera tuer. » Un billet de la même année (3) montre la gaieté guerrière du prince ; il est adressé au jeune vicomte César de Chastellux :

« Votre aimable lettre m'a fait un grand plaisir, mon cher *César*; je suis
« charmé du désir que vous me montrez d'imiter votre prédécesseur, et d'en-
« trer dans les Gaules ; vous y trouveriez des Vercingétorix, des Dumnorix en
« grande quantité ; mais je ne doute point que votre courage et la cause que
« vous soutiendriez ne vous les fissent vaincre aisément. J'espère que sous peu
« d'années vous pourrez vous montrer digne de votre prédécesseur et de vos
« respectables parents. »

CHAPITRE XII

SUITE DU PRÉCÉDENT. — BRAVOURE DU PRINCE. — SA RÉPARATION ENVERS UN OFFICIER.

Monseigneur le duc de Berry passa par tous les grades militaires (4), et prit, le 23 juillet 1796, le commandement de la cavalerie, en remplacement de monseigneur le duc d'Enghien, qui prit celui de l'avant-garde. Placé entre l'ancienne gloire et la nouvelle gloire de la France, le duc d'Enghien était toujours le premier homme que rencontrait l'ennemi. Dans les campagnes de 1795, 1796 et 1797, monseigneur le duc de Berry se trouva présent à tous les combats. A l'affaire de Steinstadt, qui dura toute la journée, l'avant-garde de l'armée de Condé fut chargée de l'attaque du village. Monseigneur le duc de Berry échappe aux officiers qui l'entouraient, entre dans le village avec les premiers hussards qu'il rencontre, le traverse au milieu d'un feu terrible, s'y maintient plusieurs heures, sous une pluie de bombes et de boulets, et revient tout couvert de sang et de la cervelle d'un brave officier du génie, nommé Dumoulin, tué auprès de lui par un obus.

A la tête du pont d'Huningue, monseigneur le duc de Berry visitait les ouvrages. Il s'était arrêté sur le revers de la tranchée avec quelques officiers. Ce

(1) Août 1794. *Lettre du prince de Condé à S. A. R. monseigneur le comte d'Artois.*
(2) *Lettre à M. le comte d'Hautefort.*—(3) Rastadt, 10 août 1794.— (4) 1795, 1796, 1797.

groupe attira le feu de deux pièces de canon placées de l'autre côté du Rhin. Les boulets portèrent et couvrirent de terre le jeune prince, qui ne fut sauvé que par le gabion même renversé sur lui.

A Kamlach, à Munich, à Schussein-Reid, monseigneur le duc de Berry combattit encore. Il étudia les mouvements du général Moreau dans sa belle retraite, prenant des leçons de cet habile ennemi. Il sollicita de l'archiduc Charles la faveur de suivre le siége de Kehl : le chevalier de Franclieu, aide-de-camp de monseigneur le duc de Bourbon, fut tué dans les ouvrages à ses côtés. A Offembourg il allait journellement à la tranchée ; et, comme il le dit lui-même dans une de ses lettres, il entendit *siffler force boulets, obus et mitraille* (1).

L'exactitude que monseigneur le duc de Berry mettait dans ses devoirs militaires, il la voulait trouver dans les autres. Sa vivacité l'emportait quelquefois. Il avait blessé, par des paroles sévères, à la parade, un officier général : celui-ci fit une réponse hardie que ses camarades essayèrent en vain de couvrir de leurs voix; le prince l'entendit et cacha son émotion. Il laissa partir la colonne, fit ensuite appeler l'officer, l'emmena dans un bois avec des témoins, et lui dit : « Monsieur, je crains de vous avoir offensé ; ici je ne suis point un « prince, je suis un gentilhomme français comme vous ; me voici prêt à vous « donner toutes les satisfactions que vous exigerez. » Et il met l'épée à la main. L'officier tombe à genoux, et baise cette noble main qui voulait, non faire une blessure, mais panser celle de l'honneur : c'est Henri IV et Schomberg.

CHAPITRE XIII.

LOUIS XVIII EST PROCLAMÉ A L'ARMÉE DE CONDÉ.

L'armée de Condé offrait l'image d'un camp des premiers Francs ; c'était toute une patrie : on y trouvait des princes logés sur des chariots, des magistrats à cheval, des missionnaires enseignant l'Évangile et distribuant la justice. En même temps que l'on se battait, on s'occupait des affaires domestiques et de celles de la religion et de l'État : tantôt, après un assaut ou une poursuite, on relevait une croix que les républicains avaient abattue ; tantôt on versait des larmes aux récits de quelques gentilshommes-soldats qui étaient parvenus à voir l'orpheline du Temple. On s'inquiétait des destinées futures de l'armée : que deviendrait-elle? que ferait-elle? Le prince Charles l'avait louée dans un ordre du jour; on était ravi : tous les maux étaient oubliés. Les corps étaient prêts à se dissoudre faute des premières nécessités militaires ; on était consterné : tout à coup M. le duc de Richelieu arrivait avec un peu d'or, et le loyal petit-fils du brave maréchal faisait renaître l'espérance. Sous la tente, au bivouac, autour du feu des grand'gardes, on redisait des aventures étranges, on racontait des histoires de son enfance, de sa famille, de son pays, et, oubliant les injustices de la France, on admirait même les victoires des Français.

Le 14 juin 1795, on apprit au cantonnement de Steinstadt la mort de

---

(1) *Lettre à M. le comte d'Hautefort.*

Louis XVII. Le 16 au matin l'armée prit les armes. Un autel fut dressé à la lisière d'un taillis; un aumônier y célébra la messe. Après le service divin, monseigneur le prince de Condé, accompagné de messeigneurs les ducs de Berry, de Bourbon et d'Enghien, se tourna vers l'armée et dit :

« Messieurs, monseigneur le duc de Berry m'ordonne de prendre la parole.
« A peine les tombeaux de Louis XVI, de la reine et de leur auguste sœur se
« sont-ils fermés, que nous les voyons se rouvrir pour réunir à ces augustes
« victimes l'objet le plus intéressant de notre amour, de nos espérances et de
« nos regrets... Après avoir invoqué le Dieu des miséricordes pour le roi que
« nous perdons, prions le Dieu des armées de prolonger les jours du roi qu'il
« nous donne. *Le roi Louis XVII est mort : vive le roi Louis XVIII!* »

Le canon répondit au cri de l'héritier du grand Condé ; monseigneur le duc de Berry éleva un drapeau blanc, et, sur ce pavois du nouveau Champ de Mars, proclama le premier le monarque qui devait lui fermer les yeux.

CHAPITRE XIV.

LE ROI A L'ARMÉE DE CONDÉ.

Ce monarque était attendu à l'armée. Il y vint en effet, *n'ayant plus d'asile* (comme il le dit lui-même dans son ordre du jour) *hors celui de l'honneur.* Son arrivée excita une grande joie. A la sollicitation de monseigneur le duc de Berry, tous les militaires retenus en prison ou aux arrêts pour quelques fautes furent mis en liberté. On étala pour l'entrée du roi dans son nouveau Louvre toutes les pompes de l'armée : on fit tirer le canon, battre les tambours et sonner les trompettes ; on n'avait pas d'autre musique. On rangea en bataille des soldats à peine vêtus, le visage noirci par la fumée de la poudre, par le soleil et les frimas ; on déploya des drapeaux blancs déchirés, percés de boulets, criblés de balles, et semblables à cette oriflamme usée par la gloire que l'on voyait dans le trésor de Saint-Denis.

Le monarque banni voulut se montrer à son autre armée, à l'armée républicaine qui bordait la rive gauche du Rhin. Il alla aux gardes avancées : des paroles furent échangées entre lui et les postes français. Cette périlleuse conversation, établie par le roi avec ses sujets égarés, remplit les républicains d'admiration et d'étonnement.

Malheureusement la joie causée par la présence du roi fut de courte durée. La grande ombre de la vieille monarchie effrayait les ministres des puissances : Charlemagne avec sa peau de loutre, et Louis XIV avec son manteau royal, leur apparaissaient. Un roi de France proscrit, à la tête de quelques exilés, leur semblait menacer le monde. La politique crut revoir un maître, et le força de se retirer. Circonspection inutile ; le génie et le temps ont placé le pouvoir dans cette famille de France : sans trône, elle serait encore souveraine, et n'a besoin que de son nom pour régner.

Toutefois Louis XVIII demeura assez de temps à l'armée de Condé pour montrer l'intrépidité naturelle à nos monarques. Un assassin (car les Bourbons n'ont plus à combattre que des assassins) tira au roi, par une fenêtre de Dillingen, un coup de carabine : la balle effleura le haut de la tête. Le roi, portant la main au front, se contenta de dire : « Une demi-ligne plus bas, et « le roi de France s'appelait Charles X. »

Pendant le séjour du roi à l'armée de Condé, il assista au service que cette armée fit célébrer à la mémoire de Charette. Placé entre monseigneur le duc de Berry et monseigneur le prince de Condé, il adressa lui-même ce discours aux troupes réunies : « Messieurs, nous venons de rendre les derniers devoirs « à celui que vous avez admiré, peut-être même envié jusque sur le champ « de bataille de Berstheim, à celui qui tant de fois a fait entendre ce cri qui « m'a causé dans vos rangs une satisfaction si vive, mais que j'aurais beau- « coup mieux aimé répéter encore avec vous. »

C'était ainsi que la vieille monarchie s'entendait partout où elle existait : la fidélité avait ses échos ; le cri de *vive le roi*, retentissant sur les rivages de la Loire, était répété sur les bords du Rhin. Monseigneur le prince de Condé et ses fils, monseigneur le duc de Berry, la noblesse de France honorant dans un camp d'exilés les vaillantes communes de France ; un roi proscrit, à la tête de cette noblesse, faisant lui-même l'oraison funèbre d'un sujet fidèle ! l'histoire offre-t-elle quelque chose de plus beau ? notre patrie obtenait alors de grandes victoires ; mais elles n'effaceront point le souvenir de ces Français persécutés, proclamant dans les bois, à la face du ciel, leur souverain légitime, et célébrant les funérailles de ceux qui étaient morts pour lui.

CHAPITRE XV.

REPOS MOMENTANÉ DES ÉMIGRÉS ET DE MONSEIGNEUR LE DUC DE BERRY. — LES OBSERVATIONS DE CE PRINCE SUR L'ALLEMAGNE.

Des négociations continuelles, des trêves, des paix séparées, donnaient aux émigrés quelques moments de repos. Les uns allaient alors errer dans les vallées des Alpes, visiter les religieux de la Val-Sainte, autre espèce d'exilés sur la terre (mais la révolution les poursuivait encore dans le désert, car tout était envahi, et la solitude manquait au solitaire) ; les autres s'enfonçaient dans l'Allemagne, accueillis dans les cabanes, repoussés dans les châteaux, chassés de la porte de ces rois dont ils défendaient les trônes.

Monseigneur le duc de Berry profitait également de ces intervalles de repos pour voyager et pour consoler sa famille dispersée ; il étudiait les nations au milieu desquelles la Providence l'avait jeté. Il remarquait que les Allemands, divisés en une multitude d'États, sont tels encore qu'ils étaient du temps de Tacite, c'est-à-dire qu'ils sont moins un peuple que le fond et la base d'autres peuples. Sortis de leurs forêts, transportés sous un ciel plus propice, leur génie natif se développe ; ils deviennent des nations admirables et presque indestructibles. Les Francs, les Angles, les Visigoths, les Goths et les Lombards l'ont prouvé en France, en Angleterre, en Espagne et en Italie. Mais tant que les tribus germaniques habitent leur pays natal, tout semble enseveli chez eux comme dans une mine, ou confus comme dans un chaos.

Un fait singulier n'échappa point à la perspicacité du prince. Il vit avec un intérêt mêlé de surprise, que les doctrines du siècle, introduites parmi les Allemands, avaient fait naître dans certains esprits les erreurs sociales, sans y pouvoir détruire les vérités naturelles, enracinées dans un sol fécond et sauvage. Il en était résulté un mélange bizarre de folie et de bon sens, de christianisme et de déisme, de libéralisme et de mysticité, d'enthousiasme froid et de métaphysique exaltée, de goût et de barbarie, de corruption et de rudesse. De même que les Cattes, les Bructères, les Chauques adoraient dans les bois une horreur secrète, vague, indéfinie, plusieurs de leurs fils se sont mis à révérer quelque chose de fantastique et de ténébreux qu'ils ne peuvent ni peindre ni saisir.

CHAPITRE XVI.

LETTRE DE MONSEIGNEUR LE DUC DE BERRY A MONSEIGNEUR LE PRINCE DE CONDÉ. — L'ARMÉE DE CONDÉ SE RETIRE EN POLOGNE. — ADIEUX DU PRINCE A CETTE ARMÉE.

Monseigneur le duc de Berry se trouvait ainsi pour un moment absent de l'armée (1), lorsqu'il écrivit au prince de Condé cette lettre si touchante par la tendresse et la noblesse des sentiments :

« Enfin, monsieur, mon frère est arrivé hier : vous jugerez facilement de la
« joie que j'ai éprouvée en le revoyant. Ma joie est d'autant plus vive que mon
« retour à l'armée sera très-prompt ; nous ne devons rester que cinq ou six
« jours ici, et nous ne perdrons pas de temps en chemin pour revenir. Je
« fais bien des vœux pour qu'on ne tire pas des coups de fusil pendant mon
« absence; mais que cette campagne qu'on peut bien regarder, je crois,
« comme la dernière, soit active. Je le désire vivement pour mon instruction
« et pour mon frère, car je suis persuadé qu'il faut que les Bourbons se montrent,
« et beaucoup ; et que, hors de la France, ils doivent commencer par gagner
« l'estime des Français avec leur amour. »

Cette campagne de 1797 ne fut pas longue. L'armistice conclu à Léoben (2) entre Buonaparte et le prince Charles changea les destinées de l'armée de Condé : elle passa au service de la Russie, et se retira en Volhinie ; elle était encore forte de plus de dix mille hommes. Monseigneur le duc de Berry en avait pris le commandement pendant l'absence de monseigneur le prince de Condé. Avant de quitter cette brave armée, pour se rendre à Blakembourg, il lui fit part d'une lettre de satisfaction dont le roi l'avait chargé pour elle, et il mit à l'ordre du jour les adieux suivants :

« Après avoir été si longtemps au milieu et à la tête de la noblesse fran-
« çaise, qui, toujours fidèle, toujours guidée par l'honneur, n'a pas cessé un
« instant de combattre pour le rétablissement de l'autel et du trône, il est
« bien affligeant pour moi de me séparer d'elle dans un moment surtout où
« elle donne une nouvelle preuve d'attachement à la cause qu'elle a embras-
« sée, en préférant abandonner ses biens et sa patrie, plutôt que de plier ja-
« mais sa tête sous le joug républicain. »

(1) 1797. — (2) 7 juin 1797.

« Au milieu des peines qui m'affligent, j'éprouve une véritable consolation
« en voyant un souverain aussi généreux que S. M. l'empereur de Russie re-
« cueillir et recevoir le dépôt précieux de cette noblesse malheureuse, en la
« laissant toujours sous la conduite d'un prince que l'Europe admire, que les
« bons Français chérissent, et qui m'a servi de guide et de père depuis trois ans
« que je combats sous ses ordres.

« Je vais rejoindre le roi ; je ne lui parlerai pas du zèle, de l'activité et de
« l'attachement dont la noblesse française a donné tant de preuves dans cette
« guerre : il connaît tous ses mérites et sait les apprécier. Je me bornerai à lui
« marquer le vif désir que j'ai et que j'aurai toujours de rejoindre mes braves
« compagnons d'armes ; et je les prie d'être bien persuadés que, quelque
« distance qui me sépare d'eux, mon cœur leur sera éternellement attaché, et
« que je n'oublierai jamais les nombreux sacrifices qu'ils ont faits et les vertus
« héroïques dont ils ont donné tant d'exemples. »

LIVRE SECOND.

Vie militaire du prince jusqu'au licenciement de l'armée de Condé.

CHAPITRE PREMIER.

MONSEIGNEUR LE DUC DE BERRY REJOINT L'ARMÉE DE VOLHINIE. — HOSPITALITÉ DES POLONAIS. — LE PRINCE ORGANISE LE RÉGIMENT NOBLE A CHEVAL.

Après avoir passé environ un an auprès de son père à Édimbourg, et auprès du roi à Mittau, monseigneur le duc de Berry vint rejoindre ses compagnons d'armes en Volhinie (1) : il les trouva dans la joie ; cette joie était causée par la nouvelle du mariage, qui venait d'être assurée, entre monseigneur le duc d'Angoulême et S. A. R. Madame. Ainsi notre vieille monarchie continuait ses destinées dans un coin du monde, tandis qu'on croyait qu'elle n'existait plus. Les victimes qui en gardaient les saintes lois croyaient n'avoir rien perdu tant qu'elles voyaient au milieu d'elles la famille de leurs souverains. Qui eût osé se plaindre d'un malheur que partageait la fille de Henri IV et de Marie-Thérèse ?

Monseigneur le duc de Berry ne se trouva point étranger en Pologne. Henri III n'y avait-il pas régné ? la fille de Stanislas n'était-elle pas l'aïeule du prince exilé ! La France a été surnommée la mère des rois : les Bourbons trouvent des ancêtres sur tous les trônes.

Les Polonais sont les Français du Nord : ils en ont la bravoure, la vivacité, l'esprit ; ils parlent notre langue avec grâce. Les émigrés retrouvèrent au milieu des forêts de la Pologne de grandes dames qui leur donnèrent l'hospitalité comme au temps de la chevalerie. Ce qui ajoutait à l'illusion était une certaine

(1) 29 octobre 1798.

mollesse de l'Asie, introduite dans les vieux manoirs polonais, où des femmes charmantes ont l'air d'être enfermées par des enchanteurs et des infidèles.

C'était au reste une étrange fortune que celle qui reléguait un prince, victime de la politique, chez un peuple bouleversé par cette même politique; qui amenait ce prince dans un pays que des diètes tumultueuses ont perdu, comme des assemblées populaires ont perdu la France. Et que de vicissitudes dans la destinée des rois de Pologne, depuis ce Jagellon qui conquit, perdit, reprit et refusa des couronnes, jusqu'à ce Casimir, d'abord jésuite, ensuite cardinal, et puis roi, lequel, après avoir proposé pour monarque aux Polonais le duc d'Enghien, fils du grand Condé, vint oublier le trône aux soupers de Ninon, et mourut abbé de Saint-Germain-des-Prés !

L'armée de Condé avait subi une nouvelle organisation. Les cavaliers nobles, distribués auparavant en différents corps, ne formaient plus qu'un seul régiment, destiné par l'empereur Paul à monseigneur le duc d'Angoulême. Monseigneur le duc de Berry prit le commandement de ce régiment en l'absence de son frère; il employa ses loisirs à discipliner un corps superbe, mais difficile à conduire par la nature même de sa composition. Il montra dans cette circonstance des talents qui annonçaient en lui un des meilleurs officiers de cavalerie de l'Europe.

CHAPITRE II.

L'ARMÉE DE CONDÉ SE MET EN MARCHE POUR REJOINDRE LES TROUPES ALLIÉES. — MARIAGE DE SON ALTESSE ROYALE MADAME ET DE MONSEIGNEUR LE DUC D'ANGOULÊME.

La Russie s'étant déterminée à secourir l'Autriche, à délivrer l'Italie et à porter la guerre en France, le corps de Condé reçut en Volhinie l'ordre de se tenir prêt à marcher. Cet ordre ranima dans le cœur des vaillants proscrits leur double passion pour les combats et pour la patrie : chacun se défit de ce qui lui restait pour s'équiper; les lambeaux de la fidélité furent vendus pour acheter les armes de l'honneur. L'armée s'était formée en trois colonnes (1) : la première commandée par monseigneur le prince de Condé, la seconde par monseigneur le duc de Berry, et composée du régiment noble à cheval, du régiment d'infanterie de Durand et de l'artillerie; la troisième sous les ordres de monseigneur le duc d'Enghien.

Tandis que ces guerriers s'avançaient vers la France dans l'espoir d'en ouvrir le chemin à leur roi, le ciel accomplissait une partie de leurs vœux : MADAME donnait sa main à monseigneur le duc d'Angoulême. Des témoins oculaires nous ont transmis des détails de cette pompe, qui n'a presque point été connue : nous les laisserons parler. Hélas ! nous avons vu et nous raconterons les solennités d'un autre mariage ! il s'était fait au sein de la patrie, sous des auspices bien plus favorables : Dieu avait ses desseins sur les deux frères.

(1) 25 janvier 1799.

Mittau, 5 juin 1799.

« La reine (1) arriva hier après un long et pénible voyage. Le roi se proposait
« d'aller à quatre milles d'ici : il la rencontra à moitié chemin de cette dis-
« tance. Leur entrevue excita tout l'intérêt que doivent inspirer deux augustes
« époux séparés depuis huit ans, et cherchant dans leur réunion quelque
« adoucissement à des malheurs inouïs.

« Madame Thérèse est arrivée le lendemain : le roi était parti de grand ma-
« tin pour aller à sa rencontre. La première maison de poste était indiquée pour
« le rendez-vous ; mais la princesse ayant fait la plus grande diligence, ce fut
« aussi sur le chemin qu'ils se rencontrèrent : nulle expression ne pourrait
« peindre un pareil moment. Le même sentiment fit s'élancer à la fois, hors
« de leurs voitures, le roi, monseigneur le duc d'Angoulême et Madame Thé-
« rèse. Le roi courut vers Madame en lui tendant les bras ; mais ses efforts ne
« purent suffire pour l'empêcher de se précipiter à ses pieds. Des larmes et
« des sanglots furent les premiers témoignages des sentiments profonds dont le
« cœur était rempli. Le premier tribut payé à la nature et au souvenir de tant
« d'infortunes fit place aux expressions de la plus tendre reconnaissance. Mon-
« seigneur le duc d'Angoulême, retenu par le respect, mais entraîné par mille
« sentiments divers, arrosait de ses pleurs la main de sa cousine, tandis que le
« roi, dans la plus vive émotion et les yeux inondés de larmes, pressait contre
« son sein cette princesse, et lui présentait en même temps l'époux qu'il lui
« donne. Ce roi si bon, si digne d'un meilleur sort, placé ainsi entre ses en-
« fants d'adoption, éprouvait pour la première fois qu'il peut encore exister
« pour lui quelques instants de bonheur.

« Tous les Français qui entourent Sa Majesté, avides de voir, de bénir, d'a-
« dorer l'auguste fille de Louis XVI, s'étaient postés en foule dans les cours et
« les escaliers du château. A l'instant où elle a paru, des larmes d'attendrisse-
« ment coulaient de tous les yeux, et l'on n'entendait plus que des vœux adres-
« sés au ciel.

« On admire dans les traits de Madame Thérèse, dans son maintien, dans
« son langage et le mouvement de sa physionomie, l'aisance, la noblesse et
« les grâces de Marie-Antoinette. La France, avec autant de joie que de dou-
« leur, retrouva dans sa figure les traits de l'infortuné Louis XVI, embellis
« par la jeunesse, la fraîcheur, la sérénité ; et, par un heureux accord, qui
« sans doute est un don du ciel, la princesse rappelle aussi Madame Élisabeth.

« Les regrets universels que la cour et les habitants de toutes les classes de
« la ville de Vienne ont témoignés au départ de Madame Thérèse, le respect
« et la vénération qu'elle inspire à tous ceux qui ont le bonheur de l'appro-
« cher, sont un garant certain des sentiments d'amour dont la France entière
« fera hommage à cette adorable princesse. »

Mittau, 10 juin 1799.

« Le mariage si longtemps désiré de monseigneur le duc d'Angoulême
« avec Madame Thérèse de France s'est célébré aujourd'hui dans une grande

(1) Marie-Josèphe-Louise de Savoie, épouse de Louis XVIII.

« salle du château, où l'on avait dressé un autel entouré de fleurs. Son Émi-
« nence monseigneur le cardinal de Montmorency, grand aumônier de France,
« leur a donné la bénédiction nuptiale : le clergé catholique de Mittau assis-
« tait à cette cérémonie. L'abbé Edgworth était auprès du prie-Dieu des
« jeunes époux. MONSIEUR, que l'état actuel des choses retient à la proximité
« de France, et MADAME, à qui sa santé n'a pas permis d'entreprendre un si long
« voyage, n'y ont pas été présents (1). Toutes les personnes les plus considéra-
« bles de la ville se sont empressées de s'y rendre, ainsi que le prêtre grec et le
« pasteur luthérien. Les Français qui se sont trouvés à Mittau dans ce beau
« jour, ont eu le bonheur de voir former ces liens. La famille royale avait
« pour escorte ces cent gardes du corps, respectables vétérans de l'honneur et
« de la fidélité, à qui l'empereur de Russie a donné, pour récompense de leurs
« longs services, la fonction d'entourer leurs maîtres. MM. les ducs de Ville-
« quier, de Guiche, de Fleury, le comte de Saint-Priest (qui a reçu le con-
« trat de mariage), le marquis de Nesle, le comte d'Avaray, le comte de Cossé,
« et quelques autres officiers ou serviteurs du roi, ont eu l'honneur de signer
« comme témoins l'acte de célébration.

« Une fille de France et un petit-fils de France ne pouvant trouver qu'à
« six cents lieues de leur patrie un autel où il leur fût permis de déposer leurs
« serments, l'héritier présomptif de la couronne de Louis XVI, et les précieux
« restes du sang de ce monarque, unissant leurs destinées à Mittau sous les
« auspices de l'empereur de Russie : quel spectacle, et que de réflexions il fait
« naître !

« Le roi, qui trouve dans l'union de sa nièce et de son neveu tout ce que le
« sentiment a de plus doux réuni à ce que la politique peut avoir de plus im-
« portant, jouit maintenant de son ouvrage, en y reconnaissant une nouvelle
« marque de l'amitié du digne successeur de Pierre le Grand. Ce magnanime
« souverain signera le contrat de mariage, et en recevra le dépôt dans les ar-
« chives de son sénat (2). »

Ainsi s'accomplit dans une terre étrangère, au milieu des religions étrangères, le mariage dont un des témoins fut le prêtre étranger qui assista
Louis XVI à l'échafaud : un sénat étranger reçut l'acte de célébration. Il n'y
avait plus de place pour le contrat de mariage de la fille de Louis XVI dans ce
trésor des chartes où fut déposé celui d'Anne de Russie et de Henri Ier, roi de
France.

CHAPITRE III.

ARRIVÉE DE MONSEIGNEUR LE DUC DE BERRY A CONSTANCE AVEC L'ARMÉE. — COMBAT. — RETRAITE.

Monseigneur le duc de Berry, avec l'armée de Condé, était arrivé à Friedeck
dans la Silésie autrichienne lorsqu'il reçut la dépêche annonçant le mariage de

(1) Le comte d'Artois et la comtesse d'Artois.
(2) *Corresp. manusc. et of. de M. le comte de Saint-Priest avec le chevalier de Vernègues.*

son frère : elle fut mise à l'ordre. On lisait dans cet ordre une lettre du roi, qui disait au prince de Condé : « Apprenez cette heureuse nouvelle à l'armée ; elle
« ne peut paraître que d'un bon augure à vos braves compagnons, au moment
« où ils vont rentrer dans la carrière qu'ils ont si glorieusement parcourue. »

Ce bourg de Friedeck fut un véritable lieu de réjouissance pour le corps de Condé. Un vieux seigneur allemand du voisinage, à force d'entendre parler de rois tués et de princes bannis, fit des réflexions. Il lui sembla, puisqu'on dissipait en festins les biens qu'on ravissait aux autres, qu'il serait bien fou de ne pas prendre les devants : il se mit donc à manger son patrimoine. Quand monseigneur le duc de Berry et monseigneur le prince de Condé arrivèrent, il venait de vendre son château. Avec le prix qu'il en avait obtenu, il donna un grand souper et un excellent concert à ses hôtes. Débarrassé des soins de la fortune, il se promettait bien de rire de la révolution lorsqu'elle le viendrait trouver à Friedeck.

Après une marche de quatre cents lieues, l'armée arriva le 1er octobre dans les environs de Constance : elle avait parcouru ses forêts natales, berceau des Clodion et des Mérovée ; elle avait passé sur ses anciens champs de bataille, dans ces bois qui avaient retrouvé leur silence, et où l'on voyait, comme au camp de Varus, les ossements blanchis des soldats sacrifiés pour leur prince et pour leur patrie (1).

Lorsque monseigneur le duc de Berry avait traversé la ville de Prague à la tête de l'armée, le peuple s'était attendri à la vue de ces chevaliers de Saint-Louis, de ces vieillards qui, le sac sur le dos, un fusil russe sur l'épaule, marchaient tout courbés sous le poids de leurs armes, de leurs jours et de leurs malheurs. Le commandant autrichien, qui les regardait passer, se tournant vers les officiers de sa garnison, leur dit : « Hé bien, messieurs, en eussions-nous fait autant ? »

Constance ne fut pas plutôt occupé par le corps de Condé (2), que les républicains l'attaquèrent. Ils pénétrèrent dans la ville : on s'y battit à la baïonnette, aux cris de *vive le roi! vive Condé! vive la république!* Ce fut la première et la dernière affaire de cette campagne pour monseigneur le duc de Berry et pour l'armée de Condé : la division se mit parmi les Russes et les Autrichiens. Le maréchal Suwarow rentra en Pologne avec ses armées : le corps de Condé fut maintenu, mais par l'Angleterre. Paul Ier envoya des drapeaux d'honneur au régiment de Bourbon, et la grande croix de Malte à monseigneur le duc de Berry. Ce dernier prince alla voir le maréchal Suwarow avant son départ, et s'entretint avec ce guerrier, dont la bizarrerie égalait le génie et la loyauté.

CHAPITRE IV.

PROJET DE MARIAGE ENTRE MONSEIGNEUR LE DUC DE BERRY ET LA PRINCESSE CHRISTINE DE NAPLES. — LE PRINCE VA EN ITALIE.

Ce mélange de combats et de voyages, ces relations avec toutes sortes de peuples et toutes sortes d'hommes, avaient formé le caractère et l'esprit de mon-

---

(1) TACITE, *Annales.* — (2) 5 octobre 1799.

seigneur le duc de Berry ; il parlait avec facilité la plupart des langues de l'Europe, et les épreuves de sa vie promettaient à la France un grand monarque.

Le roi avait pensé pour son neveu à un mariage : il avait jeté les yeux sur la famille royale de Naples: M. le chevalier de Vernègues avait donné la première idée de cette union, et avait été chargé de la suivre; ensuite M. le comte de Chastellux reçut des instructions à ce sujet; celui-ci, attaché à madame Victoire, avait été nommé après la mort de cette princesse (1) ministre plénipotentiaire de Louis XVIII à la cour de Sicile. Des lettres patentes en date de Mittau, donnèrent pouvoir au comte de Chastellux de consentir, au nom de Sa Majesté, au mariage de monseigneur le duc de Berry avec madame Christine, princesse de Naples.

Monseigneur le duc de Berry, accompagné du comte de Damas-Crux, du chevalier de Lageard et du marquis de Sourdis, partit de Lintz pour Clagenfurth, où se trouvait la princesse sa mère, Madame : de là il se rendit à Palerme. L'armée de Condé devait passer en Italie, s'embarquer à Livourne, et faire une descente en Provence, où les royalistes avaient un parti.

Monseigneur le duc de Berry plut à la cour. Son mariage avec la princesse Christine fut à peu près arrangé. Il reçut un traitement de vingt-cinq mille ducats, que les malheurs du temps ne tardèrent pas à lui enlever. La reine de Naples, les princesses ses filles et le prince Léopold ayant quitté la Sicile pour faire un voyage à Vienne, monseigneur le duc de Berry alla à Rome, avec dessein de servir dans le corps napolitain qui occupait la ville des Césars.

CHAPITRE V.

VOYAGE DU PRINCE A ROME.

Monseigneur le duc de Berry débarqua à Naples, et de là se rendit à Rome. Il fut singulièrement frappé de la variété des personnages qu'il rencontra sur les chemins d'Italie : des Anglais et des Russes voyageaient à grands frais dans d'élégantes voitures, avec tous les usages et tous les préjugés de leur pays; une famille italienne cheminait avec économie dans un chariot du temps de Léon X ; un moine à pied traînait par la bride sa mule chargée de reliques ; des paysans conduisaient des charrettes attelées de grands bœufs blancs, et portant une petite image de la Vierge élevée sur le timon, au bout d'une gaule recourbée ; des femmes en jupon court, en corset ouvert, la tête voilée comme des madones, ou les cheveux bizarrement tressés, insultaient le prince en riant, et des pèlerins, appuyés sur un long bâton, le regardaient passer. Tout cela sur les grands pavés de la voie Appienne, qui conservent encore les traces des roues du char d'Agrippine, sur les chemins de Tibur, où l'ermitage de saint Antoine de Padoue s'est écroulé à son tour dans les ruines de la maison d'Horace.

Le cardinal de Bernis n'existait plus quand monseigneur le duc de Berry arriva à Rome. Il ne pouvait plus offrir à un prince fugitif cette hospitalité digne

---

(1) 15 septembre 1800.

des jours d'Évandre, qu'il exerça envers les nobles dames dont l'auteur de cet ouvrage honora les cendres à Trieste : notre destinée est de pleurer sur le tombeau des Bourbons. Nous ne sommes pas Tacite, mais nous écrivons la vie d'un homme fort au-dessus d'Agricola, et nous avons encore sur l'historien romain l'avantage de n'avoir pas attendu le règne des bons princes pour rendre hommage à la vertu malheureuse.

La veuve des rois, des consuls et des empereurs était aussi veuve de pontifes, lorsque monseigneur le duc de Berry vint l'admirer dans sa solitude : Pie VI était mort à Valence, le 29 août 1799, et Pie VII, élu à Venise, le 14 mars 1800, n'était pas encore arrivé. Le dernier souverain de la Rome chrétienne avait été aussi noble dans ses disgrâces, que les derniers princes de la Rome païenne avaient été vils dans leurs malheurs. Pie VI, et après lui Pie VII, soutinrent dans les fers la grandeur de la ville éternelle, et se montrèrent les dignes chefs de l'éternelle religion.

CHAPITRE VI.

SUITE DU PRÉCÉDENT. — MONSEIGNEUR LE DUC DE BERRY QUITTE ROME POUR RETOURNER A L'ARMÉE.

Le séjour de l'Italie réveilla dans le jeune prince le goût des arts ; il se livra à l'étude de la peinture et de la musique. Beaucoup d'instruments lui étaient familiers ; il en jouait avec goût. Il chantait bien ; il dessinait agréablement, surtout les scènes militaires : il se connaissait en tableaux mieux que les hommes les plus exercés.

« Je suis dans l'admiration de Rome, » écrivait-il à M. le comte de Chastellux. Le prince aimait par caractère la vie libre et débarrassée de toute gêne que l'on mène en Italie. Rome, par un privilège qui semble attaché à son origine, est encore le pays de l'indépendance personnelle : c'est le lieu de toutes les existences isolées, l'asile de tous les hommes las du monde ou jouets de la fortune. Souffrez-vous le jour, vous pouvez comparer vos malheurs à ceux que tant de monuments rappellent, et vous trouvez vos peines légères ; la nuit, vous oubliez ces peines sous un ciel enchanté, au milieu de tous les plaisirs. Un prince de la race des Radegaise et des Alaric, le dernier héritier d'un empire de douze siècles, le descendant proscrit des bienfaiteurs du saint siége, le fils des rois très-chrétiens, le neveu de Louis XVI, le prince qui devait tomber lui-même sous le fer révolutionnaire, le duc de Berry enfin, errant dans les palais détruits des Césars, s'égarant dans les Catacombes, parcourant le Vatican désert, ou dessinant, assis sur un obélisque tombé, les débris épars du Capitole, offrait lui-même un tableau qui manquait aux ruines et aux souvenirs de Rome.

Le malheur poursuivait partout monseigneur le duc de Berry. Il avait perdu un de ses fidèles compagnons, le chevalier de Lageard, et il n'avait été un peu consolé que par la loyauté du bailli de Crussol qui se trouvait alors à Rome. Le prince apprit bientôt que l'armée de Condé étant arrivée à la hauteur de Venise, avait reçu l'ordre de suspendre sa marche, parce que la guerre était au moment de recommencer. Un faux bulletin, que l'on attribue au ministre Acton, avait déjà répandu cette nouvelle lorsque monseigneur le duc de Berry était encore à Palerme, et avait pensé faire partir subitement ce prince. Il reçut à Rome la nouvelle positive que le corps de Condé allait se trouver engagé, que monseigneur le duc d'Angoulême avait rejoint l'armée, et qu'il s'était mis à la tête du régiment noble à cheval, formé par monseigneur le duc de Berry. La gloire et l'amitié fraternelle parlent au cœur de notre brave et sensible prince ; il ne peut résister à cette double tentation ; il quitte Rome furtivement pour rejoindre son frère et ses compagnons d'armes. Le Béarnais se dérobait au tumulte des armes pour aller voir Gabrielle ; son petit-fils s'éloigne d'une grande princesse pour courir au champ d'honneur. On l'entendra s'excuser bientôt dans son admirable lettre à M. Acton.

CHAPITRE VII.

MONSEIGNEUR LE DUC D'ANGOULÊME ARRIVE A L'ARMÉE DE CONDÉ. — IL EST REJOINT PAR SON FRÈRE. — DERNIER BULLETIN DE L'ARMÉE DE CONDÉ, ÉCRIT PAR MONSEIGNEUR LE DUC DE BERRY.

Monseigneur le duc d'Angoulême, accompagné du comte de Damas-Crux et du chevalier de Saint-Priest(1), avait rejoint l'armée de Condé à Pontaba (2). L'armée reçut avec transport cet autre héritier du trône de saint Louis. Il avait déjà donné des preuves de sa valeur dans les armées du Nord, et sa destinée l'appelait à balancer un jour presque seul la fortune de l'homme qui avait tenu le monde dans sa main.

Les Français s'avancèrent dans la Bavière. Le corps de Condé, forcé à une marche longue et rétrograde, entra en ligne dans l'armée autrichienne sur les bords de l'Inn ; monseigneur le duc de Berry, en arrivant au camp, le trouva dans cette position (3). La reconnaissance des deux frères fut touchante. Monseigneur le duc de Berry servit comme simple volontaire dans le régiment noble à cheval qu'il avait formé, et dont monseigneur le duc d'Angoulême avait pris le commandement. Obéissant à son frère aîné comme le moindre soldat, il donna un nouvel exemple de cette soumission des membres de la famille royale les uns envers les autres, dans l'ordre de l'hérédité : soumission qui non-seulement manifeste les vertus naturelles aux Bourbons, mais qui conserve encore le trône, en devenant une sorte de confession authentique et perpétuelle du principe de la légitimité.

La perte de la bataille de Marengo par les Autrichiens amena un armistice prolongé à différentes reprises jusqu'au 20 d'octobre. L'armée de Condé, postée sur l'Inn, défendait entre Weissembourg et Neubeieren, le passage de cette rivière. Une affaire eut lieu à Ravenheim (4) : les ducs d'Angoulême et de Berry s'y trouvèrent. Le prince de Condé fut obligé d'employer l'autorité pour faire retirer les deux princes, qui s'exposaient inutilement ; un soldat avait été frappé d'une balle à un pas du premier. Deux jours après, la bataille de

(1) Tué à Reims par un des derniers coups de canon tirés dans la campagne de 1814. Un de ses frères, M. le comte de Saint-Priest, est aujourd'hui aide-de-camp de monseigneur le duc d'Angoulême. — (2) 25 mai 1800. — (3) 8 septembre 1800. — (4) 1ᵉʳ décembre.

Hohenlinden (1) fut gagnée par un général qui voulait acquérir une grande renommée pour la mettre aux pieds de son roi légitime. Cette bataille décida du sort de la guerre. L'armée de Condé se retira en se battant toujours. Monseigneur le duc de Berry envoya à la reine de Naples le détail de toutes ces affaires. Il est curieux d'opposer aux bulletins pompeux de Buonaparte le dernier bulletin de l'armée de Condé, écrit par un fils de France : monseigneur le duc de Berry était digne d'être le dernier historien des derniers combats de la noblesse française, les derniers exploits des derniers Condé.

Linsen, près Rottman, 15 décembre 1800.

« Nous avons eu bien des désastres ; mais je vous assure que pour ceux qui « les ont vus, ces événements sont fort singuliers. Le peu de précaution que « l'on a pris à la bataille du 3, près Ebesberg, l'inaction où l'on a laissé et les « corps qui étaient à Wasserburg, et nous avec M. de Chasteller, qui pou-« vions attaquer avec succès sur Munich ; mais principalement le passage de « l'Inn que l'on a laissé forcer sans vouloir prendre aucune mesure raisonnable « pour l'empêcher ; tout cela est fort extraordinaire.

« Déjà depuis plus de dix jours l'on savait que les forces de l'armée de Mo-« reau se portaient devant nous.

« Avec quinze cents hommes d'infanterie et douze cents chevaux (ce qui fait « la totalité du corps), nous gardions depuis la gauche de Wasserburg jusqu'au « delà de Neubeieren, c'est-à-dire plus de six lieues. Le 15 de ce mois, un « corps de quinze cents Autrichiens, sous les ordres du feld-maréchal ***, s'é-« tait porté à Hartmansberg, à cinq lieues du pont de Rozenheim, où étaient « nos batteries. Il est connu, par l'exemple des anciennes guerres et par la vue « du pays, que le passage de Neubeieren est non-seulement facile, mais le seul « praticable. Malgré les représentations que M. le prince de Condé avait faites « le soir, aucun secours ne lui avait été donné, et les Autrichiens ne s'étaient « pas rapprochés. Le 9, à la pointe du jour, les ennemis ouvrirent un feu ter-« rible sur nos batteries ; en même temps trois divisions passèrent l'Inn entre « Neubeieren et Rohrdoff, défendu ou plutôt observé par vingt-cinq dragons « d'Enghien et douze hommes de Durand. Les Français s'avancèrent en se « battant toujours contre M. le duc d'Enghien (qui avait réuni son régiment « et celui de Durand), jusqu'au village de Riedering. Les Autrichiens n'ar-« rivèrent qu'à une heure. Le général *** s'emporta beaucoup sur ce que nous « avions laissé passer deux mille cinq cents hommes devant vingt-cinq dragons, « et surtout de ce que M. le prince de Condé avait abandonné la position de « Rozenheim, où le canon nous avait démonté deux pièces, tuant hommes et « chevaux, les Français d'ailleurs nous ayant débordés, et étant déjà à Riede-« ring, à deux lieues en arrière de la position. Le général *** envoya le général « Giulay avec sa division pour se joindre avec M. le duc d'Enghien et forcer « Riedering. Cet ordre fut exécuté. M. le prince de Condé et M. le duc d'An-« goulême attaquèrent avec les grenadiers de Bourbon et emportèrent sur-le-« champ les batteries de l'ennemi. M. le duc d'Enghien chargea avec les dra-

(1) 2 décembre.

« gons à pied, le régiment de Durand et les dragons de Kinski ; ces trois corps
« se couvrirent de gloire. Le comte de Giulay faisait tous ses efforts pour nous
« faire appuyer par l'infanterie autrichienne : elle était harassée de tant de
« combats. Trop faibles, il fallut renoncer à nos avantages, et les Français re-
« prirent leur position, où ils se maintinrent jusqu'à la nuit.

« Le brave régiment de Durand a été écrasé ; douze grenadiers seulement
« sur la totalité de la compagnie revinrent de l'affaire. M. le duc d'Enghien a
« eu un cheval tué sous lui, et a perdu beaucoup de dragons. Gaston de Da-
« mas, frère cadet de Roger, a été blessé, ainsi que plusieurs autres officiers
« de distinction. Le général major La Serre a été blessé grièvement en com-
« battant avec les grenadiers de Durand.

« Depuis ce moment nous n'avons cessé de marcher le jour ou la nuit. Nous
« venons occuper la position de Rottman, par où les Français pourraient arri-
« ver sur Léoben.

« Nous apprenons que dans ce moment les Français ont forcé le passage de
« la Salza à Lauffen. »

Monseigneur le duc de Berry renouvelle ici la générosité de Catinat ; il ne se nomme pas une seule fois dans cette relation si animée ; il avait pourtant assisté à tous les combats : il ne parle que de son frère et de monseigneur le duc d'Enghien ; silence bien digne de l'âme du prince dont la fin a été si généreuse et si héroïque.

CHAPITRE VIII.

LICENCIEMENT DE L'ARMÉE DE CONDÉ.

La paix de l'Allemagne amena la dissolution du corps de Condé (1). Quand on licencie une armée, elle retourne dans ses foyers : mais les soldats de Condé avaient-ils des foyers? Où les devait guider le bâton qu'on leur permettait à peine de couper dans les bois de l'Allemagne, après avoir déposé le mousquet qu'ils avaient pris pour la défense de leur roi? Les chasser de leur camp, c'était les condamner à un second exil. Ce camp était devenu pour eux une petite France ; ils y avaient transporté leurs pénates : l'épée héréditaire, le drapeau blanc, l'autel de l'honneur. Ils ne pouvaient s'arracher à leur dernière patrie : ceux-ci s'arrêtaient tristement devant les faisceaux d'armes ; ceux-là pleuraient assis sur des canons ; d'autres erraient dans les rues du camp, auxquelles ils avaient donné des noms empruntés de leur cher pays. Quel prix tant de braves gentilshommes recevaient-ils de leur loyauté? Leur sang versé pour une cause sacrée, tous les genres de sacrifices faits à leur devoir ; rien n'était compté : le résultat de leur vertu était l'abandon et la misère. On leur disputait jusqu'au chétif secours qu'une certaine pudeur ne permettait pas de leur refuser : on les obligeait de montrer leurs blessures à des commissaires étrangers, afin de rabattre quelques deniers sur celles qui ne paraissaient pas trop graves, et de faire un petit profit sur le sang de la fidélité. Le cœur navré du

(1) 16 avril 1801.

coup qui frappait ses compagnons d'infortune, monseigneur le duc de Berry surmontait sa douleur pour les consoler : on le voyait courir de tous côtés, encourageant les uns, embrassant les autres, partageant avec tous le peu d'argent qui lui restait. Il ordonna de distribuer aux soldats du régiment noble à cheval le produit de la vente des chevaux : mais les escadrons le supplièrent de faire remettre cette somme aux cent vétérans gardes du corps placés près du roi à Mittau. Il fallut enfin se séparer. Les frères d'armes se dirent un dernier adieu, et prirent divers chemins sur la terre, sans savoir où ils reposeraient leur tête. Tous allèrent, avant de partir, saluer leur père et leur capitaine, le vieux Condé en cheveux blancs : le patriarche de la gloire donna sa bénédiction à ses enfants, pleura sur sa tribu dispersée, et vit tomber les tentes de son camp avec la douleur d'un homme qui voit s'écrouler les toits paternels.

LIVRE TROISIÈME.

Séjour du prince en Allemagne et en Angleterre.

CHAPITRE PREMIER.

EMBARRAS DE MONSEIGNEUR LE DUC DE BERRY EN ALLEMAGNE. — SES LETTRES.

Monseigneur le duc de Berry se trouva lui-même dans un extrême embarras après le licenciement de l'armée. Le jeune prince passa une année tantôt à Wildenwarth, tantôt à Vienne, le plus souvent à Clagenfurth, auprès de sa mère. Il cherchait à renouer à Naples un mariage que traversait le ministre Acton, homme qui n'était propre aux affaires humaines que par le côté commun.

Rien n'est plus intéressant que les lettres écrites par monseigneur le duc de Berry à cette époque : ses malheurs répandent sur son style et dans ses sentiments quelque chose de touchant et de triste. Parlant de la descente que l'armée de Condé avait dû faire sur les côtes de la Provence : « Je suis désespéré, dit-« il, que cette expédition n'ait pas eu lieu, non que je crusse au succès, mais « parce que j'y aurais acquis de la gloire, ou que j'y aurais été tué, ce qui est « notre seule ressource si Buonaparte règne sur la France (1). » Dans une autre lettre il refuse d'aller en Italie sous un nom supposé, et il ajoute : « Je veux être « ce que je suis, et marcher toujours la tête haute partout où je serai (2). » Il manquait de tout, et on le voyait sans cesse venir au secours de ses malheureux amis. Tandis que son mariage ne pouvait être renoué, que l'adversité l'isolait de plus en plus sur la terre, il songeait à donner aux autres un bonheur qu'il n'avait pas, à unir des familles qu'il aimait.

« Ma bien véritable amitié pour vous, » dit-il au comte de Chastellux,

(1) *Lettre à M. le comte d'Hautefort.* — (2) *Lettre à M. le comte de Chastellux.*

« m'engage à vous parler d'une idée qui m'est venue en tête. Vous avez vu à
« Venise madame de Montsoreau et ses filles : l'aînée est un ange ; c'est la per-
« sonne la plus accomplie que je connaisse (1). Elle a toutes les vertus et tous
« les charmes : la douceur, l'esprit et la figure. Ses parents, qui sont bien déci-
« dés à ne jamais quitter notre déplorable bannière, voudraient l'unir à quel-
« qu'un qui réunît à la naissance une conduite et des mœurs fort rares à ren-
« contrer. Ils m'ont souvent entendu faire l'éloge de votre fils, et j'ai lieu de
« croire qu'ils seraient charmés de lui donner leur fille. Ils désirent la marier
« promptement, voulant même marier la cadette au comte de La Ferronnays,
« qui joint à un caractère propre à faire le bonheur de sa femme, un peu de
« bien hors de France, et une très-grande fortune à Saint-Domingue. Montso-
« reau a l'espérance de retirer quelque chose des débris de sa fortune. Man-
« dez-moi franchement si cette idée vous plaît, ou si vous avez d'autres vues
« sur son compte. »

Et c'est le même prince, occupé du bonheur des autres d'une manière si af-
fectueuse, qui écrivait au même comte de Chastellux :

« Qu'irais-je faire à Naples? Je ne veux pas vivre pour rien dans un pays
« d'une cherté affreuse. Pourquoi M. Acton ne me parle-t-il pas franchement?
« qu'a-t-il besoin d'user de réserve envers moi? Je ne suis point une puis-
« sance politique : je suis un homme malheureux qui ne peut porter om-
« brage à personne. »

Son admirable lettre à M. Acton mérite surtout d'être conservée : « Je vous
« écris, monsieur, avec la franchise d'un Bourbon qui parle au ministre d'un
« roi Bourbon, d'un roi qui n'a cessé de montrer un attachement généreux à
« la partie de sa famille si cruellement traitée par la fortune.

« J'ai appris avec une vive douleur que le roi avait désapprouvé la dé-
« marche que j'avais faite de quitter Rome pour aller joindre l'armée de Condé.
« La noblesse fidèle avec laquelle j'ai fait huit campagnes n'avait jamais vu tirer
« un coup de fusil sans que je fusse à sa tête. Au moment où mon frère ve-
« nait de la joindre, il me mandait : *Nous attaquons le* 15 *septembre*. Si j'avais
« attendu les ordres du roi, je perdais le temps : je suis donc parti sur-le-champ ;
« je suis arrivé le 15, et le 16 nous étions au bivouac, devant attaquer le len-
« demain. Je n'aurais jamais quitté l'armée napolitaine, si elle avait été de-
« vant l'ennemi; mais tout paraissait indiquer de ce côté la plus grande tran-
« quillité. D'ailleurs, volontaire sous M. de Nazelli, ou sous M. de Damas, que
« j'ai vu si longtemps colonel à l'armée de Condé, ce n'était pas une position
« bien agréable pour moi, et je n'y pouvais être d'aucune utilité au service
« du roi. Depuis que la paix a été faite, je vous ai écrit trois fois sans rece-
« voir jamais de réponse de vous. Cette incertitude-là est cruelle : pourquoi
« ne pas me dire franchement les volontés du roi à mon égard? J'aurais été
« aussi heureux qu'il est possible, lorsqu'on n'est pas dans son pays, d'être
« uni à la famille de Naples et de tout devoir à des parents aussi bons; mais
« les circonstances empêchent-elles cette union? Ma présence serait-elle incom-

(1) Aujourd'hui madame la duchesse de Blacas.

« mode ? Le traitement qu'on a bien voulu m'accorder est-il une gêne dans
« un moment où les finances du roi sont si cruellement obérées ? Je mets le
« tout à ses pieds, avec la même reconnaissance : je vous supplie seulement
« de vouloir bien faire continuer de payer les cinq mille ducats que le roi a eu
« l'extrême bonté d'accorder aux officiers de ma maison. Ces gentilshommes
« invariables dans leur devoir et leurs principes, ne fléchiront jamais la tête
« sous le joug d'un usurpateur, et tous ont abandonné leurs fortunes pour me
« suivre. Je ne réclame donc rien pour moi que le passé. Je n'ai eu jusqu'ici
« d'autres ressources que la générosité du roi ; mais vous savez sûrement les
« retards que j'ai éprouvés. Cela me met dans le plus grand embarras. N'ayant
« rien à moi, je regarderais comme une infamie de faire une dette.

« Je suis bien sûr que vous sentirez les raisons de mon empressement à
« connaître mon sort, quand vous saurez que, dans un mois, je n'aurai, en
« vendant mes équipages, que de quoi rejoindre mon père. »

La réponse de M. Acton n'arriva point (1), et monseigneur le duc de Berry
partit pour l'Angleterre.

CHAPITRE II.

MONSEIGNEUR LE DUC DE BERRY EN ÉCOSSE.

Ce fut dans cette île que se réfugièrent tour à tour, à quelques années d'intervalles les uns des autres, les princes de la maison de France poursuivis par la fortune. Monseigneur le prince de Condé erra quelque temps en Allemagne. Comme la gloire ne se peut cacher, il trouvait difficilement un asile : le généreux duc de Brunswick, son ancien adversaire, ainsi que celui des maréchaux de Broglie et de Castries, lui offrit une retraite ; mais l'illustre rejeton de la maison d'Est devait être brisé lui-même par ce fléau qui brisait tous les royaumes et toutes les renommées. Monseigneur le prince de Condé, passant enfin en Angleterre, y rejoignit monseigneur le duc de Bourbon, son fils.

Louis XVIII avait été forcé de sortir de Saxe en 1798, par ordre de ce Directoire qui se déchargeait sur l'Europe du mépris dont il était accablé en France. « Le roi, écrivait alors monseigneur le duc de Berry, va encore courir de pays « en pays chercher un asile qu'on lui refusera partout. Mon frère le suivra. » Le roi se retira à Mittau : Pierre le Grand vint en France apprendre au pied de la statue de Richelieu à commencer un empire : l'adversité, le premier des maîtres, conduisit Louis XVIII dans les États russes, pour lui apprendre à relever un empire qui finissait. Paul Ier se souvint d'avoir été voyageur dans notre patrie, et il accueillit l'hôte illustre que notre patrie lui envoyait. Mais l'usurpateur vint à son tour dicter des lois. Obligé de quitter Mittau avec Madame, le roi ne trouva d'asile assuré qu'au sein de ces mers sur lesquelles toute puissance a été refusée à Buonaparte, et qui devaient commettre à la garde de ce génie des tempêtes leurs orages et leurs abîmes.

(1) M. le chevalier de Vernègues parvint dans la suite à faire connaître la vérité au roi, et obtint sur l'arriéré de la pension une somme de quatre-vingt mille ducats.

Le pays qu'habita d'abord monseigneur le duc de Berry auprès de son père, était uni à la France par d'anciens liens d'hospitalité. Les Écossais avaient fourni une garde à nos rois et servi puissamment dans leurs revers Charles VII et Henri IV. Montross, qui donnait au cardinal de Retz *l'idée de certains héros que l'on ne voit plus que dans les Vies de Plutarque* (1), représentait à monseigneur le duc de Berry les généreux Français immolés à la cause de leur roi. Il retrouvait encore le souvenir de ces hommes fidèles dans celui des officiers qui s'attachèrent à la fortune de Jacques II.

« Leurs aventures furent dignes des beaux jours de Sparte et d'Athènes. Ils
« étaient tous d'une naissance honorable, attachés à leurs chefs, et affectionnés
« les uns aux autres, irréprochables en tout... Ils se formèrent en une compa-
« gnie de soldats au service de France... Ils furent passés en revue par le roi
« à Saint-Germain en Laye; le roi salua le corps par une inclination et le cha-
« peau bas. Il revint, s'inclina de nouveau, et fondit en larmes. Ils se mirent
« à genoux, baissèrent la tête contre terre; puis, se relevant tous à la fois, ils
« lui firent le salut militaire. Ils furent envoyés de là aux frontières d'Espagne,
« ce qui formait une marche de neuf cent milles. Partout où ils passaient ils ti-
« raient les larmes des yeux des femmes, obtenaient le respect de quelques
« hommes, et en faisaient rire d'autres par la moquerie qui s'attache au mal-
« heur. Ils étaient toujours les premiers dans une bataille, et les derniers dans
« la retraite... Ils manquèrent souvent des choses les plus nécessaires à la vie ;
« cependant on ne les entendit jamais se plaindre, excepté des souffrances de
« celui qu'ils regardaient comme leur souverain (2). » Qui ne croirait lire une page de l'histoire des émigrés français !

Monseigneur le duc de Berry habitait près d'Édimbourg, avec son père, le château de Marie Stuart, la première veuve d'un roi de France qui porta sa tête sur l'échafaud, et qui regrettait en mourant de n'avoir pas la *tête tranchée avec une épée à la française* (3). Il aimait à répéter sous les vieilles voûtes du château la ballade où l'infortunée princesse faisait ses adieux *au plaisant pays de France :*

> Adieu, plaisant pays de France :
>   O ma patrie
>   La plus chérie,
> Qui as nourri ma jeune enfance !
> Adieu, France, adieu nos beaux jours !
> La nef qui déjoint nos amours
> N'a eu de moi que la moitié.
> Une part te reste : elle est tienne ;
> Je la fie à ton amitié,
> Pour que de l'autre il te souvienne.

Lorsque Monsieur vint demeurer à Londres, monseigneur le duc de Berry l'y suivit, et sa vie changea encore comme sa fortune.

(1) *Mémoires du cardinal de Retz*, liv. III. — (2) Dalrym., *Mémoires de la Grande-Bretagne.* — (3) *Rech. de Pasquier.*

CHAPITRE III.

MONSEIGNEUR LE DUC DE BERRY ARRIVE A LONDRES. — SES FAIBLESSES. — ADMIRABLE DÉCLARATION DU ROI ET DES PRINCES DE LA MAISON DE FRANCE.

Un prince qui ne règne plus, un banni sans patrie, un soldat qui ne fait plus la guerre, est le plus indépendant des hommes : il arrive souvent qu'il cherche dans les affections du cœur de quoi remplir le vide de ses journées. Il serait inutile de taire ce que la mort chrétienne et héroïque du prince a révélé. Le duc de Berry faillit comme François Ier et Bayard, Henri IV et Crillon, Louis XIV et Turenne : le roi Jean vint reprendre en Angleterre des fers qu'il préférait à la liberté. Il y a deux espèces de fautes qui, toutes graves qu'elles doivent être aux yeux de la religion, sont traitées avec indulgence dans la patrie d'Agnès et de Gabrielle. En condamnant trop sévèrement dans ses rois les faiblesses de l'amour et le penchant à la gloire, la France craindrait de se condamner elle-même.

Monseigneur le duc de Berry eut une de ces joies si pures que produit l'honneur, en donnant (avec tous les princes de la famille royale qui se trouvaient en Angleterre) son adhésion à la note du roi, en réponse à la proposition que lui fit faire Buonaparte de renoncer au trône de France, moyennant des indemnités : cette note est un des plus beaux documents de notre histoire. Tandis que de puissants monarques étaient forcés d'abandonner leurs trônes au conquérant, un roi de France proscrit refusait le sien à l'usurpateur qui l'occupait : le sénat romain ne fit pas acte de propriété plus magnanime en vendant le champ où campait Annibal.

Varsovie, 22 février 1803.

« Je ne confonds pas M. Buonaparte avec ceux qui l'ont précédé ; j'estime sa
« valeur, ses talents militaires : je lui sais gré de plusieurs actes d'administra-
« tion, car le bien que l'on fera à mon peuple me sera toujours cher. Mais il
« se trompe s'il croit m'engager à transiger sur mes droits : loin de là, il les
« établirait lui-même, s'ils pouvaient être litigieux, par la démarche qu'il fait
« en ce moment.

« J'ignore quels sont les desseins de Dieu sur ma race et sur moi ; mais je
« connais les obligations qu'il m'a imposées par le rang où il lui a plu de me
« faire naître. Chrétien, je remplirai ces obligations jusqu'à mon dernier sou-
« pir ; fils de saint Louis, je saurai à son exemple me respecter jusque dans les
« fers ; successeur de François Ier, je veux du moins pouvoir dire comme lui :
« *Nous avons tout perdu, fors l'honneur.*

« *Signé* Louis. »

Et au bas :

« Avec la permission du roi mon oncle, j'adhère de cœur et d'âme au con-
« tenu de cette note.   *Signé* Louis-Antoine. »

Monseigneur le duc d'Angoulême résidait alors auprès du roi à Varsovie.

Monsieur, monseigneur le duc de Berry, monseigneur le duc d'Orléans et les deux princes ses frères alors vivants, monseigneur le prince de Condé, monseigneur le duc de Bourbon, tous exilés dans la Grande-Bretagne, envoyèrent au roi l'adhésion suivante :

« Pénétrés des mêmes sentiments dont S. M. Louis XVIII, roi de France et
« de Navarre, notre seigneur et roi, se montre si glorieusement animé dans
« sa noble réponse à la proposition qui lui a été faite de renoncer au trône de
« France, et d'exiger de tous les princes de la maison de Bourbon une renon-
« ciation à leurs imprescriptibles droits de succession à ce même trône,

« Déclarons
« Que notre attachement à nos devoirs et notre honneur ne pourront jamais
« nous permettre de transiger sur nos principes et sur nos droits, et que nous
« adhérons de cœur et d'âme à la réponse de notre roi ;
« Qu'à son illustre exemple, nous ne nous prêterons jamais à la moindre
« démarche qui pût avilir la maison de Bourbon, et lui faire manquer à ce
« qu'elle se doit à elle-même, à ses ancêtres, à ses descendants ;
« Et que si l'injuste emploi d'une force majeure parvenait (ce qu'à Dieu ne
« plaise!) à placer de fait, et jamais de droit, sur le trône de France, tout autre
« que notre roi légitime, nous suivrons avec autant de confiance que de fidélité
« la voix de l'honneur, qui nous prescrit d'en appeler jusqu'à notre dernier
« soupir, à Dieu, aux Français, et à notre épée. »

Monseigneur le duc d'Enghien envoya de son côté, au roi, son adhésion particulière.

« Sire,
« La lettre du 5 mars, dont Votre Majesté a daigné m'honorer, m'est exac-
« tement parvenue. Votre Majesté connaît trop bien le sang qui coule dans
« mes veines pour avoir pu conserver un instant de doute sur le sens de la ré-
« ponse qu'elle me demande. Je suis Français, Sire, et Français resté fidèle à
« son Dieu, à son roi, et à ses serments d'honneur : bien d'autres m'envieront
« peut-être un jour ce triple avantage. Que Votre Majesté daigne donc me
« permettre de joindre ma signature à celle de monseigneur le duc d'Angou-
« lême, adhérant comme lui de cœur et d'âme au contenu de la note de
« mon roi.

« *Signé* Louis-Antoine-Henri de Bourbon. »

Ettenheim, ce 22 mars 1803.

Quels sentiments! quelle signature! et quelle date! Lorsqu'on lit à cette époque l'histoire des deux France, ancienne et nouvelle, qui existaient en même temps, on ne sait de laquelle on doit être plus fier : les succès héroïques sont pour la France nouvelle, les malheurs héroïques pour l'ancienne ; nos princes avaient tout emporté des grandeurs de notre patrie, ils n'y avaient laissé que la victoire.

CHAPITRE IV.

VIE DE MONSEIGNEUR LE DUC DE BERRY A LONDRES. — VOYAGES DU PRINCE.

Monseigneur le duc de Berry, établi à Londres, allait une fois tous les mois faire sa cour au roi à Hartwell ; il visitait aussi son ancien général, monseigneur

le prince de Condé. Le roi avait écrit à ce dernier ces paroles charmantes :
« Jouissez, mon cher cousin, du même repos que le plus illustre de vos aïeux
« goûta volontairement sous les lauriers : tout vous sera Chantilly. » Cependant
le héros de Friedberg et de Berstheim ne conduisait plus *ses amis dans ses superbes allées de Chantilly, au bruit de tant de jets d'eau qui ne se taisaient ni jour ni nuit* (1). N'ayant rien à laisser au duc de Berry, son royal élève, il lui légua par son testament ses vieux compagnons d'armes. On voit quelle opinion il s'était formée du prince par la lettre qu'il lui écrivit alors : « Sans doute,
« lui dit-il, votre existence est cruelle; mais nous avons fait notre devoir. Ce
« n'est plus à moi dans la circonstance présente, c'est à vous à relever l'étendard royal et à nous tous à marcher sous vos ordres. Votre extrême jeunesse
« a pu nécessiter pendant quelque temps l'inconvenance que vous fussiez sous
« les miens; mais tant qu'il me restera un peu de force, je me ferai gloire
« d'être votre premier grenadier. » M. Pitt avait conçu la même idée du prince, et Buonaparte lui-même en parlait avec une haute estime. Les hommes supérieurs peuvent errer dans leur opinion ; mais lorsqu'ils rencontrent la vérité, ils augmentent le prix du mérite jugé de toute la valeur attachée à l'autorité du juge.

Hors ces devoirs de famille si chers à son cœur, et qu'il remplissait avec exactitude, monseigneur le duc de Berry n'en connaissait point d'autres à Londres : il avait secoué le joug de la société. Renfermé chez lui, il vivait au milieu de quelques amis dont il faisait les délices. Il avait tout ce qu'il fallait pour rendre charmante la vie privée : de l'esprit, de la grâce, de la gaieté, du goût pour les arts, de l'ordre dans les affaires, de la régularité dans les habitudes, une humeur caressante, une bonté infinie. Fait pour la lumière, il aimait l'ombre; mais quelque chose du prince lui restait dans la condition commune, et l'on sentait qu'il était plutôt caché que perdu dans les rangs obscurs de la société. Ses loisirs en Angleterre lui permirent de s'abandonner à diverses études : il se livra à la science des médailles, dans laquelle il fit des progrès étonnants. Il retourna ensuite à la musique, à la peinture, et se perfectionna dans la connaissance des tableaux. Il acquit aussi à Londres, sur la monarchie représentative, les idées saines que nous lui avons connues.

Les royaumes unis de la Grande-Bretagne avaient atteint leur plus haut point de gloire politique lorsque monseigneur le duc de Berry y vint chercher un asile. A la tête du gouvernement, M. Pitt luttait avec des hommes capables de le seconder contre cette grande opposition qu'avaient formée les Burke, les Fox et les Sheridan. Les vieilles mœurs se soutenaient parmi les gentilshommes-fermiers qui trouvaient un appui dans le caractère du plus simple et du meilleur des rois. Restés originaux, sans être grossiers et exclusifs, les Anglais s'étaient accoutumés aux étrangers, par la noble hospitalité qu'ils avaient exercée envers eux : ils aimaient ces Français qu'ils avaient si longtemps détestés. Monseigneur le duc de Berry s'étonnait de trouver un pays qui ressemblait bien peu à celui que croyait avoir peint Voltaire et de Lolme; pays moderne assis sur

---

(1) Bossuet, *Oraison funèbre du grand Condé.*

des fondements gothiques, et dont les libertés constitutionnelles reposent sur des lois féodales.

Monseigneur le duc de Berry entreprit quelques voyages dans l'intérieur de l'Angleterre pour mettre à profit son exil. Il vit les prodiges de Manchester et de Birmingham; il s'émerveilla plus qu'il ne fut enthousiasmé de ces grands miracles qui font de petites choses, de ces machines qui créent des bras et tuent des intelligences; subtiles inventions *qui ne maintiennent l'état de ce monde qu'en entretenant ce qui passe avec le temps* (1). Le prince remarqua le génie conservateur d'un peuple qui ne laisse rien périr, qui remet à neuf ses vieux monuments, et rétablit avec soin jusqu'à la pierre tombée d'une ruine. Les maisons de campagne dont l'Angleterre est semée, attirèrent l'attention de l'illustre voyageur. Les unes lui offrirent l'élégante *villa*, bâtie sur le modèle de quelques monuments de l'Italie et de la Grèce, et dans lesquelles demeurent oubliés les tableaux des plus grands maîtres; les autres lui présentaient le modèle de ces vieux châteaux décrits par les romanciers : ici, des obélisques, des colonnes, des statues, enlevés aux débris de Tentyra, de Palmyre et d'Athènes; là des pagodes indiennes, des armures d'anciens chevaliers, des arcs et des flèches de Sauvages, apportés par le capitaine Cook. A Hamptoncourt, les portraits des maîtresses de Charles II; à Windsor, les souvenirs de cette comtesse de Salisbury, *qui férit le roi Édouard d'une étincelle de fine amour au cœur* (2). Monseigneur le duc de Berry trouva à Glasgow la littérature des bardes; à Oxford, celle d'Homère et de Virgile; à Cambridge, les sciences de Newton. Enfin le prince visita tous les monuments publics, depuis cet hôpital de Greenwich où le matelot regrette les tempêtes, jusqu'à cette abbaye de Westminster où dorment en paix les souverainetés du trône et du génie. Parmi tant de noms gravés sur tant de sépulcres, le fils de France lut avec attendrissement les noms de quelques Français encore exilés parmi ces morts.

CHAPITRE V.

MONSEIGNEUR LE DUC DE BERRY ESSAIE DE REPRENDRE LES ARMES ET DE PASSER EN FRANCE. — MAGNANIMITÉ DU PRINCE DE CONDÉ ET DES BOURBONS.

Les malheurs envoyés par la Providence faisaient connaître chaque jour une nouvelle vertu de cette Maison de France si élevée au-dessus des autres, comme les torrents qui descendent du ciel mettent quelquefois à découvert l'or que recèle la montagne : monseigneur le duc de Berry perdit sa mère. Ce bon fils nous apprend par une de ses lettres avec quelle amertume il la pleura; il éprouva une longue maladie, et l'on voit encore dans la même lettre qu'il fut tendrement soigné par son père.

Heureux ce prince s'il eût moins aimé son pays, s'il se fût enseveli pour jamais dans cette vie paisible qu'il goûtait sur une terre hospitalière! Mais s'il n'eût tourné ses yeux vers sa patrie, aurait-il été Français? Il saisissait avec ardeur toutes les occasions qui se présentaient de rentrer en France. L'expédition

---

(1) *Eccles.*, cap. XXXVIII. — (2) FROISSART.

des Anglais à Copenhague paraissait liée à d'autres desseins ; le prince partit, et se rendit en Suède, espérant de servir dans quelque armée. L'entreprise manqua, et il fut forcé de revenir en Angleterre, où le roi arriva alors.

La guerre d'Espagne le tenta de nouveau : il écrivait à M. de Mesnard (1) :
« Vous avez fort bien jugé, mon cher Mesnard, et de ce que j'éprouve, et de
« ce qui me retient. Il n'est que trop vrai que depuis six semaines j'ai travaillé
« à aller rejoindre les braves Espagnols, et que le gouvernement y a mis un
« obstacle absolu et positif. Les Espagnols qui sont ici nous ont évités avec soin.
« Tout en admirant leurs nobles efforts, il me semble qu'ils ont oublié, ainsi
« que tout le monde, que les aînés de leurs rois ont gouverné la France, et
« qu'il faut que Buonaparte tombe pour leur sûreté comme pour celle du
« monde. »

Une fois monseigneur le duc de Berry fut prêt à passer en France. Il avait formé le projet de rejoindre, avec deux personnes seulement, les royalistes de l'intérieur. « Il me suffira, disait-il, de trouver cinquante braves pour me re-
« cevoir. » Au moment de s'embarquer, il écrivit ces mots à M. de Mesnard :
« L'entreprise est audacieuse : je suis bien sûr que cela ne vous arrêtera pas ;
« mais songez que vous êtes père. » Ainsi le prince, qui recherchait pour lui les périls, craignait de les faire partager à ses amis. M. le comte de La Ferronnays, qui soupçonnait d'inexactitude les renseignements arrivés de la côte de France, proposa au prince d'aller sonder le terrain ; le prince lui répondit par cette admirable lettre :

Hartwell, 1809.

« J'ai reçu hier matin ta lettre d'avant-hier, mon cher Auguste. Je te re-
« mercie de tes bons conseils ; je trouve dans tout ce que tu me dis assez de sa-
« gesse et de raison, et ce que j'aime encore mieux, j'y trouve une preuve de
« plus de ton attachement pour moi : mais, mon ami, tes réflexions sont trop
« tardives, et sont inutiles. Tout ce que tu me dis, je me le suis déjà dit à
« moi-même : je n'ai jamais partagé ta confiance dans le succès de notre expé-
« dition ; je crois fermement que nous marchons à la mort, et c'est ce qui fait
« que je ne veux pas m'arrêter. Tu sais trop, mon cher Auguste, les absur-
« dités qui ont été débitées sur notre compte ; tu sais combien on nous reproche
« de n'avoir pas combattu avec la Vendée, de n'avoir pas mêlé notre sang à
« celui des royalistes : il faut faire taire la calomnie, et tu es trop mon ami
« pour me conseiller le contraire. Tu connais mes opinions sur les guerres ci-
« viles et ceux qui les fomentent ; je me croirais traître au roi, traître à la
« France, et le plus coupable des hommes, si, pour ma propre gloire, ou pour
« mon intérêt personnel, je cherchais à la rallumer et à ramener sur cette
« fidèle Vendée les malheurs qui déjà furent le prix de son dévouement à
« notre cause. Mais puisque l'on assure que, lassés d'être opprimés, les roya-
« listes se décident d'eux-mêmes à reprendre les armes ; puisqu'ils nous le
« font dire, et qu'ils demandent un prince, rien ne m'empêchera d'aller les
« rejoindre. Je combattrai à leur tête, je mourrai au milieu d'eux, et mon

(1) 27 juillet 1808.

« sang versé au champ d'honneur, abreuvant le sol de la patrie, rappellera
« du moins à la France qu'il existe des Bourbons, et qu'ils sont encore dignes
« d'elle. Mon vieux Nantouillet et toi, mon ami, vous partagerez mon sort :
« je ne vous plains pas. Tu seras enterré à mes côtés. C'est un moyen très-bon
« pour couvrir ce que tu appelles ta *responsabilité*. Quant à ta proposition
« d'aller avant moi sonder le terrain et vérifier les faits, elle n'a pas le sens
« commun, et tu me connais assez pour être bien sûr que je ne consentirai ja-
« mais à ce que mon ami s'expose pour moi à un danger que je ne partagerais
« pas avec lui.

« Adieu ; je serai à Londres après-demain à cinq heures. J'irai passer la soi-
« rée chez ta belle-mère : nous causerons de tout cela. Embrasse ta femme
« et tes enfants; je te quitte pour aller à la chasse. »

Lorsque l'usurpateur, dans l'orgueil de la prospérité, cherchait à flétrir de
grandes infortunes qu'il devait lui-même connaître, l'ancienne race royale
pouvait-elle mieux repousser que par cette lettre les calomnies de la nouvelle
dynastie? Quel est ici l'homme supérieur, ou de Buonaparte insultant publique-
ment les Bourbons dans sa proclamation aux provinces de l'Ouest, ou du duc
de Berry répondant, dans le secret de l'amitié, à des outrages si cruels et si
peu mérités? On peut dire que toute la mort de monseigneur le duc de Berry est
dans cette lettre généreuse et sublime.

L'entreprise n'eut pas lieu : seulement un soldat (1), envoyé à la découverte,
y perdit la vie. La fortune refusa à monseigneur le duc de Berry la mort de
Charette, pour lui réserver celle de Henri IV : elle voulait le traiter en roi.

Une autre fois des révolutionnaires subalternes cherchèrent à attirer monseigneur le duc de Berry sur le continent. Ils racontaient que les royalistes
étaient prêts à se soulever en Normandie, que la seule présence du prince
produirait une révolution. Le piége fut découvert ; le prince ne descendit point
au rivage où sa tête avait été mise à prix. Il s'est rencontré depuis un homme
qui a livré la tête du fils de France pour rien.

Quelque temps avant l'époque où l'on voulut sacrifier monseigneur le duc
de Berry, un étranger se présenta en Angleterre pour proposer aux Bourbons
d'assassiner l'usurpateur. Il faut voir de quel air le prince de Condé reçoit
cette proposition, et comme il en écrit à MONSIEUR. « Cet homme m'a proposé
« tout uniment, dit-il, de nous défaire de l'usurpateur par le moyen le plus
« court. Je ne lui ai pas donné le temps de m'achever les détails de son projet,
« et j'ai repoussé cette proposition avec horreur, en l'assurant que si vous étiez
« ici, vous feriez de même; que nous serions toujours les ennemis de celui qui
« s'est arrogé la puissance et le trône de notre roi, tant qu'il ne les lui rendrait
« pas; que nous avions combattu cet usurpateur à force ouverte, que nous le
« combattrions encore si l'occasion s'en présentait, mais que jamais nous n'em-
« ploierions de pareils moyens, qui ne pouvaient convenir qu'à des jacobins...
« Après cela j'ai dit à l'homme qui était venu, qu'il n'y avait que l'excès de
« son zèle qui eût pu le porter à venir nous faire une pareille proposition ;

(1) Armand de Chateaubriand.

« mais que ce qu'il avait de mieux à faire était de repartir tout de suite, at-
« tendu que, s'il était arrêté, je ne le réclamerais pas, et que je ne le pourrais
« qu'en disant ce qu'il est venu faire. »

Voilà les princes que l'on avait proscrits ! Ces nouveaux Fabricius ne font point étalage de leur générosité auprès du nouveau Pyrrhus : ils ne l'avertissent point qu'on le veut tuer; ils se contentent de chasser l'assassin, et de faire ainsi avorter son crime : leurs vertus sont pour Dieu et non pour les hommes. On les ignorerait encore, ces vertus, sans des lettres que le hasard a conservées, et qui viennent longtemps après les découvrir. Et qui repousse le premier l'idée d'un assassinat sur Buonaparte? le grand-père du duc d'Enghien !

CHAPITRE VI.

DÉPART DE MONSEIGNEUR LE DUC DE BERRY POUR JERSEY. — SÉJOUR DU PRINCE DANS CETTE ILE.

Enfin, après vingt-deux ans de combats, la barrière d'airain qui fermait la France fut forcée : l'heure de la restauration approchait; nos princes quittèrent leurs retraites. Chacun d'eux se rendit sur différents points des frontières, comme ces voyageurs qui cherchent, au péril de leur vie, à pénétrer dans un pays dont on raconte des merveilles. Monsieur partit pour la Suisse; monseigneur le duc d'Angoulême pour l'Espagne, et son frère pour Jersey. Dans cette île, où quelques juges de Charles Ier moururent ignorés de la terre, monseigneur le duc de Berry retrouva des royalistes français, vieillis dans l'exil et oubliés pour leurs vertus, comme jadis les régicides anglais pour leurs crimes. Il rencontra de vieux prêtres désormais consacrés à la solitude; il réalisa avec eux la fiction du poëte qui fait aborder un Bourbon dans l'île de Jersey après un orage. Tel confesseur et martyr pouvait dire à l'héritier de Henri IV, comme l'ermite à ce grand roi :

> Loin de la cour alors, dans cette grotte obscure,
> De ma religion je vins pleurer l'injure.   (*Henriade.*)

Monseigneur le duc de Berry passa quelques mois à Jersey; la mer, les vents, la politique, l'y enchaînèrent. Tout s'opposait à son impatience; il se vit au moment de renoncer à son entreprise, et de s'embarquer pour Bordeaux. Une lettre de lui nous retrace vivement ses occupations sur son rocher :

8 février 1814.

« Que direz-vous, madame, de la liberté que je prends de vous écrire, et de
« me charger de répondre à une lettre qui ne m'est pas adressée? Mais le tendre
« et touchant intérêt que vous voulez bien m'y marquer est mon excuse. Je
« comptais bien vous écrire, mais du sol de ma patrie, de cette terre chérie
« que je vois tous les jours sans pouvoir y atteindre; enfin, je voulais écrire à
« la veuve du grand Moreau, si digne de lui, sur le chemin qu'il aurait déjà
« aplani devant nous si le sort ne nous l'avait enlevé.

« Me voici donc comme Tantale, en vue de cette malheureuse France qui a
« tant de peine à briser ses fers; et les vents, le mauvais temps, la marée,
« tout vient arrêter les courageux efforts des braves qui vont courir des dan-
« gers qu'on ne me permet pas encore de partager. Vous, dont l'âme est si

« belle, si française, jugez de tout ce que j'éprouve ; combien il m'en coûte-
« rait de m'éloigner de ces rivages qu'il ne me faudrait que deux heures pour
« atteindre ! Quand le soleil les éclaire, je monte sur les plus hauts rochers,
« et, ma lunette à la main, je suis toute la côte, je vois les rochers de Coutances.
« Mon imagination s'exalte ; je me vois sautant à terre, entouré de Français,
« cocardes blanches aux chapeaux ; j'entends le cri de *vive le roi !* ce cri que
« jamais Français n'a entendu de sang-froid ; la plus belle femme de la pro-
« vince me ceint d'une écharpe blanche, car l'amour et la gloire vont tou-
« jours ensemble. Nous marchons sur Cherbourg : quelque vilain fort, avec
« une garnison d'étrangers, veut se défendre : nous l'emportons d'assaut, et un
« vaisseau part pour aller chercher le roi, avec le pavillon blanc qui rappelle les
« jours de gloire et de bonheur de la France. Ah ! madame, quand on n'est
« qu'à quelques heures de l'accomplissement d'un rêve si probable, peut-on
« penser à s'éloigner ? Pardonnez toutes ces folies, madame : croyez que les
« sentiments que vous m'avez inspirés sont aussi durables que ma vie. Veuillez
« me donner une petite part dans votre amitié, et recevoir l'hommage de mon
« tendre et respectueux attachement. »

Cette lettre charmante n'est écrite ni à des émigrés, ni à un compagnon d'infortune du prince. Les sentiments français y sont-ils moins vifs ? Pouvait-on ne pas adorer un pareil prince ? Monseigneur le duc de Berry arriva à Jersey, grandeur évanouie, couronne tombée ! Toutefois ce fils de France avait en lui quelque chose de si singulièrement propre se faire à aimer, que les habitants de Jersey ont parlé d'élever un monument en l'honneur du proscrit étranger que nos tempêtes avaient jeté dans leur île.

Les destinées de Buonaparte s'accomplirent. Ses droits eurent l'inconstance de la victoire : fidèle, elle les avait donnés, elle les retira infidèle : son favori tomba au milieu de ses gardes, et la France alla chercher dans sa retraite le vrai roi, qui devait supporter la prospérité comme il avait supporté le malheur.

SECONDE PARTIE.

VIE ET MORT DE MONSEIGNEUR LE DUC DE BERRY EN FRANCE.

LIVRE PREMIER.

Première et deuxième Restauration. — Correspondance de monseigneur et de madame la duchesse de Berry. — Leur mariage. — Vie privée du prince.

CHAPITRE PREMIER.

ARRIVÉE DE MONSEIGNEUR LE DUC DE BERRY EN FRANCE. — VOYAGE DE CHERBOURG A PARIS.

A peine le pavillon blanc arboré à Cherbourg (1) avait-il flotté dans les airs, que ce signal de paix en appela un autre. On aperçut en mer une frégate ayant

(1) 1814.

aussi pavillon blanc ; c'était la frégate l'*Eurotas*, qui conduisait à Caen monseigneur le duc de Berry : mais ce prince ayant découvert dans la rade de Cherbourg le drapeau sans tache, fit tourner la proue vers la première terre de France. La ville de Cherbourg avait envoyé une députation à Jersey, afin de prier monseigneur le duc de Berry de vouloir bien débarquer dans son port : le vaisseau chargé de cette députation ne rencontra pas en mer l'*Eurotas*. Les habitants et la garnison de Jersey s'étaient distingués par les marques de respect et d'amour qu'ils avaient données au fils de France : à son départ de leur île, dix-huit cents coups de canon saluèrent le vaisseau qui portait le prince dans sa patrie.

Le préfet maritime et les principales autorités de Cherbourg s'avancèrent en mer au-devant de l'*Eurotas*. Monseigneur le duc de Berry les reçut sur son bord. L'*Eurotas* entra dans la rade au bruit des salves d'artillerie et au milieu des navires pavoisés. Le prince, descendu de la frégate anglaise, passa à bord du vaisseau amiral français, qui recommença le salut militaire. Ensuite la chaloupe de l'amiral conduisit monseigneur le duc de Berry au fond du port royal. Elle était suivie d'une multitude d'autres chaloupes et de petits bâtiments qui portaient, avec la suite du prince, les premières autorités et les habitants les plus distingués de la ville. Les quais étaient couverts d'une foule immense qui faisait retentir l'air des plus vives acclamations. Le duc de Berry sauta à terre en criant : *France !* La révolution vient de répondre à ce cri.

Monseigneur le duc de Berry était accompagné des comtes de La Ferronnays, de Nantouillet, de Mesnard et de Clermont-Lodève. Le soir, la ville fut illuminée : Louis XVI avait été reçu dans ce même port, créé par lui, avec les mêmes témoignages d'allégresse. Pour répondre aux transports de la joie publique, monseigneur le duc de Berry fit relâcher six cents conscrits réfractaires, remettre au capitaine de la frégate anglaise des prisonniers de sa nation. C'est ainsi qu'il délivra à Caen d'autres prisonniers français et espagnols : tout devenait libre sur le passage d'un Bourbon.

Parti de Cherbourg, le prince s'arrêta quelques instants à Valogne et à Saint-Lô. Il fut complimenté auprès de Bayeux par le préfet du Calvados. Ces villes croyaient revoir le bon connétable qui les fit rentrer autrefois sous l'autorité paternelle du sage Charles V. A Bayeux, un militaire se présente au prince et lui dit : « Monseigneur me reconnaît-il ? » C'était un soldat de l'armée de Condé. « Si je vous reconnais ! » répondit vivement le prince en s'approchant de lui et écartant ses cheveux. « Vous devez avoir au front la cicatrice d'une
« blessure que je vous ai vu recevoir à Walden. » Honneur au prince qui lit si bien sur le front le nom de ses serviteurs !

Un régiment dont l'esprit n'était pas encore changé passait dans les environs de Bayeux. On conseillait à monseigneur le duc de Berry de l'éviter. Ce fut au contraire pour le prince une raison de marcher au-devant de ces troupes. Il se présente aux soldats. « Vous êtes, leur dit-il, le premier régiment français
« que je rencontre. Je viens au nom du roi recevoir votre serment de fidélité. »
Les soldats crient : *Vive l'Empereur !* « Ce n'est rien, dit le prince avec un
« sang-froid admirable ; c'est le reste d'une vieille habitude. » Il tire son épée,

et crie : *Vive le roi!* Les soldats français aiment le courage ; ils répètent aussitôt : *Vive le roi !*

Le prince fut reçu à Caen avec des démonstrations de joie extraordinaires. Il assista au spectacle : on lui présenta sur le théâtre, après la pièce, les prisonniers qu'il avait fait mettre en liberté. Ainsi, la première fois que monseigneur le duc de Berry parut dans nos jeux publics, ce fut pour essuyer les larmes de quelques Français, et la dernière fois pour y répandre son sang.

Le prince rencontra à Lisieux le brave général Bordesoulle à la tête de la cavalerie du premier corps de l'armée. A Rouen, il eut encore l'occasion d'admirer les débris de ces vieilles troupes échappées à tant de combats, et qui semblaient plutôt succomber sous le poids des victoires que sous celui des revers. Monseigneur le duc de Berry s'avançait vers Paris entre deux haies de drapeaux blancs flottant sur les remparts et sur les clochers, aux portes des villes, aux fenêtres des châteaux, des maisons et des chaumières. Partout les rues étaient sablées, les murs ornés de tapisseries, de guirlandes et de fleurs-de-lis d'or ; partout les cloches sonnaient, les canons tiraient ; les *Te Deum* étaient chantés, les cris de *vive le roi! vivent les Bourbons!* se faisaient entendre. Le prince, objet de tant d'amour, traversait avec ravissement ces riches campagnes, ce beau pays de France, cette terre natale qui lui était plus inconnue que la terre de l'exil. Environné, pressé, porté par la foule, il disait, les larmes d'attendrissement dans les yeux : « Je n'en puis plus ; j'en mourrai peut-être ; « mais je mourrai de joie. » Est-ce de joie qu'il est mort ?

Un détachement de gardes à cheval attendait monseigneur le duc de Berry au delà de Saint-Denis. Hélas ! nous l'avons vu dernièrement passer sur ce chemin dans une tout autre pompe ! Le corps municipal, les maréchaux et les généraux le complimentèrent à la barrière. MONSIEUR attendait son fils au château des Tuileries, et le reçut dans ses bras. Tout était nouveau pour le jeune prince : Paris, ses jardins, ses monuments ; et, parmi tant de Français cet étranger de notre façon ne connaissait que son père.

CHAPITRE II.

LE ROI A COMPIÈGNE.

Cependant Louis XVIII, débarqué à Calais, approchait de Compiègne : on se rendit en foule de Paris à cette résidence. Les Français, comme du temps de la Ligue, étaient affamés de voir un roi ; des courriers se succédaient d'heure en heure. Tout à coup on bat aux champs ; une voiture attelée de six chevaux entre dans la cour du château de Compiègne. Elle s'arrête, on l'environne ; on voit descendre non le roi, mais un vieillard soutenu par son fils : c'étaient monseigneur le prince de Condé et monseigneur le duc de Bourbon ; l'un, le guide de monseigneur le duc de Berry au champ d'honneur ; l'autre, le père de son infortuné frère d'armes. De vieux serviteurs de la maison de Condé accourus à Compiègne, poussent des cris en reconnaissant leur maître, se jettent sur ses mains qu'ils baisent avec des sanglots. Ces princes n'étaient que deux ; on cherchait en vain le troisième ; ils étaient tout près de Chantilly, qui n'existe plus; quand l'héritier manque, qu'importe l'héritage?

Enfin, le roi lui-même arriva. Son carrosse était précédé des généraux et des maréchaux de France qui étaient allés au-devant de Sa Majesté. Ce ne fut plus des cris de *vive le roi!* mais des clameurs confuses, dans lesquelles on ne distinguait rien que les accents de l'attendrissement et de la joie. MADAME accompagnait le roi. Ses traits, comme on l'avait remarqué, offraient un mélange touchant de ceux de son père et de sa mère. Une expression de douceur et de tristesse annonçait dans ses regards ce qu'elle avait souffert; on remarquait jusque dans ses vêtements, un peu étrangers, les traces de son exil. MONSIEUR, déjà vieil habitant de la France, en présenta les nouveaux enfants au père de famille.

Telle est en France la force du souverain légitime, cette magie attachée au nom du roi : un homme arrive seul de l'exil, dépouillé de tout, sans suite, sans gardes, sans richesses; il n'a rien à donner, presque rien à promettre; il descend de sa voiture, appuyé sur le bras d'une jeune femme; il se montre à des capitaines qui ne l'ont jamais vu, à des grenadiers qui savent à peine son nom. Quel est cet homme? C'est le fils de saint Louis; c'est le Roi ! Tout tombe à ses pieds.

CHAPITRE III.

MONSEIGNEUR LE DUC DE BERRY EST NOMMÉ COLONEL GÉNÉRAL DES CHASSEURS. — INSPECTIONS MILITAIRES. — MOT DU PRINCE. — PÈLERINAGE DE MONSEIGNEUR LE DUC DE BERRY A VERSAILLES.

Le roi donne à son peuple les institutions que les siècles avaient préparées. Mais l'ouvrage de la sagesse fut mal compris : il fallait suivre le dessin de l'habile architecte, bâtir sur son plan un nouveau palais dont les fondements auraient été antiques. Au lieu de cela, on se contenta de reblanchir des ruines et de s'y loger; on se crut en sûreté dans des débris qui devaient tomber au souffle de la première tempête. Monseigneur le duc de Berry, nommé colonel général des chasseurs, n'eut à s'occuper, dans la première année de la restauration, que d'inspections militaires. Il parcourut les départements du Nord (1), visita les places fortes de l'Alsace, de la Lorraine et de la Franche-Comté, et revint à Paris. Il passait un jour en revue, à Fontainebleau, un régiment de la vieille garde. Des grenadiers, qui l'avaient entouré après la revue, ne pouvaient s'empêcher de lui témoigner leur admiration pour Buonaparte. « Que « faisait-il donc de si remarquable? leur dit monseigneur le duc de Berry. — « Il battait l'ennemi, répondirent-ils. — Belle merveille, répliqua le prince, « avec des soldats comme vous ! »

Monseigneur le duc de Berry avait profité de son voyage dans les provinces du Nord pour passer un moment en Angleterre, et visiter les lieux de son exil. De retour à Paris, il fit un pèlerinage à ceux de son enfance : il partit pour Versailles avec un seul aide-de-camp. Il fut extrêmement frappé de trouver le château tout brillant d'or, de glaces et de peintures, mais inhabité, et debout dans une espèce de désert, comme les palais enchantés des *Contes arabes.* Ver-

(1) Août, septembre 1814.

sailles n'a été livré qu'un moment à la révolution : aucun des gouvernements illégitimes n'en a fait son séjour. L'imagination, frappée de la majesté du règne de Louis XIV et de la violence de la révolution, oublie ce qui s'est placé entre ces deux grandeurs de l'ordre et du désordre, et s'obstine à ne voir dans Versailles que le créateur de ses merveilles. Monseigneur le duc de Berry regardait avec étonnement la façade de ce palais, semblable à une ville immense, ces vastes rampes conduisant à des bocages d'orangers, ces eaux jaillissantes au milieu des statues, des marbres, des bronzes, des bassins, des grottes, des parterres; ces bosquets remplis des prodiges de l'art. Il se représentait les fêtes brillantes données dans ce palais et dans ces jardins, encore peuplés des ombres des Montespan, des Nemours, des La Vallière, des Sévigné, des Condé, des Turenne, des Catinat, des Colbert, des Bossuet, des Fénelon, des Molière, des Racine, des Boileau, des La Fontaine. Et si l'on eût demandé quel était le voyageur que les gardiens du château conduisaient de salons en salons, de bosquets en bosquets; quel était cet étranger, cet inconnu, à qui ils faisaient voir la chambre de Louis XIV, le cabinet de Louis XVI, l'appartement de madame la comtesse d'Artois, le balcon où l'infortunée Marie-Antoinette se montra au peuple, tenant monsieur le Dauphin dans ses bras, on eût répondu que ce voyageur, cet étranger, cet inconnu, était le neveu de Louis XVI, le fils de madame la comtesse d'Artois, le dernier héritier de Louis XIV.

CHAPITRE IV.

LES CENT-JOURS. — MONSEIGNEUR LE DUC DE BERRY A GAND.

La Providence, pour nous donner une dernière leçon, rendit un moment la puissance à Buonaparte. Il sort de la mer, traverse la France, arrive à la demeure du père de famille absent, court à Waterloo, et passant rapidement par le trône et par la gloire, va se replonger dans la mer au bout du monde.

Les Cent-Jours ne furent qu'une orgie de la fortune. La république et l'empire se trouvèrent en présence, également surpris d'être évoqués, également incapables de revivre. Tous ces hommes de terreur et de conquêtes, si puissants dans les jours qui leur étaient propres, furent étonnés d'être si peu de chose. En vain l'anarchie et le despotisme s'unirent pour régner; épuisée par ses excès avec le crime, la révolution était devenue stérile.

La vieille France qui se retirait, conservait encore ses forces après douze siècles, tandis que la nouvelle France se trouvait déjà caduque au bout de trente ans.

Monseigneur le duc d'Angoulême combattit héroïquement dans le Midi. Son frère protégea la retraite de Louis XVIII à la tête des volontaires royaux et de la maison du roi. En sortant des portes de Béthune, il rencontra un corps de troupes portant les couleurs de Buonaparte. Il se précipite au-devant de ces soldats, les appelle au combat ou à la fidélité : ils refusent l'un et l'autre. On propose au prince de faire un exemple :

« Comment voulez-vous, répond-il, frapper des gens qui ne se défendent pas. »

Le commandement général des différents corps réunis dans le cantonnement fut remis a monseigneur le duc de Berry : c'était une seconde armée de Condé ; il y déploya la même générosité et les mêmes talents militaires. Accoutumé à l'exil, on voyait que le malheur ne lui coûtait rien : une mort comme la sienne n'est pas chose facile, et l'on ne parvient à cette perfection que par de longues épreuves. Cette mort a révélé les nombreux bienfaits de ce prince : il secourait sans qu'on le sût de pauvres familles d'Alost. Ses infortunes n'ont jamais pesé que sur lui, et il a fait des heureux partout où il a souffert.

Il s'acquit encore un autre droit à l'estime de ses hôtes religieux, en accompagnant avec ses soldats une fête chrétienne, celle où l'on célébra le nom de ce Dieu pour lequel il n'y a point de terre étrangère ; fête éternelle qui ne passe point comme celles des hommes.

Ce Dieu des infortunés est aussi le Dieu qui dispose de la victoire : il lui plut de l'ôter à l'homme qui en avait abusé si longtemps. La perte de la bataille de Waterloo fit refluer un grand nombre de prisonniers français dans les villes des Pays-Bas : monseigneur le duc de Berry s'empressa de les secourir. Il reste un témoignage touchant de sa magnanimité : c'est le mouchoir dont il enveloppa la main d'un soldat blessé à Waterloo. Le grenadier qui possède ce drapeau blanc ne s'en séparera qu'avec la vie ; et il aurait versé mille fois son sang pour guérir la blessure du prince qui pansa la sienne.

CHAPITRE V.

RETOUR DU ROI. — MONSEIGNEUR LE DUC DE BERRY PRÉSIDE LE COLLÉGE ÉLECTORAL DE LILLE.

Le roi remonta sur son trône (1) : monseigneur le duc de Berry rentra une seconde fois dans cette belle France dont il ne devait plus sortir. Ce fut encore à Saint-Denis, le terme de tous ses voyages, qu'il arriva. Bientôt après, on lui présenta les officiers du dixième régiment de ligne, qui était resté fidèle à monseigneur le duc d'Angoulême : « Messieurs, leur dit-il, j'ai une permission « à vous demander, c'est de porter votre uniforme quand j'irai au-devant de « mon frère. »

Au premier moment de la seconde restauration, on parut vouloir profiter de la leçon reçue. Un ministre, qui avait puissamment concouru à relever deux fois le trône, donna à l'opinion l'impulsion la plus monarchique. Les colléges électoraux furent convoqués avec éclat, et les princes de la famille royale furent nommés pour présider ceux des départements de la Seine, de la Gironde et du Nord (2). Arrivé à Lille, monseigneur le duc de Berry prononça à l'ouverture du collége un discours remarquable par les sentiments et par la manière dont ils sont exprimés :

« Le plus aimé de vos rois, Henri IV, après de longues guerres intestines, ras« sembla les notables de son royaume à Rouen, et leur demanda des conseils ; « ainsi que lui, le roi, mon auguste seigneur et oncle, d'après la constitution « qu'il a donnée lui-même à son peuple, s'adresse en ce moment à vous, et me « nomme particulièrement pour être son organe auprès du département du

— (1) Juillet 1815 .(2) 15 août 1815.

« Nord. Je ne parlerai point de leur fidélité aux habitants d'un pays, berceau
« de la monarchie : je ne remercierai point de son dévouement ce peuple qui
« rappelle si bien ces Francs généreux et guerriers dont il est descendu le pre-
« mier ; je me bornerai à vous dire, messieurs, que le roi, après vingt-six ans
« de troubles et de malheurs, a besoin d'interroger le cœur de ses sujets, dont
« il juge d'après le sien. Ne pouvant réunir autour de lui tous les Français, dont
« il est, vous le savez, bien moins encore le monarque que le père, il vous de-
« mande de lui adresser, non ceux de vous qui l'aiment davantage, ce choix
« serait impossible, et vous y voleriez tous, mais ceux qui, dignes interprètes
« de votre pensée, porteront au pied de son trône cet oubli du passé, cette con-
« naissance du présent, ce coup d'œil dans l'avenir, ce respect pour la charte
« constitutionnelle, cet amour pour sa personne sacrée, enfin cette abnégation
« de soi-même qui seule peut assurer le bonheur de tous. »

Avant l'ouverture du collége électoral, monseigneur le duc de Berry avait voulu revoir et remercier la ville de Béthune et le sous-préfet, qui l'avaient si fidèlement reçu lors de sa retraite à Gand. Il envoya un présent à son hôte d'Alost, et une somme pour être délivrée aux indigents. Peu de fils de rois, rentrés dans leurs palais, se souviennent d'avoir été suppliants, d'avoir *pris dans leurs bras le petit enfant, de s'être jetés à genoux, joignant l'autel domestique* (1).

CHAPITRE VI.

MARIAGE DU PRINCE.

Enfin d'heureuses destinées semblèrent s'ouvrir pour monseigneur le duc de Berry, par son union avec la princesse Caroline-Ferdinande-Louise, fille aînée du prince royal des Deux-Siciles. Complimenté par la chambre des députés, il répondit à l'orateur : « J'aurai, je l'espère, des enfants qui, comme moi, por-
« teront dans leur cœur l'amour des Français. » La France attendait cette lignée royale : la révolution l'attendait aussi.

Sur le rapport de M. de Castelbajac, qui fit observer à la chambre des députés que le mariage d'un fils de France était une fête de famille, la Chambre ajouta cinq cent mille francs au million demandé par les ministres pour l'apanage du prince.

Monseigneur le duc de Berry abandonna cette somme pendant cinq ans aux départements qui avaient le plus souffert pendant la guerre.

Il avait écrit le 18 février à la princesse Caroline la lettre qu'on va lire, pour lui demander sa main. Les lettres de monseigneur le duc de Berry, que les espérances d'une longue vie promettaient de nous cacher longtemps, nous ont été révélées par sa mort. Ce prince appartient désormais à l'histoire, et l'on aime à chercher dans ses sentiments intimes de nouveaux motifs d'admiration et de regrets.

(1) PLUT., *in Themist.*

Paris, 18 février 1816.

« Madame ma sœur et cousine,

« Il y avait bien longtemps que je désirais obtenir l'aveu du roi votre grand-
« père et du prince votre père, pour former une demande à laquelle j'attache
« le bonheur de ma vie; mais devant que j'aie obtenu leur agrément, c'est
« Votre Altesse Royale que je viens solliciter de daigner me confier le bonheur
« de sa vie en s'unissant avec moi. J'ose me flatter que l'âge, l'expérience et
« une longue adversité m'ont assez formé pour me rendre digne d'être son
« époux, son guide et son ami. En quittant des parents si dignes de son amour,
« elle trouvera ici une famille qui lui rappellera le temps des patriarches. Que
« vous dirai-je du roi, de mon père, de mon frère, et surtout de cet ange, Ma-
« dame, duchesse d'Angoulême, que vous n'ayez entendu dire, sinon que leurs
« vertus, leurs bontés, sont fort au-dessus des éloges que l'on en peut faire?
« L'union la plus intime règne parmi nous, et n'est jamais troublée ; mes pa-
« rents désirent tous impatiemment que Votre Altesse Royale comble mes
« vœux, et qu'elle consente à augmenter le nombre des enfants de notre fa-
« mille. Veuillez, madame, vous rendre à mes prières, et presser le moment
« où je pourrai mettre à vos pieds l'hommage des sentiments respectueux et
« tendres avec lesquels je suis, madame ma sœur et cousine, de Votre Al-
« tesse Royale le très-affectionné frère et cousin, Charles-Ferdinand. »

Le jour de la célébration du mariage par procuration, il écrivit encore à la princesse la lettre suivante :

Paris, 25 avril 1816.

« Votre aimable lettre m'a fait un plaisir que je ne puis vous exprimer,
« madame et chère femme, car dès aujourd'hui nous nous sommes donné notre
« foi. De ce jour nous sommes unis par les liens sacrés du mariage ; liens que
« je chercherai toujours à vous rendre doux. Vous daignez me remercier de
« vous avoir choisie pour la compagne de ma vie! que de remercîments ne
« dois-je pas à Votre Altesse Royale pour avoir si promptement accédé aux
« vœux de vos excellents parents. Je sens combien il doit vous en coûter de
« les quitter, de venir presque seule dans un pays étranger, mais qui ne le sera
« bientôt plus pour vous, pour vous unir à un homme que vous ne connaissez
« pas. J'ai composé votre maison de dames dont la vertu et la douceur me sont
« connues : le roi a approuvé ce choix. Votre dame d'honneur, madame la
« duchesse de Reggio, est désespérée de ne pouvoir aller au-devant de
« vous. Madame de La Ferronnays, votre dame d'atours, sœur de madame la
« comtesse de Blacas, sera la première qui aura le bonheur de vous faire sa
« cour ; c'est un modèle de vertu et de l'amabilité la plus douce ; je vous la re-
« commande particulièrement : elle vous présentera les dames pour accompa-
« gner. Le duc de Lévis, votre chevalier d'honneur, est un homme aussi dis-
« tingué par ses qualités que par ses talents. Le comte de Mesnard, votre premier
« écuyer, est un loyal chevalier qui n'est rentré en France qu'avec moi. Enfin,
« j'espère que, lorsque vous les connaîtrez, vous les trouverez dignes de l'hon-
« neur qu'ils ont de vous être attachés.

« Avec quelle impatience j'attends la nouvelle de votre arrivée en France!

« Que je serai heureux, ma bien chère femme, lorsque je pourrai vous appeler
« de ce doux nom! Tout ce que j'entends dire de vos qualités, de votre bonté,
« de votre esprit, de vos grâces, me charme et me fait brûler du désir de vous
« voir et de vous embrasser comme je vous aime. « CHARLES FERDINAND. »

Cette fin de lettre est la formule de presque toutes les fins de lettres de Henri IV, mais avec quelque chose de grave et de chaste qui tient à la sainteté du lien conjugal. Le jour même où monseigneur le duc de Berry écrivait cette lettre, la jeune princesse lui envoyait celle-ci du pied des autels :

Naples, 24 avril 1816.

« C'est à l'autel que je viens, monseigneur, de prendre l'engagement solen-
« nel d'être votre fidèle et tendre épouse. Ce titre si cher m'impose des devoirs
« que très-volontiers je commence à remplir dès ce moment, en venant vous
« donner l'assurance des sentiments que mon cœur vous a déjà voués pour la
« vie; elle ne sera remplie et occupée que de chercher les moyens de vous
« plaire, à me concilier votre amitié, mériter votre confiance. Oui! vous aurez
« toute la mienne, toutes mes affections; vous serez mon guide, mon ami;
« vous m'apprendrez à plaire à votre auguste famille; vous adoucirez (je n'en
« doute pas) le chagrin si vif que je vais éprouver de me séparer de la mienne.
« C'est sur vous, enfin, que je me repose entièrement du soin de ma conduite
« pour la diriger vers tout ce qui pourra procurer votre bonheur. J'en ferai
« mon étude habituelle : puissé-je y réussir et vous prouver combien je mets
« de prix à être votre compagne! C'est dans ces sentiments que je suis, pour
« la vie, votre affectionnée épouse,   CAROLINE. »

CHAPITRE VII.

ARRIVÉE DE MADAME LA DUCHESSE DE BERRY A MARSEILLE.

Un détachement de la garde royale se rendit en Provence. Madame la duchesse de Reggio, madame de La Ferronnays, madame de Bouillé, madame de Gontaut, M. le duc d'Havré, M. le duc de Lévis, M. le comte de Mesnard, attendaient à Marseille l'arrivée de la princesse Caroline. Elle avait déjà assisté à Naples à des fêtes brillantes, fêtes qui semblent éternellement préparées sur les bords de ce golfe où tout ce qu'on aperçoit, ciel, mer, campagne, palais, ruines, se rattache à des plaisirs du moment ou à des joies passées. Embarquée sur un vaisseau napolitain, madame la duchesse de Berry traversa la mer qui avait vu passer son aïeule, Marguerite de Provence, femme de saint Louis, revenant de la Terre-Sainte où elle avait partagé les malheurs de son époux et de son roi. Marseille déploya à l'arrivée de la princesse cet enthousiasme qu'elle tient du sang de l'Ionie, de la beauté de son soleil, des chansons de ses troubadours, et du souvenir du bon roi René. Caroline de Bourbon fut reçue comme Marie de Médicis, au-devant de laquelle Henri IV avait envoyé le connétable, le chancelier, le duc de Guise et les princesses douairières de Guise et de Nemours. Mais écoutons les deux époux : ils vont nous raconter leur histoire, et avec quel charme !

CHAPITRE VIII.

LETTRES DU PRINCE ET DE LA PRINCESSE. — MADAME LA DUCHESSE DE BERRY DÉCRIT LES FÊTES QU'ON LUI DONNE A MARSEILLE ET A TOULON.

Paris, 10 mai 1816.

« Je profite, madame, du départ de madame la duchesse de Reggio pour
« vous dire combien votre seconde lettre m'a touché ; cette lettre que vous
« m'avez écrite en sortant de la cérémonie par laquelle vous avez confié votre
« destinée entre mes mains. Je suis chargé de votre bonheur, et ce sera la
« douce et constante occupation de ma vie. J'ai vu avec peine le retard de
« votre départ de Naples : la quarantaine que vous serez obligée de faire,
« quoiqu'elle soit abrégée autant que possible, me fait présumer que ce ne sera
« que dans les premiers jours du mois prochain que j'aurai le bonheur de
« vous voir. Que je regrette de n'avoir pas pu aller à Naples moi-même vous
« chercher ! Mais il faut nous soumettre aux volontés de nos parents ; et, pre-
« miers sujets, nous devons l'exemple de l'obéissance. Toute la France vous at-
« tend avec la plus vive impatience, et moi plus que personne. Je vous re-
« commande madame la duchesse de Reggio, qui, malgré sa faiblesse, a voulu
« partir. Elle se trouve bien heureuse de pouvoir se rendre à son devoir auprès
« de vous.

« Adieu, madame ; je suis impatient de recevoir une lettre de Votre Altesse
« Royale, datée de France. Le vent qui souffle avec violence me fait trembler.

« CHARLES-FERDINAND. »

Du lazaret de Marseille, 26 mai 1816.

« Vos aimables lettres, monseigneur, m'ont déjà habituée à votre intérêt.
« Je dois à Votre Altesse Royale de l'informer, avec la confiance qu'elle
« m'inspire, de tout ce que je fais ici, et d'abord de ma santé qui est très-
« bonne. Je me lève assez tard, parce que j'aime à dormir le matin ; ainsi je
« n'entends la messe que de neuf à dix heures. Le bon duc d'Havré prend la
« peine de venir de bien loin pour y assister, ainsi que le préfet, M. de
« Villeneuve-Bargemont, M. de Montgrand, maire, et les députés de la *santé*,
« lorsque les affaires publiques le leur permettent. Ainsi ils viennent me voir
« à une distance très-*respectueuse* qu'imposent les lois de la quarantaine. Puis
« je me retire chez moi jusqu'au dîner, après lequel je profite de l'excellente
« société de madame de La Ferronnays ; c'est à son attachement pour mon-
« seigneur que je dois sans doute la preuve si touchante de son dévouement
« de venir s'enfermer avec moi. J'y suis bien sensible, comme à la demande
« qu'en fit aussi madame la duchesse de Reggio. J'ai le plaisir de la voir au
« parloir avec mesdames de Gontaut, de Bouillé, et MM. de Lévis et de Mes-
« nard, et tous ceux que M. le duc d'Havré m'a présentés ; c'est une occupa-
« tion de l'après-dîner, avant la promenade ou la pêche ; plaisirs que les in-
« tendants de la *santé* m'ont procuré deux fois. Ils sont bien empressés
« d'employer tous les moyens d'adoucir ma retraite. Jeudi passé j'ai fait une
« jolie promenade sur mer dans un très-beau canot que M. le commandant de

« la marine a fait venir de Toulon ; on a pu entrer dans le port ; et comme il a
« paru que les bons habitants de Marseille ont été contents que l'on ait trouvé
« ce moyen de me faire voir à eux, j'ai demandé de renouveler la promenade
« aujourd'hui si le temps le permet ; l'on m'a fait entendre aussi plusieurs fois
« de la musique ; enfin, monseigneur, l'on n'omet rien de ce qui peut m'être
« agréable. Je suis bien reconnaissante, je vous assure, et voudrais le montrer
« comme je le sens ; mais je ne peux vaincre tout d'un coup ma timidité. Mon
« âge et le peu d'occasions que j'ai eues de paraître doivent me faire excuser
« par ceux qui savent ces raisons ; les autres ne me jugent peut-être pas avec
« tant d'indulgence. Je n'en serai affligée que par rapport à Votre Altesse
« Royale à qui je voudrais faire éprouver tous les genres de satisfaction. On
« doit me faire voir Toulon ; je jouirai d'autant plus de ce plaisir que cette
« course n'est pas un retard, puisqu'elle ne fait qu'employer les jours de grâce
« que messieurs de la *santé* m'ont accordés ; c'est un arrangement de l'excel-
« lent duc d'Havré. Je n'écris pas aujourd'hui au roi notre oncle, ni à votre
« père, pour ne les pas fatiguer ; mais soyez assez bon pour être auprès d'eux
« l'interprète de mes sentiments de respect et d'attachement, ainsi que de ceux
« d'amitié à monseigneur le duc et à madame la duchesse d'Angoulême. Il me
« tarde bien de faire partie de cette famille qui m'est déjà si chère. Vous m'ap-
« prendrez à lui plaire, monseigneur ; vous me direz bien franchement tout
« ce que je dois faire pour cela, et surtout pour mériter votre tendresse

CAROLINE. »

Paris, 26 mai 1816.

« Je ne puis vous exprimer, madame, combien je suis heureux d'apprendre
« votre arrivée à Marseille. J'aurais bien voulu abréger l'ennuyeuse quarantaine
« de Votre Altesse Royale, et je crains que vous ne trouviez le temps bien
« long. Vous avez déjà gagné les cœurs de ceux qui n'ont fait que vous entre-
« voir. Vous êtes déjà si aimée en France ! on désire tant vous voir ! Quand je
« sors à présent, l'on ne crie plus : *vive le duc de Berry !* mais, ce cri qui me
« fait bien plus de plaisir : *vive la duchesse de Berry ! vive la princesse Caroline !*

« Je voudrais, madame, prévenir tous les désirs de Votre Altesse Royale,
« savoir ce qui pourrait lui plaire : vous aurez ici une habitation charmante,
« que toute la famille s'occupe à arranger. Vous aimez à monter à cheval ; je
« vous cherche des chevaux bien sages. Je sais que vous ne craignez rien,
« mais moi j'ai peur pour vous. A propos du courage, vous avez été en grand
« danger sur mer, auprès de cette vilaine île d'Elbe, d'où sont partis tous nos
« maux l'année dernière. Cela m'a fait trembler ; mais j'ai aimé à apprendre
« que vous n'aviez pas éprouvé la moindre frayeur. Le sang de Henri IV et
« de Louis XIV ne s'est pas démenti.

« Adieu, madame et bien chère amie, ma bonne et aimable femme ; en
« attendant le 15 de juin qui est encore si loin, je veux vous répéter que je
« vous aime, et que je ferai tout ce qui sera en moi pour vous rendre heureuse.

« CHARLES-FERDINAND. »

Marseille, 2 juin 1816

« Quel plaisir pour moi, monseigneur, de recevoir à cinq jours de date
« vos lettres très-aimables, mais aussi écrites trop rapidement! Permettez-
« moi d'en faire un petit reproche à Votre Altesse Royale. Vous m'excuserez,
« puisque vous m'assurez que vous désirez me donner toutes sortes de bonheur,
« et que vous retardez celui que j'ai à vous lire par l'étude qu'il faut que je fasse
« de votre écriture. N'allez pas d'après cela me juger difficile et grondeuse.

« Je suis arrivée hier soir de Toulon, où tous mes instants ont été employés
« à recevoir des hommages, des fêtes sur terre et sur mer. La ville entière
« était parée, décorée d'emblèmes, d'inscriptions allégoriques. Il est impossible
« de décrire l'enthousiasme de ces bons habitants de Provence ; ils me gâtent ;
« ils touchent sensiblement mon cœur par les expressions répétées de leur
« amour pour le roi et pour toute sa famille. Ils ont en même temps la déli-
« catesse de joindre des acclamations pour mes parents de Naples : cela n'est-
« il pas charmant? Toutes les autorités sont excellentes, au dire général ; ce
« sont bien elles qui soutiennent ce bon esprit. J'ai vu avec plaisir ce brave
« Rousse de Toulon, le seul qui ait fait reconnaître Louis XVII, et qui conti-
« nue, par un entier et désintéressé dévouement, à se rendre utile à son pays
« et à son roi.

« L'on m'a conduite dans les arsenaux. Celui de terre, qui n'existait pas
« il y a quatre mois, est maintenant en état d'armer plus de trente mille
« hommes. On le doit à l'activité infatigable du colonel qui en est chargé,
« dont le nom est M. de Laferrière. En tout, ce petit voyage m'a intéressée.
« Nulle part, je crois, on ne peut prendre une idée plus juste des moyens et de
« la grandeur de la France qu'en visitant ce beau port. S'il a fait cet effet sur
« moi, qui n'y entends rien, que doit-il produire sur les personnes qui ont des
« connaissances? C'est dans treize jours, monseigneur, que je vous verrai,
« que je jugerai par moi-même de tout le bien que j'entends dire de votre
« cœur, de votre esprit, et que je vous répéterai que je suis et serai pour la
« vie votre fidèle et affectionnée   « Caroline. »

Paris, 31 mai 1816.

« Le prince de Castelcicala m'a remis hier, madame et bien chère amie,
« des lettres pour vous de vos chers parents ; je ne perds pas un instant pour
« vous les envoyer. J'ai encore reçu aujourd'hui des nouvelles de Marseille,
« du 23 ; je sais que vous enchantez tout ce qui vous entoure, et tout ce qui
« peut vous apercevoir. Votre promenade en bateau a eu un grand succès, et
« surtout la promesse que vous avez faite de la renouveler. Je ne vous écri-
« rai pas aujourd'hui une longue lettre, en ayant tant à vous envoyer qui
« doivent vous intéresser davantage. Je m'occupe de vous chercher des che-
« vaux, et j'espère vous en trouver qui vous conviennent. Nous avons été voir
« la corbeille que le roi vous donne, et j'espère que vous en serez contente. Il
« y a surtout une robe de bal que je serai charmé de vous voir porter. Mon
« père rassemble votre bibliothèque ; mon frère et sa femme ornent votre
« chambre ; chacun de nous se fait un si doux plaisir de vous être agréable !

« Et qui le désire plus que celui qui vous est déjà uni par les liens les plus sa-
« crés ? Je suis toujours effrayé de mes trente-huit ans ; je sais qu'à dix-sept je
« trouvais ceux qui approchaient de la quarantaine bien vieux. Je ne me flatte
« pas de vous inspirer de l'amour, mais bien ce sentiment si tendre plus fort
« que l'amitié, cette douce confiance qui doit venir de l'amitié même. Je vois
« que je ne finis pas, et que vous avez toutes vos lettres à lire. Adieu ; encore
« quinze grands jours. Je baise les mains de ma femme comme je l'aime.
                                « CHARLES-FERDINAND. »
                                          Paris, 4 juin 1816.

« J'ai reçu hier, madame et bien chère amie, votre bonne et aimable lettre
« du 27. Tout le monde dit beaucoup de bien de vous ; mais je juge encore
« plus de ce que vous valez par vos lettres, où je trouve tout ce qui est fait
« pour me charmer. Vous me demandez de vous donner des conseils ; je vous
« dirai tout ce que je croirai vous être utile. Vous vous plaignez de votre ti-
« midité ; elle sied à votre âge, et vous savez y mêler la bonté et la noblesse.
« Vous êtes entourée de l'amour des habitants du Midi, qui sont bien bons. Vous
« êtes un présage de bonheur pour la France, et *la terreur des factieux* (1).
                                « CHARLES-FERDINAND. »

CHAPITRE IX.

SUITE DES LETTRES. — MADAME LA DUCHESSE DE BERRY QUITTE MARSEILLE, ET CONTINUE A PARLER DE LA
FRANCE A MESURE QU'ELLE S'APPROCHE DE FONTAINEBLEAU.

                                          Montélimart, 5 juin 1816.

« La lettre de monseigneur, du 31 mai, m'est parvenue avant qu'il m'ait été
« possible de finir ma réponse à celle du 26. Je vous remercie sensiblement
« de la seconde comme de la première. Vous m'avez fait un vrai plaisir de
« m'envoyer celle de mes parents.
« On continue à me faire voir la France parée. Dans tous les pays où je
« passe, les acclamations sont continuelles, ainsi que les compliments des au-
« torités. J'y suis bien sensible ; mais je dirai tout bas à monseigneur, à celui
« pour qui je n'ai rien de caché, et pour lui seul, que je sens le poids de ces
« honneurs, et n'en serai jamais enivrée. Il me tarde de jouir d'une vie pai-
« sible en famille. Que Votre Altesse Royale reçoive, en attendant, l'assurance
« de ma tendresse : elle durera autant que ma vie.   CAROLINE. »
                                          Lyon, 9 juin 1816.

« Votre lettre du 4 et du 5 juin, monseigneur, m'a été remise le soir de mon
« arrivée à Lyon ; je ne veux plus vous répéter que je vous en remercie : une
« fois pour toutes, comptez sur ma tendre reconnaissance, et soyez sûr que rien
« n'échappe à ma sensibilité : vous l'avez touchée vivement.
« Vous êtes content de moi, dites-vous, monseigneur. C'est sans doute
« pour me rassurer, car je sens qu'il me manque beaucoup, mais beaucoup
« pour être ce que je voudrais pour vous plaire, et pour répondre à l'idée trop

---

(1) Louvel l'a bien prouvé.

« flatteuse qu'on vous a donnée de Caroline. Croyez à son bon cœur, à son
« désir de répondre à votre confiance, en vous accordant la sienne tout en-
« tière. Voilà tout ce dont je puis vous répondre : vos soins, vos bontés feront
« le reste.

« Je suis bien sensible à tout ce qu'on fait pour embellir mon habitation et
« parer ma personne. Comment témoigner à tous ma reconnaissance? Vous
« m'aiderez, monseigneur; ce n'est que vis-à-vis de vous que j'essaie déjà de
« n'avoir plus besoin d'interprète; car je vous dis bien franchement que vous
« êtes cher à votre   CAROLINE. »

Paris, 9 juin 1816.

« C'est, madame et chère amie, par un des plus dévoués serviteurs de notre
« maison que je vous écris, par un homme bien heureux de notre union, le
« bon prince de Castelcicala. Je n'ai pas besoin de vous le recommander; il me
« connaît bien, m'ayant vu si longtemps en Angleterre. Avec quel plaisir je
« prendrais sa place! C'est donc dans six jours que je vous verrai! J'ai toujours
« peur que vous ne me trouviez pas beau, car les peintres de Paris ne sont pas
« comme ceux de Palerme; ils flattent. Avec quel plaisir je presserai votre
« main! Prenez aussi la mienne, si je ne vous déplais pas trop. La contrainte
« où nous serons pendant deux jours me gênera bien. Ma Caroline, je vais m'oc-
« cuper de votre bonheur, de vos plaisirs. Je sais que vous aimez le spectacle,
« j'ai des loges à tous les théâtres. J'ai une jolie campagne dont on vous aura
« parlé, nous irons bien souvent ensemble. Je chasse souvent, vous y vien-
« drez en calèche; vous aimez la musique, je l'aime aussi beaucoup. Enfin, ma-
« dame, je chercherai à vous rendre heureuse, et j'espère y parvenir. Vous avez,
« si je dois croire tout ce qui vous a vue, bonté, douceur, esprit et gaieté : que
« peut-on de mieux? Cependant nous nous trouverons des défauts : *tendre in-*
« *dulgence* sera notre devise.   « CHARLES-FERDINAND. »

Fontainebleau, 12 juin 1816.

« Votre lettre de Lyon, que je reçois de la main du roi, me fait un plaisir que
« je ne puis vous exprimer. Je suis charmé que vous me grondiez sur mon
« écriture : vous avez bien raison; mais, en vous écrivant, mon cœur m'em-
« porte; et vous n'avez pas l'idée de l'effort que je suis obligé de faire pour être
« lisible. Encore trois jours! je brûle de vous voir. J'éprouve aussi aujourd'hui
« un grand bonheur; je possède votre portrait. Au moins celui-là ne vous dé-
« figure pas du tout; et fût-il un peu flatté, l'on peut être encore fort agréable,
« sans être aussi jolie que ce portrait. »

Ce 13.

« Le prince de Castelcicala me remet votre lettre de Moulins, qui est plus ai-
« mable encore que les autres. Enfin c'est demain que je verrai ma femme,
« celle dont le bonheur doit être mon ouvrage. »

Hélas! le prince a fait le malheur de celle dont il comptait faire la félicité :
mais qui faut-il accuser? Comme ces deux jeunes époux aimaient la France!
quelle reconnaissance bien sincère (car elle était bien cachée dans ces lettres)
des hommages qu'on leur rend! Ces lettres renferment-elles un seul mot que
l'âme la plus naïve, la plus noble et la plus tendre pût désavouer? Qui ne vou-

drait, en les lisant, avoir pour frère et pour sœur, pour fils et pour fille, celui et celle qui les ont écrites?

Monseigneur le duc de Berry et madame la duchesse de Berry offrirent un touchant rapport de destinées : sortis de la même race, tous deux Bourbons, tous deux ayant vu la chute du trône de leur famille, tous deux remontés à leur rang, ils n'avaient guère connu avant leur mariage que l'exil et l'infortune. Battus de la même tempête, ils s'étaient unis pour s'appuyer. Après tant de calamités, ils cherchaient quelques moments de bonheur : leurs lettres prouvent combien il a été cruel de les leur ravir.

CHAPITRE X.

MADAME LA DUCHESSE DE BERRY ARRIVE A FONTAINEBLEAU. — CÉLÉBRATION DU MARIAGE A PARIS.

La princesse arriva le jour où monseigneur le duc de Berry l'attendait, comme on le voit dans sa dernière lettre. Sa marche à travers la France avait été une longue fête. Au terme de sa course elle trouva deux tentes dressées dans la forêt de Fontainebleau, à la croix de Saint-Hérem. Elle y fut reçue par le roi, Madame, Monsieur, monseigneur le duc d'Angoulême et monseigneur le duc de Berry. Tout s'y passa avec les mêmes cérémonies et les mêmes étiquettes qu'au mariage de Louis XV. Dans cette famille de France rien ne change, quand même le royaume est changé : c'est ainsi qu'elle ramène à la longue, par son immobilité, les institutions à un point fixe, et donne au gouvernement une forme impérissable.

Les premières pompes du mariage de monseigneur et de madame la duchesse de Berry furent charmantes sous les arbres. On dirait que les descendants des rois chevelus ont conservé une prédilection secrète pour les forêts : ils ont aimé à placer leurs palais dans la solitude, à promener les enchantements de leur cour sous de grands chênes. Que de souvenirs ce Fontainebleau, habité par vingt-neuf rois depuis Robert, n'offrait-il pas à la jeune princesse! Saint Louis, l'auguste chef de sa race, y avait fait bâtir un hôpital pour les pauvres, *parmi lesquels il cherchait*, comme il le disait, *Jésus-Christ*. Aux travaux du saint, d'autres siècles ajoutèrent les ouvrages de Charles le Victorieux et de François, le Restaurateur des lettres. Henri IV datait ses lettres de *ses délicieux déserts* de Fontainebleau. Louis XIII les embellit encore. Vint l'infortuné Louis XVI, qui jeta des pins sur les rochers, comme un voile de deuil; et trente ans après, on vit un pape prisonnier dans les bosquets où Louis XIV avait aimé La Vallière. Et toutes ces choses, qui sont de l'histoire pour le monde, ne sont pour cette maison de France que des traditions de famille.

Le mariage fut enfin célébré à Notre-Dame. Chacun, en voyant cette cérémonie, se souvenait d'une autre pompe; chacun considérait combien peu de temps il faut pour changer les ris en larmes, pour mettre le maître du monde à la place de l'exilé, et l'exilé sur le trône du maître du monde. Ce qui paraissait devoir être plus durable que les empires, c'était la félicité de monseigneur le duc et de madame la duchesse de Berry. Jamais il n'y eut mariage mieux assorti, mari plus affectueux, femme plus dévouée et plus tendre. La France étant en paix avec l'Europe, monseigneur le duc de Berry put jouir enfin d'un repos qu'il avait bien acheté, et qui depuis longtemps était l'objet de ses vœux.

CHAPITRE XI

VIE PRIVÉE DU PRINCE. — ANECDOTES DU COCHER, DU VALET DE PIED ET DU PIQUEUR. — PENSION DE M. DE PROVENCHÈRE.

Adoré de sa maison, monseigneur le duc de Berry y établit un ordre parfait; non cet ordre naturel à la médiocrité de l'esprit, mais celui qui tient à la délicatesse de l'âme, et qui donne l'indépendance : il voulait que cet ordre, établi pour lui-même, se retrouvât encore parmi ses domestiques. Quand ils plaçaient une somme à la caisse d'épargne, il doublait cette somme, afin de les encourager à l'économie et de les rendre prévoyants pour l'avenir. Excellent maître, sa bonté n'avait d'autre défaut que d'être impatiente comme son humeur. Il avait plusieurs fois signifié à un cocher qu'il ne voulait plus être mené par lui. « Tu es trop vieux pour travailler, lui disait-il brusquement ; va-t'en. » Le cocher, non moins déterminé à rester, déclarait qu'il avait une nombreuse famille, et qu'il fallait qu'il travaillât. « Et que ne disais-tu cela plus tôt?
« s'écrie le prince : c'est une autre affaire. J'augmente de douze cents francs
« ta pension de retraite; mais, bon homme, je t'en prie, repose-toi. »

Depuis quelque temps le prince entendait toute sa maison retentir du nom d'un certain *Joseph*, qu'on ne cessait d'appeler dans les jardins, les cours, les vestibules. Il ordonne qu'on lui amène cet homme qu'il ne connaissait pas. « Hé
« bien, Joseph ! lui dit-il, c'est donc toi qui mènes ma maison? Tu me parais
« faire la besogne de tout le monde. Es-tu marié? as-tu des enfants? » Joseph, tremblant, répond : « Oui, monseigneur. » Les gages de Joseph furent doublés.

Aubry était le premier piqueur du prince, souvent loué, souvent grondé, suivant la fortune de la chasse. Un rendez-vous est donné à Compiègne. Aubry reçoit l'ordre de s'y trouver à huit heures précises du matin. Le prince, arrivé plus tôt, ouvre la chasse à sept heures et demie. Aubry, exact à huit heures, entend la chasse au loin dans la forêt. A midi, monseigneur le duc de Berry rentre fatigué, le cerf égaré, les chiens en défaut. Il demande Aubry avec les marques de la plus vive impatience. On trouve Aubry qui se cachait : on l'amène tout interdit devant monseigneur. « Aubry, s'écrie le prince, quelle
« est la punition des gens qui ne sont pas exacts. » Aubry ne peut répondre.
« Tu ne le sais pas? dit le prince : hé bien ! moi, je le sais ; c'est de payer une
« amende, et je la paie. » Il lui remet une somme pour ses enfants.

Il n'oubliait jamais les services qu'on lui avait rendus. Sa reconnaissance alla chercher jusqu'en Amérique M. de Provenchère, son premier valet de chambre, que l'âge et les infirmités retenaient aux États-Unis. Par une rare délicatesse, monseigneur le duc de Berry nomma pour son trésorier ce vieux serviteur; et c'est à ce titre qu'il recevait une pension, quoique le prince n'eût jamais ni trésor ni cassette.

CHAPITRE XII.

SUITE DE LA VIE PRIVÉE. — CHARITÉ DU PRINCE.

Les bontés de monseigneur le duc de Berry ne se renfermèrent pas dans sa maison. Dans toutes les parties de la France, il découvrait les misérables : son nom, comme celui de la charité même, se trouvait mêlé à toutes les œuvres de miséricorde: ce caractère est particulier à nos rois. Il nous reste des ordonnances qui prescrivent, dans les temps les plus désastreux, l'acquittement des aumônes avant les *assignations*, ou qui commandent de surseoir au paiement de toutes dettes, à l'exception des aumônes *exceptis eleemosynis* (1). Chaque soir on remettait à monseigneur le duc de Berry une feuille contenant l'analyse des pétitions qui lui étaient présentées dans le courant du jour; et, selon les renseignements obtenus, il faisait droit à ces pétitions.

Il prenait sur ses goûts pour satisfaire sa générosité. C'est ainsi qu'il renonça à l'achat de quelques tableaux qu'on proposait de lui vendre à Anvers. « J'ai « réfléchi à votre proposition, écrivait-il à M. Despalières, et j'ajourne l'em-« plette. Dans un temps où mes pauvres appellent ma sollicitude, je me re-« procherais d'acheter si cher un plaisir dont je puis me passer. » Une autre fois, il disait au maire de son arrondissement : «Quand vos pauvres auront besoin « de moi, ne m'épargnez pas. »

Il donnait à la Société de bienfaisance, dont il était président, un secours de cinq cents francs par mois; et, dans l'année 1816, il versa à la caisse de cette société la somme de onze mille francs comme don extraordinaire. A la mort de monseigneur le prince de Condé, il remplaça son général dans la présidence de l'association paternelle des chevaliers de Saint-Louis : c'était un droit. On a déjà dit que, par un testament fait en Angleterre, le prince de Condé avait légué le soin de ses compagnons d'armes à celui qui avait partagé leurs périls. En apprenant la mort du héros de Berstheim, monseigneur le duc de Berry laissa échapper ces paroles, qui disent tout : « Nous avons perdu notre vieux « drapeau blanc. »

Les charités connues de monseigneur le duc de Berry se montaient à plus de cent mille écus par an, et beaucoup d'autres étaient cachées. Madame la duchesse de Berry secondait merveilleusement le penchant généreux du prince. On a calculé que leurs aumônes réunies, dans l'espace de six ans, se sont élevées à un million trois cent quatre-vingt-huit mille huit cent cinquante et un francs, somme énorme pour un prince dont le revenu était au-dessous de celui de plusieurs généraux, banquiers et propriétaires. Il faut ajouter à ce million trois cent quatre-vingt-huit mille huit cent cinquante et un francs les cinq cents mille francs que monseigneur le duc de Berry abandonnait par an aux départements qui avaient le plus souffert de la guerre; ce qui fait deux millions dans le cours de quatre années : en tout, près de quatre millions d'aumônes.

Tous ces dons étaient accompagnés de soins qui en doublaient le prix. Le

---

(1) *Ordonn. des rois de France*, tom. II, pag. 300-447.

prince et la princesse, suivant le précepte de l'Évangile, visitaient les malheureux auxquels ils accordaient des secours; quelquefois ils se cachaient mutuellement leurs bonnes œuvres. Comme ils sortaient un jour ensemble, une pauvre femme se présente à eux avec ses enfants. La plus jeune des filles de cette femme s'approche naïvement de la princesse. « Je m'en suis chargée », dit madame la duchesse de Berry en rougissant. « Bien, répondit le prince ; j'aime « à vous voir augmenter notre famille. »

CHAPITRE XIII.

SUITE DE LA VIE PRIVÉE. — DIVERSES AVENTURES.

L'humanité suit la charité, ou plutôt elle en fait partie. Le cheval d'un des dragons de la garde qui accompagnaient le roi dans une promenade, s'abattit : le dragon eut la jambe cassée. Monseigneur le duc et madame la duchesse de Berry le rencontrèrent ; ils descendirent de voiture, y firent placer le blessé, ordonnèrent qu'on le conduisît à l'Élysée pour être soigné jusqu'à parfaite guérison, et s'en retournèrent à pied par un soleil ardent.

C'était le même prince qui, souvent manquant de tout, n'avait pas trouvé une main pour le secourir.

Monsieur avait donné à son jeune fils cette chaumière de Bagatelle qui fit tant parler au commencement de la révolution, et dont le dernier commis de Buonaparte aurait dédaigné les jardins et l'ameublement. Monseigneur le duc de Berry aimait cette petite retraite, où il nourrissait les pauvres des environs. Il y allait souvent le matin dans la belle saison. Un jour, traversant le bois de Boulogne, il rencontre un enfant chargé d'un panier. Le prince arrête son cabriolet : « Petit bonhomme, où vas-tu ? » dit-il à l'enfant. « A la Muette, porter « ce panier, » répond celui-ci. « Il est trop lourd pour toi ce panier, dit le « prince : donne-le-moi, je le remettrai en passant. » Le panier est placé dans le cabriolet, et le prince le dépose fidèlement à son adresse. Il va trouver ensuite le père de l'enfant, et lui dit : « J'ai rencontré votre petit garçon ; vous « lui faites porter des paniers trop lourds ; vous détruirez sa santé, et vous « l'empêcherez de grandir. Achetez-lui un âne pour porter son panier. » Et il lui donne de l'argent pour acheter l'âne.

Qu'un grand monarque, qu'un homme célèbre se mêlent inconnus à la foule, on aime à les y chercher ; mais pourtant rien de plus facile que les vertus de position qu'ils déploient dans ces aventures : l'orgueil humain s'arrange de descendre pour remonter. Ce n'est point ce plaisir des contrastes qu'on éprouve en lisant la vie privée de monseigneur le duc de Berry. Il n'était point roi ; il n'avait point encore cet éclat de gloire que la mort lui a donné : accoutumé à l'obscurité, ce n'était point une chose nouvelle pour lui de se trouver au milieu des rangs inférieurs de la société. Ce qui fait donc le charme des mots et des actions dont il remplissait ses journées, c'est la supériorité même de sa nature : on aime et l'on admire l'homme dans le prince, indépendamment de la scène qui le fait connaître.

CHAPITRE XIV.

SUITE DES AVENTURES.

Par une matinée du mois de juin, qui semblait devoir être belle, monseigneur le duc de Berry et madame la duchesse de Berry allèrent se promener à pied sur le boulevard : survient un orage. Un jeune homme passe avec un parapluie ; le prince le prie de le lui prêter pour sa femme. « Volontiers, dit le jeune homme ; madame me permettra-t-elle de l'accompagner ? — Très-certainement, » dit le prince. Et le voilà qui marche auprès de la princesse avec l'étranger. Le chemin était long ; le jeune homme disait souvent : « Est-ce ici ? — Encore quelques pas, » répondait le prince. On approche de l'Élysée-Bourbon ; la garde reconnaît LL. AA. RR., et prend les armes. Le jeune homme, dans la dernière confusion, balbutie des excuses ; monseigneur le duc de Berry le rassure et le remercie.

Dans une autre course avec madame la duchesse de Berry, il fut obligé de se réfugier dans la loge d'une portière, qui eut lieu de remercier le ciel de lui avoir envoyé de pareils hôtes.

Lorsqu'on transporta au Pont-Neuf la statue de Henri IV, un accident arrêta l'appareil dans l'avenue de Marigny. Monseigneur le duc de Berry, qui se trouvait sur la terrasse de son jardin, le long de cette avenue, aperçut Monsieur et monseigneur le duc d'Angoulême, au milieu du peuple, dans leur voiture : il descend tête nue, en habit bleu, et sans ordres. La foule, qui ne le connaissait pas, ne voulait pas le laisser passer. Par hasard, quelqu'un le nomme. Aussitôt la multitude ouvre ses rangs, et le prince passe en disant : « Je vous demande pardon, mes amis ; c'est mon père et mon frère qui m'appellent. » Le peuple fut charmé de cette simplicité et de cette confiance. Ce prince était au milieu des Français sous la protection publique, comme ces riches moissons qui reposent dans nos champs sans gardes et sans défenseurs.

Il allait souvent aux incendies, travaillait, portait de l'eau, et ne se retirait que le dernier : il se trouvait ainsi continuellement mêlé aux aventures populaires. Il revenait avec un aide-de-camp d'une de ses promenades accoutumées, lorsque, remontant le long du quai au charbon, il aperçoit des charbonniers qui retenaient un de leurs camarades : celui-ci faisait des efforts pour se débarrasser et se jeter dans la Seine. Le prince approche, entre en conversation, et apprend que le charbonnier qui veut se noyer est un père de famille, livré au désespoir par la perte d'une somme de quatre cents francs. Le prince fend la foule, arrive à l'homme, emploie tous les raisonnements, et obtient de lui avec beaucoup de peine qu'il différera l'exécution de son dessein de quelques moments. Le traité conclu, Monseigneur confie le charbonnier à la garde de ses camarades : l'aide-de-camp court au palais, et apporte les quatre cents francs. Les charbonniers apprirent alors que l'inconnu avec lequel ils avaient causé si familièrement était le neveu du roi. Ces braves gens, qui ne pouvaient rien pour leur bienfaiteur pendant sa vie, ont fait éclater leur reconnaissance à sa mort : ils ont accompagné à sa dernière demeure le prince dont ils n'ont pu sauver les jours, comme il avait sauvé ceux de leur infortuné camarade.

Les artistes avaient leur bonne part des visites de monseigneur le duc de Berry. Il tombait tout à coup dans l'atelier de nos grands peintres, comme François Ier chez Léonard de Vinci : il y passait des heures entières à les voir travailler, mêlant à sa vive admiration d'utiles et savantes critiques. Si aucune remarque fine n'échappait à la délicatesse de son goût, aucun sentiment élevé n'était étranger à la noblesse de son cœur. Il apprit que les restes du château de Bayard étaient à vendre; il désira les acquérir, mais sous la condition que le contrat ne serait pas fait en son nom. Après la chute et le rétablissement de la monarchie, un fils de France, traitant pour acheter en secret les débris du manoir du plus parfait des chevaliers, est une chose qui peint à la fois et le prince et le siècle. Il y a des temps où il n'est permis ni d'honorer des ruines, ni d'être sans reproche.

Les personnes les moins bienveillantes pour le prince étaient désarmées aussitôt qu'elles l'avaient vu : il ne sortait pas d'un musée, d'un atelier, d'une manufacture, sans y laisser un ami : ses moyens de succès étaient tirés de sa propre nature. Apercevait-il un enfant, il courait à lui, le prenait dans ses bras, le caressait, l'embrassait : voilà le père et la mère séduits. Lui présentait-on un objet d'art, il l'examinait curieusement : voilà le savant où l'artiste charmé. Enfin il suivait envers tout le monde, par bonhomie, le conseil de Nestor, qui recommande d'appeler chaque soldat par son nom, afin de lui prouver qu'on le connaît et qu'on estime sa race. Il y a des gens qui s'attendrissent encore aujourd'hui lorsqu'ils racontent que monseigneur le duc de Berry leur avait demandé des nouvelles de leur santé en les appelant par leurs noms. « Comment, disent-ils, voulez-vous qu'on résiste à cela? » Pourquoi ces choses étaient-elles admirables dans monseigneur le duc de Berry? parce que la simplicité est le génie dans une âme supérieure : dans une âme commune, la simplicité est le train de nature; c'est tout juste la médiocrité.

CHAPITRE XV.

SUITE DU PRÉCÉDENT.

Gracieux, délicat, élégant, ingénieux dans ses souvenirs avec les personnes d'un rang plus élevé, monseigneur le duc de Berry trouvait toujours quelque chose d'heureux à leur dire. Il écrivait à M. le marquis de Gontaut : « En « confiant à la vicomtesse de Gontaut le soin de ce que j'aurai de plus cher « au monde, j'ai cru lui donner une marque de mon estime particulière ; et « j'ai saisi avec empressement cette occasion de montrer à tout ce qui porte le « nom de Biron combien je compte sur un zèle et un dévouement auxquels « nous sommes accoutumés depuis des siècles. »

Le général Levavasseur venait de perdre son fils; Monseigneur lui écrivit aussitôt : « J'apprends avec beaucoup de peine, mon cher Levavasseur, la « perte cruelle que vous venez de faire : elle est du nombre de ces événe-
« ments pour lesquels on ne peut offrir des consolations. Si l'assurance du

« très-véritable intérêt que je prends à votre malheur en adoucissait l'amer-
« tume, vous pouvez y compter positivement. Votre pauvre fils annonçait des
« dispositions qui auraient fait votre bonheur. Il vous en reste un ; toutes vos
« affections vont se concentrer sur lui : il faut espérer qu'il s'en rendra digne,
« et vous dédommagera, autant qu'il sera en lui, du chagrin que vous éprou-
« vez en ce moment. Je regrette que ce soit un si triste événement qui me
« donne l'occasion, mon cher Levavasseur, de vous renouveler l'assurance de
« mon attachement et de ma parfaite estime. »

Quatre mois après, Monseigneur donne un bal ; il pense au général Levavasseur, et recommande de *ne pas lui envoyer d'invitation.* Quelle mémoire !
Le jour même de sa mort, monseigneur le duc de Berry ne fut occupé que des
moyens d'arranger les affaires d'un homme qu'il aimait et qu'il avait attaché à
son service.

Cette vie simple n'était point perdue pour le trône. On s'apercevait d'un progrès sensible dans la raison du prince, d'un adoucissement graduel dans son caractère. Ses idées se fixaient : à l'écart des hommes, il les voyait mieux. La
première partie de ses jours s'était passée tout en expériences, la seconde tout
en réflexions : il recueillait pour son règne le fruit de ses malheurs et le résultat de ses jugements.

CHAPITRE XVI.

MADAME LA DUCHESSE DE BERRY PERD SES DEUX PREMIERS ENFANTS. — FATALITÉ DES NOMBRES.

Cependant la fatale destinée qui poursuivait le prince repassait de temps en
temps comme pour conserver ses droits et empêcher la prescription. Madame la
duchesse de Berry accoucha le 13 juillet 1817 d'une fille qui ne vécut point. La
princesse se plaignait d'avoir donné le jour à une fille. « Ne vous désolez point,
« lui dit Monseigneur, : si c'était un garçon, les méchants diraient qu'il n'est
« pas à nous, tandis que personne ne nous disputera cette chère petite fille. »

Le 13 septembre 1818, la princesse accoucha de nouveau d'un garçon qui
mourut au bout de deux heures. Monseigneur le duc de Berry, frappé, le 13 février 1820, d'un coup mortel, remarqua le retour de cette date ; il n'aurait pas
souffert que l'on comptât pour un jour fatal le 13 avril 1814, jour qui le rendit
à la France.

Lorsque Henri IV fut assassiné, on fit aussi des calculs sur le nombre 14 (1).
On remarqua que Henri était né 14 siècles 14 décades et 14 ans après la nativité
de Notre-Seigneur ; qu'il vit le jour un 14 décembre, et mourut un 14 mai ;
qu'il y avait 14 lettres dans son nom ; qu'il avait vécu quatre fois 14 ans,
quatre fois 14 jours et 14 semaines ; qu'il avait été roi, tant de France que de
Navarre, 14 triétérides ; qu'il avait été blessé par Jean Chatel 14 jours après le
14 décembre, en l'année 1594, entre lequel temps et celui de sa mort il n'y a
que 14 ans, 14 mois et 14 fois cinq jours ; qu'il avait gagné la bataille d'Ivry le
14 mars ; que le dauphin était né 14 jours après le 14 septembre ; qu'il avait été

(1) *Journal de l'Étoile.*

baptisé le 14 août; que le roi avait été tué le 14 mai, 14 siècles 14 olympiades après l'Incarnation; que l'assassinat eut lieu deux fois 14 heures après que la reine était entrée en pompe dans l'église de Saint-Denis, pour y être couronnée; que Ravaillac avait été exécuté 14 jours après la mort du roi, en l'année 1610, laquelle se divise justement par 14, car 115 fois 14 font 1610.

Monseigneur le duc de Berry, dernier prince des Bourbons, dans la ligne directe, fut tué d'un coup de couteau comme le premier roi Bourbon. Il expira le 14 février 1820, comme son aïeul le 14 mai 1610 : le premier Condé avait été assassiné d'un coup de pistolet : le dernier Condé a été fusillé. Presque tous les ducs de Berry (y compris Louis XVI qui porta ce nom) ont eu une fin malheureuse. L'histoire, dans tous les siècles, a fait de pareils rapprochements qui ne prouvent rien, sinon la ressemblance des adversités parmi les hommes.

CHAPITRE XVII.

PRESSENTIMENTS DE MONSEIGNEUR LE DUC DE BERRY COMPARÉS A CEUX DE HENRI IV.

Madame de Sévigné appelle le rossignol *le héraut du printemps :* la jeune princesse, fille de notre aimable prince, était venue nous annoncer le retour des beaux jours de la monarchie, et nous prédire un frère et un roi. La naissance de Mademoiselle avait redoublé la tendresse de monseigneur le duc de Berry pour sa femme; il chérissait dans cette princesse la mère des monarques futurs qui devaient assurer le repos de l'État : l'amour de la patrie augmentait en lui l'amour paternel. Toutefois des pensées tristes l'assiégeaient.

Il existe en France une certaine classe d'hommes ou d'avortons révolutionnaires qu'on ne saurait définir; c'est, si l'on veut, la bassesse vivante et personnifiée ayant pour âme le crime. Ces hommes, ensevelis dans le mépris sous un gouvernement régulier, étouffent; et, pour donner passage à la voix de leur conscience, ils ont recours aux lettres anonymes; ces lettres ne sont pour ainsi dire que la copie des pages de ce livre éternel où les forfaits de la pensée sont écrits. De pareilles lettres avaient souvent été adressées à monseigneur le duc de Berry; dans les derniers temps, elles s'étaient multipliées, et leur style devenait de plus en plus atroce. Le prince en était assez frappé, soit qu'il eût des pressentiments secrets, soit qu'il ne pût s'empêcher de reconnaître les symptômes d'une décomposition sociale.

Henri IV avait de même pressenti sa fin. « Pardieu, je mourrai dans cette
« ville, répétait-il à Sully ; je n'en sortirai jamais : ils me tueront. Je vois bien
« qu'ils mettent toute leur dernière ressource dans ma mort (1). » Une autre fois, il dit à Marie de Médicis : « Ma mie, si ce sacre ne se fait jeudi, je vous
« assure que vendredi passé vous ne me verrez plus. » Il lui dit encore dans une autre occasion : « Passez, passez, madame la régente ! » Un jour il répondit à M. de Guise qui s'entretenait avec lui : « Vous ne me connaissez pas main-
« tenant, vous autres; mais je mourrai un de ces jours, et quand vous m'aurez
« perdu, vous connaîtrez lors ce que je valais. » Bassompierre, qui était pré-

(1) *Mémoires de Sully, Bassompierre, Journal de l'Étoile,* etc.

sent, voulut le ramener à des idées moins tristes, en lui faisant l'énumération de ses félicités. Henri se prit à soupirer, et lui repartit : « Mon ami, il faudra « quitter tout cela. » « Il fallait bien, dit Péréfixe, qu'il y eût plusieurs cons- « pirations sur la vie de ce bon roi, puisque de vingt endroits on lui en donnait « avis ; puisqu'on fit courir le bruit de sa mort en Espagne et à Milan ; puisqu'il « passa un courrier par la ville de Liége, huit jours avant qu'il fût assassiné, « qui dit qu'il portait nouvelle au prince d'Allemagne qu'il avait été tué. » Quelle singulière ressemblance ! La mort de monseigneur le duc de Berry a été aussi annoncée d'avance par des voyageurs, des lettres, des courriers. Le bruit en était public à Londres huit jours avant l'événement. Enfin, monseigneur le duc de Berry devait périr, comme Henri IV, dans une fête.

LIVRE SECOND.

Mort et funérailles du prince.

CHAPITRE PREMIER.

MONSEIGNEUR LE DUC DE BERRY EST BLESSÉ A L'OPÉRA.

Ce n'est pas la première fois que le sang chrétien a coulé dans ces spectacles que l'Église appelle le petit paganisme, *dans ces jours gras consacrés au vieillard portant la faux* (1). C'est pour les fidèles une tradition des jeux de l'amphithéâtre, un héritage du martyre.

Le dimanche 13 février, monseigneur le duc et madame la duchesse de Berry allèrent à l'Opéra, où les danses et les jeux étaient appropriés aux folies de ce temps de l'année. Ils profitèrent d'un entr'acte pour visiter, dans leur loge, monseigneur le duc et madame la duchesse d'Orléans.

Monseigneur le duc de Berry caressa les enfants, et joua avec le petit duc de Chartres. Témoin de cette union des princes, le public applaudit à diverses reprises.

Madame la duchesse de Berry, en retournant à sa loge, fut heurtée par la porte d'une autre loge qui vint à s'ouvrir. Bientôt elle se trouva fatiguée, et voulut se retirer : il était onze heures moins quelques minutes. Monseigneur le duc de Berry la reconduisit à sa voiture, comptant rentrer ensuite au spectacle.

Le carrosse de madame la duchesse de Berry s'était approché de la porte. Les hommes de garde étaient restés dans l'intérieur ; depuis longtemps le prince ne souffrait pas qu'ils sortissent : un seul, en faction, présentait les armes et tournait le dos à la rue de Richelieu. M. le comte de Choiseul, aide-de-camp de Monseigneur, était à la droite du factionnaire, au coin de la porte d'entrée, tournant le dos à la rue de Richelieu.

(1) *Unctis falcifori Senis diebus.* (MARTIAL, Epigr.)

M. le comte de Mesnard, premier écuyer de madame la duchesse de Berry, lui donna la main gauche pour monter dans son carrosse, ainsi qu'à madame la comtesse de Béthisy : monseigneur le duc de Berry lui donnait la main droite. M. le comte de Clermont-Lodève, gentilhomme d'honneur du prince, était derrière le prince en attendant que Son Altesse Royale rentrât, pour le suivre ou le précéder.

Alors un homme venant du côté de la rue de Richelieu, passe rapidement entre le factionnaire et un valet de pied qui relevait le marchepied du carrosse. Il heurte le dernier, se jette sur le prince, au moment où celui-ci se retournant pour rentrer à l'Opéra, disait à madame la duchesse de Berry : « Adieu, « nous nous reverrons bientôt. » L'assassin, appuyant la main gauche sur l'épaule gauche du prince, le frappe de la main droite, au côté droit, un peu au-dessous du sein. M. le comte de Choiseul, prenant ce misérable pour un homme qui en rencontre un autre en courant, le repousse en lui disant : « Pre« nez donc garde à ce que vous faites. » Ce qu'il avait fait était fait.

Poussé par l'assassin sur M. le comte de Mesnard, le prince porta la main sur le côté où il n'avait cru recevoir qu'une contusion; et tout à coup il dit : « Je « suis assassiné! cet homme m'a tué! — Seriez-vous blessé, monseigneur? » s'écrie le comte de Mesnard. Et le prince répliqua d'une voix forte : « Je suis « mort, je suis mort; je tiens le poignard! »

Au premier cri du prince, MM. de Clermont et de Choiseul, le factionnaire nommé Desbiez, un des valets de pied, plusieurs autres personnes, avaient couru après l'assassin, qui s'était enfui par la rue de Richelieu. Madame la duchesse de Berry, dont le carrosse n'était pas encore parti, entend la voix de son mari, et veut se précipiter par la portière qu'on entr'ouvre. Madame la comtesse de Béthisy la retient par sa robe; un des valets de pied l'arrête pour l'aider à descendre; mais elle, s'écriant: « Laissez-moi, je vous ordonne de me laisser, » s'élance, au péril de sa vie, par-dessus le marchepied de la voiture.

Le prince s'efforçait de lui dire de loin : « Ne descendez pas! »

Suivie de madame la comtesse de Béthisy, elle court à monseigneur que soutenaient M. le comte de Mesnard, M. le comte de Clermont et plusieurs valets de pied. Le prince avait retiré le couteau de son sein, et l'avait donné à M. de Mesnard, l'ami de son exil.

Dans le passage où se tenait la garde, il y avait un banc; on assit monseigneur le duc de Berry sur ce banc, la tête appuyée contre le mur, et l'on ouvrit ses habits pour découvrir la blessure. Elle rendait beaucoup de sang. Alors le prince dit de nouveau : « Je suis mort! un prêtre! venez, ma femme, que je « meure dans vos bras. » Une défaillance survint. La jeune princesse se précipita sur son mari, et dans un instant ses habits de fête furent couverts de sang.

L'assassin, déjà arrêté par un garçon de café, nommé Paulmier; par le factionnaire Desbiez, chasseur au 4ᵉ régiment de la garde royale; et ensuite par les sieurs David, Lavigne et Boland, gendarmes, avait été amené à la porte où il avait commis son crime. Les soldats l'entouraient; il était à craindre qu'ils ne le massacrassent. M. le comte de Mesnard leur cria de ne pas le toucher. M. le comte de Clermont donna l'ordre de le conduire au corps de garde, et l'y suivit.

On le fouilla : on trouva sur lui un autre poignard avec sa gaîne et la gaîne du poignard laissé dans la blessure.

Ces objets furent donnés à M. le comte de Clermont, qui les remit à M. le comte de Mesnard.

CHAPITRE II.

PREMIER PANSEMENT DU PRINCE.

Tandis que monseigneur le duc de Berry était assis sur le banc dans le passage, M. le comte de Choiseul, un valet de pied, un ouvreur de loges, avaient couru pour chercher un médecin. On leur avait indiqué le docteur Blancheton : il demeurait dans le voisinage, et vint à l'instant même. M. Drogard, médecin, l'avait précédé. Ces deux hommes de l'art trouvèrent monseigneur le duc de Berry dans le petit salon de sa loge où il avait été porté. En entrant dans ce salon, le prince, qui avait repris sa connaissance, demanda si le coupable était un étranger. On lui répondit que non. « Il est cruel, dit le fils de « France, de mourir de la main d'un Français ! »

Madame la duchesse de Berry s'adressa au docteur Blancheton pour connaître la vérité, promettant de la supporter avec courage : il répondit que le prince n'ayant pas rendu le sang par la bouche, c'était un favorable augure. M. Blancheton crut d'abord que la plaie était au bas-ventre où il trouva une grande quantité de sang épanché, mais il reconnut bientôt qu'elle était au-dessous du sein droit. Il la dégagea de sang caillé : le prince fut saigné au bras droit par M. Drogard. Monseigneur recouvra alors assez de force pour dire aux deux médecins : « Je suis bien sensible à vos soins, mais ils sont inutiles ; je suis perdu. » M. Blancheton essaya de lui persuader que la blessure n'était pas profonde. « Je ne me fais pas illusion, repartit le prince; le poignard est entré jusqu'à la « garde, je puis vous l'assurer. » Madame la duchesse de Berry arracha sa ceinture pour servir de bandage et d'appareil. Elle seule avait conservé sa présence d'esprit dans ce moment affreux, et déployait un caractère au-dessus des âmes communes. Le prince, dont la vue s'obscurcissait, disait de temps en temps : « Ma femme, êtes-vous là? — Oui, répondait la princesse en essuyant « ses pleurs; oui, je suis là; je ne vous quitterai jamais. »

M. Bougon, premier chirurgien ordinaire de Monsieur, instruit du malheur par M. Esquirolle, médecin de la Salpêtrière, se rendit en hâte auprès de monseigneur le duc de Berry : le docteur Lacroix venait d'arriver de son côté. Le prince reconnut M. Bougon qui l'avait suivi à Gand, et qui avait espéré lui donner ses soins sur un autre champ de bataille. « Mon cher Bougon, lui « dit-il, je suis frappé à mort. » En attendant l'application des ventouses, le dévoué serviteur d'un si bon maître suça la blessure à diverses reprises. « Que « faites-vous, mon ami, dit le royal patient; la plaie est peut-être empoisonnée ! »

CHAPITRE III.

ARRIVÉE DE MONSEIGNEUR L'ÉVÊQUE DE CHARTRES, DE MONSEIGNEUR LE DUC D'ANGOULÊME, DE MADAME ET DE MONSIEUR. — SECOND PANSEMENT DE LA BLESSURE.

Monseigneur le duc de Berry n'avait cessé de demander un prêtre. M. le comte de Clermont était parti pour les Tuileries, d'où il ramena monseigneur l'évêque de Chartres, confident d'une conscience qui n'a rien à cacher à la terre. Le prélat, accoutumé à admirer le père, venait s'instruire auprès du fils. Il trouva le prince dans le cabinet de sa loge, assis dans un fauteuil, soutenu par ses gens, entouré de chirurgiens; il avait toute sa connaissance. Le blessé tendit la main au respectable évêque, demanda les secours de la religion, en exprimant les plus vifs sentiments de foi, de repentir et de résignation. Monseigneur l'évêque de Chartres exhorta monseigneur le duc de Berry à la confiance en Dieu : il lui demanda un acte général de contrition, afin de pouvoir l'absoudre, calmer ses inquiétudes, et attendre le moment où il serait possible à S. A. R. de faire une confession plus détaillée.

M. le comte de Mesnard, se flattant encore que la blessure n'était pas mortelle, était allé chercher monseigneur le duc d'Angoulême. Ce prince, qui venait de se coucher, s'habilla à la hâte et se rendit au lieu de douleur. L'entrevue des deux frères ne peut s'exprimer. Monseigneur le duc d'Angoulême se jeta sur la plaie de monseigneur le duc de Berry, en la baisant et en l'inondant de ses larmes; ses sanglots l'étouffaient : son malheureux frère était également incapable de parler.

Tout ceci se passait dans le petit salon de la loge. On résolut alors de porter le prince dans une pièce voisine, où l'on établit une espèce de lit sur quatre chaises, que l'on remplaça par un lit de sangle.

Monseigneur le duc d'Angoulême, craignant quelque nouveau danger, n'avait pas permis à MADAME de l'accompagner lorsqu'il s'était rendu à l'Opéra; mais MADAME n'avait pas tardé à le suivre. Que lui importent les périls? Est-il une douleur qui puisse se passer d'elle, une adversité qui l'ait jamais fait reculer? MADAME est accoutumée à regarder la révolution en face : ce n'était pas la première fois que la fille de Louis XVI et de Marie-Antoinette prenait soin d'un frère mourant.

Bientôt MONSIEUR arrive. Il faut connaître la bonté, la tendresse, le cœur paternel de ce prince pour savoir ce qu'il eut à souffrir. MONSIEUR s'était obstiné à venir seul; mais il ne savait pas qu'un de ses meilleurs serviteurs, M. le duc de Maillé, avait trouvé moyen de l'accompagner, et de faire la place de l'honneur de la place la moins honorée. Monseigneur le duc de Berry témoigna le désir de donner sa bénédiction à MADEMOISELLE; elle lui fut apportée par madame la vicomtesse de Gontaut. Alors le prince levant une main défaillante sur sa fille : « Pauvre enfant, lui dit-il, je souhaite que tu sois moins malheu-
« reuse que ceux de ma famille. » Monseigneur le duc d'Orléans, madame la duchesse d'Orléans, mademoiselle d'Orléans, qui s'étaient rencontrés au spectacle, n'avaient pas quitté le prince : le père du duc d'Enghien arriva à son tour.

On tenta les saignées de pied presque sans succès; mais plusieurs applications successives des ventouses apportèrent quelque soulagement au prince. Le pouls se ranima, le visage se colora, le sang coula par les veines ouvertes : l'on se réjouit de voir couler ce sang!

M. le duc de Maillé et M. le comte d'Audenarde étaient allés chercher M. Dupuytren. Ce célèbre chirurgien arriva à une heure : quand il entra, il trouva le prince couché sur le côté droit : sa pâleur, ses traits altérés, sa respiration courte, le gémissement qui s'échappait de sa poitrine, la sueur froide qui couvrait son front, le désordre de ses mouvements, le bouleversement de son lit, le sang qui inondait ce lit, et, plus que tout cela, l'horrible blessure qui se présentait à découvert, frappèrent de consternation un homme pourtant accoutumé aux spectacles des douleurs humaines. Le prince ne reconnaissait point M. Dupuytren : il lui tendit affectueusement la main, en lui disant qu'il souffrait cruellement. M. Dupuytren examina la blessure, puis se retira à l'écart pour consulter avec les hommes de l'art, MM. Blancheton, Drogard, Bougon, Lacroix, Thercin, Caseneuve, Dubois, Baron, Roux, et Fournier, jeune chirurgien qui se fit distinguer par son zèle. On fut d'avis d'élargir la plaie, comme le seul moyen qui restât d'ouvrir une issue au sang épanché dans la poitrine.

M. Dupuytren se rapprocha du prince, et l'interrogea sur son état; il ne put en obtenir de réponse. Il pria madame la duchesse de Berry de lui adresser quelques questions. La princesse, se penchant sur lui, dit à son mari : « Je « vous en prie, mon ami, indiquez-moi l'endroit où vous souffrez. » Le prince se ranima à cette voix si chère, prit la main de sa femme, et la posa sur sa poitrine. Madame la duchesse de Berry reprit : « C'est là que vous souffrez? — Oui, répondit-il avec peine; j'étouffe. »

Monsieur voulut éloigner sa fille pendant l'opération. « Mon père, dit-elle, « ne me forcez pas à vous désobéir; » et, se tournant vers les gens de l'art : « Messieurs, faites votre devoir. » Pendant l'opération elle était à genoux au bord du lit, tenant le prince par la main gauche. Lorsqu'on porta le fer dans la plaie, monseigneur le duc de Berry s'écria : « Laissez-moi, puisque je dois « mourir. — Mon ami, dit sa femme en pleurs, souffrez pour l'amour de moi! » Un mot de cette jeune et admirable princesse apaisait les douleurs de son mari; quand monseigneur l'évêque de Chartres parlait de religion, tout se changeait dans le malheureux prince en acte de résignation à la volonté de Dieu.

L'opération faite, monseigneur le duc de Berry passa la main sur les cheveux de la princesse, et lui dit : « Ma pauvre femme, que vous êtes malheu- « reuse! » On reconnut dans l'opération toute la profondeur de la plaie. Le couteau dont le prince avait été frappé avait six à sept pouces de longueur; la lame en était plate, étroite, à deux tranchants, comme celle du couteau de Ravaillac, et extrêmement aiguë.

CHAPITRE IV.

DIVERSES PAROLES DU PRINCE. — IL ANNONCE LA GROSSESSE DE MADAME LA DUCHESSE DE BERRY. — LE PRINCE AVOUE UNE FAUTE.

Un moment de calme suivit l'élargissement de la plaie : les mourants près d'expirer éprouvent presque toujours un soulagement qui leur laisse le temps de jeter un dernier regard sur la vie ; c'est le voyageur qui s'assied un instant pour contempler le pays qu'il a parcouru, avant de descendre le revers de la montagne. Le prince tenait la main de M. Dupuytren, et le priait de l'avertir lorsqu'il sentirait le pouls remonter ou s'affaisser : vigilant capitaine, il posait une sentinelle expérimentée pour n'être pas surpris par la mort, et pour s'avancer courageusement au-devant de ce grand ennemi : *Mors, ubi est victoria tua?*

Dans cet intervalle de repos il adressa ces paroles à madame la duchesse de Berry : « Mon amie, ne vous laissez pas accabler par la douleur ; ménagez-« vous pour l'enfant que vous portez dans votre sein. » Ce peu de mots fit un effet surprenant sur l'assemblée ; en présence de la douleur on sent naître malgré soi un mouvement de joie : l'attendrissement redouble en même temps pour le prince qui laisse à la patrie, pour dernier bienfait, cette dernière espérance. Il s'en va, ce prince ; il semble emporter avec lui toute une monarchie, et à l'instant même il en annonce une autre. O Dieu ! feriez-vous sortir notre salut de notre perte même? La mort cruelle d'un fils de France a-t-elle été résolue dans votre colère ou dans votre miséricorde ! est-elle une dernière restauration du trône légitime, ou la chute de l'empire de Clovis? Le prince a-t-il fui l'avenir, ou est-il allé en solliciter un plus favorable pour nous auprès de celui qui laisse quelquefois désarmer sa colère?

Partout où monseigneur le duc de Berry tournait ses yeux à demi éteints, c'était pour donner une marque de bonté ou de reconnaissance : tandis que M. Blancheton lui pressait la tête, pour comprimer l'horrible douleur qu'il y éprouvait, il aperçut à quelque distance, au pied de son lit, des domestiques fondant en larmes : « Mon père, dit-il à Monsieur, je vous recommande ces « braves gens et toute ma maison. »

Des vomissements survinrent. Le prince répéta plusieurs fois que le poignard était empoisonné. Quelque temps auparavant il avait demandé à voir son assassin : « Qu'ai-je fait à cet homme? répétait-il ; c'est peut-être un « homme que j'ai offensé sans le vouloir. — Non, mon fils, lui répondit « Monsieur, vous n'avez jamais vu, vous n'avez jamais offensé cet homme ; il « n'avait contre vous aucune haine personnelle. — C'est donc un insensé? » repartit le prince. O digne enfant de l'Évangile ! vous mettiez en pratique le dernier conseil du saint roi de France à son fils : « Si Dieu t'envoie adversité, « reçois-la bénignement (1) ! »

Il s'informait souvent de l'arrivée du roi. « Je n'aurai pas le temps, disait-il, « de demander grâce pour la vie de l'homme. » Il ajoutait après, en s'adres-

---

(1) Joinville.

sant tour à tour à son père et à son frère : « Promettez-moi, mon père ; promet-
« tez-moi, mon frère, de demander au roi la grâce de la vie de l'homme. »

On a déjà raconté que monseigneur le duc de Berry, libre en Angleterre, avait eu une de ces liaisons que la religion réprouve, et que la fragilité humaine excuse. On peut dire de lui ce qu'un historien a dit de Henri IV : « *Il* « *était souvent faible, mais toujours fidèle, et l'on ne s'aperçut jamais que ses* « *passions eussent affaibli sa religion* (1). Monseigneur le duc de Berry cherchant en vain dans sa conscience quelque chose de bien coupable, et n'y trouvant que quelques faiblesses, voulait, pour ainsi dire, les rassembler autour de son lit de mort, pour justifier au monde la grandeur de son repentir et la rudesse de sa pénitence. Il jugea assez bien de la vertu de sa femme pour lui avouer ses torts, et pour lui témoigner le désir d'embrasser les deux innocentes créatures, filles de son long exil. « Qu'on les fasse venir, s'écria la « jeune princesse, ce sont aussi mes enfants. » Les deux petites étrangères arrivèrent au bout de trois quarts d'heure ; elles se mirent à genoux en sanglotant au bord du lit de leur seigneur, les joues baignées de larmes et les mains jointes. Le prince leur adressa quelques mots tendres en anglais, pour leur annoncer sa fin prochaine, leur ordonner d'aimer Dieu, d'être bonnes et de se souvenir de leur malheureux père. Il les bénit, les fit se relever, les embrassa ; et, adressant la parole à madame la duchesse de Berry : « Serez-« vous assez bonne, lui dit-il, pour prendre soin de ces orphelines ? » La princesse ouvrit ses bras, où les petites filles se réfugièrent ; elle les pressa contre son sein, et, leur faisant présenter Mademoiselle, elle leur dit : « Em-« brassez votre sœur. — Pauvre Louise ! » s'écria monseigneur le duc de Berry en s'adressant à la plus jeune, « vous ne verrez plus votre père ! » On était partagé entre l'attendrissement pour le prince et l'admiration pour la princesse. Madame la vicomtesse de Gontaut, qui n'était pas prévenue, paraissait étonnée. Madame s'en aperçut, et lui dit : « Elle sait tout ; elle a été « sublime. »

CHAPITRE V.

LE PRINCE FAIT UNE CONFESSION PUBLIQUE ET REÇOIT L'EXTRÊME-ONCTION. — DIVERSES PAROLES DU PRINCE.

Cependant on étendit le prince sur un matelas à terre, tandis qu'on remuait sa couche. Ce fut là qu'il se confessa d'abord en particulier à monseigneur l'évêque de Chartres, et qu'il fit ensuite un aveu public de ses fautes : on aurait cru voir saint Louis expirant sur son lit de cendre. Il demanda pardon à Dieu de ses offenses et des scandales qu'il avait pu donner. « Mon Dieu, « ajouta-t-il, pardonnez-moi, pardonnez à celui qui m'a ôté la vie ! »

Il demanda ensuite à son père sa bénédiction. « *Lors le doux père remit et* « *pardonna au fils les défauts et courroux, et avec merveilleuse ferveur de* « *foi lui donna sa bénédiction, et entre ses saints baisers le salua et à Dieu*

---

(1) *Vie du père Cotton*, par le père d'Orléans.

« *le recommanda* (1). » Ces princes trouvaient tous les exemples dans leur famille.

Le mourant était remis sur son lit, monseigneur le duc d'Angoulême se replaça à genoux à ses côtés. « Ah! mon frère, dit le Machabée chrétien, vous « êtes un ange sur terre; croyez-vous que Dieu me pardonne? — Vous par« donner! répondit monseigneur le duc d'Angoulême, il fait de vous un « martyr! » Un rayon de joie parut sur le front du prince mourant; il ne douta point qu'un frère si pieux ne connût les desseins de la Providence, et il se reposa de son bonheur sur la foi du juste.

Alors le curé de Saint-Roch, que M. le comte de Clermont avait été chercher, arriva avec les saintes huiles : partout où l'on trouve une douleur, on rencontre un prêtre chrétien. Monseigneur le duc de Berry demanda le viatique : l'évêque de Chartres lui dit avec un vif regret que les vomissements s'y opposaient. Le prince se résigna, fit un signe de croix, et attendit l'Extrême-Onction. Il commença son *Confiteor*, et frappa comme un coupable d'une main pénitente ce sein que le poignard semblait n'avoir ouvert que pour en faire sortir les innocents secrets, et d'où il ne s'écoulait que des vertus avec le sang de saint Louis.

Le prince voyait s'approcher sa dernière heure; il ressentait des douleurs cruelles, et tombait à tout moment en défaillance. On l'entendait répéter à voix basse : « Que je souffre! que cette nuit est longue! le roi vient-il? » Il appelait souvent son père; et son père, étouffant de sanglots, lui disait : « Je suis « là, mon ami. » On lui apprit que les maréchaux étaient arrivés. « J'espérais, « répondit-il, verser mon sang au milieu d'eux pour la France. » Dévoré d'une soif ardente, il ne buvait qu'à regret, et seulement pour se soutenir jusqu'à l'arrivée du roi. On lui annonça M. de Nantouillet. « Viens, mon bon « Nantouillet, mon vieil ami, » s'écria-t-il en faisant un effort; « que je t'em« brasse encore une fois! » Le *vieil ami* se précipita sur la main du prince et sentit amèrement l'impuissance de l'homme à racheter de ses jours les jours qu'il voudrait sauver.

Les compagnons de M. de Nantouillet, M. le comte de Chabot, M. le marquis de Coigny, M. le comte de Brissac, M. le vicomte de Montélégier, M. le prince de Beaufremont, M. le comte Eugène d'Astorg, étaient accourus : ils se pressaient autour de leur prince expirant, comme ils l'auraient environné au champ d'honneur. Leur douleur était partagée par les autres loyaux serviteurs attachés au reste de la famille royale. M. le marquis de Latour-Maubourg se tint constamment debout au pied du lit de monseigneur le duc de Berry : ce guerrier, qui avait laissé une partie de son corps sur les champs de bataille, était là comme un noble témoin envoyé par l'armée pour assister au dernier combat d'un héros.

Nuit d'épouvante et de plaisir! nuit de vertus et de crimes! Lorsque le fils de France blessé avait été porté dans le cabinet de sa loge, le spectacle durait encore. D'un côté on entendait les sons de la musique, de l'autre les soupirs

---

(1) RENAUD, dans la *Vie de Philippe le Bel*.

du prince expirant ; un rideau séparait les folies du monde de la destruction d'un empire. Le prêtre qui apporta les saintes huiles traversa une foule de masques. Soldat du Christ, armé pour ainsi dire de Dieu, il emporta d'assaut l'asile dont l'Église lui interdisait l'entrée, et vint, le crucifix à la main, délivrer un captif dans la prison de l'ennemi.

Une autre scène se passait près de là : on interrogeait l'assassin. Il déclarait son nom, s'applaudissait de son crime ; il déclarait qu'il avait frappé monseigneur le duc de Berry pour tuer en lui toute sa race ; que si lui, meurtrier, s'était échappé, il serait allé *se coucher*, et que le lendemain il eût renouvelé son attentat sur la personne de monseigneur le duc d'Angoulême. *Se coucher !* pour dormir, malheureux ! votre bienveillante victime avait-elle jamais troublé votre sommeil ? Dans la suite de son interrogatoire, cette brute féroce, sans attachement même sur la terre, a déclaré que Dieu n'était qu'un mot ; qu'elle n'avait d'autre regret que de ne pas avoir sacrifié toute la famille royale. Et le prince expirant, plein de tendresse et d'amour, n'a d'autre regret que de ne pouvoir sauver la vie de son meurtrier ; et il n'accuse personne, et sa rigueur ne tombe que sur lui-même. Ce prince, qui sait que Dieu n'est pas un mot, tremble de comparaître au tribunal suprême ; le martyre lui ouvre les portes du ciel, et il ne se croit pas assez pur pour aller rejoindre le saint roi et le roi martyr : il ne peut trouver dans son innocence l'assurance que l'assassin trouve dans son crime. Voilà les hommes tels que la révolution les a faits, et tels que la religion les faisait autrefois.

CHAPITRE VI.

ARRIVÉE DU ROI. — LE PRINCE DEMANDE LA GRACE DE SON ASSASSIN

La foule s'était écoulée du spectacle : le plaisir avait cédé la place à la douleur. Les rues devenaient désertes : le silence croissait ; on n'entendait plus que le bruit des gardes et celui de l'arrivée des personnes de la cour : les unes, surprises au milieu des plaisirs, accouraient en habit de fête ; les autres, réveillées au milieu de la nuit, se présentaient dans le plus grand désordre. Çà et là se glissaient quelques obscurs amis des Bourbons qu'on ne voit point dans les temps de la prospérité, et qui se retrouvent, on ne sait comment, au jour du malheur. Les passages conduisant à l'appartement du prince étaient remplis ; on se pressait à ces mêmes portes où l'on s'étouffe pour rire ou pour pleurer aux fictions de la scène. On cherchait à découvrir quelque chose lorsque les portes venaient à s'ouvrir ; on interrogeait ses voisins, et, par des nouvelles subitement affirmées, subitement démenties, on passait de la crainte à l'espérance, de l'espérance au désespoir.

Trois bulletins avaient été portés aux Tuileries. A cinq heures le roi arriva ; on l'avait toujours rassuré sur la position du prince. Le mourant, qui avait entendu le bruit des chevaux dans la rue, parut revivre. Le roi entra. « Mon « oncle, dit monseigneur le duc de Berry, donnez-moi votre main, que je la « baise pour la dernière fois. » Le roi s'avança : son visage exprimait cette majestueuse douleur que ressentit Louis XIV lorsqu'il vit l'espoir de la monarchie reposer sur la tête d'un enfant. Il donna sa main à baiser à son neveu, et baisa lui-même celle du prince infortuné. Alors monseigneur le duc de Berry dit au roi : « Mon oncle, je vous demande la grâce de la vie de l'homme. » Le roi, profondément ému, répondit : « Mon neveu, vous n'êtes pas aussi mal « que vous le pensez; nous en reparlerons. — Le roi ne dit pas *oui*, re- « prit le prince en insistant. Grâce au moins pour la vie de l'homme, afin que « je meure tranquille ! »

Revenant encore sur le même sujet, il disait : « La grâce de la vie de cet « homme eût pourtant adouci mes derniers moments. » Enfin, lorsqu'il ne pouvait déjà parler que d'une voix entrecoupée et en mettant un long intervalle entre chaque mot, on l'entendait dire : « Du moins, si j'emportais l'idée... « que le sang d'un homme ne coulera pas pour moi après ma mort... »

Le roi demanda en latin à M. Dupuytren ce qu'il pensait de l'état du prince. M. Dupuytren fit un signe qui ne laissa au monarque aucune espérance.

Monseigneur le duc de Berry avait pourtant rassemblé le reste de ses forces sous les yeux du chef de son auguste maison. Le pouls s'était ranimé, la parole était plus libre, l'étouffement moins violent. Le prince s'inquiéta du mal qu'il avait pu faire au roi en troublant son sommeil. Il le supplia de s'aller coucher. « Mon enfant, répondit le roi, j'ai fait ma nuit ; il est cinq heures. Je ne « vous quitterai plus. » Le jour en effet était venu pour éclairer un si beau trépas : le prince allait se réveiller parmi les anges, au moment où, parmi les hommes, il avait accoutumé de sortir du sommeil.

CHAPITRE VII.

DÉSESPOIR DE MADAME LA DUCHESSE DE BERRY. — MORT DU PRINCE.

Monseigneur ne s'était point abusé sur le soulagement apporté à son état par la vertu de cette présence du roi, qui ranime toujours un cœur français. Il sentit approcher une défaillance, et dit : « C'est ma fin. »

Madame la duchesse de Berry, qui depuis longtemps faisait violence à sa douleur, la laissa enfin éclater. « Ses sanglots me tuent, s'écria le prince; em- « menez-la, mon père ! » On entraîna la princesse dans le cabinet voisin. Toutes les dames attachées à sa maison, madame la duchesse de Reggio, madame la comtesse de Béthisy, madame la comtesse d'Hautefort, madame la comtesse de Noailles, madame la comtesse de Bouillé, madame la vicomtesse de Gontaut, l'environnèrent (1). La princesse fut un peu soulagée par ses larmes : elle promit de ne plus pleurer, et rentra dans l'appartement du prince.

Si, dans quelque partie de l'Europe civilisée, on eût demandé à un homme un peu accoutumé aux choses de la vie ce que faisait à cette heure la famille

---

(1) Madame la marquise de Gourgue, absente pour cause de maladie, ne s'est pas consolée de n'avoir pu se trouver à cette scène de désolation. Une petite-fille de M. de Malesherbes était appelée comme de plein droit au nouveau deuil de la famille royale.

Nous ne devons pas oublier de nommer madame de Walthaire, qui, avec les autres femmes de madame la duchesse de Berry, était accourue auprès de la princesse.

royale de France, il eût répondu sans doute qu'elle était plongée dans le sommeil au fond de ses palais, ou que, surprise par une révolution, elle était entraînée au milieu d'un peuple ému. Non : tout ce peuple dormait sous la garde de son roi, et le roi veillait seul avec sa famille ! Après tant de scènes produites par la révolution, nul n'aurait imaginé d'aller chercher tous les Bourbons réunis, au lever de l'aube, dans une salle de spectacle déserte, autour du lit de leur dernier fils assassiné. Heureux l'homme ignoré du monde, qui se réveille dans une chaumière, au milieu de ses enfants que ne poursuit point la haine, et dont aucun ne manque aux embrassements paternels ! A quel prix faut-il maintenant acheter les couronnes? et qu'est-ce aujourd'hui qu'un empire?

Tout espoir s'évanouissait; les symptômes les plus alarmants étaient revenus. Le découragement des médecins était visible : la mort arrivait. Le prince demanda à être changé de côté; les médecins s'y opposèrent; le prince insista. On l'entendit prononcer à voix basse ces derniers mots : « Vierge sainte, faites-« moi miséricorde. » Il ajouta quelques autres paroles qui se sont perdues dans la tombe. Alors on le tourna sur le côté gauche selon son désir : dans un instant les facultés intellectuelles s'évanouirent. MONSIEUR parvint à arracher une seconde fois sa fille à l'horreur de ce dernier moment.

Hors de la présence de son mari, elle se livra au plus effrayant désespoir. S'adressant à madame la vicomtesse de Gontaut, elle s'écriait : « Madame, je « vous recommande ma fille; puisque mon mari est mort, je veux mourir. » Tout à coup, échappant aux bras qui la retiennent, elle rentre dans la chambre de deuil, renverse tout sur son passage, arrive au bord de la couche, pousse un cri, et se jette échevelée sur le corps de son mari : monseigneur le duc de Berry venait d'expirer ! On présente en vain à la bouche du prince le verre qui couvrait la tabatière du roi, la vapeur de la vie ne parut point sur le verre, le souffle que l'on cherchait était retourné à Dieu. Tout tombe à genoux; des sanglots et des prières s'élèvent vers le ciel. Le bruit des larmes se communique au dehors, et un murmure de douleur s'étend de proche en proche dans la foule qui environnait l'appartement du prince.

A cette clameur succède un morne effroi. Le silence de la mort semble un moment se communiquer à ceux qui environnaient le lit funèbre; madame la duchesse de Berry le rompt la première. Elle se lève, se tourne vers le roi et lui dit : « Sire, j'ai une grâce à requérir de Votre Majesté; elle ne me la re« fusera pas. » Le roi écoute. Dans l'égarement de sa douleur elle ajoute : « Je vous demande la permission de retourner en Sicile; je ne puis plus vivre « ici après la mort de mon mari. » Le roi cherche à la calmer : on la porte dans son carrosse, à moitié évanouie, et on la dépose dans son palais solitaire.

Les princes prièrent alors le roi de s'éloigner.

« Je ne crains pas le spectacle de la mort, reprit le monarque : j'ai un der« nier devoir à rendre à mon fils. » Appuyé sur le bras de M. Dupuytren, il s'approche du lit, ferme les yeux et la bouche du prince, lui baise la main, et se retire sans proférer une seule parole. Chacun s'éloigne en silence, comme s'il eût craint de réveiller le fils de France endormi. M. Bougon demeura à la garde du corps. « J'allai trouver à l'Hôtel-Dieu, dit M. Dupuytren, d'autres

« afflictions et d'autres souffrances ; mais du moins celles-là étaient dans l'ordre
« de la nature (1). »

Lorsque l'on fit l'ouverture du corps, on reconnut que le cœur même avait été blessé : le prince aurait dû mourir sous le coup ; de sorte qu'on peut dire que Dieu le fit vivre pendant quelques heures par un miracle, afin de nous le faire connaître et de donner au monde une des plus belles leçons qu'il ait jamais reçues.

Un fils de saint Louis, dernier rejeton de la branche aînée de sa famille, échappe aux traverses d'un long exil, et revient dans sa patrie ; il commence à goûter le bonheur ; il se flatte de se voir renaître, de voir renaître en même temps la monarchie dans les enfants que Dieu lui promet : tout à coup il est frappé au milieu de ses espérances, presque dans les bras de sa femme. Il va mourir, et il n'est pas plein de jours ! Ne pourrait-il accuser le ciel, lui demander pourquoi il le traite avec tant de rigueur ? Ah ! qu'il lui eût été pardonnable de se plaindre de sa destinée ! car, enfin, quel mal faisait-il ? Il vivait familièrement au milieu de nous dans une simplicité parfaite ; il se mêlait à nos plaisirs et soulageait nos douleurs ; il ne nous priait, pour récompense de ses bienfaits, que de le laisser vivre obscur, en attendant qu'il devînt notre grand roi et notre bon maître. Déjà six de ses parents avaient péri ; pourquoi l'égorger encore, le rechercher, lui innocent, lui si loin du trône, vingt-sept ans après la mort de Louis XVI ? Connaissons mieux le cœur d'un Bourbon ! Ce cœur, tout percé du poignard qu'il était, n'a pu trouver contre nous un seul murmure : pas un regret de la vie, pas une parole amère, ne sont échappés à ce prince. Époux, fils, père et frère, en proie à toutes les angoisses de l'âme, à toutes les souffrances du corps, il ne cesse de demander la grâce de *l'homme* qu'il n'appelle pas même son assassin ! Le caractère le plus impétueux devient tout à coup le caractère le plus doux. C'est un homme plein de passions attaché à l'existence par tous les liens du cœur ; c'est un prince dans la fleur de l'âge ; c'est l'héritier du plus beau royaume de la terre qui expire, et vous diriez que c'est un infortuné qui ne perd rien ici-bas. Le prodige est partout : l'âme est pour ainsi dire transformée, et le corps, par la force de l'âme, semble vivre contre les lois de la nature. Depuis trente ans, les Français se font moissonner sur les champs de bataille ; la Providence voulait opposer à ces sacrifices de l'honneur l'héroïsme d'un trépas chrétien : elle voulait nous montrer, dans l'antique famille de nos rois, ce que c'était que ces anciennes morts des chevaliers dont nous avions perdu la tradition.

CHAPITRE VIII.

CONSTERNATION DE LA FRANCE ET DE L'EUROPE. — CHAPELLES ARDENTES AU LOUVRE ET A SAINT-DENIS.

Fatigué de danses et de joie, Paris était plongé dans le sommeil. A mesure que ses habitants se réveillent, ils apprennent la nouvelle fatale. Le peuple fut instruit d'abord : sorti de sa demeure au lever du jour pour recommencer le

(1) Note manuscrite.

cercle de ses misères, le premier malheur qu'il rencontra fut la mort d'un prince, père des pauvres, soutien des infortunés. On ne peut comparer la consternation qui se répandit dans Paris, et de là dans toute la France, qu'à celle que l'on remarqua le jour de l'assassinat du duc d'Enghien, avec cette différence qu'à la première époque la douleur publique était comprimée. Le corps de monseigneur le duc de Berry, porté chez M. le marquis d'Autichamp, gouverneur du Louvre, fut ensuite transféré dans une chapelle ardente, sous les voûtes de la même salle où le corps de Henri IV avait jadis été déposé. C'était aussi dans cette salle que l'industrie française offrait naguère à l'admiration publique ses chefs-d'œuvre, et c'est de là que la révolution venait à son tour étaler un de ses plus brillants ouvrages.

Plusieurs personnes moururent subitement en apprenant l'assassinat de monseigneur le duc de Berry. Des prêtres tombèrent à l'autel ; et, jusque dans les pays étrangers, ces morts surnaturelles se renouvelèrent aux services funèbres du prince. Les rois pleurèrent sur leurs trônes et se crurent eux-mêmes frappés. De grandes princesses, connues par leur bienfaisance inépuisable, exprimèrent des regrets que l'histoire doit consacrer.

17 mars 1820.

« Vous me dites avoir pensé à moi dès les premiers moments du douloureux
« saisissement que vous a causé la mort de monseigneur le duc de Berry. Je
« vous assure qu'à peine cette horrible nouvelle était venue me bouleverser que
« ma pensée vous cherchait. On éprouve dans ce moment-là le besoin de s'a-
« dresser à tous ceux dont les sentiments et les opinions sont conformes aux
« nôtres. Cet horrible attentat, accompagné de toutes les circonstances qui le
« rendent si déchirant, aurait ému toute âme sensible de la plus vive douleur,
« quand même il aurait été commis sur un homme obscur et indifférent ; mais
« ici tout se réunit pour rendre ce malheur personnel à ceux qui aiment et dé-
« sirent l'ordre et le bien. Il paraît du moins que, pour le moment, les suites
« n'en sont pas aussi funestes qu'il y avait lieu de le craindre. Il paraît que la
« masse de la nation a senti comme elle le devait. Si ce moment pouvait ou-
« vrir les yeux, ébranler assez les cœurs pour inspirer l'horreur de ces *opinions*
« qui ont porté le monstre à commettre son crime, ce serait un bien dans le
« mal. Espérons en Dieu, qui fait quelquefois naître le bien de ce qui nous
« paraît être sans espoir. Qu'il protége cette intéressante duchesse de Berry,
« et la fasse heureusement accoucher d'un fils. Il y a plus de quinze jours que
« nous avons reçu cette nouvelle : mon imagination est à peine calmée sur
« l'horreur qu'elle m'a inspirée ; mais mon intérêt pour la famille royale n'est
« pas refroidi. Je voudrais en avoir des nouvelles tous les jours ; je recueille
« avec avidité tout ce que je puis en apprendre ; et les détails, quoique naturel-
« lement un peu confus, que vous me donnez dans votre lettre, n'en ont pas
« été moins précieux pour moi. Profitez de toutes les occasions pour m'écrire,
« et donnez-moi tous les détails que vous pourrez rassembler sur cette famille
« si malheureuse et si intéressante. »

Noble et généreuse sollicitude ! Par une circonstance touchante, celui qui s'est trouvé chargé d'annoncer le malheur de la famille royale sur ces bords lointains était l'ami, le compagnon de monseigneur le duc de Berry : il n'aura eu besoin que de laisser éclater sa propre douleur pour exprimer celle de la France.

Dans Paris, les regrets du peuple ne se calmaient pas : il racontait mille traits de la bonté du prince : il adressait au ciel des vœux pour lui. Une pauvre femme mit en gage sa robe afin de faire dire une messe pour le repos de l'âme du fils des rois. La foule ne cessait d'assiéger le Louvre, de prier, de jeter de l'eau bénite sur le cercueil, de se plaindre qu'on eût si tôt recouvert le visage du prince : elle aurait surtout voulu voir la blessure. L'assassin seul la regarda sans émotion : lorsqu'on le confronta aux restes sanglants de sa victime, il ne fit aucune réponse, ni par les yeux, ni par la bouche, au cadavre qui l'interrogeait. L'athée, sachant qu'il allait mourir, espérait dormir en paix avec son crime : le néant est quelque chose à celui pour qui Dieu n'est rien.

La dépouille mortelle de l'héritier de nos monarques étant portée à Saint-Denis, les classes du peuple les plus pauvres, des hommes et des femmes dans les lambeaux de la misère, se mêlèrent au cortége. La confrérie des charbonniers marchait au milieu des officiers et des soldats, ce qui mérita à ces représentants de la douleur populaire l'honneur d'une place marquée aux funérailles. Dans les villages où passa le convoi, les chemins avaient été balayés, les murs des chaumières tapissés de ce que les habitants possédaient de plus précieux. Tout le temps que dura la chapelle ardente à Saint-Denis, on vit accourir les députés des villes et des hameaux voisins, pour rendre hommage au fils de France décédé. L'église était incessamment remplie de paysans et de gens du peuple; des enfants y vinrent avec leurs maîtres; on y vit même de grands criminels : autour de ce cercueil, l'innocence pleurait comme le repentir. Toutes les provinces du royaume exprimèrent leurs regrets dans des adresses. Il n'y avait rien de prévu, rien de préparé, rien de concerté dans ce deuil général : c'était la France entière qui gémissait.

CHAPITRE IX.

DOULEUR DE LA FAMILLE ROYALE ET DE MADAME LA DUCHESSE DE BERRY.

Si la consternation était grande au dehors, elle était encore plus grande dans le palais. En perdant monseigneur le duc de Berry, la famille royale perdait toute sa joie : il animait ses parents par sa vivacité, ses mots heureux, son goût pour le plaisir. Le Louvre paraissait désert depuis que le prince avait disparu : ces grands foyers paternels redemandaient en vain le dernier né de leurs enfants, et pleuraient la solitude de leur avenir. Monseigneur le duc d'Angoulême regrettait amèrement un frère, le compagnon de son enfance et de ses malheurs, l'ami des bons et des mauvais jours de sa vie. MADAME, dominant toutes les douleurs, soutenait à la fois son mari et son père. On ne pouvait regarder MONSIEUR, le meilleur des hommes, le plus affectueux des princes, sans avoir l'âme déchirée : ses yeux roulaient de grosses larmes qu'il voulait en vain retenir; le poids du chagrin paternel, ajouté à d'autres chagrins, courbait sa tête, et cette dernière adversité achevait de blanchir ses cheveux. Quant au roi, perdant l'appui de son trône, il avait vu se dessécher le rameau qui, après *les murmures des tribus* (1), promettait de refleurir dans l'arche sainte.

Et dans la maison de monseigneur le duc de Berry, quel deuil parmi les anciens amis du prince, ses aides-de-camp, ses serviteurs !

L'illustre veuve du nouveau Germanicus était inconsolable : elle commença par couper ses cheveux, « ses cheveux, disait-elle, que son mari aimait. » Elle les remit à madame de Gontaut, en lui disant : « Prenez-les ; un jour vous
« les donnerez à ma fille ; elle apprendra que sa mère coupa ses cheveux le
« jour où son père fut assassiné. » Nourrie sous le soleil de la Grèce, parmi les filles de Sicile, notre jeune princesse avait rapporté de ces climats les antiques usages de la douleur, qui ne furent point inconnus à sa race. Un des plus grands princes de la maison de Bourbon, Louis III, duc de Bourbon, arrière-fils de Robert, fils de saint Louis, prêt à mourir, coupa ses cheveux. « Alors, dit son vieil historien, requist le duc que ses cheveux fussent ôtés.
« Quand il les tint, il parla en cette manière : Dieu Jésus-Christ, mon père
« créateur, ès délices de cette vie mortelle, je me suis plus ébattu en mes che-
« veux : je ne veux mie qu'ils me suivent. »

La demeure où madame la duchesse de Berry avait été si heureuse avec son mari lui devint insupportable. On conduisit la princesse à cette maison royale trop fameuse par cette nuit funeste où un cri de mort retentit *comme un coup de tonnerre;* maison qui, depuis Madame *Henriette*, n'avait pas vu si subite et si grande adversité. Tout Paris s'empressa d'aller porter à madame la duchesse de Berry d'inutiles hommages. Peu de jours après, elle s'établit aux Tuileries, sous la protection de la douleur paternelle.

Si cette princesse a éprouvé une de ces adversités qui tombent sur les têtes élevées, son malheur est aussi de ceux qui se font sentir à l'humanité entière : toutes les mères, toutes les épouses ont été frappées du coup qui l'a frappée. Lorsque madame la duchesse de Berry ou Mademoiselle doivent sortir, le peuple se rassemble devant les passages des Tuileries : il y vient plusieurs heures d'avance ; il oublie la triste nécessité où il est de gagner son pain quotidien. Aussitôt qu'il aperçoit ou la mère ou la fille, il se prend à pousser des cris de joie et à pleurer. Les femmes, tenant leurs enfants dans leurs bras, leur montrent, comme une sœur, la petite orpheline toute vêtue de blanc dans une grande voiture de deuil. Quand madame la duchesse de Berry se promène sur la terrasse des Tuileries, sa robe de veuve produit le même effet que sa robe sanglante dans la nuit fatale. Mais chaque jour la foule remarque que ces voiles funèbres cachent moins les espérances de la patrie, et elle s'en retourne consolée. Ceux qui ont vu Buonaparte dans toute sa puissance sortir de son palais après les plus grandes victoires, sans qu'il s'élevât une seule voix sur son passage, ceux-là reconnaissent qu'il y a quelque chose de plus fort que l'usurpation et la fortune : c'est la légitimité et le malheur.

(1) *Num.*, cap. xvii.

CHAPITRE X.

FUNÉRAILLES DE MONSEIGNEUR LE DUC DE BERRY. — LES ENTRAILLES DU PRINCE SONT PORTÉES A LILLE. — SON CŒUR SERA DÉPOSÉ A ROSNY.

Les obsèques du prince eurent lieu à Saint-Denis. Il n'y avait pas encore deux mois que l'on avait vu ce prince, plein de vie, assis, le 21 janvier, en face du catafalque de Louis XVI : on le cherchait en vain sur le banc auprès de monseigneur le duc d'Angoulême, son frère, et on ne le trouvait que sous ce même catafalque devant lequel son frère pleurait. Les yeux se portaient avec attendrissement sur la famille royale, déjà si peu nombreuse et encore diminuée ; sur le roi, qui semblait méditer au milieu des ruines de la monarchie ; sur Madame, enveloppée dans un long crêpe, comme dans sa parure accoutumée ; sur monseigneur le duc d'Angoulême, chargé de mener le deuil, et qui, saluant tour à tour et l'autel et le cercueil, semblait demander au premier la force de regarder le second. On eût dit que ces paroles de l'évangile du jour avaient été particulièrement choisies pour lui : *Domine, si fuisses hic, frater meus non fuisset mortuus*. Monseigneur le duc d'Orléans et monseigneur le duc de Bourbon menaient aussi le deuil, avec monseigneur le duc d'Angoulême.

Monseigneur le coadjuteur de Paris prononça une oraison funèbre remarquable dans ce vieux sanctuaire de nos chartes et de notre religion, qui entendit déjà tant d'oraisons funèbres : la première de toutes fut celle de Duguesclin, faite en 1393 par l'évêque d'Auxerre. Un poëte gothique nous a transmis l'histoire de cette cérémonie : ce qu'il dit si naïvement du bon connétable et du discours du prélat, s'applique de la manière la plus touchante à monseigneur le duc de Berry :

> Tous les princes fondoient en larmes
> Aux mots que l'évêque montroit,
> Car il disoit : « Pleurez, gendarmes,
> « Bertrand qui très-tant vous aimoit.
> « On doit regretter les faits d'armes
> « Qu'il fit au temps que il vivoit.
> « Dieu ait pitié, sur toutes âmes,
> « De la sienne, car bonne étoit. »

Les honneurs qui avaient fui monseigneur le duc de Berry pendant sa vie l'accablèrent après sa mort. La basilique de Saint-Denis, tendue de noir dans la longueur de la voûte, ressemblait à un vaste tombeau. Des cordons de lumières se dessinaient sur les draperies funèbres : des lampadaires, des candélabres d'argent, des colonnes qui *semblaient porter jusqu'au ciel*, comme dit Bossuet, *le magnifique témoignage de notre néant*, une large croix de feu dans le sanctuaire, tout enfin surpassait l'idée qu'on avait pu se faire de cette pompe. Un clergé nombreux, la cour, l'armée, les ambassadeurs étrangers, les deux chambres, les tribunaux de justice remplissaient le chœur, la nef, les chapelles et les galeries. On chantait, on agitait les cloches, on tirait le canon autour d'un cercueil muet : il y avait tant de grandeur dans cette pompe, qu'on aurait cru assister aux funérailles de la monarchie.

Et que de sentiments divers dans cette foule! La révolution avait convoqué et rassemblé en présence de son dernier crime, comme pour la juger, les générations que trente années avaient produites : tout ce qui avait triomphé ou souffert se rencontrait en ce moment à Saint-Denis. Et cette église de l'apôtre de la France, que ne disait-elle pas elle-même! Elle étalait extérieurement les richesses de la mort; mais on avait arraché de ses entrailles ses trésors funèbres.

La messe ouïe, on ôta le cercueil du catafalque pour le descendre dans le caveau. Alors l'héroïne du Temple fut vaincue pour la première fois : à la vue du cercueil, elle se sentit prête à défaillir, et fut obligée de se retirer de la tribune où elle était placée à la droite du roi. Le roi lui-même, à genoux, laissa tomber sa tête vénérable sur ses deux mains jointes : la France entière sembla courber sa tête avec lui. Il paraissait rouler dans son esprit les pensées qui se présentèrent à son aïeul Henri IV, lorsque celui-ci assistait, dans la même église de Saint-Denis, au couronnement de la reine. « Savez-vous, dit le vainqueur « d'Ivry à son confesseur, ce que je pensais tout à l'heure en voyant cette « grande assemblée? Je pensais au jugement dernier et au compte que nous y « devons rendre à Dieu (1). »

Les gardes de Monsieur portaient le corps de son fils; leurs casques rapprochés formaient une espèce de voûte mouvante au-dessus du cercueil. Monseigneur le duc d'Angoulême descendit le premier dans le souterrain où il allait laisser son frère. Ensuite, selon l'antique usage, les hérauts d'armes appelèrent les serviteurs du prince. « Celui qui est dedans la fosse appelle l'un « après l'autre les dits écuyers qui apportent les éperons, gantelets, escus, « cotte d'armes. Lors le dit hérault estant dans la dite voûte, crie par trois fois : « Le prince est mort, et que l'on prie Dieu pour son âme (2). »

Les entrailles du prince ont été portées à Lille, comme pour accomplir les paroles de Henri IV, rappelées aux Lillois par monseigneur le duc de Berry lui-même : *Désormais*, avait dit le Béarnais aux habitants de Lille, *entre nous, c'est à la vie, à la mort*.

Le cœur de S. A. R. fut d'abord déposé à Saint-Denis par M. de Bombelles, évêque d'Amiens, premier aumônier de madame la duchesse de Berry. Ce prélat, avant de recevoir les ordres sacrés, combattit auprès du prince; depuis longtemps il connaissait le trésor qu'il était chargé de présenter aux gardiens de la sépulture, et il avait plus de droit qu'un autre de leur dire : « Le cœur « que vous avez devant les yeux fut le plus noble et le plus généreux qui exista « jamais. »

Madame la duchesse de Berry a depuis réclamé ce cœur comme son bien. Une lettre de M. le duc de Lévis nous fait connaître les dispositions de la princesse. « La douleur de madame la duchesse de Berry est profonde, mais « calme; sa résignation, soutenue par la piété et la force de son caractère, « n'est plus troublée par ce qui lui rappelle de cruels souvenirs. J'ai eu der-

---

(1) *Vie du père Cotton*, par le père d'Orléans.
(2) Du Tillet, *Recueil des rois de France*.

« nièrement la bien triste commission de lui demander où elle voulait que
« fût déposé le cœur du prince. Voici sa réponse : *Mes intentions sont arrêtées.*
« *Je vais faire construire à Rosny un bâtiment composé d'un pavillon et de*
« *deux ailes; dans l'une on soignera des malades, dans l'autre on élèvera de*
« *pauvres enfants; le milieu sera une chapelle où l'on priera pour mon mari.*»

Ce que le prince chérissait davantage, c'était en effet les enfants et les pauvres : on ne pouvait mieux placer son cœur qu'entre deux monuments consacrés à ce qu'il aimait. C'est encore une heureuse circonstance qui fait d'un château de Sully le sanctuaire où reposera le cœur du petit-fils de Henri IV.

CHAPITRE XI.

PORTRAIT DU PRINCE. — CONCLUSION.

Ici finit l'histoire de la vie et de la mort de Charles-Ferdinand d'Artois, fils de France, duc de Berry : il ne nous reste plus rien à dire de ce prince, si ce n'est quelque chose de sa personne. Il avait la tête grosse, comme le chef des Capets, la chevelure mêlée, le front ouvert, le visage coloré, les yeux bleus et à fleur de tête, les lèvres épaisses et vermeilles. Son cou était court, ses épaules un peu élevées, ainsi que dans toutes les grandes races militaires. Sa poitrine, où son cœur battait sans défiance et sans peur, offrait une large place au poignard. Monseigneur le duc de Berry était de taille moyenne, de même que Louis XIV; car c'est une erreur de croire que Louis XIV était d'une haute stature : une cuirasse qui nous reste de lui, et les exhumations de Saint-Denis n'ont laissé sur ce point aucun doute. Le prince dont nous venons d'écrire la vie avait la mine brave, l'air de visage franc et spirituel : sa démarche était vive, son geste prompt, son regard assuré, intelligent et bon, son sourire charmant. Il s'exprimait avec élégance dans le commun discours, avec clarté dans les affaires, avec éloquence dans les passions. On retrouvait dans monseigneur le duc de Berry le prince, le soldat, l'homme qui avait souffert, et l'on se sentait entraîné vers lui par une certaine bonne grâce mêlée de brusquerie, attachée à toute sa personne. Quant à son caractère, il se trouve peint par ses actions à chaque page de cet écrit. Monseigneur le duc de Berry avait passé une vie noble, mais oubliée; il ne lui fallut que quelques heures à la fin de sa dernière journée pour acquérir une gloire que cent triomphes ne lui auraient pas obtenue : récompensé à la fois sur la terre et dans le ciel de ses vertus humaines et de ses vertus chrétiennes, le même moment lui a donné l'immortalité et l'éternité.

Tirons au moins de notre malheur une leçon utile, et qu'elle soit comme la morale de cet écrit.

Il s'élève derrière nous une génération impatiente de tous les jougs, ennemie de tous les rois; elle rêve la république et est incapable, par ses mœurs, des vertus républicaines. Elle s'avance; elle nous presse, elle nous pousse : bientôt elle va prendre notre place. Buonaparte l'aurait pu dompter en l'écrasant, en l'envoyant mourir sur les champs de bataille, en présentant à son ardeur le fantôme de la gloire, afin de l'empêcher de poursuivre celui de la liberté; mais nous, nous n'avons que deux choses à opposer aux folies de cette jeunesse : la légitimité, escortée de tous ses souvenirs, environnée de la majesté des siècles; la monarchie représentative, assise sur les bases de la grande propriété, défendue par une vigoureuse aristocratie, fortifiée de toutes les puissances morales et religieuses. Quiconque ne voit pas cette vérité ne voit rien, et court à l'abîme : hors de cette vérité, tout est théorie, chimère, illusion.

Ceux donc qui ne se sentiraient pas attachés à la famille royale par tous les sentiments de respect, d'admiration et d'amour, y doivent au moins tenir par leur intérêt personnel. Verser le sang d'un Bourbon, c'est ouvrir les veines de la patrie : dans l'état actuel des choses, la légitimité est la vie même de la France. Imaginez, calculez, combinez toutes les sortes de gouvernements illégitimes, en dernier résultat vous ne trouverez rien de possible, rien qui présente une apparence de durée, une existence tolérable de quelques années ou même de quelques mois. Les Bourbons retirés, le *droit* disparaît; alors s'ouvre l'immense carrière des *faits*, qui tous ont un égal *droit* à vous opprimer. La légitimité est en Europe le sanctuaire où repose la souveraineté par qui seule les gouvernements subsistent. Voilez ce sanctuaire, et la souveraineté n'est plus qu'une divinité sans asile, exposée, au milieu des ruines, aux outrages de toutes les ambitions.

Aucune usurpation ne se pourrait accomplir sans faire naître en France la guerre civile, sans fournir un prétexte aux entreprises européennes, sans exposer notre pays aux ravages et aux contentions de la politique étrangère. La nation prétendrait-elle se gouverner elle-même? Elle l'a déjà essayé : une nouvelle démocratie amènerait un nouveau bouleversement de propriétés, la destruction de tous les intérêts nouveaux, puisque les anciens sont anéantis. Ah! que ceux qui se sont laissé entraîner à des exagérations populaires se repentiraient alors !

Triomphants le premier jour, le second, ils seraient conduits à l'échafaud, la tête encore ornée des couronnes de leur victoire.

Serait-ce une élection militaire que l'on prétendrait mettre à la place de l'hérédité légitime? Elle eut aussi lieu à Rome, cette élection : l'armée nommant son maître, et ne le recevant plus des lois, méprisa bientôt son ouvrage. Les Barbares, introduits peu à peu dans les légions, s'accoutumèrent eux-mêmes à faire des empereurs; et quand ils furent las de donner le monde, ils le gardèrent.

Si tous les hommes de probité et de talent se veulent enfin réunir dans un système monarchique, non-seulement ils épargneront à la France de nouveaux malheurs, mais ils sauveront l'Europe que menace une grande révolution. En examinant le fond des principes, on s'aperçoit que ce qui nous divise réellement est peu de chose : on cherche moins, pour se combattre, à agir sur la raison que sur les passions. Tantôt c'est la féodalité, détruite depuis deux siècles, dont on veut faire peur aux peuples; tantôt ce sont les missionnaires qui vont établir la guerre en prêchant la paix.

Aujourd'hui, c'est une puissance occulte qui combat la puissance visible :

triste invention, en vertu de laquelle on se croirait autorisé à traiter la légitimité de la douleur comme on a traité la légitimité politique! Mais non : il existe réellement une puissance *occulte* qui répare les erreurs de l'incapacité comme elle déjoue les complots du crime. Depuis trente ans ce gouvernement *secret* a marché auprès de tous les gouvernements publics qui se sont succédé dans notre malheureuse patrie. Placé au-dessus de nous dans des régions inaccessibles, nos passions peuvent s'en plaindre, mais elles ne peuvent le renverser. Cette puissance occulte, c'est l'éternelle raison des choses; c'est cette justice du ciel qui rentre dans les affaires humaines à mesure qu'on s'efforce de l'en bannir; c'est, en un mot, la Providence, qui n'aurait besoin que de se retirer un moment pour détruire l'ordre de l'univers et replonger le monde dans le chaos.

Si la mort de monseigneur le duc de Berry devait nous laisser tels que nous sommes; si elle ne nous enseignait rien sur l'excellence du sang de nos rois, sur le danger des doctrines qui ont produit le crime de Louvel, alors que l'on confie à notre piété les cendres de notre illustre prince. Nous irons déposer sur quelques rives lointaines le germe de la légitimité : la vertu attachée à ces cendres formera bientôt une société de Français qui les auront suivies, et ils échapperont à l'arrêt que le ciel prononce enfin contre les peuples sans jugement et rebelles à l'expérience.

FIN DES MÉMOIRES SUR LE DUC DE BERRY.

PIÈCES JUSTIFICATIVES.

Page 155. — « Avec quel plaisir nous avons appris la lettre du régiment de Berwick...»

Lettre de Monsieur (*depuis Louis XVIII*) *à MM. les officiers, sous-officiers grenadiers et soldats du régiment irlandais de Berwick.*

A Schœnbornslutst, le 28 juillet 1791.

J'ai reçu, messieurs, avec une vraie sensibilité, la lettre que vous m'avez écrite. Je ferai parvenir au roi (Louis XVI), le plus tôt que je pourrai, l'expression de vos sentiments pour lui. Je vous réponds d'avance qu'elle adoucira ses peines, et qu'il recevra avec plaisir de vous les mêmes marques de fidélité que Jacques II reçut, il y a cent ans, de vos aïeux. Cette double époque doit former à jamais la devise du régiment de Berwick : on la verra désormais sur vos drapeaux (1), et tout ce qu'il y aura de sujets fidèles au roi y lira son

---

(1) Voulant consacrer à jamais l'époque de 1691, où le régiment de Berwick sortit de l'Irlande pour défendre le roi Jacques II, et l'époque de 1791, où le même régiment quitta la France pour servir l'infortuné Louis XVI, Monsieur ordonna que ses drapeaux porteraient cette légende :

1691. *Semper et ubique fidelis.* 1791.
Toujours et partout fidèle.

devoir, et y reconnaîtra le modèle qu'il doit imiter. Quant à moi, messieurs, soyez bien persuadés que l'action que vous venez de faire restera toujours gravée dans mon âme, et que je m'estimerai heureux toutes les fois que je pourrai vous donner des preuves de ce qu'elle m'inspire pour vous.

Louis-Stanislas-Xavier.

Page 158. — « Ce fut dans ce combat (de Berstheim) que les trois Condé, renouvelant l'aventure de la bataille de Senef, déployèrent une valeur héroïque... »

Fragment des Mémoires de la maison de Condé.

La gelée qui avait raffermi les chemins permit aux républicains de faire avancer leur grosse artillerie. Après s'en être servis pour battre les retranchements de ce village, centre de la position du prince, comme ils l'avaient déjà fait la veille, ils s'avancent avec rapidité. Les légions de Mirabeau et de Hohenlohe défendent leur position avec la plus grande valeur ; mais l'acharnement des républicains semble s'accroître avec leur nombre ; ils pénètrent dans le village avec des cris affreux.

Ce premier succès pouvait devenir décisif : un coup d'œil du prince l'en avait averti, et déjà sa résolution est prise. C'était la seule qui convînt aux fils du grand Condé. Il saute en bas de son cheval, et, tirant l'épée, il se place à la tête de ses deux bataillons gentilshommes : « Messieurs, s'écrie-t-il, vous êtes « tous des Bayards, il faut reprendre ce village. »

On ne lui répond que par les cris : *A la baïonnette!* et l'on se précipite à travers le feu le plus terrible d'artillerie et de mousqueterie. Les haies vives, les maisons, les rues, tout est emporté en dix minutes ; des cris de *vive le roi!* poussés à l'extrémité du village, annoncent de loin à la réserve que les républicains en sont chassés.

Pendant ce temps, le fils et le petit-fils se montraient dignes d'un tel père (1).

A la tête de la seconde et de la troisième division de la cavalerie noble, le duc de Bourbon s'élance sur la cavalerie républicaine et la chasse devant lui. Un ravin profond se présente : emporté par son ardeur, le prince le franchit avec une poignée de gentilshommes. Les républicains se hâtent de profiter de leur avantage, et se flattent de les accabler : la mêlée est sanglante ; le prince est grièvement blessé. Mais le reste des escadrons survient : les cavaliers républicains fuient, et laissent deux pièces d'artillerie légère au pouvoir de leurs vainqueurs.

Sur un autre point, le duc d'Enghien conduisait au combat les chevaliers de

---

(1) C'est au récit de cette journée que Delille s'écria dans sa langue :

Angoulême, Berry, soutiennent leur grand nom.
Qu'on ne me vante plus ce triple Géryon,
Dont trois âmes mouvaient la masse épouvantable.
J'aime à voir, surpassant les récits de la fable,
Un même esprit mouvoir trois héros à la fois,
Condé, Bourbon, Enghien, ce sont d'autres Rocrois ;
Et, prodigues d'un sang chéri de la victoire,
Trois générations vont ensemble à la gloire.

la couronne. Presque seul, il court enlever une pièce de canon ; ses habits sont criblés de balles et de coups de baïonnettes ; il est entouré, il se défend en héros jusqu'à ce que l'on vienne le dégager : il ramène la pièce.

Le résultat de cette brillante, mais sanglante journée, ne fut que la gloire d'avoir conservé une mauvaise position, que, quelques jours plus tard, il fallut abandonner.

Le maréchal de Wurmser et plusieurs généraux autrichiens, malgré la froideur qui régnait entre eux et l'armée royale, vinrent, le soir même, féliciter le prince de Condé et ses compagnons d'armes. « Eh bien ! monsieur le « maréchal, lui dit le prince, comment trouvez-vous ma petite infanterie ? — « Monseigneur, elle grandit au feu, » répondit le maréchal. Les Autrichiens furent peu étonnés d'apprendre que des chevaliers français s'étaient battus avec un courage héroïque ; mais ils ne purent refuser des larmes d'admiration à des traits comme celui-ci :

Un soldat de la légion de Mirabeau, blessé, jetait les hauts cris à côté d'un chevalier de Saint-Louis qui avait une jambe emportée (1) : « Songez, mon « ami, lui dit cet intrépide officier, que votre Dieu est mort sur la croix, et « votre roi sur l'échafaud ! nous devons nous trouver heureux de mourir pour « leur cause. »

Trois jours après, les républicains attaquèrent de nouveau Berstheim, et de nouveau ils furent repoussés avec une perte considérable. Désespérant de forcer le corps de Condé dans cette position, ils essayèrent de se faire jour sur un point de la ligne autrichienne, et furent plus heureux. Le comte de Wurmser fit entrer son armée dans les redoutes qu'il avait élevées en avant d'Haguenau, depuis le Rhin jusqu'aux montagnes.

MONSIEUR (depuis Louis XVIII), qui était alors à Turin, n'eut pas plutôt appris la nouvelle de ce combat, qu'il écrivit au prince de Condé :

A Turin, ce 28 décembre 1793.

Ce n'est qu'en arrivant ici, mon cher cousin, que j'ai reçu avec quelque certitude la nouvelle de la glorieuse affaire du 2 de ce mois dont un bruit vague m'avait entretenu sur mon chemin. Il me serait difficile de vous exprimer la joie qu'elle m'a causée. Ce n'est pas assurément que je doutasse de ce que peut la valeur de la noblesse française ; mais il était temps que les rebelles sussent ce qu'elle peut toute seule, et l'affaire même de Berstheim ne le leur avait appris qu'imparfaitement. Cette joie serait cruellement empoisonnée s'il me restait la moindre inquiétude sur la blessure de votre fils ; mais tranquille à cet égard, je vous félicite, et de cette blessure même, et de la conduite que son fils et lui ont tenue. Jouissez, mon cher cousin, de cette belle journée, comme bon Français, comme général, comme vaillant chevalier, et comme père. Pour moi, indépendamment de ma tendre amitié pour vous et du bien de l'État, je dois vous avouer que mon amour-propre jouit de voir trois héros de mon sang, où jusqu'à présent je n'étais sûr d'en trouver qu'un. Mais mon sentiment pour vous ne doit pas me faire oublier cette brave noblesse qui s'est

---

(1) C'était M. de Barras, officier de marine, frère du directeur.

si fort distinguée sous vos ordres : parlez-lui bien du double sentiment que je ressens de sa conduite, et comme gentilhomme français, et comme régent du royaume. Adieu, mon cher cousin : vous connaissez bien toute mon amitié pour vous.

Signé Louis-Stanislas-Xavier.

Lettre de Monsieur *(régent du royaume) au duc de Bourbon.*

Turin, le 28 décembre 1793.

Je reçois en arrivant ici, mon cher cousin, la nouvelle certaine de la gloire que vous venez d'acquérir et de la blessure que vous avez reçue. Cette dernière aurait empoisonné toute la joie de la première, si je n'avais su en même temps qu'elle n'est pas dangereuse. Je vous avoue que je vous l'envie : cependant je vous aime trop sincèrement pour ne pas vous en féliciter de tout mon cœur, en souhaitant cependant que pareille chose ne vous arrive plus. Ce n'est ni comme parent ni comme ami que je vous parle ainsi, c'est comme régent du royaume; c'est parce que je sais mieux que personne la perte que l'État ferait en vous perdant.

Adieu, mon cher cousin. Puissiez-vous être bientôt guéri, et voler à de nouvelles victoires! Vous connaissez mon amitié pour vous.

Louis-Stanislas-Xavier.

Lettre de Monsieur *(régent du royaume) à monseigneur le duc d'Enghien.*

A Turin, ce 28 décembre 1793.

J'ai appris, mon cher cousin, avec un plaisir que mon amour pour mon sang et l'amitié que vous me connaissez pour vous expliqueront facilement, la gloire que vous avez acquise dans la journée du 2 de ce mois. Vous êtes à l'âge et vous portez le nom du vainqueur de Rocroi ; son sang coule dans vos veines ; vous venez de retracer sa valeur ; vous avez devant les yeux l'exemple d'un père et d'un grand-père au-dessus de tous les éloges : que de motifs d'espérer que vous serez un jour la gloire et l'appui de l'État! Vous pouvez croire, vous aimant comme je le fais, que je jouis bien sincèrement de ces heureux présages. Adieu, mon cher cousin. Soyez bien persuadé de toute mon amitié pour vous. *Signé* Louis-Stanislas-Xavier.

Page 159. — « Dans les campagnes de 1795, 1796 et 1797, monseigneur le duc de Berry se trouva présent à tous les combats... »

Lettre de Monsieur, *comte d'Artois, à monseigneur le prince de Condé.*

Édimbourg, 29 novembre 1795.

Vous avez bien justement apprécié, mon cher cousin, tous les sentiments que j'ai éprouvés en lisant votre lettre du 3 novembre et les pièces qui y sont jointes : puisque vous êtes content de mon fils (1), je jouis de sa conduite. Je partage au fond de l'âme la gloire et l'honneur dont vos compagnons de fidélité se sont couverts, mais les nouvelles publiques n'ayant pas été aussi discrètes que vous, sur un objet dont vous ne parlez point, permettez-moi de vous dire que, comme

---

(1) Monseigneur le duc de Berry.

parent, comme ami, et comme dévoué à la cause que nous défendons, je trouve une jouissance aussi douce que solide à entendre juger votre conduite comme elle mérite de l'être, et à vous voir augmenter tous les jours une considération si flatteuse pour ceux qui vous aiment, si honorable pour ceux qui vous sont liés par le sang, et si importante pour les intérêts de notre roi. Ceci n'est point un compliment, c'est l'expression simple de mon cœur et de ma raison.

Je joins ici ma lettre, que je vous prie de remettre de ma part au duc d'Enghien. Je ne lui parle que de mon amitié; mais c'est le roi, c'est la France entière que je félicite de ce qu'il est, et de ce qu'il sera un jour, en suivant la glorieuse route que vous lui avez tracée.

Vous sentirez mieux qu'un autre, mon cher cousin, que celui qui remplit son devoir trouve dans sa propre conduite une compensation aux sacrifices les plus pénibles. Mais je dois vous avouer que depuis le mois de juin j'éprouve un supplice difficile à exprimer, de ma douloureuse inaction, et d'être privé de partager les dangers, les fatigues et la gloire de vos intrépides compagnons d'armes. Soyez du moins mon interprète auprès d'eux; parlez-leur de mes regrets, de mes sentiments, de mon admiration pour leur constance autant que pour leur valeur, et ajoutez-leur qu'uniquement occupé de nos intérêts communs, j'espère que le ciel finira par protéger mes efforts, et par rendre heureux les fidèles Français qui ont toujours suivi le chemin de l'honneur.

Je n'avais pas attendu votre lettre pour solliciter auprès du gouvernement britannique les moyens qui nous sont nécessaires pour profiter utilement du succès des Autrichiens et de ceux de notre armée. La négociation entamée à Paris ne facilitait pas mes démarches : cependant le départ de M. de Précy vous aura prouvé qu'elle n'avait pas été totalement infructueuse. Je viens de les renouveler encore avec plus de vivacité que jamais : j'espère que les ministres seront frappés de la nécessité de vous procurer des secours extraordinaires; et je me flatte que vous en recevrez de suffisants, si vos tristes pressentiments ne viennent pas à se réaliser. Je n'entrerai pas dans plus de détails sur la situation des choses et des esprits; mais je compte envoyer, le mois prochain, un courrier au roi, et je le prierai de vous communiquer des détails intéressants et peut-être favorables.

Avant de terminer cette lettre, il faut que je vous parle d'un objet qui tient à mon cœur : il paraît que mon fils s'est conduit en joli garçon, et qu'il a du goût pour les coups de fusil. C'est toujours bon en soi-même, mais cela ne suffit pas; dans sa position, il faut qu'il se mette promptement en état de bien servir son roi; et c'est à vous que je m'adresse avec confiance, mon cher cousin, pour que vous employiez toute votre autorité de général, et toute celle que mon amitié a remise entre vos mains, à exiger qu'il occupe tout son hiver à travailler bien sérieusement au métier de la guerre, à se rendre digne de commencer l'année prochaine à conduire des troupes. Je ne vous indiquerai aucuns moyens à cet égard; personne ne saura mieux que vous exciter son émulation et lui inspirer le désir de l'instruction : mais vous jugerez facilement combien je serai sensible à cette nouvelle preuve de votre amitié.

Adieu, mon cher cousin : je ne veux rien changer au rendez-vous que je vous ai donné; c'est vers ce but que tendent tous mes efforts. Je vous renouvelle du fond du cœur, l'assurance de l'amitié bien tendre et bien constante qui m'attache à vous pour la vie. *Signé* Charles-Philippe.

P. S. Je dois vous dire que vous trouverez mon fils tout prévenu sur ce que je vous demande pour lui.

Page 160. — « On apprit au cantonnement de Steinstadt la mort de Louis XVII. »
Lettre du roi Louis XVIII à monseigneur le prince de Condé.

Mon cousin, je suis touché, comme je dois l'être, des sentiments que vous m'exprimez au sujet de la perte irréparable que je viens de faire en la personne du roi, mon seigneur et neveu. Si quelque chose peut adoucir ma juste douleur, c'est de la voir partagée par ceux qui me sont chers à tant de titres. La France perd un roi dont les heureuses qualités, que j'avais vues se développer dès sa plus tendre enfance, annonçaient qu'il serait le digne successeur du meilleur des rois: il ne me reste plus qu'à implorer le secours de la divine Providence pour qu'elle me rende digne de dédommager mes sujets d'un si grand malheur. Leur amour est le premier objet de mes désirs, et j'espère qu'un jour viendra où, après avoir, comme Henri IV, reconquis mon royaume, je pourrai, comme Louis XII, mériter le titre de père de mon peuple. Dites aux braves gentilshommes et aux fidèles troupes dont je vous ai confié le commandement, que l'attachement qu'ils m'expriment par votre organe est déjà pour moi l'aurore de ce beau jour, et que je compte principalement sur vous et sur eux pour achever de le faire éclore. Je renouvelle avec plaisir l'assurance de tous les sentiments avec lesquels je suis,

Mon cousin,

Votre très-affectionné cousin, Louis.

Page 161. — « Ce monarque (Louis XVIII) était attendu à l'armée; il y vint en effet *n'ayant plus d'asile* (comme il le dit lui-même dans son ordre du jour) *hors celui de l'honneur...* »

A L'ARMÉE.

A Riegel, le 18 avril 1796.

Des circonstances impérieuses nous retenaient depuis trop longtemps éloigné de vous, lorsqu'une insulte aussi imprévue que favorable à nos vœux ne nous a plus laissé d'asile; mais on ne peut nous ravir celui de l'honneur.

Le sénat de Venise nous a fait signifier de sortir, dans le plus court délai, des États de sa république. A cette démarche, non moins offensante pour l'honneur du nom français que pour notre personne même, nous avons répondu:

« Je partirai, mais j'exige deux conditions : la première, qu'on me présente
« le livre d'or où ma famille est inscrite, afin que j'en raye le nom de ma
« main; la seconde, qu'on me rende l'armure dont l'amitié de mon aïeul
« Henri IV a fait présent à la république (1). »

(1) Cette réponse fut faite au marquis Carlotti, chargé par le sénat de Venise de porter au roi l'ordre de quitter les États de la république. Le podestat Pringli ayant protesté, Sa Majesté répliqua le lendemain dans les termes suivants :

« J'ai répondu hier à ce que vous m'avez déclaré au nom de votre gouvernement; vous

Nous venons nous rallier au drapeau blanc, près du héros qui vous commande et que nous chérissons tous. Nous nous livrons avec confiance à l'espoir que notre arrivée sera pour vous un nouveau titre aux généreux secours que vous avez déjà reçus de Leurs Majestés Impériale et Britannique.

Notre présence contribuera sans doute, autant que votre valeur, à hâter la fin des malheurs de la France, en montrant à nos sujets égarés, encore armés contre nous, la différence de leur sort sous les tyrans qui les oppriment, avec celui dont jouissent des enfants qui entourent un bon père. Louis.

Page 163. — « Arrivée de monseigneur le duc d'Angoulême à l'armée de Condé... »

Lettre de monseigneur le duc d'Angoulême à monseigneur le prince de Condé.

Blankenbourg, 27 avril 1797.

Monsieur mon cousin, j'attendais depuis longtemps avec une bien vive impatience le moment où il me serait permis de venir me réunir à mon frère sous vos ordres. Cet heureux moment est donc enfin arrivé; nous ne perdons pas un instant pour nous rendre auprès de vous. J'espère que vous voudrez bien m'accorder vos bontés et votre amitié. Je vous les demande avec confiance, et je ne négligerai rien pour m'en rendre digne. J'envie à mon frère le bonheur qu'il a eu d'être à l'armée depuis trois ans, pendant que j'étais dans une inactivité cruelle. Les circonstances qui en ont ainsi ordonné me peinaient vivement.

Agréez l'hommage du zèle d'un volontaire, et l'assurance de la haute considération, de l'entière confiance et de tous les sentiments avec lesquels je serai pour la vie,

Monsieur mon cousin,

Votre très-affectionné cousin,

Louis-Antoine.

Lettre de monseigneur le duc de Berry à monseigneur le prince de Condé.

Blankenbourg, 27 avril 1797.

Enfin, monsieur, mon frère est arrivé hier. Vous jugerez facilement de la joie que j'ai éprouvée en le revoyant. Ma joie est d'autant plus vive que notre retour à l'armée sera très-prompt : nous ne devons rester que cinq ou six jours ici, et nous ne perdrons pas de temps en chemin pour revenir. Je fais bien des vœux pour qu'on ne tire pas de coups de fusil pendant mon absence, mais que cette campagne, qu'on peut bien regarder, je crois, comme la dernière, soit active. Je le désire vivement pour mon instruction et pour mon frère; car je suis bien persuadé qu'il faut que les Bourbons se montrent, et beaucoup, et que, hors de France, ils doivent commencer par gagner l'estime des Français, avec leur amour. Nous avons appris que les républicains avaient passé le Rhin à Neuwied, et qu'après avoir repoussé les Autrichiens, ils étaient déjà aux portes de Francfort, lorsqu'un courrier arriva, apportant la nouvelle d'un armistice conclu

---

« m'apportez aujourd'hui une protestation au nom du podestat; je ne la reçois pas : je ne
« recevrai pas davantage celle du sénat. J'ai dit que je partirais; je partirai en effet dès que
« j'aurai reçu le passe-port que j'ai envoyé chercher à Venise, mais je persiste dans ma ré-
« ponse; je me la devais, et je n'oublie pas que je suis le roi de France. »

entre les armées autrichiennes et françaises sur toute la ligne. Un courrier allant de Vienne à Londres, ayant passé ce matin ici, a dit que l'empereur allait se mettre en personne à la tête de l'armée d'Italie, et que l'archiduc Charles allait reprendre le commandement de celle du Rhin. Dieu veuille nous rendre notre aimable chef, et nous mettre encore à portée de combattre sous ses ordres!

Veuillez recevoir, monsieur, l'hommage du vif empressement que j'ai de me retrouver sous vos ordres, et du sincère et respectueux attachement que je vous ai voué pour la vie.

Charles-Ferdinand.

Page 176. — « Le roi trouve dans l'union de sa nièce et de son neveu tout ce que le sentiment a de plus doux réuni à ce que la politique peut avoir de plus imposant... »

Lettre du roi à monseigneur le prince de Condé.

A Mittau, ce 10 juin 1799.

Enfin, mon cher cousin, un de mes vœux les plus ardents est accompli; mes enfants sont unis. Je retrouve dans ma nièce, avec un attendrissement plus facile à sentir qu'à exprimer, les traits réunis des infortunés auteurs de ses jours. Cette ressemblance, si douce et si déchirante à la fois, me la rend plus chère, et doit redoubler l'intérêt qu'elle mérite si bien par elle-même d'inspirer à tout bon Français. Le mariage a été célébré ce matin : je m'empresse de vous l'apprendre, bien sûr que vous partagerez ma joie.

Annoncez cette heureuse nouvelle à l'armée : elle ne peut que paraître d'un bon augure à vos braves compagnons, au moment où ils vont rentrer sur vos traces dans une carrière qu'ils ont si glorieusement parcourue, et ils béniront avec moi le souverain magnanime auquel nous devons ce double bienfait. Ajoutez-leur de ma part que j'ai commencé à retrouver le bonheur, mais qu'il ne sera complet pour moi que le jour où je pourrai me retrouver parmi eux au poste où l'honneur m'appelle.

Adieu, mon cher cousin : vous connaissez toute mon amitié pour vous.

Louis.

Page 169.—« Le cardinal de Bernis n'existait plus quand monseigneur le duc de Berry arriva à Rome : il ne pouvait plus offrir à un prince fugitif cette hospitalité qu'il exerça envers les nobles dames dont l'auteur de cet ouvrage honora les cendres à Trieste... »

« En quel lieu du monde nos tempêtes n'ont-elles point jeté les enfants de saint Louis? quel désert ne les a point vus pleurant leur terre natale? Telles sont les destinées humaines : un Français gémit aujourd'hui sur la perte de son pays, aux mêmes bords dont les souvenirs inspirèrent autrefois le plus beau des cantiques sur l'amour de la patrie :

Super flumina Babylonis!

« Hélas! ces fils d'Aaron qui suspendirent leur cinnor aux saules de Babylone ne rentrèrent pas tous dans la cité de David; ces filles de Judée qui s'écriaient sur les bords de l'Euphrate :

> O rives du Jourdain! ô champs aimés des cieux!
> Sacré mont, fertiles vallées,
> Du doux pays de nos aïeux
> Serons-nous toujours exilées?

ces compagnes d'Esther ne revirent pas toutes Emmaüs et Bethel. Plusieurs laissèrent leurs dépouilles aux champs de la captivité; et c'est ainsi que nous rencontrâmes loin de la France le tombeau de deux nouvelles Israélites :

> Lyrnessi domus alta, solo Laurente sepulchrum !

Il nous était réservé de retrouver au fond de la mer Adriatique le tombeau de deux filles de rois (1) dont nous avions entendu prononcer l'oraison funèbre dans un grenier à Londres. Ah! du moins la tombe qui renferme ces nobles dames aura vu une fois interrompre son silence; le bruit des pas d'un Français aura fait tressaillir deux Françaises dans leur cercueil. Les respects d'un pauvre gentilhomme à Versailles n'eussent été rien pour des princesses; la prière d'un chrétien en terre étrangère aura peut-être été agréable à des saintes. » (Voyez les *Mélanges littéraires*.)

Page 170. — « Le duc de Berry, errant dans les palais détruits des Césars, s'égarant dans les Catacombes, parcourant le Vatican désert, ou dessinant, assis sur un obélisque tombé, les débris épars du Capitole, offrait lui-même un tableau qui manquait aux ruines et aux souvenirs de Rome... »

Lettre de monseigneur le duc de Berry à monseigneur le prince de Condé.

Rome, ce 30 juin 1800.

La nouvelle de l'armistice m'a arrêté ici. N'ayant rien à faire à Palerme jusqu'au retour de la reine, j'ai obtenu du roi la permission d'aller faire la campagne avec M. le prince de Condé. Cela aurait été un grand bonheur pour moi de le voir; je lui aurais demandé la permission de la faire comme volontaire, avec mon frère. Je me faisais un bien grand plaisir de penser au moment où je pourrais me retrouver avec mes braves compagnons d'armes, auxquels je suis si attaché. Une nouvelle qui m'avait paru très-naturelle, car on disait que M. le duc d'Enghien avait fait des prodiges de valeur avec son régiment à Verderie, m'avait fait hâter encore plus mon départ de Naples; et je ne faisais que de changer de chevaux ici, lorsque j'ai appris cet armistice, produit des succès incroyables de Buonaparte. Nous attendons pour voir ce que cela deviendra.

Je prie M. le prince de Condé d'être persuadé du vif regret que j'ai de n'avoir pas pu le rejoindre et lui prouver le sincère et tendre attachement que ses bontés ont gravé dans mon cœur.

Charles-Ferdinand.

Lettre de monseigneur le duc de Berry à M. Acton, ministre de S. M. le roi des Deux-Siciles.

Je vous écris, monsieur, avec la franchise d'un Bourbon qui parle au ministre

(1) Mesdames Victoire et Adélaïde de France, tantes de Louis XVI.

d'un roi Bourbon, d'un roi qui n'a cessé de montrer un attachement généreux à la partie de sa famille si cruellement traitée par la fortune.

J'ai appris avec une vive douleur que le roi avait désapprouvé la démarche que j'avais faite de quitter Rome pour aller joindre l'armée de Condé. La noblesse fidèle avec laquelle j'ai fait huit campagnes n'avait jamais vu tirer un coup de fusil sans que je fusse à sa tête. Au moment où mon frère venait de la joindre, il me mandait : « Nous attaquons le 15 septembre. » Si j'avais attendu les ordres du roi, je perdais le temps : je suis donc parti sur-le-champ; je suis arrivé le 15, et le 16 nous étions au bivouac, devant attaquer le lendemain. Je n'aurais jamais quitté l'armée napolitaine si elle avait été devant l'ennemi, mais tout paraissait indiquer de ce côté la plus grande tranquillité. D'ailleurs, volontaire avec M. Nazelli, ou sous M. de Damas, que j'ai vu si longtemps colonel de l'armée de Condé, ce n'était pas une position bien agréable pour moi, et je ne pouvais y être d'aucune utilité au service du roi. Depuis que la paix a été faite, je vous ai écrit trois fois sans recevoir jamais de réponse de vous. Cette incertitude-là est cruelle : pourquoi ne pas me dire franchement les volontés du roi à mon égard? j'aurais été aussi heureux qu'il est possible lorsqu'on n'est pas dans son pays, d'être uni à la famille de Naples, et de tout devoir à des parents aussi bons. Mais les circonstances empêchent-elles cette union? Ma présence serait-elle incommode? Le traitement qu'on a bien voulu m'accorder est-il une gêne dans un moment où les finances du roi sont si cruellement obérées? Je mets le tout à ses pieds avec la même reconnaissance; je vous supplie seulement de vouloir bien faire continuer de payer les cinq mille ducats que le roi a eu l'extrême bonté d'accorder aux officiers de ma maison. Ces gentilshommes, invariables dans leur devoir et dans leurs principes, ne fléchiront jamais la tête sous le joug d'un usurpateur, et tous ont abandonné leur fortune pour me suivre. Je ne réclame donc rien pour moi que le passé. Je n'ai eu jusqu'ici d'autres ressources que la générosité du roi; mais vous savez sûrement les retards que j'ai éprouvés. Cela me met dans le plus grand embarras. N'ayant rien à moi, je regarderais comme une infamie de faire une dette.

Je suis bien sûr que vous sentirez les raisons de mon empressement à connaître mon sort, quand vous saurez que, dans un mois, je n'aurai, en vendant mes équipages, que de quoi rejoindre mon père. CHARLES-FERDINAND.

PAGE 178. — « Tandis que de puissants monarques étaient forcés d'abandonner leurs trônes au conquérant, un roi de France proscrit refusait le sien à l'usurpateur qui l'occupait... »

Entrevue de Louis XVIII avec M. Meyer.

M. Meyer, président de la régence de Varsovie, fut introduit auprès du roi le 26 février 1803, en qualité d'envoyé du cabinet de Berlin. Il était chargé d'annoncer à Sa Majesté que Buonaparte était disposé à lui assurer des indemnités en Italie, si elle voulait renoncer, ainsi que les membres de sa famille, au trône de France. Sa Majesté répondit sur-le-champ :

« Je ne confonds pas M. Buonaparte avec ceux qui l'ont précédé; j'estime sa
« valeur, ses talents militaires; je lui sais gré de plusieurs actes d'administra-

« tion, car le bien que l'on fera à mon peuple me sera toujours cher. Mais il
« se trompe s'il croit m'engager à transiger sur mes droits : loin de là, il les
« établirait lui-même, s'ils pouvaient être litigieux, par la démarche qu'il fait
« en ce moment.

« J'ignore quels sont les desseins de Dieu sur ma race et sur moi; mais je
« connais les obligations qu'il m'a imposées par le rang où il lui a plu de me
« faire naître. Chrétien, je remplirai ces obligations jusqu'à mon dernier
« soupir; fils de saint Louis, je saurai, à son exemple, me respecter jusque
« dans les fers; successeur de François Ier, je veux du moins pouvoir dire
« comme lui : *Nous avons tout perdu, fors l'honneur.* »

— « L'influence de Buonaparte s'étend sur toute l'Europe. N'est-il pas à craindre, dit M. Meyer, qu'il ne force les souverains dont Votre Majesté reçoit des subsides à les lui retirer?

« Je ne crains pas la pauvreté, répliqua le roi; s'il le fallait, je mangerais du
« pain noir avec ma famille et mes fidèles serviteurs; mais ne vous y trompez
« pas, je n'en serai jamais réduit là; j'ai une autre ressource dont je ne crois pas
« devoir user tant que j'ai des amis puissants; c'est de faire connaître mon état
« en France et de tendre la main, non au gouvernement usurpateur, cela ja-
« mais! mais à mes fidèles sujets; et croyez-moi, je serais bientôt plus riche
« que je ne suis. »

L'envoyé persista et fit pressentir au roi que Buonaparte pourrait contraindre la plupart des puissances européennes à lui refuser un asile.

« Je plaindrai le souverain, ajouta Sa Majesté, qui se croira forcé de
« prendre un parti de ce genre, et je m'en irai. »

On connaît l'adhésion des princes à la réponse de Louis XVIII. Ce monarque reçut quelques jours après du prince de Condé la lettre suivante :

Lettre de monseigneur le prince de Condé au roi.

Wansted, le 22 avril 1803.

Sire,

Après avoir rempli, avec les autres princes de votre maison qui se trouvent en Angleterre, le devoir que nous imposait l'incroyable circonstance dont Votre Majesté a bien voulu nous faire part, qu'il me soit permis de lui offrir l'hommage particulier de mon admiration pour les superbes réponses qu'elle a faites à la proposition dont elle a daigné nous instruire. Faits pour marcher en toute occasion à la suite de Votre Majesté, c'est avec autant d'enthousiasme que de reconnaissance que nous avons suivi le glorieux exemple et les ordres paternels que Votre Majesté nous donnait, dans ces temps malheureux dont Votre Majesté se trouve (passagèrement, je ne cesse de l'espérer) la première victime. C'est une grande consolation pour ceux qui ont l'honneur de lui appartenir par les liens du sang, de n'avoir qu'à suivre les traces d'un roi qui sait si dignement repousser l'injure, et répondre avec autant de raison, de noblesse et d'éloquence, à une pareille proposition. Puissent les Français apercevoir enfin tout le bonheur dont ils se priveraient s'ils ne remettaient pas sur son trône un roi si digne de les gouverner, et dont toutes les paroles et les actions commandent également le respect et l'amour !

Mon attachement particulier à la personne de Votre Majesté redoublerait, s'il était possible, après ce qu'elle vient de faire ; mais il y a longtemps que ce sentiment est aussi fortement gravé dans mon cœur que ma vénération pour les vertus de Votre Majesté et mon profond respect pour elle.

Louis-Joseph de Bourbon.

Réponse du roi.

A Varsovie, le 23 mai 1803.

J'ai reçu, mon cher cousin, à fort peu de distance l'une de l'autre, vos deux lettres des 9 février et 22 avril. Vous ne pouvez douter du plaisir que m'ont fait les sentiments et les raisonnements de la première ; mais, vu sa date, je me borne à vous en accuser la réception, et je passe bien vite à la seconde. Votre commune adhésion à ma réponse m'a exalté, m'a rendu fier d'être votre aîné : j'ai reçu avec transport le serment qui la termine si noblement : mais je vous avoue ma faiblesse ; mon amour-propre a peut-être encore plus joui de votre lettre particulière. L'approbation d'un parent justement chéri, d'un guerrier blanchi sous les lauriers, d'un connaisseur si délicat en matière d'honneur, est la récompense la plus flatteuse pour celui qui n'a, au fond, d'autre mérite que d'avoir fait son devoir.

J'ai reçu en même temps la réponse de votre petit-fils : elle est beaucoup plus ancienne ; mais comme de raison, il a cru devoir, pour me la faire passer, préférer la sûreté à la promptitude. Comme il est possible que, par le même motif, il ne vous en ait pas donné connaissance, j'en joins ici copie, bien sûr qu'elle vous fera plaisir, et qu'ainsi que moi vous y reconnaîtrez le sang des Bourbons.

Adieu, mon cher cousin ; vous connaissez toute mon amitié pour vous.

Louis.

Page 183. — « Un étranger se présente en Angleterre pour proposer aux Bourbons d'assassiner l'usurpateur. Et qui repousse le premier l'idée d'un assassinat sur Buonaparte ?... le grand-père du duc d'Enghien !... »

Lettre de monseigneur le prince de Condé à S. A. R. Monsieur, *comte d'Artois.*

Londres, le 24 janvier 1805.

Le chevalier de Roll vous rend compte, ainsi que moi, monsieur, de ce qui s'est passé hier. Un homme arrivé la veille, à ce qu'il m'a dit, à pied, de Paris à Calais, homme d'un ton fort simple et fort doux, malgré les propositions qu'il venait faire, ayant appris que vous n'étiez pas ici, est venu me trouver sur les onze heures du matin ; il m'a proposé tout uniment de nous défaire de l'usurpateur par le moyen le plus court. Je ne lui ai pas donné le temps de m'achever les détails de son projet, et j'ai repoussé cette proposition avec horreur, en l'assurant que si vous étiez ici vous feriez de même ; que nous serions toujours les ennemis de celui qui s'est arrogé la puissance et le trône de notre roi, tant qu'il ne les lui rendrait pas ; que nous avions combattu cet usurpateur à force ouverte, que nous le combattrions encore si l'occasion s'en présentait ; mais que jamais nous n'emploierions de pareils moyens, qui ne pouvaient convenir qu'à des jacobins ; et que si, par hasard, ces derniers se portaient à ce crime, certainement nous n'en serions jamais complices. Pour mieux convaincre cet homme que vous pensiez comme moi, j'ai envoyé chercher l'évêque d'Arras ; mais il était sorti. Alors j'ai fait venir le baron de Roll, à qui j'ai d'abord exposé le sujet de la mission. Ensuite j'ai fait entrer l'homme, je lui ai dit que le baron avait toute votre confiance, qu'il connaissait comme moi la grandeur de votre âme, et que j'étais bien aise de répéter devant un témoin aussi sûr tout ce que je venais de lui dire ; ce que j'ai fait. Le baron a parlé comme moi. Après cela, j'ai dit à l'homme qui était venu qu'il n'y avait que l'excès de son zèle qui eût pu le porter à venir nous faire une telle proposition, mais que ce qu'il avait de mieux à faire était de repartir tout de suite, attendu que s'il était arrêté, je ne le réclamerais pas, et que je ne le pourrais qu'en disant ce qu'il est venu faire. J'espère, monsieur, que vous approuverez ma conduite, et que vous ne doutez pas du tendre et respectueux attachement dont mon cœur est pénétré pour vous. LOUIS-JOSEPH DE BOURBON.

PAGE 176. — « Louis XVIII fut obligé de quitter Mittau avec MADAME... »

Extrait du Journal inédit du comte de Hautefort (1801).

Le comte de Caraman résidait à Pétersbourg en qualité d'ambassadeur de Louis XVIII. Tout à coup il reçut l'ordre de partir de cette capitale dans les vingt-quatre heures ; il arriva le 19 janvier à Mittau, où sa présence inopinée, et ce qu'il raconta de son expulsion soudaine, répandirent l'alarme dans la colonie française. Ces craintes furent bientôt justifiées. Le 21 janvier, époque fatale, le général Fersen, qui avait toujours montré beaucoup d'égards pour le roi, monta au château ; il était chargé de signifier à Sa Majesté qu'elle devait quitter Mittau dans les vingt-quatre heures. MADAME n'était pas comprise dans cet ordre ; mais elle annonça sur-le-champ qu'elle ne se séparerait jamais de son oncle. M. Driesen, gouverneur de Mittau, avait reçu, par le même courrier, l'ordre de délivrer des passe-ports nécessaires pour le départ du roi, mais pour douze personnes seulement. Sans la circonstance du 21 janvier, jour que MADAME consacrait ordinairement à la retraite et à la prière, le roi aurait désiré partir le jour même ; il remit au lendemain. On peut penser quelle était la désolation de sa suite. Pour lui, toujours calme, il s'occupait à fortifier le courage de ceux qui l'environnaient. Il était surtout touché du sort de ses gardes du corps, que sa situation ne lui permettait plus de conserver auprès de lui. Paul Ier leur avait fait jusqu'alors un traitement. Qu'allaient-ils devenir dans ce revers ? Le roi voulut du moins consoler ces braves et fidèles serviteurs par un témoignage d'estime. Il leur adressa en partant, le 22 janvier, la lettre suivante, écrite de sa main : « Une des peines les plus sensibles que j'éprouve au mo-
« ment de mon départ est de me séparer de mes chers et respectables gardes
« du corps. Je n'ai pas besoin de leur recommander de me conserver une fi-
« délité gravée dans leurs cœurs, et si bien prouvée par toute leur conduite.
« Mais que la juste douleur dont nous sommes pénétré ne leur fasse jamais

« oublier ce qu'ils doivent au monarque qui me donna asile, qui forma l'union
« de mes enfants, et dont les bienfaits assurent encore mon existence et celle
« de mes fidèles serviteurs.   « *Signé* Louis. »

Mittau, le 22 janvier 1801.

A cette lettre, où l'on retrouve cette grâce, cette mesure et cette sensibilité qui règnent dans tous les écrits partis de la même main, le comte d'Avaray joignait une autre lettre ainsi conçue : « Quand le roi exprime lui-même ses sen-
« timents à ses fidèles gardes du corps, je dois me ranger parmi eux pour
« jouir en commun des bontés de notre maître. Je n'ai donc qu'un but en ce
« moment, celui de témoigner à tous ces messieurs le désir de vivre dans leur
« souvenir, et de leur renouveler l'expression des sentiments dont mon dévoue-
« ment au roi et à MADAME sera le garant. »

Le roi se mit en route le 22 janvier, à trois heures et demie après midi. Son départ offrit un spectacle touchant. Ses gardes du corps, réunis à une foule d'habitants de Mittau, semblaient se disputer à qui lui témoignerait plus d'intérêt et d'attachement. Les uns et les autres paraissaient avoir un égal regret de son départ. On eût dit que c'était un père qu'on arrachait à ses enfants; la vue de cette séparation douloureuse était le plus bel éloge de la conduite du roi, et la meilleure preuve des sentiments qu'il avait su inspirer. La suite du roi se composait de six voitures et deux chariots. Sa Majesté était dans la berline de MADAME, avec cette princesse, le comte d'Avaray et madame la duchesse de Sérent. La reine était alors aux eaux de Pyrmont, et monseigneur le duc d'Angoulême était à l'armée. Dans les voitures qui suivaient étaient l'abbé Edgeworth, le duc de Fleury, l'abbé Fleuriel, MM. Hardouineau, Hue et Péronnet, avec les gens de service, en tout vingt-six personnes. Deux autres voitures ne partirent que le lendemain; elles étaient occupées par l'abbé Marie, mademoiselle de Choisy, aujourd'hui madame la vicomtesse d'Agoult, MM. de Lukerque, Le Faivre et Colon.

On avait promis au roi cent mille roubles, montant de six mois du traitement que lui faisait l'empereur; il ne les reçut point, et on obtint avec peine d'un banquier de Riga trois mille six cent quatre ducats en avance sur cette somme. Le froid était rigoureux, et aucune précaution n'avait été prise sur une route où il n'y a point de ressources. A la première couchée, un gentilhomme courlandais, M. de Zozff, ne voulut pas laisser descendre le roi à l'auberge, et le reçut dans son château. Cet accueil fait d'autant plus d'honneur à ce gentilhomme, qu'il pouvait craindre que sa démarche ne déplût à la cour. A la seconde journée on coucha dans un cabaret. Il y avait au moins quatre-vingts paysans rassemblés dans une grande pièce, qui faisait à peu près toute la maison. Cette société, le bruit, l'odeur de l'eau-de-vie et du tabac, firent de cette nuit un supplice. MADAME coucha dans une espèce de fournil mal clos, où l'inquiétude l'empêcha de reposer. Quand on lui parla de sa situation : « Je ne suis point à
« plaindre, disait l'excellente princesse, je ne souffre que des malheureux que
« je vois autour de moi. »

Tout ce voyage fut très-pénible dans une telle saison et dans un tel climat. Le froid, le vent, la neige étaient d'autant plus difficiles à supporter, que la suite du roi n'avait pas de vêtements préparés pour une telle circonstance. Les gens qui étaient sur les siéges des voitures souffrirent surtout infiniment; et cependant aucun ne le fit paraître, de crainte d'augmenter le chagrin des maîtres les plus sensibles et déjà si fort affectés. Tous ceux qui entouraient le roi étaient soutenus et consolés par sa force d'âme. « Je suis bien loin de désirer « qu'on me plaigne, » écrivait au moment même de cette fuite, et au milieu de tant de souffrances et d'inquiétudes, le loyal et brave officier qui nous a donné ces détails; « ma position est si digne d'envie, que je ne puis même la conce-« voir; c'est un rêve. Mon âme est brisée de tous les sentiments qu'elle « éprouve. Je vois souffrir les êtres les plus parfaits, et dont le monde n'est « pas digne; mais je vois de près leurs vertus, j'admire leur noble constance, « je jouis d'être continuellement auprès d'eux. Supérieurs aux coups de l'ad-« versité, leur courage semble s'accroître à raison de leur infortune. » Tels étaient les sentiments qu'au comble du malheur inspiraient le roi et MADAME. Le troisième jour il fallut faire une lieue à pied, par le froid le plus âpre et un vent qui coupait le visage; on se frayait un chemin dans la neige, qui avait dix pouces de hauteur. MADAME prit le bras de l'abbé Edgeworth, et madame de Sérent celui de M. Hardouineau. Cette dame très-délicate souffrait beaucoup, quoique le roi lui eût donné sa pelisse : dans cet état, ni le roi ni MADAME ne perdirent rien de leur sérénité. La journée finit par un gîte encore plus mauvais que celui de la veille. Le local en était fort étroit. Le roi partagea sa chambre, comme il l'avait toujours fait jusque-là, avec l'abbé Edgeworth et le comte d'Avaray, et MADAME reçut dans la sienne madame de Sérent et deux femmes de chambre. Le quatrième jour le roi éprouva un moment de consolation dans l'excellente réception que lui fit à déjeuner le baron de Sass, qui ne se démentit point pendant tout le temps que les Français passèrent en Courlande, et qui leur rendit constamment, ainsi qu'au roi, tous les services de l'hôte le plus aimable et du gentilhomme le plus loyal. Il avait chez lui un émigré français, à l'imitation de beaucoup de ses compatriotes, qui s'étaient empressés d'accueillir quelques-uns de ces honorables réfugiés.

On approchait de la frontière, et on n'était pas sans quelque inquiétude. Tout se passa tranquillement. La garde russe prit même les armes, et rendit les honneurs au roi. Le 26 janvier, Sa Majesté coucha à Nimmersatt, premier poste prussien, où elle fut très-mal. C'est là qu'elle quitta ses ordres, et qu'elle dit aux personnes de sa suite de quitter aussi leurs décorations. Elle prit l'*incognito* sous le nom de comte de Lille, et MADAME sous celui de marquise de La Meilleraye. Le 27, le roi arriva à Memel : il y fut bien reçu, quoiqu'il n'y eût encore aucun ordre de la cour. On offrit même de faire rendre les honneurs au roi; le duc de Fleury les refusa. M. de Thumen, commandant militaire, montra le désir de faire quelque chose d'agréable au roi, et M. Loreck, consul de Danemark, justifia par ses soins la réputation que déjà lui avaient acquise ses bons procédés envers les émigrés. Aux lettres qui furent écrites à la cour de Prusse par le roi ou par son ministre, MADAME en joignit une pour la reine, femme de Frédéric-Guillaume. Cette lettre respirait toute la sensibilité et la grandeur d'âme de la princesse. Elle y disait, en parlant de son oncle : « Il est

« plus d'une voix qui du haut du ciel me crie qu'il est tout pour moi, qu'il me
« tient lieu de tout ce que j'ai perdu, que je ne dois jamais l'abandonner. Aussi
« j'y serai fidèle, et la mort seule m'en séparera. » La cour de Prusse consentit à recevoir Sa Majesté, et la ville de Varsovie fut désignée pour sa résidence.

Le roi s'était proposé de partir le 9 février, quand cinq gardes du corps arrivèrent de Mittau, le 8 au soir. On leur avait assigné l'ordre de partir dans les
quarante-huit heures. On peut se figurer l'effet que produisit sur eux cette nouvelle. Mal fournis d'argent et d'habits, un voyage aussi précipité, dans une
saison rigoureuse, les exposait à périr de besoin et de froid. Le roi suspendit
son départ pour attendre ces fidèles serviteurs, les voir, les consoler, et tâcher
de leur procurer du secours. Il manda les cinq gardes du corps déjà arrivés, et
leur parlant avec l'intérêt le plus tendre : « J'éprouve, messieurs, leur dit-il,
« une grande consolation à vous voir; mais elle est mêlée d'une douleur bien
« amère. La Providence m'éprouve depuis bien longtemps et de bien des
« manières, et celle-ci n'est pas une des moins cruelles » (ici le roi ne put
retenir ses larmes, *les premières que je lui ai vu verser*, dit l'auteur de ce
récit); « j'espère qu'elle viendra à mon secours. Si le courage m'abandonnait,
« le vôtre, messieurs, le soutiendrait. Vous me voyez (montrant le côté gauche
« de sa poitrine dépouillé de ses décorations), je ne peux même porter un
« ordre. Je n'ai plus que des conseils à vous donner. Le meilleur est de filer
« sur Kœnigsberg pour ne point s'encombrer ici, y porter ombrage, et pour
« parer à tous les inconvénients qui en pourraient résulter. Je viens de prendre
« les mesures pour vous faire arriver à Hambourg, où chacun pourra prendre
« plus aisément un parti ultérieur. » Les cinq vieillards ne purent entendre
sans attendrissement ces paroles de bonté. Ils répondirent à beaucoup de questions que le roi leur fit sur eux et sur leurs camarades, et se retirèrent pénétrés
de reconnaissance. Les jours suivants, les autres gardes du corps furent présentés au roi à mesure qu'ils arrivaient. Le prince leur parla successivement à tous
avec la même bonté, et s'informa de leurs besoins. Un d'eux, M. de Mont-
lezun, ne pouvait retenir ses larmes. « Mon ami, lui dit le roi en lui prenant
« la main, quand on a le cœur pur, c'est au dernier terme de l'adversité qu'un
« Français doit redoubler de courage. » Puis adressant la parole aux autres :
« Messieurs, si mon courage m'abandonnait ce serait chez vous que j'irais en
« reprendre et me retremper. »

Ces généreux Français méritaient en effet ces éloges d'un si bon juge, et
ces sentiments du meilleur des maîtres. Tous se trouvaient heureux de partager
son sort, et auraient été, en quelque sorte, humiliés d'être à l'abri du coup qui
le frappait. Ce revers n'a pu abattre leur constance. Les Courlandais, de leur
côté, leur ont témoigné le plus vif intérêt. Gentilshommes et bourgeois, tous
leur ont fait les offres les plus affectueuses, et c'est un devoir pour un Français
de publier tout ce que la fidélité malheureuse dut, dans cette circonstance, à
la générosité d'un peuple loyal et sensible.

Le roi ne borna point à des paroles sa sollicitude pour ses gardes du corps. Il
donna pour eux une somme considérable, eu égard à sa situation. La marquise
de La Meilleraye (Madame) remit au vicomte d'Agoult cent ducats qui devaient

être partagés entre les gardes du corps qui en avaient le plus besoin : elle voulait surtout ne pas être nommée ; mais comment se méprendre sur la source d'un tel bienfait? Le vicomte d'Agoult partit de Kœnigsberg, chargé de fréter un bâtiment, et de présider à l'embarquement de ses malheureux compatriotes. Les finances du roi s'épuisant par la dépense exorbitante de chaque jour, MADAME offrit à Sa Majesté la vente de ses diamants, offre qui fut acceptée à regret; mais les circonstances ne permettaient guère au roi de refuser. La princesse autorisa, par un acte exprès, madame la duchesse de Sérent à faire le marché, *pour servir*, était-il dit dans l'acte, *dans notre commune détresse, à mon oncle, à ses fidèles serviteurs et à moi-même*. Les diamants furent déposés chez le consul de Danemark, qui fit avancer deux mille ducats sur le prix de la vente.

Le 23 février, toute la colonie de Mittau étant défilée, le roi partit de Memel pour Kœnigsberg, où il arriva, sans s'arrêter le 24. Il n'y passa que peu de jours, et se remit en route, le 27, pour Varsovie.

Dans ce trajet, le 2 mars, la voiture du roi versa dans un fossé en voulant éviter la voiture d'une dame polonaise qui se croisait sur la route. La commotion fut très-forte ; une glace fut brisée, et MADAME jetée sur l'autre côté de la voiture. Cependant personne ne fut blessé. Le roi n'eut d'autre ressource que de rester sur le grand chemin à attendre les voitures qui suivaient.

Il fut pendant deux heures debout sur un morceau de glace, pour éviter d'avoir les pieds dans l'eau!!! La dame polonaise, désolée d'être la cause, quoique innocente, de cet accident, voulut revenir coucher à Pultusk, dont on n'était éloigné que d'une lieue, et fit monter dans sa voiture madame la marquise de La Meilleraye et madame de Sérent. Elle ne se doutait point encore qui étaient ces voyageurs, et l'on peut juger de sa surprise quand, arrivée à Pultusk, elle apprit que c'était au roi de France et à sa nièce que sa rencontre avait été si fâcheuse. Le roi fut enfin atteint par la chaise de poste où était le duc de Fleury avec l'abbé Edgeworth. Elle n'avait que deux places ; Sa Majesté y monta avec son aumônier. Le duc de Fleury et le comte d'Avaray montèrent sur le siége. Le roi coucha à Pultusk, et y passa la journée du lendemain. Il se mit en route le 4, avec MADAME.

Le 6 mars, le roi passa la Vistule, quoique couverte de glaçons, et arriva heureusement à Varsovie. Le général Keller, gouverneur de la ville, attendait Sa Majesté dans la maison Vassiliowitch, faubourg de Cracovie, que l'abbé André de La Marre lui avait louée. Les personnes de la suite du roi le rejoignirent successivement; et le 25 mars, monseigneur le duc d'Angoulême arriva de l'armée avec le comte Étienne de Damas. Peu de jours après, on apprit la mort de Paul Ier, arrivée dans la nuit du 23 au 24 mars 1801. Il n'avait pas survécu longtemps à ses procédés rigoureux envers un prince en qui ces mêmes procédés, comme on l'a vu par la lettre citée plus haut, n'avaient point effacé le souvenir d'anciens services. Le nouvel empereur de Russie s'empressa d'ailleurs de réparer les derniers torts de Paul à l'égard du roi. Il augmenta le traitement annuel promis à ce prince, et dans la suite il rappela Louis XVIII dans ses États, et le reçut dans ce même château de Mittau qui lui avait déjà servi d'asile.

FIN DES PIÈCES JUSTIFICATIVES.

LE ROI EST MORT :

VIVE LE ROI!

Le roi est mort!.. Jour d'épouvante où ce cri fut entendu, il y a trente ans, pour la dernière fois dans Paris! Le roi est mort! La monarchie va-t-elle se dissoudre? La colère céleste s'est-elle déployée de nouveau sur la France? Où fuir? où se cacher devant la terreur et la tyrannie? Pleurez, Français! vous avez perdu le roi qui vous a sauvés, le roi qui vous a rendu la paix; le roi qui vous a faits libres : mais ne tremblez point pour votre destinée; le roi est mort, mais le roi est vivant. Le roi est mort : vive le roi! C'est le cri de la vieille monarchie; c'est aussi le cri de la monarchie nouvelle.

Un double principe politique est renfermé dans cette acclamation de la douleur et de la joie : l'hérédité de la famille souveraine, l'immortalité de l'État. C'est à la loi salique que nous devons, comme nation, une existence dont la durée n'a point d'exemple dans les annales du monde. Nos pères étaient si convaincus de l'excellence de cette loi que, dans la crainte de la violer, ils ne reconnurent point immédiatement Philippe de Valois pour successeur de Charles le Bel. A la mort de celui-ci, la monarchie demeura sans monarque. La reine était grosse; elle pouvait porter ou ne pas porter le roi dans son sein : en attendant on resta soumis à la légitimité inconnue, et le principe gouverna dans l'absence de l'homme.

Certes, il peut s'appeler immortel un État qui a vu le sang d'une même race passer de Robert le Fort à Charles X.

« Quel royaume (1), dit un vieil écrivain (qui sous Henri III défendait les
« droits de Henri IV contre les prétentions des Guise); quel royaume, monar-
« chie et république, est aujourd'hui ou a été au monde, mieux orné, affermi
« et fortifié des plus belles polices, lois et ordonnances que la française? Où est-
« ce que les autres ont une loi salique pour la succession du royaume? Quels
« rois ailleurs se voient et se sont vus mieux aimés, obéis et révérés? Néan-
« moins ils ont laissé régler et limiter leur puissance par des lois et ordonnances
« qu'eux-mêmes ont faites; ils se sont soumis sous la même raison que leur
« peuple, et ont, d'ancienne institution, réduit leurs voulants sous la civilité
« de la loi. Pour raison de quoi tout le peuple, avec une douce crainte, a été
« contraint de les aimer.

« Qui ont donc été les rois au monde qui se soient plus acquis de gloire par
« la justice que les nôtres? Ils n'ont pas moins acquis à leur royaume l'hon-
« neur et la prééminence des bonnes lettres et des sciences libérales que des
« armes. Grand nombre d'hommes signalés en savoir et intelligence sont sortis
« de cette école de lettres, et la France a provigné quant et quant d'excellents
« capitaines (outre ceux du sang royal) par la discipline que nos rois y avaient

---

(1) *De la noblesse, ancienneté,* etc., *de la troisième maison de France.* Paris, 1587.

« établie, lesquels rois ont peuplé mêmement les nations étrangères d'hommes
« héroïques.

« Reste maintenant à exposer les autres grâces, bénédictions et bonnes ren-
« contres d'heur particulières dont il a plu à la divine Providence orner la fa-
« mille de Hugues Capet par-dessus toutes les autres : l'une est de l'avoir fait
« être la plus noble et plus ancienne de toutes les races royales qui sont au-
« jourd'hui au monde; car à compter depuis le temps que Robert le Saxon, que
« nous prenons pour chef d'icelle, se voit connu par les histoires, elle a sub-
« sisté près de huit cents ans, étant parvenue en la personne de notre très-
« chrétien roi Henri III jusqu'à la vingt-troisième génération de père en fils, si
« nous ne comptons point plus avant que ledit Robert (1).

« A ces premiers bonheurs s'en vient joindre un non moins remarquable
« que les précédents, qui est d'avoir produit plus de maisons et de familles
« royales, et donné plus grand nombre de rois, empereurs, princes, ducs et
« comtes à divers royaumes et contrées.

« Toutes ces bonnes et belles remarques que nous avons proposées jusqu'à
« ici de nos rois, semblent bien leur avoir appartenu en général; mais outre
« icelles chacun d'eux (du moins la plus grande partie) s'est encore si bien fait
« remarquer en son particulier de certaines grâces et dons d'esprit, qu'elles
« leur ont acquis ces honorables surnoms, qui rendent encore aujourd'hui
« leur mémoire illustre. »

Il augmentera la liste de ces illustres monarques, Louis le Désiré, de paternelle et pacifique mémoire, que la reconnaissance, les pleurs, les regrets de la
France et de l'Europe accompagnant au tombeau. On peut dire de l'arbre de la
lignée royale, né du sol de la France, ce que le poëte dit du chêne :

> . . . Immota manet; multosque nepotes,
> Multa virum volvens durando sæcula, vincit.

Comme ce vieil écrivain dont la fidélité pressentait Henri IV, l'auteur du
présent écrit eut le bonheur en 1814, au second avénement des Bourbons, d'annoncer Louis XVIII. Alors la France était envahie; nous étions accablés de
malheurs, environnés de craintes et de périls. Rien n'était décidé; on se battait
sur divers points du royaume; on négociait à Paris : Buonaparte habitait encore
le château de Fontainebleau quand il lut l'histoire de ce roi légitime (2), qui
n'avait point d'armée dans la coalition des rois, mais qui était pour lui redoutable que ces monarques. Ce fut en effet la force de la légitimité qui précipita l'usurpation.

Le premier service que l'héritier des fleurs de lis rendit à sa patrie fut de la
dégager de l'invasion européenne. La capitale de la France n'avait jamais été

---

(1) On sait qu'il y a plusieurs systèmes de généalogie des Capétiens au delà de Robert le
Fort. Les uns la font remonter à Witikind le Saxon; les autres aux Carlovingiens, et par
eux aux Mérovingiens; les autres aux rois lombards : peu importe. Robert était un prince
puissant et un vaillant soldat, qui fut tué en défendant la France contre l'invasion des étrangers, il y a de cela quelque mille ans : tenons-nous-en là.

(2) *De Buonaparte et des Bourbons.*

conquise sous la race légitime : Buonaparte avait amené les étrangers dans Paris avec son épée; Louis XVIII les en écarta avec son sceptre.

Un peuple encore tout ému, tout enivré de la gloire des armes, vit avec surprise un *vieux Français* exilé venir se placer naturellement à sa tête comme un père qui, après une longue absence, rentre dans sa famille, ne supposant pas qu'on puisse contester son autorité. Louis XVIII n'était point étonné des grandeurs nouvelles, des miracles récents de la France; il apportait en compensation mille ans de nos antiques grandeurs, de nos anciens prodiges; il ne craignait point de compter avec le siècle et la nation, assez riche qu'il était pour payer son trône. On lui rendait, il est vrai, le Louvre embelli, mais c'était sa maison. Jean Goujon et Perrault l'avaient ornée par ordre de Henri II et de Louis XIV; Philippe-Auguste en avait posé la première pierre et acheté le terrain; Louis XVIII pouvait représenter le contrat d'acquisition (1).

Ce prince comprenait son siècle, et était l'homme de son temps : avec des connaissances variées, une instruction rare, surtout en histoire, un esprit applicable aux petites comme aux grandes affaires, une élocution facile et pleine de dignité, il convenait au moment où il parut, et aux choses qu'il a faites. S'il est extraordinaire que Buonaparte ait pu façonner à son joug les hommes de la république, il n'est pas moins étonnant que Louis XVIII ait soumis à ses lois les hommes de l'empire, que la gloire, que les intérêts, que les passions, que les vanités mêmes se soient tus simultanément devant lui. On éprouvait en sa présence un mélange de confiance et de respect : la bienveillance de son cœur se manifestait dans sa parole, la grandeur de sa race dans son regard. Indulgent et généreux, il rassurait ceux qui pouvaient avoir des torts à se reprocher; toujours calme et raisonnable, on pouvait tout lui dire, il savait tout entendre. Pour les délits politiques, le pardon chez les Français lui semblait moins sûr que l'oubli, sorte de pardon dépouillé d'orgueil, qui guérit les plaies sans faire d'autres blessures. Les deux traits dominants de son caractère étaient la modération et la noblesse : par l'une il conçut qu'il fallait de nouvelles institutions à la France nouvelle; par l'autre il resta roi dans le malheur, témoin sa belle réponse aux propositions de Buonaparte.

La partie active du règne de Louis XVIII a été courte, mais elle occupera une grande place dans l'histoire. On peut juger ce règne par une seule observation : Il ne se perd point dans l'éclat que Napoléon a laissé sur ses traces. On demande ce que c'est que Charles II après Cromwell, Charles II, dont la restauration ne fut que celle des abus qui avaient perdu sa famille : on ne demandera jamais ce que c'est que le sage qui a délivré la France des armées

---

(1) *Philippus, Dei gratia, Francorum rex*, etc... *Noveritis, quod nos pro excambio terræ, quam monachi Sancti Dionysii de Carcere* (Saint Denis de la Chartre ou de la Prison; dans l'historien de Saint-Denis, *Carcere Glaucini*, aujourd'hui Glatigny) *habebant, ubi turris nostra de Louvre sita est, eisdem monachis* assignamus, triginta solidos annui redditus, etc. *Actum Parisiis, anno ab incarnatione Domini* 1214, *mense Augusti.*

Cette rente se payait encore par le receveur du domaine au commencement de la révolution : quel beau titre de propriété! Ce titre était conservé au prieuré de Saint-Denis de la Chartre.

étrangères après l'ambitieux qui les avait attirées dans le cœur du royaume; on ne demandera jamais ce que c'est que l'auteur de la Charte, le fondateur de la monarchie représentative; ce que c'est que le souverain qui a élevé la liberté sur les débris de la révolution, après le soldat qui avait bâti le despotisme sur les mêmes ruines; on ne demandera jamais ce que c'est que le roi qui a payé les dettes de l'État et fondé le système de crédit après les banqueroutes républicaines et impériales; on ne demandera jamais ce que c'est que le monarque qui, trouvant une armée détruite, a recréé une armée; le monarque qui, après des guerres glorieuses, mais longues et funestes, a mis fin en quelques mois, par un vaillant prince, à la prodigieuse expédition d'Espagne, tuant deux révolutions d'un seul coup, rétablissant deux rois sur leur trône, replaçant la France à son rang militaire en Europe, et couronnant son ouvrage en nous assurant l'indépendance au dehors, après nous avoir donné la liberté au dedans.

Son règne s'agrandira encore en s'éloignant de nous : la postérité le regardera comme une nouvelle ère de la monarchie, comme l'époque où s'est résolu le problème de la révolution, où s'est opérée la fusion des principes, des hommes et des siècles, où tout ce qu'il y avait de possible dans le passé s'est mêlé à tout ce qu'il y avait de possible dans le présent. De la considération des difficultés innombrables que Louis XVIII a dû rencontrer à l'exécution de ses desseins, naîtra pour lui dans l'avenir une admiration réfléchie. Et quand on observera que ce monarque, qui avait tant souffert, n'a exercé ni réaction ni vengeance; que ce monarque, dépouillé de tout, a aboli la confiscation; qu'étant maître de ne rien accorder en rentrant en France, il nous a rendu des libertés pour des malheurs, nul doute que sa mémoire ne croisse en estime et en vénération chez les peuples.

Nous venons de le perdre, ce roi patient et juste. Pendant un hiver du Nord, obligé de fuir d'exil en exil avec le fils et la fille de nos rois, ses pieds avaient été atteints par le froid rigoureux du climat : ses infirmités étaient en partie notre ouvrage, et au milieu de ses longues douleurs, il ne s'est jamais souvenu de ceux qui les avaient causées. On l'a vu, au moment d'expirer, opposer à des maux qui auraient abattu toute autre âme que la sienne un calme qui semblait imposer à la mort. Depuis longtemps, il est donné au peuple le plus brave d'avoir à sa tête les princes qui meurent le mieux; par les exemples de l'histoire, on serait autorisé à dire proverbialement : *Mourir comme un Bourbon*, pour exprimer tout ce qu'un homme peut mettre de magnanimité dans sa dernière heure.

Louis XVIII n'a point démenti cette intrépidité de famille. Après avoir reçu le saint viatique au milieu de sa cour, le fils aîné de l'Église a béni d'une main défaillante, mais avec un front serein, ce frère encore appelé à un lit funèbre, ce neveu qu'il nommait le *fils de son choix*, cette nièce deux fois orpheline, et cette veuve deux fois mère.

Cependant le peuple donnait des signes non équivoques de sa douleur. Essentiellement monarchique et chrétien quand il est abandonné à lui-même, il environnait le palais et remplissait les églises; il recueillait les moindres nouvelles avec avidité, lisait, commentait les bulletins, en y cherchant quelques lueurs d'espérance. Rien n'était touchant comme cette foule silencieuse qui parlait bas autour du château des Tuileries, dans la crainte de troubler l'auguste malade : le roi mourant était pour ainsi dire veillé et gardé par son peuple.

Souvent oubliée dans la prospérité, mais toujours invoquée dans l'infortune, la religion augmentait le respect et l'attendrissement général par sa sollicitude et par ses prières; elle faisait entendre devant l'image du Dieu vivant ce cantique d'Ézéchias que le génie français a dérobé à l'inspiration des divines Écritures (1), ce *Domine salvum fac Regem* que notre amour pour nos rois a rendu si populaire. Des larmes coulèrent de tous les yeux lorsqu'on vit passer les différents corps de la magistrature, se rendant à pied à Notre-Dame, afin d'implorer le ciel pour celui de qui toute justice émane en France. On remarquait surtout, à la tête de la première cour du royaume, le vieillard illustre qui, après avoir défendu la vie de Louis XVI au tribunal des hommes, allait demander celle de Louis XVIII à un juge qui n'a jamais condamné l'innocence.

Ce souverain juge, en appelant au milieu de son repos notre roi souffrant, fatigué et rassasié de jours, se préparait à prononcer sur lui une sentence de délivrance et non de condamnation.

Un évanouissement survenu le 14 fit croire que le roi avait passé. Quand il reprit ses esprits, il parut sensible aux prières des agonisants que l'on récitait au pied de sa couche. On lui amena les deux enfants de l'infortuné duc de Berry : il ne pouvait plus les voir, il ne pouvait plus même étendre sur eux sa main paternelle; mais on reconnaissait, au mouvement de ses lèvres, que le vieux monarque mettait sous la protection du ciel un berceau qu'il ne pouvait plus protéger.

Enfin il a quitté la vie, au milieu de sa famille en larmes, le jeudi 16 septembre, à quatre heures du matin, et il avait annoncé qu'il mourrait ce jour-là : il avait mesuré le degré de ses forces avec ce peu d'estime pour la vie, cette liberté de conscience et ce sang-froid imperturbable qui ne permettent pas de se tromper. Bientôt il va descendre dans ces souterrains, dont sa piété a commencé à repeupler les solitudes. Quand il arriva en France, il trouva le tombeau des rois désert et leur trône vide : restaurateur de toutes les légitimités, il a rendu, dans un partage fraternel, le premier à Louis XVI, et il laisse le second à Charles X.

Français! celui qui vous annonça Louis le Désiré, qui vous fit entendre sa voix dans les jours d'orage, vous parle aujourd'hui de Charles X dans des circonstances bien différentes : il n'est plus obligé de vous dire quel est le roi qui vous arrive, quels sont ses malheurs, ses vertus, ses droits au trône et à votre amour; il n'est plus obligé de vous raconter jusqu'à l'âge de ce roi, de vous peindre sa personne, de vous apprendre combien il existe encore de membres de sa famille. Si la conscription ne dévore plus vos enfants; si l'on ne peut ni vous dépouiller ni vous emprisonner arbitrairement; si vous êtes appelés à

---

(1) Le roi admirait particulièrement ce cantique, et m'a souvent redit par cœur l'ode sublime du Rousseau.

consentir l'impôt que vous donnez à l'État ; si vous êtes, par la Charte, un des peuples les plus libres de la terre, vous savez à qui vous devez tous ces biens : rendez-en grâce à Louis XVIII et à Charles X.

Vous l'avez vu depuis dix ans, ce sujet fidèle, ce frère respectueux, ce père tendre, si affligé dans un de ses fils, si consolé par l'autre ! Vous le connaissez ce Bourbon qui vint le premier après nos malheurs, digne héraut de la vieille France, se jeter entre vous et l'Europe, une branche de lis à la main ! Vos yeux s'arrêtent avec amour et complaisance sur ce prince qui, dans la maturité de l'âge, a conservé le charme et la noble élégance de sa jeunesse, et qui, maintenant orné du diadème, n'est encore qu'*un Français de plus au milieu de vous!* Vous répétez avec émotion tant de mots heureux échappés à ce nouveau monarque, qui puise dans la loyauté de son cœur la grâce de bien dire !

Quel est celui d'entre nous qui ne lui confierait sa vie, sa fortune, son honneur ? Cet homme, que nous voudrions tous avoir pour ami, nous l'avons aujourd'hui pour roi. Ah ! tâchons de lui faire oublier les sacrifices de sa vie ! Que la couronne pèse légèrement sur la tête blanchie de ce chevalier chrétien ! Pieux comme saint Louis, affable, compatissant et justicier comme Louis XII, courtois comme François Ier, franc comme Henri IV, qu'il soit heureux de tout le bonheur qui lui a manqué pendant si longues années ! Que le trône où tant de monarques ont rencontré des tempêtes soit pour lui un lieu de repos ! Nous sentons combien dans ce moment il lui est pénible de monter les degrés de ce trône pour y occuper la place d'un frère ; mais qu'il permette à de fidèles sujets qui respectent sa royale douleur, de chercher pourtant auprès de lui leur consolation et leurs chères espérances.

Saluons encore le Dauphin et la Dauphine ; noms qui lient le passé à l'avenir, en rappelant des souvenirs nobles et touchants, en désignant le propre fils et le successeur du monarque ; noms sous lesquels nous retrouvons le libérateur de l'Espagne et la fille de Louis XVI ! *L'Enfant de l'Europe*, le nouveau Henri, a fait aussi un pas vers le trône de son aïeul, et sa jeune mère le guide vers le trône où elle aurait pu monter !

Nous, sujets dévoués, pressons-nous aux pieds de notre bien-aimé souverain ; reconnaissons en lui le modèle de l'honneur, le principe vivant de nos lois, l'âme de notre société monarchique ; bénissons une hérédité tutélaire, et que la légitimité enfante sans douleurs son nouveau roi !

Que nos soldats élèvent sur leurs drapeaux le père du duc d'Angoulême ! que l'Europe attentive, que les factions, s'il en existe encore, voient dans l'accord de tous les Français, dans l'union du peuple et de l'armée, le gage de notre force et de la paix du monde !

Dans l'histoire des rois de France, de leurs couronnes et de leurs maisons, les fêtes de Reims se trouvent placées auprès des pompes de Saint-Denis. Ainsi, aux obsèques de Charles le Victorieux (1), tandis que deux serviteurs fidèles

---

(1) Quelques personnes ont cru que je prenais ici Charles VII pour Charles VIII : elles sont dans l'erreur. Dans les vieux auteurs, Charles VIII est appelé *le Victorieux*, et Charles VII *le Conquérant*. Ensuite ces surnoms, presque les mêmes, ont été oubliés ou

mouraient subitement de douleur, au moment où le grand maître de l'hôtel brisa son bâton, d'autres serviteurs, non moins attachés à la monarchie, préparaient déjà dans les trésors du même Saint-Denis les éperons d'or, les gantelets, la cotte d'armes, l'armet timbré, la tunique fleurdelisée, qui devaient servir au couronnement de Louis, père du peuple : graves enseignements pour nos monarques, qui prennent sur un cercueil les attributs de la puissance. Supplions humblement Charles X d'imiter ses aïeux : trente-deux souverains de la troisième race ont reçu l'onction royale, c'est-à-dire tous les souverains de cette race, hormis Jean Ier, qui mourut quatre jours après sa naissance, Louis XVII et Louis XVIII, qui furent visités de la royauté, l'un dans la tour du Temple, l'autre dans la terre étrangère. Tous ces monarques ont été sacrés à Reims; Henri IV seul le fut à Chartres, où l'on trouve encore dans les comptes de la ville une dépense de neuf francs pour une pièce mise au pourpoint du roi : c'était peut-être à l'endroit du coup d'épée que le Béarnais reçut à la journée d'Aumale (1).

L'usage était que le roi allât à Reims à cheval, à la tête de sa maison et de ses gardes. L'archevêque de Reims, premier pair ecclésiastique du royaume, faisait les frais du sacre. Il représentait par tradition un des quatre témoins du côté maternel, sur les douze témoins que le titre 58 de la loi salique exigeait chez les Francs dans toutes les actions civiles et criminelles.

Ces paroles d'Adalbéron, archevêque de Reims, au sujet de la consécration de Hugues Capet, sont encore vraies aujourd'hui : « Le couronnement d'un roi « des Français, dit-il, est un intérêt public et non une affaire particulière : « *publica sunt hæc negocia, non privata* (2). » Que Charles X daigne peser ces mots qui s'appliquaient à l'auteur de sa race; qu'en pleurant un frère il se souvienne qu'il est roi. Les Chambres ou les députés des Chambres qu'il peut appeler à Reims à sa suite, les magistrats qui grossiront son cortége, les soldats qui environneront sa personne, sentiront se fortifier en eux, par une imposante solennité, la foi religieuse et monarchique. Charles VII fit des chevaliers à son sacre ; le premier roi chrétien des Français reçut au sien le baptême avec quatre mille de ses compagnons d'armes : Charles X créera de même à son couronnement plus d'un chevalier pour la défense de la cause légitime, et plus d'un Français y recevra un nouveau baptême de fidélité.

---

confondus. Charles VIII est encore surnommé *l'Affable* et *le Courtois*. J'aurais peut-être mieux fait d'employer ce surnom pour éviter toute équivoque.

(1) Je laisse ce paragraphe tel qu'il est ; mais je dois dire que Louis le Gros fut sacré à Orléans. Henri IV et Louis le Gros ne furent point sacrés à Reims, le premier parce que Reims était encore entre les mains de la Ligue, et le second parce que deux archevêques de Reims étaient en contestation pour le siége de cette métropole. Il faut remarquer de plus que Louis le Gros avait été associé au trône par son père Philippe Ier, lequel avait été sacré à Reims, de sorte que Louis le Gros fut, pour ainsi dire, couronné deux fois. Les syndics du diocèse de Reims vinrent protester à Orléans contre son sacre, prétendant que depuis Clovis l'archevêque de Reims était seul en possession du droit de couronner nos rois. Il est donc constant que tous les rois de la race capétienne ont été sacrés à Reims, sauf le très-petit nombre de ceux qui n'ont pu l'être à cause d'empêchements majeurs.

(2) FLODOARD.

C'est donc à Reims que le prince, objet de tant d'amour, comblera les vœux de ses peuples ; que le prélat, en lui présentant la couronne de Charlemagne, l'épée de l'État, le sceptre, l'anneau et la main de justice, adresse au ciel l'admirable prière réservée pour cette cérémonie : « Dieu, qui par tes vertus con-
« seilles les peuples, donne à celui-ci, ton serviteur, l'esprit de ta sapience !
« Qu'en ses jours naisse à tous équité et justice : aux amis secours, aux en-
« nemis obstacle, aux affligés consolation, aux élevés correction, aux riches
« enseignement, aux indigents pitié, aux pèlerins hospitalité, aux pauvres su-
« jets paix et sûreté en la patrie ! Qu'il apprenne (le roi) à se commander soi-
« même, à modérément gouverner un chacun, selon son état, afin, ô Seigneur !
« qu'il puisse donner à tout le peuple exemple de vie à toi agréable (1). »

Cette prière sera suivie du serment du royaume, prêté sur le livre des Évangiles : dans les temps primitifs nos rois le prononçaient en français, et dans les temps postérieurs en latin. Ils s'obligeaient par ce serment à trois choses : *A maintenir la paix de l'Eglise, à défendre toute rapine, à commander dans tous jugements équité et miséricorde* (2). On introduisit dans le treizième siècle une clause tirée d'une constitution du concile de Latran, qui n'est plus en harmonie avec nos mœurs, ni d'accord avec les lois qui nous régissent. Nos derniers rois prononçaient aussi des serments relatifs aux ordres du Saint-Esprit et de Saint-Louis ; et depuis le règne de Louis XIV, ils s'engageaient à poursuivre les duels, sans jamais faire grâce aux duellistes.

Comme souvenir des premières assemblées de la nation, on demandait aux grands et au peuple témoins du couronnement du souverain, *s'il y avait âme qui voulût contredire* (3). On lâchait ensuite des oiseaux dans l'église, toutes les portes ouvertes : image naïve de la liberté des Français. Notre constitution actuelle n'est que le texte rajeuni du code de nos vieilles franchises.

C'est cette constitution que les successeurs de Louis XVIII devront désormais jurer de maintenir dans la solennité de leur sacre (4), en ajoutant ce serment de la monarchie nouvelle au serment de l'ancienne monarchie. Ainsi Charles X, après avoir reçu le complément de sa puissance des mains de la religion, paraîtra plus auguste encore en sortant, consacré par l'onction sainte, des fontaines où fut régénéré Clovis.

C'est une chose dont les conséquences sont immenses aujourd'hui pour notre patrie, et dans les circonstances actuelles, qu'un monarque mourant au milieu de ses sujets, et transmettant son héritage à son successeur. Le dernier événement de cette nature date de cinquante années, car on ne peut pas compter l'immolation de Louis XVI. L'holocauste du roi martyr ne fut suivi ni d'une pompe funéraire ni d'un sacre ; un nouveau règne ne commença point au pied des autels ; et il y eut en France quelque chose de ces ténèbres qui couvrirent Jérusalem à la mort du Juste.

Que Dieu accorde à Louis XVIII la couronne immortelle de saint Louis ! que Dieu bénisse sur la tête de Charles X la couronne mortelle de saint Louis !

LE ROI EST MORT : VIVE LE ROI !

(1) DuTillet. — (2) Du Tillet. — (3) Manuscrit de Duchesne. — (4) Charte, art. 74.

DE LA VENDÉE.

Septembre 1819.

L'ancienne constitution de la France fut attaquée par la tyrannie de Louis XI, affaiblie par le goût des arts et les mœurs voluptueuses des Valois, détériorée sous les premiers Bourbons par la réforme religieuse et les guerres civiles, terrassée par le génie de Richelieu, enchaînée par la grandeur de Louis XIV, détruite enfin par la corruption de la régence et la philosophie du dix-huitième siècle.

La révolution était achevée lorsqu'elle éclata : c'est une erreur de croire qu'elle a renversé la monarchie ; elle n'a fait qu'en disperser les ruines, vérité prouvée par le peu de résistance qu'a rencontré la révolution. On a tué qui on a voulu ; on a commis sans efforts les crimes les plus violents, parce qu'il n'y avait rien d'existant en effet, et qu'on opérait sur une société morte. La vieille France n'a paru vivante, dans la révolution, qu'à l'armée de Condé et dans les provinces de l'Ouest. Une poignée de gentilshommes, commandés par le descendant du vainqueur de Rocroi, a terminé dignement l'histoire de la noblesse française, et les paysans vendéens ont montré à l'Europe les anciennes communes de France.

Nous allons rappeler ce que la Vendée a fait pour la monarchie, ce qu'elle a souffert pour cette monarchie, puis nous dirons ce que les ministres du souverain légitime ont fait à leur tour pour la Vendée. Il est bon qu'un pareil tableau soit mis sous les yeux des hommes : il instruira les peuples et les rois.

CE QUE LA VENDÉE A FAIT POUR LA MONARCHIE.

La Vendée était restée chrétienne et catholique ; en conséquence, l'esprit monarchique vivait dans ce coin de la France. Dieu semblait avoir conservé cet échantillon de la société afin de nous apprendre combien un peuple à qui la religion a donné des lois est plus fortement constitué qu'un peuple qui s'est fait son propre législateur.

Dès les premiers jours de la révolution, les Vendéens montrèrent une grande répugnance pour les principes de cette révolution. Après la journée du 10 août 1792, une insurrection éclata à Bressuire, et un premier combat fut livré le 24 août de la même année. La levée de trois cent mille hommes, ordonnée par la Convention, produisit une insurrection nouvelle. Un perruquier, nommé Gaston, se met à la tête des insurgés : il est tué en marchant à l'ennemi. Le roi meurt, et des vengeurs naissent de son sang. Jacques Cathelineau, simple voiturier de la commune du Pin en Mauges, sort de sa chaumière le 14 mars 1793 : il se trouve que le voiturier est un grand capitaine. A la tête de deux cents paysans, il attaque un poste républicain, l'emporte et s'empare d'une pièce de six, connue sous le nom du *Missionnaire :* voilà le premier canon de la Vendée. Cathelineau arme sa troupe avec des fusils qu'il a conquis, marche à Chemillé, défendu par cinq cents patriotes et deux coulevrines : même courage, même succès. La victoire fait des soldats : Stofflet, garde chasse de M. de Colbert, rejoint Cathelineau avec deux mille hommes; Laforêt, jeune paysan du bourg de Chanzeau, lui amène sept cents autres Vendéens. Les trois chefs se présentent devant Chollet, forcent la ville, mettent en fuite la garnison, s'emparent de plusieurs barils de poudre, de six cents fusils et de quatre pièces de canon, parmi lesquelles se trouvait une pièce de douze que Louis XIII avait donnée au cardinal de Richelieu. C'est cette pièce devenue si célèbre sous le nom de *Marie-Jeanne :* les paysans vendéens y semblaient attacher leur destinée. Dans leur simplicité, ils ne s'apercevaient pas que leur véritable *palladium* était leur courage.

La prise de Chollet fut le signal du soulèvement de la Vendée. Machecoul tombe, Pornic est surpris. Bientôt avec les périls et la gloire paraissent Charette, d'Elbée, Bonchamp, La Rochejaquelein, de Marigny, de Lescure et mille autres héros français, semblables à ces derniers Romains qui moururent pour le dieu du Capitole et la liberté de la patrie.

Cathelineau marche sur Villiers; d'autres chefs, MM. de La Roche Saint-André, de Lyrot, Savin, Royrand, de La Cathelinière, Couëtus, Pajot, d'Appayes, Orignaux, menacent Nantes, Niort et les Sables. Charette devient généralissime de la Vendée-Inférieure; d'Elbée, placé à la tête des forces de la Haute-Vendée, est secondé par Bonchamp, Soyer, de Fleuriot, Scépeaux, noms qui rappellent les premiers temps de la chevalerie. Les paysans du Bocage se soulèvent; le jeune Henri de La Rochejaquelein les conduit. Son premier essai est une victoire; il bat Quétineau aux Aubiers, et court se réunir à Cathelineau, d'Elbée, Stofflet et Bonchamp. Le général républicain Ligonier s'avance avec cinq mille hommes; il est défait auprès de Villiers. Quatre jours après, nouvelle bataille à Beaupréau. Ligonier, obligé de fuir, abandonne son artillerie après avoir perdu trois mille hommes. Argenton est pris, Bressuire évacué. Les Vendéens délivrèrent dans cette ville MM. Desessarts, Forestier, Beauvolliers, de Lescure et Donnissan, illustres otages, qui passèrent du pied de l'échafaud à la tête d'une armée. Ils n'acceptèrent qu'une partie du bienfait de la Providence; la patrie avait demandé leur sang, ils répandirent leur sang pour la patrie.

De Bressuire, les Vendéens se dirigent sur Thouars. Une muraille gothique et une rivière profonde entouraient cette ville. Il faut s'en ouvrir les avenues par un combat sanglant. L'assaut est donné : La Rochejaquelein monte sur les épaules de Texier, gravit les murs, et se trouve bientôt seul exposé à tous les coups, comme Renaud sur les remparts de Jérusalem. Thouars est emporté; dix mille républicains, une nombreuse artillerie, des munitions de toutes les sortes demeurent aux mains des vainqueurs; Thouars fournit encore aux royalistes des officiers qui devinrent célèbres. Il faut citer ces braves dont les noms sont aujourd'hui l'unique patrimoine de leurs familles : ce furent MM. Dupérat, d'Herbaud, Maignau, Renou, Beauvolliers, l'aîné, Marsonnière, Sanglier, Mondion, Laugerie, Orre-Digueur, de Beaugé et de Laville-Regny, avec son fils âgé de douze ans, que l'on voyait combattre auprès de lui.

Alors on forma sept divisions du pays dont on avait chassé l'ennemi, et l'on en confia la garde à un égal nombre de corps vendéens. La terreur s'était emparée des patriotes ; Nantes s'écriait : *Frères et amis, à notre secours, le département est en feu!* ignoble jargon qui se mêlait, dans la Vendée, à la langue de la chevalerie. Cependant une armée vendéenne est battue près de Fontenay : d'Elbée est blessé, et l'artillerie prise avec la fameuse *Marie-Jeanne*. Quinze mille paysans désespérés reparaissent sous les murs de Fontenay, que défendaient douze mille hommes d'infanterie et trente-sept pièces de canon. Chaque Vendéen n'avait que six coups à tirer : des paysans bretons de la division du Loroux, armés de bâtons ferrés, se jettent sur les batteries de canon, assomment les canonniers et s'emparent des pièces. Les Vendéens, d'abord tombés à genoux, se relèvent et se précipitent sur les républicains dont ils font cesser le feu. L'armée ennemie est culbutée, Fontenay emportée, *Marie-Jeanne* reprise. Quarante pièces de canon, quatre mille prisonniers, sept mille fusils restent en témoignage de la victoire ; et la Convention effrayée songe à faire partir, pour combattre les vertus vendéennes, jusqu'aux grenadiers qui gardaient ses forfaits et ses échafauds.

Une proclamation rédigée à Fontenay par M. Desessarts annonça à l'Europe le succès des hommes fidèles, et leur ferme volonté de rétablir la monarchie. Ils invitaient à rejoindre le drapeau blanc ; mais la terreur dans l'intérieur, la gloire aux frontières, enchaînaient tous les Français : le roi n'avait alors pour lui que la justice de sa cause et la Vendée.

Quand les divisions militaires de la Haute-Vendée se trouvèrent réunies, elles formèrent une armée de quarante mille fantassins et de douze cents cavaliers. Vingt-quatre pièces de canon avec leurs caissons accompagnaient les corps qui prirent et conservèrent le nom de *la grande armée*. Y eut-il jamais rien de plus prodigieux dans l'histoire que cette armée où l'on ne comptait pas un fusil qui ne fût une conquête, pas un canon qui n'eût été enlevé avec une fourche ou un bâton ? « Thirion nous écrit, disait Barrère à la Convention, que « toutes les fois que les rebelles ont manqué de munitions, il s'est trouvé à « point nommé une déroute des nôtres. » C'est ainsi que ceux qui avaient condamné Louis XVI à l'échafaud, appelaient les Vendéens des *rebelles*.

Cependant la Convention avait rassemblé à Saumur une armée de quarante mille hommes d'infanterie et de huit mille hommes de cavalerie : quatre-vingts pièces d'artillerie et deux régiments de cuirassiers rendaient cette armée formidable.

La grande armée vendéenne marche sans s'effrayer à ces nouveaux ennemis : elle les pousse à Doué, à Montreuil, et les accule dans Saumur. Les bataillons formés à Orléans, seize bataillons venus de Paris, deux régiments de cuirassiers, composaient la garnison de cette ville. Trente pièces de canon bordaient son château et ses redoutes nouvellement élevées que le Thoué et la Loire baignaient de leurs eaux. Rien n'arrête les Vendéens ; tous s'écrient : *En avant, en avant!* Les Bretons enlèvent les canons ; les républicains reculent jusqu'au pont Fouchard : M. de Lescure les suit l'épée au poing ; il est blessé. Les cuirassiers chargent les Vendéens qu'étonne cette espèce de cavalerie invulnérable. Un brave soldat, nommé Dommaingué, crie aux paysans, comme César criait à ses légions à Pharsale : *Frappez au visage!* Il abat un cuirassier d'un coup de carabine à la tête, et il est emporté lui-même d'un boulet de canon. Les cuirassiers se replient, reviennent à la défense du pont Fouchard, que couvrait de son feu l'artillerie vendéenne commandée par M. de Marigny. Le combat se maintient de ce côté; mais Cathelineau et La Rochejaquelein avaient tourné les redoutes, et marchaient sur la ville, laissant derrière eux les fortifications et les avant-postes. Les troupes placées à la garde des faubourgs fuient devant La Rochejaquelein, qui entre dans Saumur accompagné seulement de M. de Beaugé. Il arrive au grand galop sur une place où huit cents républicains étaient rangés en bataille. Il était trop tard pour reculer : l'héroïsme vient au secours de l'imprudence. *Rendez-vous*, dit La Rochejaquelein aux ennemis, *ou vous êtes morts*. Ceux-ci croient la ville emportée, et mettent bas les armes. Quelques moments s'écoulent : personne ne paraît. Les républicains reviennent de leur erreur, reprennent leurs armes, tirent sur les deux Vendéens. Beaugé est blessé; La Rochejaquelein le soutient sur son cheval, et tue d'un coup de pistolet un soldat qui le couchait en joue. Dans cet instant Desessarts accourt, suivi de quinze cents cavaliers : la ville est prise.

Les redoutes tombent; le château capitule. De toutes parts on ramène des troupeaux de républicains prisonniers; on les renvoie après leur avoir fait jurer qu'ils ne porteront plus les armes contre le roi; on leur coupe les cheveux pour les reconnaître, en cas qu'ils violent leur parole. Les cheveux repoussèrent, et avec eux l'infidélité : les Vendéens, à qui l'on ne faisait point de quartier, furent bientôt massacrés par ceux qui leur devaient la liberté et la vie.

La renommée des Vendéens se répandit bientôt en Europe. Ils trouvèrent à Saumur quatre-vingts pièces de canon, vingt mille fusils, cinquante milliers de poudre, des vivres en abondance, des magasins de toutes sortes. Ils procédèrent à l'élection d'un généralissime. Le choix de MM. de Lescure, de Donnissan, La Rochejaquelein et des autres gentilshommes, tomba sur le voiturier Cathelineau, dont la gloire avait fourni les titres. Les paysans charmés s'attachèrent davantage à une noblesse si généreuse et si brave. On proposa dans le conseil, premièrement, de marcher sur Tours; secondement, de s'emparer des Sables et de La Rochelle; troisièmement, d'attaquer Angers, et de rentrer dans la Vendée par le pont de Cé. Le premier avis était celui de La Rochejaquelein et c'était peut-être le meilleur par son audace; le second était celui de Lescure, et c'était le plus sage; le troisième était celui de Cathelineau, et il prévalut.

M. d'Elbée, à peine guéri de sa blessure, vint rejoindre les Vendéens à Saumur. On vit aussi arriver MM. Charles d'Autichamp, de Piron, Boispréau, Duchénier, Magnan, de La Bigotière.

Les vainqueurs se mettent en marche pour suivre le plan du généralissime. Angers ouvre ses portes. Le prince de Talmont se présente : il est sur-le-champ nommé général de la cavalerie royaliste. Charette venait de reprendre Machecoul dans la Vendée-Inférieure : Cathelineau lui propose de s'emparer de

Nantes et de soulever la Bretagne. L'attaque des deux armées vendéennes par l'un et l'autre côté de Nantes devait être simultanée ; mais Charette arrive trop tôt, ou Cathelineau paraît trop tard. Charette soutient seul la lutte pendant dix heures : il se retirait lorsque le canon de la grande armée se fait entendre. L'action recommence de toutes parts : on pénètre dans la ville, on se bat de rue en rue, de maison en maison. La place va capituler, mais Cathelineau reçoit un coup mortel : les paysans s'arrêtent. Il ne restait plus qu'un léger effort à faire; il ne fut pas fait : Nantes demeure au pouvoir des républicains. Cinq millions de Français devaient périr, l'Europe devait être ébranlée jusque dans ses fondements, avant que le fils de saint Louis remontât sur le trône de ses pères. Tout avait été prévu pour la prise de Nantes dans les arrangements de la sagesse humaine, *fors* les desseins de Dieu.

Cette grande entreprise manquée, les Vendéens ne sont point découragés; ils se rallient, battent les républicains à Châtillon et trouvent à Coron un nouveau triomphe. D'Elbée est nommé généralissime en remplacement de Cathelineau, mais Charette refuse de le reconnaître : une fatale division commençait à s'établir entre les chefs. D'Elbée remporte à Chantonnay une victoire éclatante.

Cette victoire attire sur la Vendée une nouvelle masse d'ennemis, qui, selon les rapports du comité de salut public, se composait de quatre cent mille hommes. On y joignit la garnison de Mayence. Les forces de la Vendée doublent en raison des périls. Lescure, avec cinq mille huit cents hommes, disperse à Thouars trente-deux mille réquisitionnaires. La Convention ordonne la destruction entière de la Vendée; alors commence le système des incendies qu'exécutaient des colonnes justement appelées *infernales*. Les villes sont embrasées; les chaumières, les moissons et les bois réduits en cendres. L'armée de la Haute-Vendée vole au secours de Charette, qui, battu cinq fois, se relevait toujours. M. d'Elbée rejoint l'habile général. « Où est l'ennemi ? » lui dit-il. « Il suit mes pas, répond Charette ; voyez ces tourbillons de fumée ! » L'armée patriote et l'armée vendéenne se rencontrent auprès de Torfou.

La première était, en partie, composée des Mayençais, qui voyaient pour la première fois les paysans de la Haute-Vendée. Ceux-ci, à leur tour, n'avaient presque jamais combattu d'aussi belles troupes, et aussi bien disciplinées. Il y eut de part et d'autre un mouvement de surprise et d'admiration. Le signal est donné, le combat s'engage. Les deux armées, au milieu des incendies, étaient renfermées comme dans un cercle de flammes qui embrasaient l'horizon; c'était comme une bataille aux enfers. L'impétuosité des paysans royalistes l'emporte sur la valeur disciplinée : les Mayençais, contraints de céder le terrain, se retirent en bon ordre. Ils sont défaits de nouveau à Montreuil. On eût poursuivi la victoire, si Charette n'eût voulu secourir la Basse-Vendée, que dévastaient des colonnes incendiaires. Il entraîne d'Elbée avec lui.

Les deux armées, après avoir vaincu les républicains à Saint-Fulgent, revinrent pour attaquer les Mayençais, qui se retirèrent sous les murs de Nantes.

La Convention consternée, pour prolonger son horrible existence, veut épuiser tout le sang français : six armées attaquent la Haute-Vendée. La plupart des chefs royalistes étaient blessés, et pouvaient à peine se tenir à cheval.

Nouvelle rencontre à Châtillon, nouvelle défaite des républicains. La Convention fulmine des décrets exterminateurs. Une bataille terrible s'engage à la Tremblaye; elle allait augmenter la gloire des royalistes fidèles, lorsque Lescure est blessé à mort. On se retire : les républicains entrent dans Chollet.

Le comité de salut public annonce à la Convention que la guerre est terminée : et, dans ce moment même, les paysans vendéens juraient de s'ensevelir sous les ruines de leur patrie. Les chefs approuvent et embrassent eux-mêmes cette généreuse résolution : c'est un bon parti, quand on aime la gloire, que de s'attacher au malheur. On tient conseil à Beaupréau : les uns veulent marcher à Chollet, et étouffer les vainqueurs au milieu de leur triomphe; les autres prétendent qu'il faut se rabattre sur la Vendée-Inférieure et s'appuyer à l'armée de Charette; d'autres demandent qu'on passe la Loire et que l'on change le théâtre de la guerre : l'opinion la plus héroïque, celle de La Rochejaquelein, l'emporte, et l'on se détermine à marcher droit à l'ennemi.

La France et l'Europe virent avec le plus profond étonnement ces paysans magnanimes, qu'on croyait anéantis, venir attaquer une armée régulière animée par des succès, justement fière de sa valeur. Le combat dura dix heures. On se battit à la baïonnette. Les faubourgs de Chollet furent enlevés, abandonnés, enlevés de nouveau : tantôt le drapeau blanc rétrogradait devant le drapeau tricolore, et tantôt le drapeau tricolore reculait devant le drapeau blanc. Alors étaient aux prises ces terribles Français dont les bataillons voyaient fuir les armées européennes. Enfin, repoussés, les paysans sont poursuivis par la cavalerie républicaine. Les officiers vendéens se forment en escadron : d'Elbée, Bonchamp, La Rochejaquelein, Allard, Dupérat, Desessarts, Beaugé, Beaurepaire de Royrand, Duchaffaut, Renou, Forêt, Legeai, Loiseau, et cent cinquante braves, couvrent les héroïques villageois, et arrêtent l'armée ennemie, Kléber fond sur l'escadron royaliste, à la tête de dix bataillons de troupes régulières. D'Elbée et Bonchamp tombent percés de coups; trente de leurs compagnons sont abattus à leurs côtés. Montés sur un cheval blessé qui jetait le sang par les naseaux, La Rochejaquelein, blessé lui-même, ses habits criblés de balles et taillés de coups de sabre, demeure seul chargé de la retraite. Dans ce moment, de Piron lui amène deux mille hommes : le combat renaît, se prolonge dans la nuit, laisse aux Vendéens le temps d'emporter leurs blessés, et de se retirer à Beaupréau.

L'indomptable La Rochejaquelein voulait recommencer le combat, et revenir à Chollet : on ne suivit point cet avis de l'héroïsme ou du désespoir. On se replia sur Saint-Fulgent, où Bonchamp rendit le dernier soupir. D'Elbée et Lescure vivaient encore; mais ils étaient blessés mortellement : le premier fut porté à l'île de Noirmoutiers; le second resta avec l'armée.

Cependant cette armée de la Haute-Vendée, jadis si brillante, maintenant si malheureuse, se trouvait resserrée entre la Loire et six armées républicaines qui la poursuivaient. Pour la première fois, une sorte de terreur s'empara des paysans; ils apercevaient des flammes qui embrasaient leurs chaumières, et qui s'approchaient peu à peu; ils entendaient les cris des femmes, des vieillards et des enfants; ils ne virent de salut que dans le passage du fleuve. En vain les officiers voulurent les retenir : en vain La Rochejaquelein versa des pleurs de rage; il fallut suivre une impulsion que rien ne pouvait arrêter. Vingt mauvais bateaux servirent à transporter sur l'autre rive de la Loire la fortune de la monarchie.

On fit alors le dénombrement de l'armée : elle se trouva réduite à trente mille soldats; elle avait encore vingt-quatre pièces de canon, mais elle commençait à manquer de munitions et de cartouches.

La Rochejaquelein fut élu généralissime ; il avait à peine vingt et un ans : il y a des moments dans l'histoire des hommes où la puissance appartient au génie. Lorsque le plan de campagne eut été arrêté dans le conseil, que l'on se fut décidé à se porter sur Rennes, l'armée leva ses tentes. L'avant-garde était composée de douze mille fantassins, soutenus de douze pièces de canon, les meilleurs soldats et presque toute la cavalerie formaient l'arrière-garde : entre ces deux corps cheminait un troupeau de femmes, d'enfants, de vieillards, qui s'élevait à plus de cinquante mille. L'ancien généralissime, le vénérable Lescure, était porté mourant au milieu de cette foule en larmes qu'il éclairait encore de ses conseils, et consolait par sa pieuse résignation : La Rochejaquelein, qui comptait moins d'années et plus de combats qu'Alexandre, paraissait à la tête de l'armée, monté sur un cheval que les paysans avaient surnommé *le daim*, à cause de sa vitesse. Un drapeau blanc en lambeau guidait les tribus de saint Louis, comme jadis l'arche sainte conduisait dans le désert le peuple fidèle. Ainsi, tandis que la Vendée brûlait derrière eux, s'avançaient avec leurs familles et leurs autels ces généreux Français sans patrie au milieu de leur patrie : ils appelaient leur roi, et n'étaient entendus que de leur Dieu.

Si La Rochejaquelein, dans la Vendée, avait brillé par les qualités d'un soldat, il déploya, sur l'autre rive de la Loire, les talents d'un capitaine : les grands caractères, souvent peu remarquables dans la prospérité, font éclater leur vertu dans le malheur, au contraire des faux grands hommes qui paraissent extraordinaires dans le bonheur, et deviennent communs dans l'adversité. Les soldats de l'armée royale catholique, embrassant eux-mêmes sans s'étonner toute la grandeur de leur infortune, ne voulurent point trahir leurs revers. Jamais la Vendée ne jeta un si vif éclat que lorsque, errante et fugitive, elle était prête à s'évanouir au milieu des forêts de la Bretagne. Elle trompa les prophéties de Barrère : « Les Vendéens, avait-il dit à la Convention, sont semblables à ce « géant fabuleux qui n'était invincible que quand il touchait la terre. Il faut les « soulever, les chasser de leur propre terrain pour les abattre : » Le comité de salut public se trompait : les Vendéens tiraient leurs forces de leur conscience et de leur honneur; ils emportaient avec eux cette patrie.

La victoire ouvrit leur nouvelle carrière : Ingrande, Candé, Château-Gonthier, tombèrent devant eux : quinze mille gardes nationaux ne les purent empêcher d'entrer dans Laval, où sept mille paysans manceaux et bretons vinrent les rejoindre.

A peine s'étaient-ils reposés deux jours dans cette ville, qu'on signala l'approche de l'ennemi. C'étaient les Mayençais qui, fiers d'avoir forcé les Vendéens à quitter leurs foyers, croyaient qu'ils n'oseraient désormais les attendre. Ils attaquent brusquement les courageux fugitifs, qui les repoussent, les forcent à se replier sur Château-Gonthier, après leur avoir tué ou blessé seize cents hommes.

Bientôt toutes les forces conventionnelles sont réunies : elles reviennent à Laval présenter la bataille à La Rochejaquelein, qui l'accepte. M. de Lescure expirant harangue l'armée; tout s'ébranle : on se bat avec un affreux acharnement. Les canons sont enlevés à la course, comme de coutume. On en vient à l'arme blanche, aux coups de pistolet; on se prend aux cheveux; on lutte corps à corps. Le général républicain Beaupuy, blessé d'un coup de feu, fait porter dans les rangs sa chemise sanglante pour encourager ses soldats. La cause juste est encore une fois victorieuse : les Mayençais sont exterminés par ces mêmes paysans qu'ils venaient de chasser de leurs chaumières.

La bataille de Laval renouvela les frayeurs des conventionnels, ils crurent voir les Vendéens arriver à Paris. Pour se mettre à l'abri de l'invasion royaliste, on coupe les routes, on fait sauter les ponts, on détruit les magasins. Trente mille hommes des meilleures troupes sont tirés de l'armée du Nord. Une autre armée, composée de gardes nationaux et des garnisons des ports, se forme à Cherbourg. On voit accourir, avec leur guillotine, de vieux révolutionnaires tout cassés de crimes, pour *battre monnaie* et faire des soldats. On arrête, on dépouille, on égorge tout ce qui est réputé suspect : l'innocence malheureuse paie les terreurs de la conscience coupable.

Il y avait quelque fondement aux craintes des révolutionnaires. Le prince de Talmont, après la dernière victoire, avait en effet proposé de marcher sur Paris, de fouiller le repaire de la Convention, ou, si la chose était impossible, de prendre à dos les armées républicaines de Flandre, et de se réunir aux Autrichiens. Au lieu d'adopter ce plan, digne du caractère vendéen, le conseil par des suggestions étrangères, prit le parti de diriger l'armée sur Granville, dans l'espoir d'établir une communication entre l'Angleterre et les royalistes: résolution qui perdit tout.

On prit donc la route de Granville par Mayenne, Ernée, Fougères, Antrain, Dol, Pontorson et Avranches : on ne rencontra d'obstacles que dans les faubourgs d'Ernée et de Fougères. M. de Lescure expira avant d'entrer dans cette dernière ville. L'illustre veuve du général vendéen emporta dans un cercueil les dépouilles mortelles de son mari. Elle craignit que la tombe de Lescure ne fût violée. Quelque temps après, cet homme, qui laissait un nom immortel, fut enterré au bord d'un grand chemin, sur un coin de terre inconnu.

Arrivés devant Granville, les Vendéens brusquent la place. Les faubourgs sont forcés; une brèche est faite aux remparts. Déjà les soldats sont sur les murs; mais les Anglais ne paraissant point à la vue du port, la garnison continue à se défendre. La lassitude s'empare des paysans : après trente-six heures, ils abandonnent l'assaut de la ville à moitié prise. Une sédition éclate dans l'armée; les paysans s'écrient qu'ils veulent retourner dans leur pays : ils entraînent leurs chefs. On reprend le chemin que l'on avait parcouru.

A peine était-on rentré à Dol, que trois armées républicaines fondent sur l'armée royaliste. Là se donne une des plus furieuses batailles qui aient jamais été livrées entre Français : elle dura deux jours; commencée dans les faubourgs de Dol, elle ne finit que dans les murs d'Antrain. Douze mille républicains, tués ou blessés, restèrent sur le champ de bataille. Ce fut à la fois la plus grande et la dernière victoire de ces royalistes qu'avaient commandés Cathelineau, d'Elbée, Lescure et La Rochejaquelein.

La Vendée retournait comme un lion à son antre : les républicains n'osaient plus lui barrer le chemin; ils se contentaient de l'attendre derrière des remparts.

Parvenus sous les murs d'Angers, les royalistes, repoussés comme à Granville, ne peuvent passer la Loire ; l'armée se rabat sur Beaugé, emporte La Flèche, se retire au Mans, où elle doit trouver son tombeau. Des réquisitionnaires, conduits par des représentants du peuple, viennent troubler ses derniers moments : elle se lève, les chasse et se repose. Arrive enfin une armée régulière, composée des débris de toutes les armées vaincues par les Vendéens. L'affaire s'engage : le géant de la Vendée se débat écrasé sous le poids de la France révolutionnaire; il ébranle encore de ses mains le monstrueux monument de l'athéisme et du régicide. Mais la victoire échappait aux Machabées, et le moment du sacrifice était venu. On s'était battu tout le jour aux environs de la ville; malgré la nuit, on continuait de se battre dans les rues, à la lueur des amorces et du feu du canon. « Il était neuf heures du soir, dit le bulletin publié « par les généraux républicains : là une fusillade terrible s'engage de part et « d'autre. On se dispute le terrain pied à pied; le combat a duré jusqu'à deux « heures du matin. De part et d'autre on est resté en observation ; les brigands « profitèrent de l'obscurité pour évacuer la ville... Les rues, les maisons, les « places publiques sont jonchées de cadavres, et depuis quinze heures ce mas- « sacre dure encore... Enfin, voici la plus belle journée que nous ayons eue « depuis dix mois que nous combattons les brigands... »

Les restes de l'armée vendéenne se rapprochèrent de la Loire pour en tenter le passage. Ce n'étaient plus des soldats, mais des martyrs : des prêtres portaient les malades sur leurs épaules ; de jeunes filles, des femmes, des enfants, des vieillards expiraient dans les fossés et sur les chemins. On se crut heureux lorsque l'on parvint à Ancenis, et qu'on aperçut les champs de la patrie de l'autre côté de la Loire. Mais il n'y avait que deux bateaux sur la rive bretonne. Quatre grosses barques chargées de foin étaient attachées à la rive opposée.

La Rochejaquelein, Stofflet et Beaugé, escortés par une vingtaine de soldats, passent dans les deux bateaux, pour s'emparer des barques et les envoyer à l'armée. A peine avaient-ils mis pied à terre qu'ils sont attaqués par une grosse colonne de républicains; l'escorte royaliste est dispersée. Forcé de se retirer au fond d'un bois, La Rochejaquelein se retrouve seul dans cette Vendée, au milieu des champs de bataille déserts, où il ne rencontre plus que sa gloire.

Les corps vendéens poursuivis sur la rive droite de la Loire, voulurent gagner le bourg de Niort. Ils étaient encore commandés par MM. de Donnissan, de Marigny, Fleuriot, de Lyrot, Desessarts, de Lagrenière, d'Isigny, de Piron, et par le prince de Talmont. Atteints dans Savenay, ces braves chefs firent des prodiges de valeur qui consolent le guerrier expirant, et qui souvent influent par de glorieux souvenirs sur la destinée des peuples. L'armée fut détruite; ses soldats se dispersèrent dans la forêt de Gavres, et de là se répandirent dans les autres bois de la Bretagne comme des semences fécondes d'héroïsme et de fidélité.

Quand on a raconté tant de combats, on se sent le besoin de se reposer ; mais l'infatigable Vendée ne laisse pas le temps à l'historien de prendre haleine. Au moment où il croit sa tâche finie, voilà que La Rochejaquelein, Stofflet et Marigny reparaissent ; Charette livre de nouveaux combats qui finissent par un traité glorieux, et la guerre des chouans sort des débris de la grande armée vendéenne.

Cette dernière guerre différa de celle que nous venons de raconter, parce qu'elle s'établit chez un peuple dont les mœurs, sous quelques rapports, s'éloignent des mœurs vendéennes. D'une humeur mobile et d'un caractère obstiné, les Bretons se distinguent par leur bravoure, leur franchise, leur fidélité, leur esprit d'indépendance, leur attachement à la religion, leur amour pour leur pays. Fiers et susceptibles, sans ambition et peu faits pour les cours, ils ne sont avides ni de places, ni d'argent, ni d'honneurs. Ils aiment la gloire, mais pourvu qu'elle ne gêne en rien la simplicité de leurs habitudes ; ils ne la recherchent qu'autant qu'elle consent à vivre à leur foyer, comme un hôte obscur et complaisant qui partage les goûts de la famille. Tels se montrèrent Duguesclin, Moreau, Cadoudal.

La guerre des chouans produisit une foule de petits combats et de grandes actions. Quiberon vit son sacrifice : la France révolutionnaire, en égorgeant les compagnons de Suffren, abdiqua l'empire des mers. La chouannerie, organisée dans les provinces de l'Ouest, s'étendit jusqu'aux portes de Versailles. Georges Cadoudal commandait le Morbihan, M. de Bourmont le Maine, M. de Châtillon la rive droite de la Loire, M. de La Prévalaye la Haute-Bretagne ; la Normandie reconnut les ordres de M. de Frotté. Le Mans fut pris par M. de Bourmont ; Saint-Brieuc par Cadoudal ; Nantes même, qui avait résisté à Cathelineau et à Charette, tomba pendant quelques moments au pouvoir de M. de Châtillon. Quinze mille Vendéens se montraient encore en armes sur la rive gauche de la Loire : c'étaient les restes des nouvelles armées formées par La Rochejaquelein, Stofflet, Marigny et Charette. La Rochejaquelein avait enfin terminé dans un combat obscur son éclatante carrière ; un corps redoutable recevait les ordres de Stofflet, mais ce chef violent avait fait périr le valeureux Marigny.

Charette, qui s'était toujours maintenu dans la Basse-Vendée, se faisait admirer même des républicains par ses retraites autant que par ses attaques, par ses revers autant que par ses succès. Après mille combats et des torrents de sang versé, le général Turreau avait donné l'ordre d'évacuer la Vendée. L'indépendance et la victoire restaient donc aux royalistes ; la Convention en était pour les frais de ses crimes ! Enfin le 9 thermidor vient faire cesser le régime de la Terreur. On adopta contre la Vendée un plan de guerre plus généreux ; les deux partis fatigués commençaient à désirer la paix : Charette entra en négociations.

Les envoyés royalistes demandèrent le rétablissement immédiat de la religion catholique et de la monarchie légitime, la remise entre leurs mains de Louis XVII et de la jeune princesse sa sœur, le rappel des émigrés, et, en attendant l'exécution de ces clauses, l'indépendance absolue du pays des chouans et des Vendéens. Les républicains eurent l'air de se rendre à ces conditions, mais ils exigèrent qu'elles demeurassent secrètes et qu'elles ne parussent point dans le traité public, si ce traité avait lieu. Ils voulurent que la monarchie ne fût proclamée que le 1ᵉʳ juillet 1795 ; que les enfants de Louis XVI ne fussent remis aux Vendéens que le 13 juin de la même année, et que les émigrés ne rentrassent en France qu'à cette même époque. La position de Charette l'obligea de consentir à ces délais, et à souffrir le gouvernement républicain jusqu'au moment fixé pour le rétablissement du trône. Alors un traité public fut signé à La Jaunaye, le 22 février 1795.

Ce traité accorda aux Vendéens le libre exercice de la religion catholique, la possession paisible de leur pays, un corps militaire payé par la république et commandé par Charette, l'exemption de toute réquisition et de toute conscription, le remboursement de quinze cent mille livres de bons royaux émis par les généraux royalistes; une forte indemnité en argent, mobilier, outils de labourage ; la radiation des émigrés vendéens; la restitution des biens saisis, et la levée des séquestres. Les royalistes conservèrent jusqu'aux fruits des biens des réfugiés patriotes, fruits qu'ils avaient perçus pendant l'insurrection : la république se chargea de dédommager les propriétaires.

Certes, si jamais les hommes ont reconnu l'empire de la vertu, c'est par ce traité de La Jaunaye. Avec qui la Convention capitulait-elle? Victorieuse dans toute l'Europe, la plupart des rois de l'Europe étaient tombés à ses pieds; la Vendée même n'existait plus, pour ainsi dire; c'était à ses ruines, c'était aux cendres des La Rochejaquelein, des Bonchamp, des Marigny, des Talmont, des Lescure, des d'Elbée, qu'on promettait le rétablissement de la royauté légitime : tant le seul nom de la Vendée inspirait de crainte, de respect et d'admiration! M. Dupérat, envoyé par Charette auprès des représentants pour négocier le traité, refusait de reconnaître, même provisoirement, la république : « Quoi! « lui dit un des représentants, vous ne voulez pas reconnaître une république « que tous les rois de l'Europe ont reconnue? — Monsieur, répondit fièrement « l'ambassadeur vendéen, ces princes-là ne sont pas des Français. »

La France parut ivre de joie à la nouvelle de la conclusion du traité; la Convention elle-même, délivrée de sa frayeur, faisait entendre des chants de triomphe; elle s'écriait : « Enfin la Vendée est rentrée dans le sein de la ré- « publique! » Mais la Convention n'avait cherché qu'à tromper Charette pour le désarmer; elle ne tint point les conditions du traité. Charette, éclairé trop tard recommença les hostilités. Jamais il ne déploya plus de talents et de ressources : avec quelques paysans découragés, il obtint des victoires, et lutta contre une armée de cent quarante mille soldats disciplinés. Enfin, resté seul, dangereusement blessé à la tête et à la main, après avoir erré dans les bois, il fut pris par ses ennemis. En immolant ce grand homme, la Convention crut immoler à la fois la monarchie et la Vendée : Stofflet avait péri peu de temps avant Charette.

Quand un homme extraordinaire disparaît, il se fait dans le monde une sorte de silence, comme si celui qui remplissait la terre de son nom avait emporté tout le bruit. Trois années de paix suivirent dans la Vendée la mort de Charette. Une conscription dont on n'exempta pas les chouans et les Vendéens, fit reprendre les armes en 1799. L'emprunt forcé et la loi des otages augmentèrent les troubles. Toutes les provinces de l'Ouest s'ébranlèrent, et ce fut alors que les chouans obtinrent les succès dont nous avons parlé plus haut. La force et la perfidie mirent fin à cette nouvelle guerre. Buonaparte était monté sur le trône de saint Louis.

Pendant le règne de l'usurpateur, la Vendée ne fit que soigner ses blessures, et renouveler dans ses veines le sang que ses premiers combats avaient épuisé. Ses transports de joie éclatèrent à la restauration. Lors de la trahison du 20 mars, les Vendéens et les Bretons ne démentirent point leur loyauté; on vit reparaître quelques-uns de ces anciens noms, si connus sous la république, si oubliés sous la monarchie. Cette terre vendéenne ne pouvait se lasser de produire, comme des plantes naturelles à son sol, des La Rochejaquelein, des Charette, des Cathelineau : Rome avait vu de grands citoyens se succéder ainsi dans des familles immortelles. Louis de La Rochejaquelein, frère de Henri, combat et meurt comme cet illustre frère; il laisse lui-même un frère valeureux, une sœur héroïque pour sauver le présent, un fils pour défendre l'avenir. M. de Beauregard, digne d'être allié à cette famille, expire sur le champ de bataille. Le jeune Charette tombe comme son oncle le grand capitaine; le jeune Cathelineau combat comme son père. M. de Suzannet perd la vie dans les lieux témoins de sa constante fidélité. N'oublions pas l'infortuné de Guignes, à peine âgé de seize ans, que l'on rencontra parmi les morts, la tête frappée d'une balle et le corps percé de six coups de baïonnette. Messieurs d'Autichamp, Sapinaud, Dupérat, Duchaffaut, Robert, Tranquille, Renou, semblent, pour ainsi dire, sortir de la tombe; ce dernier, surnommé *Bras-de-Fer*, qui avait fait toutes les campagnes de la Vendée, ne veut pas manquer la dernière. En retrouvant ces capitaines, on croit voir revivre d'antiques personnages dont on aurait déjà lu l'histoire dans les *Chroniques* de Froissart, ou dans celles de Saint-Denis. La vertu du sol vendéen fait éclore dans les nobles cœurs la vertu de la fidélité, et le général Canuel ira sauver à Lyon la monarchie qu'il a défendue au combat de Mathes.

D'une autre part, les paysans bretons et manceaux soutiennent la cause royale. MM. de La Prévalaye, de Coislin, de Grizolles, de La Boissière, de Courson, les conduisent au feu. Un traité de pacification, approuvé par les uns, blâmé par les autres, vint suspendre cette guerre des Cent-Jours. Du moins, ce traité, quel qu'il soit, est encore honorable à la valeur vendéenne. Par ce traité, il est libre aux généraux vendéens de rester en France ou de passer en Angleterre, de vendre et d'emporter leurs propriétés; s'ils se décident à rester en France, ils peuvent habiter partout où ils voudront : « En traitant, dit l'ar- « ticle 4, avec des Français qui, dans leurs erreurs même, ont montré une « loyauté constante, toute défiance serait injuste. » Tous les individus arrêtés seront mis en liberté, aucune levée d'hommes ne put avoir lieu dans le pays insurgé pendant le cours de 1815. Buonaparte s'engage à demander et à obtenir des Chambres un dégrèvement pour les impositions des provinces de l'Ouest. Les individus qui ont des talents seront admis aux places aux mêmes conditions que les autres citoyens. On accordera des récompenses et des pensions à ceux qui ont contribué à la pacification générale. Buonaparte s'en rapporte à la loyauté des signataires de la pacification pour la remise des armes et des munitions qui ont été débarquées sur nos côtes.

Et c'est l'ancien maître du monde qui suspend sa conscription et ses impôts, qui traite avec de tels égards des hommes armés contre sa puissance.

La première guerre de la Vendée fut utile à la monarchie légitime en maintenant l'honneur de cette monarchie, en prouvant la force des véritables défenseurs de cette monarchie. Elle finit par un traité, qui fut violé à la vérité, mais dont les clauses secrètes stipulaient le rétablissement de l'autorité légitime. Charette fit donc avec dix mille paysans, à Nantes, ce que l'Europe n'a pu faire que vingt ans après, avec trois cent mille hommes, à Paris.

La France monarchique et les rois de l'Europe veulent-ils savoir combien la Vendée a été utile, combien elle a retardé leurs défaites et suspendu leurs revers, qu'ils écoutent Barrère parlant à la Convention au nom du comité de salut public : « C'est à la Vendée, dit-il, que correspondent les aristocrates,
« les fédéralistes, les départementaires, les sectionnaires; c'est à la Vendée que
« se reportent les vœux coupables de Marseille, la vénalité honteuse de Toulon,
« les mouvements de l'Ardèche, les troubles de la Lozère, les conspirations
« de l'Eure et du Calvados, les espérances de la Sarthe et de la Mayenne, le
« mauvais esprit d'Angers et les sourdes agitations de quelques départements
« de l'ancienne Bretagne.

« Détruisez la Vendée, Valenciennes et Condé ne sont plus au pouvoir de
« l'Autrichien.

« Détruisez la Vendée, l'Anglais ne s'occupera plus de Dunkerque.

« Détruisez la Vendée, et le Rhin sera délivré des Prussiens.

« Détruisez la Vendée, et Lyon ne résistera plus ; Toulon s'insurgera contre
« les Espagnols et les Anglais, et l'esprit de Marseille se relèvera à la hauteur
« de la révolution républicaine.

« Enfin, chaque coup que vous porterez à la Vendée retentira dans les villes
« rebelles, dans les départements fédéralistes et dans les frontières envahies. »

Le comité de salut public ne disait que trop vrai, et la Vendée détruite ou pacifiée livra le monde à la puissance des Français.

La seconde guerre de la Vendée a été du plus grand secours à l'autorité légitime. Pendant les négociations qui eurent lieu à Paris avec les puissances coalisées, le ministère ne présenta-t-il pas les armées royales de l'intérieur comme le contingent du roi ? En considération de l'entretien de ces armées, n'allégea-t-on pas les charges imposées à la France ? Les alliés eux-mêmes ne sont pas moins redevables à cette seconde Vendée. « L'armée de la Vendée, dit le gé-
« néral Gourgaud, commandée par le général Lamarque, comptait huit régi-
« ments d'infanterie de ligne, deux de jeune garde, deux de cavalerie, et dix
« escadrons de gendarmerie, partie à pied, partie à cheval, formant plus de
« trois mille gendarmes... »

« La guerre de la Vendée, ajoute-t-il ailleurs, allumée le 15 mai, avait
« diminué l'armée du Nord d'une quinzaine de mille hommes, dont trois régi-

« ments de dragons, deux de la jeune garde et un bon nombre de détachements
« et de troisièmes bataillons. »

Hé bien, supposons que ces quinze mille hommes eussent pu rejoindre Buonaparte, nous demandons quel eût été le résultat de la bataille de Waterloo? A quoi le succès de cette bataille a-t-il tenu? Quel léger poids pouvait faire pencher la balance !

Que seraient devenues l'Europe et la légitimité en cas de revers? Le même général Gourgaud va répondre. « On proposait, dit-il de réunir au 15 juin le
« plus de troupes qu'il serait possible, et l'on calculait pouvoir réunir de cent
« trente à cent quarante mille hommes sur la frontière du Nord ; d'attaquer
« aussitôt, de disperser les Anglais, et de chasser les Prussiens au delà du
« Rhin. Cela obtenu, tout était terminé; une révolution dans le ministère au-
« rait lieu à Londres; la Belgique se lèverait en masse, et toutes les troupes
« belges passeraient sous leur ancien étendard : toutes les troupes de la rive
« gauche du Rhin, celles de Saxe, de Bavière, de Wurtemberg, etc., fatiguées
« du joug de la Prusse et de l'Autriche, se tourneraient du côté de la
« France, etc. » Il est possible que les événements eussent trompé tous ces calculs, mais du moins il est certain que le sang du second La Rochejaquelein et du second Charette, que le sang de Suzannet et de plusieurs autres royalistes français n'a pas inutilement coulé pour les rois de l'Europe. Mais quand l'immolation de la victime sans tache a désarmé la colère du ciel, songe-t-on au sort de la victime?

Il reste prouvé que dans aucun pays, que dans aucun temps, jamais sujets n'ont servi leurs rois comme les Vendéens ont servi le leur. Nous allons bientôt voir ce qu'ils ont souffert pour la cause qu'ils défendaient ; mais on perdrait une partie de l'admiration que l'on doit avoir pour les grandes choses qu'ils ont faites, si l'on ne s'arrêtait un moment au détail de leurs mœurs et de leur caractère. Les faibles moyens avec lesquels ils ont commencé une lutte gigantesque en rendent les résultats plus prodigieux.

Les Vendéens eurent pour premières armes quelques méchants fusils de chasse, des bâtons durcis au feu, des faux, des broches et des fourches. Leurs cavaliers étaient montés sur des chevaux de labourage. Ils se servaient de bâts faute de selle, de cordes au lieu d'étriers. On voyait sur le champ de bataille, en face des troupes républicaines, des paysans en sabots, vêtus d'une casaque brune ou bleue, rattachée par une ceinture de mouchoirs. Leur tête était recouverte d'un bonnet ou d'un chapeau rond à grands bords. Ces bonnets et ces chapeaux étaient ornés de chapelets, de plumets blancs ou de cocardes de papier blanc. Lorsque les Vendéens avaient un sabre, ils l'attachaient à leur côté avec une ficelle : ils suspendaient pareillement leurs fusils à leurs épaules comme des chasseurs. Presque tous portaient une image de la croix, ou du sacré-cœur, attachée sur leur poitrine. Si les sacrifices à l'honneur et à la fidélité, si l'extrême indigence et l'extrême courage pouvaient être ridiculés, les Vendéens l'auraient été quelquefois. Ils remplaçaient leurs chétifs vêtements pourris par les pluies, percés par les balles, avec tout ce que le hasard offrait à leur héroïque misère : on a vu un de leurs officiers se battre entortillé dans une robe de juge; un autre s'élancer et mourir au milieu du feu, n'ayant pour couvrir sa nudité qu'un morceau de serge. Un adjudant patriote ayant été conduit à M. de La Rochejaquelein, alors généralissime, il trouva celui-ci dans une hutte à branchages, vêtu d'un habit de paysan, le bras en écharpe, un bonnet de laine sur la tête.

La bravoure des Vendéens était reconnue même de leurs plus implacables ennemis. L'antiquité ne nous a point transmis de paroles plus belles que ces paroles si connues de La Rochejaquelein : *Si j'avance, suivez-moi ; si je recule, tuez-moi ; si je meurs, vengez-moi.* A la première affaire de Laval, le jeune guerrier poursuivant l'ennemi, se trouve seul en face d'un grenadier qui chargeait son arme. La Rochejaquelein était à cheval, mais blessé, et portant le bras droit en écharpe : il fond sur le grenadier, le saisit au collet avec la seule main qu'il eût de libre. Le grenadier se débat, et cherche à percer de sa baïonnette le cheval et le cavalier. Des paysans surviennent et veulent tuer le grenadier. La Rochejaquelein le sauve et lui dit : « Va rejoindre tes chefs ; « tu leur annonceras que tu as lutté avec le général de l'armée royale, qu'il ne « porte point d'armes, qu'il n'a qu'une main de libre, et que tu n'as pu le « blesser. » C'est tout le soldat français.

Le général Turreau a peint La Rochejaquelein dans une seule ligne : « J'ai « ordonné au général Cordelier, écrit-il, de faire déterrer La Rochejaquelein, « et de tâcher d'acquérir les preuves de sa mort. » Quel est donc cet étrange jeune homme dont il faut déterrer le cadavre pour tranquilliser une république qui comptait dans ses camps un million de soldats victorieux? Quel est donc ce héros de vingt et un ans qui causait aux ennemis des rois la même frayeur qu'inspirait aux Romains le vieil Annibal exilé, désarmé et trahi?

Bonchamp rappelait toutes les vertus de Bayard; même désintéressement, même humanité, même courage. C'était un de ces Français tels que les formaient nos anciennes mœurs, et tels qu'on n'en verra plus. Une foule de prisonniers républicains lui durent la vie ; il engagea le patrimoine de ses pères pour soutenir ses compagnons d'armes. Un représentant du peuple écrivait à la Convention : « La perte de Bonchamp vaut une victoire pour nous, car il est « de tous les chefs des Vendéens celui en qui ils avaient le plus de confiance, et « qu'ils aimaient le mieux, qu'ils suivaient le plus volontiers. » Des historiens prétendent que les républicains mutilèrent son cadavre, et envoyèrent sa tête à la Convention.

La religion semblait dominer particulièrement dans le jeune Lescure; il communiait tous les huit jours; il avait porté longtemps un cilice, dont on voyait la marque sur sa chair. Cette armure n'était pas à l'épreuve de la balle, mais elle était à l'épreuve des vices; elle ne défendait pas le cœur de Lescure contre l'épée, elle le mettait à l'abri des passions. Plus de vingt mille prisonniers patriotes, sauvés par l'humanité du général vendéen, trouvèrent sans doute qu'un cilice était aussi bon dans les combats qu'un bonnet rouge.

Stofflet, brave soldat, chef intelligent, mourut en criant *vive le roi!* Il avait du cœur, et de cette vertu opiniâtre qui ne cède jamais à la fortune, mais qui ne la dompte jamais.

Charette commanda le feu du peloton qui lui arracha la vie; lui seul se trouva digne de donner le signal de sa mort. Jamais capitaine, depuis Mithridate, n'avait montré plus de ressource et de génie militaire.

Le fier d'Elbée, couvert de blessures, fut pris dans l'île de Noirmoutiers; sa faiblesse l'empêcha de se lever. Ceux qui l'avaient vu si souvent debout sur le champ de bataille le fusillèrent dans un fauteuil. On eût dit d'un monarque recevant sur son trône les hommages de la fidélité.

Le prince de Talmont, en allant à la mort, prouva qu'il était du sang de La Trémouille. « Fais ton métier, dit-il au bourreau, je fais mon devoir. »

De tous ces chefs, les uns étaient nobles, les autres sortis des classes moins élevées de la société; les talents marquaient les rangs. Le noble obéissait au roturier, et le roturier au noble, selon le mérite: et tandis que la Convention décrétait l'égalité et la liberté en créant le despotisme, l'égalité et la liberté ne se trouvaient qu'à l'armée royale et catholique de la Vendée.

« Une manière de combattre que l'on ne connaissait pas encore, dit le gé-
« néral Turreau; un attachement inviolable à leur parti; une confiance sans
« bornes dans leurs chefs; une telle fidélité dans leurs promesses qu'elle peut
« suppléer la discipline, un courage indomptable et à l'épreuve de toutes sortes
« de dangers, de fatigues et de privations : voilà ce qui fait des Vendéens des
« ennemis redoutables, et ce qui doit les placer dans l'histoire au premier rang
« des peuples soldats... Ce fut cette espèce de délire et d'enthousiasme qui,
« dans des temps de ténèbres et d'ignorance, emporta nos premiers croisés dans
« les plaines brûlantes de l'Afrique et de l'Asie. Les défenseurs de l'autel et
« du trône semblaient avoir pris nos anciens preux pour modèles. Leurs ban-
« nières étaient ornées de devises qui rappelaient les hauts faits de la cheva-
« lerie. »

Un autre général écrivait à Merlin de Thionville, après la déroute de Savenay : « Je les ai bien vus, bien examinés; j'ai reconnu ces mêmes figures de
« Chollet et de Laval. A leur contenance et à leur mine, je te jure qu'il ne
« leur manquait du soldat que l'habit. Des troupes qui ont battu de tels Fran-
« çais peuvent bien se flatter de vaincre tous les autres peuples. »

N'est-il pas singulier qu'un général républicain dise des paysans de la Vendée ce que les soldats de Probus disaient de nos ancêtres : « Nous avons vaincu
« mille Barbares de la nation des Francs : combien n'allons-nous pas vaincre
« de Perses ! »

« L'inexplicable Vendée, s'écriait Barrère à la Convention, existe encore;
« de petits succès de la part de nos généraux ont été suivis de plusieurs dé-
« faites... L'armée que le fanatisme a nommée catholique et royale paraît un
« jour n'être pas considérable, elle paraît formidable le lendemain. Est-elle
« battue, elle devient comme invincible; a-t-elle du succès, elle est immense...
« Jamais, depuis la folie des croisades, on n'avait vu autant d'hommes se
« réunir qu'il y en a eu tout à coup sous les drapeaux de la liberté, pour éteindre
« à la fois le trop long incendie de la Vendée... La terreur panique a tout frappé,
« tout effrayé, tout dissipé comme une vaine vapeur. La Vendée a fait des pro-
« grès; c'est dans la Vendée que vous devez déployer toute l'impétuosité natio-

« nale et développer tout ce que la république a de puissance et de ressources. La
« Vendée est encore la Vendée. »

Ainsi parlait de la Vendée, à la Convention nationale, le comité de salut public, après avoir annoncé, quelque temps auparavant, que la Vendée n'existait plus... Buonaparte, qui se connaissait en choses extraordinaires, avait surnommé les Vendéens *le peuple des géants*.

Les femmes rivalisaient d'héroïsme avec les hommes dans le grand dévouement de la Vendée. Comme les matrones de Sparte, elles gardaient leurs maisons les armes à la main, tandis que leurs maris se battaient; mais, moins heureuses que les Lacédémoniennes, elles virent la fumée du camp ennemi, et ces ennemis étaient des Français ! On en compte plusieurs tuées sur le champ de bataille ; d'autres y reçurent des blessures. A l'affaire de Dol, une simple servante ramena la victoire en se mettant à la tête des Vendéens et en criant : *A moi les Poitevins!* Même magnanimité dans les prêtres qui suivaient les soldats du Dieu vivant. Le lendemain de la déroute de Savenay, un curé qui avait perdu la vue, errait dans la campagne avec un guide. Des hussards républicains le rencontrent. « Quel est le vieillard que tu mènes ? » disent-ils au guide. « C'est un vieux paysan aveugle, » répond celui-ci. « Non, messieurs, « reprend le véridique pasteur, je suis un prêtre. »

La religion animait également tous les cœurs : « Rends-moi les armes, » criait un soldat républicain à un paysan. «Et toi, rends-moi mon Dieu, » répliqua le paysan. Lorsque les Vendéens étaient prêts à attaquer l'ennemi, ils s'agenouillaient et recevaient la bénédiction d'un prêtre. Ils ne couraient point à la mort comme les bêtes des bois, sans penser à celui qui nous a donné nos jours pour les sacrifier quand il le faut à l'honneur et à la patrie. La prière prononcée sous les armes n'était point réputée faiblesse ; car le Vendéen qui élevait son épée vers le ciel demandait la victoire, et non la vie.

Dans le cours de sept années, depuis 1793 jusqu'à 1799, on compte dans la Vendée et dans les provinces de l'Ouest deux cents prises et reprises de villes, sept cents combats particuliers, et dix-sept grandes batailles rangées. La Vendée tint à diverses époques soixante-dix et soixante-quinze mille hommes sous les armes ; elle combattit et dispersa à peu près trois cent mille hommes de troupes réglées, et six à sept cent mille réquisitionnaires et gardes nationaux ; elle s'empara de cinq cents pièces de canon et de plus de cent cinquante mille fusils. On a vu ce qu'elle fit par ses combats et par ses traités, pour la cause du roi légitime, et même pour celle de tous les souverains de l'Europe : quand on aura examiné ce qu'elle a souffert pour cette même cause, on aura une idée complète de ses sacrifices et de ses vertus.

CE QUE LA VENDÉE A SOUFFERT POUR LA MONARCHIE.

Les premiers martyrs vendéens furent les paysans pris à l'affaire de Bressuire, le 24 août 1792. Ils refusèrent de crier *vive la nation!* et on les fusilla pour s'être obstinés à crier *vive le roi!* Bientôt aux fléaux ordinaires de la guerre se joignent des espèces d'atrocités légales, telles que pouvaient les inventer une Convention et un comité de salut public. Les troupes républicaines eurent ordre de ne faire aucun prisonnier, de tout dévaster, de tout égorger, de brûler les chaumières, d'abattre les arbres, de faire de la Vendée un vaste tombeau.

« Il sera envoyé à la Vendée, par le ministre de la guerre, dit l'article 2 du
« décret de la Convention du 2 août 1793, des matières combustibles de toute
« espèce pour incendier les bois, les taillis et les genêts. »

Article 7. « Les forêts seront abattues, les repaires des rebelles seront détruits,
« les récoltes seront coupées, et les bestiaux seront saisis. Les biens des rebelles
« seront déclarés appartenir à la république. »

Autre décret ainsi conçu : « Soldats de la liberté, il faut que les brigands de
« la Vendée soient exterminés avant la fin du mois d'octobre. Le salut de la pa-
« trie l'exige, l'impatience du peuple français le commande, son courage doit
« l'accomplir. »

Autre décret qui ordonne que toutes les villes qui se rendront aux Vendéens seront rasées.

Les représentants du peuple, par un arrêté du 21 décembre, avaient organisé une compagnie d'incendiaires. On forma les fameuses colonnes infernales. Au moment où elles se mirent en marche, un général leur fit cette harangue :

« Mes camarades, nous entrons dans le pays insurgé ; je vous donne l'ordre
« de livrer aux flammes tout ce qui sera susceptible d'être brûlé, et de passer
« au fil de la baïonnette tout ce que vous rencontrerez d'habitants sur votre
« passage. » Il faut remarquer qu'avant cet ordre presque toutes les villes de la Vendée avaient été brûlées, et qu'il ne restait plus à incendier que les hameaux et les chaumières isolées.

« En cinq jours, dit un nouvel historien (1), toute la Vendée fut couverte
« de débris et de cendres. Soixante mille hommes, le fer et la flamme à la
« main, la traversèrent dans tous ses contours sans y laisser rien debout,
« rien de vivant. Toutes les atrocités précédemment commises n'avaient été
« qu'un jeu en comparaison de ces nouvelles horreurs. Ces armées, vraiment
« infernales, massacrèrent à peu près le quart du reste de la population. »

Des républicains, témoins oculaires, décrivent ainsi la marche des colonnes infernales :

« On partit de La Floutière après avoir incendié le bourg. Le général m'or-
« donna de le suivre et de ne pas m'éloigner de lui : dans la route, on pillait, on
« incendiait; depuis la frontière jusqu'aux Herbiers, dans l'espace d'une lieue,
« on suivait la colonne autant à la trace des cadavres qu'elle avait faite, qu'à la
« lueur des feux qu'elle avait allumés : dans une seule maison, on tua deux
« vieillards, mari et femme, dont le plus jeune avait au moins quatre-vingts
« ans... Les hussards surtout étaient les plus acharnés : ce sont des désorga-

---

(1) En rappelant toutes ces horreurs, la probité historique oblige de dire qu'il y eut dans la Vendée des chefs républicains pleins d'honneur et d'humanité. Non-seulement ces chefs ne se souillèrent point par les forfaits que nous tirons à regret de l'oubli, mais ils s'y opposèrent de tout leur pouvoir. Le général Quétineau, par exemple, fut un digne et noble ennemi des Vendéens ; aussi fut-il fusillé par son parti, qui lui fit un crime de sa vertu.

« nisateurs qui ne savent que piller, massacrer et couper en morceaux...
« La colonne de... a brûlé des blés, des fourrages, massacré des bestiaux...
« A peine les députés furent-ils de retour, que la colonne de Pouzange,
« sous les ordres du général, se porta dans la commune de Bonpère, l'incen-
« dia en grande partie, massacra indistinctement les hommes et les femmes qui
« se trouvèrent devant elle, fit périr par les flammes plus de trois mille bois-
« seaux de blé, au moins huit cents milliers de foin, et plus de trois mille livres
« de laine... »

« Le 12, la scène augmenta d'horreur. Le général part avec sa colonne,
« incendie tous les villages, toutes les métairies, depuis La Floutière jus-
« qu'aux Herbiers : dans une distance de près de trois lieues, où rien n'est
« épargné, les hommes, les femmes, les enfants même à la mamelle, les
« femmes enceintes, tout périt par les mains de sa colonne. Enfin de mal-
« heureux patriotes, leurs certificats de civisme à la main, demandent la vie
« à ces forcenés ; ils ne sont pas écoutés : on les égorge. Pour achever de
« peindre les forfaits de ce jour, les foins ont été brûlés dans les granges, les
« grains dans les greniers, les bestiaux dans les étables ; et quand de malheu-
« reux cultivateurs connus de nous par leur civisme ont eu le malheur d'être
« trouvés à délier leurs bœufs, il n'en a pas fallu davantage pour les fusiller ;
« on a même tiré et frappé à coups de sabre les bestiaux qui s'échappaient. »

« Si la population qui reste dans la Vendée n'était que de trente à qua-
« rante mille âmes (dit un représentant du peuple), le plus court sans doute
« serait de tout égorger, ainsi que je le croyais d'abord ; mais cette population
« est immense : elle s'élève encore à quatre cent mille hommes, et cela dans
« un pays où les ravins et les vallons, les montagnes et les bois diminuent
« nos moyens d'attaque, en même temps qu'ils multiplient les moyens de
« défense des habitants.

« S'il n'y avait nul espoir de succès par un autre mode, sans doute encore
« qu'il faudrait tout égorger, y eût-il cinq cent mille hommes. »

Il ajoute ensuite : « Il ne faut point faire de prisonniers : dès que l'on
« trouve des hommes ou les armes à la main, ou en attroupement de guerre,
« quoique sans armes, il faut les fusiller sans déplacer.

« Il faut mettre à prix la tête des étrangers, pourvu qu'on les amène vi-
« vants, afin de n'être pas trompés, et qu'on n'apporte point la tête des pa-
« triotes.

« Il faut mettre les ci-devant nobles et les ci-devant prêtres surtout à prix,
« avec promesse d'indulgence, d'ailleurs, pour ceux des insurgés qui les li-
« vreront.

« Il faut mettre la personne des chefs à un prix très-considérable, qui sera
« payé en entier si on les amène réellement, et à moitié seulement si on ne
« fait qu'indiquer le lieu où les prendre, pourvu que le succès suive l'indi-
« cation. »

Remarquez que ce représentant du peuple, qui est révolté des horreurs commises dans la Vendée, était accusé lui-même d'avoir tué de sa propre
main, dans les prisons, des prisonniers vendéens, d'en avoir fait fusiller cinq

cents autres, d'avoir fait manger le bourreau à sa table, et d'avoir forcé des enfants à tremper leurs pieds dans le sang de leurs pères.

Les vieillards, les femmes et les enfants qui suivirent l'armée vendéenne au delà de la Loire périrent en grande partie après la défaite du Mans. Les femmes, après avoir essuyé les derniers outrages, furent égorgées : on exposa dans les rues leurs cadavres nus, unis aux cadavres des Vendéens massacrés; et ces embrassements de la mort furent le sujet d'une plaisanterie républicaine.

Dans une dénonciation juridique, on trouve qu'un général « avait voulu « contraindre une servante à aller chercher une salade dans un jardin *où était* « *un cadavre détruit par son ordre*, en lui disant... *Si tu n'y vas pas, je t'at-* « *tacherai les mains, je te violerai sur le cadavre et te ferai fusiller après.* »

Une pauvre fille, appelée Marianne Rustand, de la commune du petit bourg des Herbiers, déclara que lorsque les volontaires de la division de... arrivèrent chez elle, elle alla au-devant d'eux pour leur faire voir un certificat qu'elle avait du général Bard : ceux-ci lui répondirent qu'ils en voulaient à sa bourse et à sa vie; ils lui volèrent quarante-neuf livres, et l'obligèrent, en la menaçant, de rentrer chez elle pour leur montrer l'endroit où elle pourait avoir d'autre argent caché. « Dès qu'elle fut entrée, dit le rapport, quatre « d'entre eux la prirent et la tinrent, tandis que les autres assouvirent leur « brutale passion sur elle, et la laissèrent presque nue; après quoi ils furent « mettre le feu dans les granges ; ce que voyant la déclarante, elle rassembla « toutes ses forces pour aller faire échapper les bestiaux : ce que trois d'eux « voyant, ils coururent après elle pour la faire brûler avec ses bœufs; et « étant enfin parvenue à s'en échapper, elle se rendit auprès de sa mère, âgée « d'environ soixante-dix ans, lui trouvant un bras et la tête coupés, après lui « avoir pris environ neuf cents livres, seul produit de ses gages et de leur « travail. Enfin elle fut obligée de l'enterrer elle-même. Après quoi elle se « couvrit des hardes qu'on avait laissées sur sa mère, et parvint enfin à se « rendre chez le citoyen Graffard des Herbiers, où elle fut en sûreté, et a dé- « claré ne savoir signer. »

Nantes seul engloutit quarante mille victimes. Julien mandait à Robespierre qu'une foule innombrable de soldats royaux avaient été fusillés à la porte de la ville, et que cette masse de cadavres entassés, jointe aux exhalaisons de la Loire toute souillée de sang, avait corrompu l'air.

Un autre représentant écrivait. « Les délits ne sont pas bornés au pillage « dans la Vendée ; le viol et la barbarie la plus outrée sont dans tous les coins; « on a vu des militaires républicains violer des femmes rebelles sur des pierres « amoncelées le long des grandes routes, et les fusiller ou les poignarder en « sortant de leurs bras ; on en a vu d'autres porter des enfants au bout de la « baïonnette ou de la pique qui avait percé du même coup et la mère et l'enfant. »

Philippeaux (le conventionnel) attribue la disette qui affligeait la France en 1793 aux horreurs gratuites dont la Vendée était le théâtre, à l'incendie des subsistances et des chaumières, à la destruction des animaux et de toutes les ressources agricoles, dans un pays qui fournissait quatre cents bœufs par semaine au chef-lieu de la république.

Les prisonniers que par hasard on ne massacrait pas sur le champ de bataille, les vieillards, les femmes et les enfants étaient conduits en différents lieux, et principalement à Nantes. Là on les égorgeait, on les guillotinait. M. de Castelbajac a rapporté, dans un article sur la Convention, l'histoire déplorable de ces enfants vendéens des deux sexes qui se réfugiaient entre les jambes des soldats chargés de les fusiller. Le philosophe Carrier inventa principalement pour les Vendéens les mariages républicains et le bateau à soupape. On sait que le comité de salut public avait fort encouragé le patriote qui proposait la construction d'une guillotine à cinquante couteaux pour faire tomber à la fois cinquante têtes.

Le chirurgien Geainou écrit à Robespierre : « Il faut te dire que des sol-
« dats *indisciplinés* (les ordres de tuer tout ce qui se présentait étaient *légaux*)
« se sont portés dans les hôpitaux de Fougères, y ont égorgé les blessés des
« brigands dans leurs lits. Plusieurs femmes des brigands y étaient malades.
« Ils... et les ont égorgées après. »

Six cents détenus furent enfermés à Doué, dans une prison qui ne recevait l'air que par un soupirail, les prisonniers y périssaient étouffés en poussant de sourds mugissements. On n'enlevait ni les ordures des moribonds, ni les cadavres des morts. Le règne de la raison et de la fraternité renouvelait le supplice de Mézence dans les cachots de la Vendée. Enfin la présence d'un soldat républicain finit par produire l'effet de la présence d'une bête féroce : les chiens des paysans, instruits par leurs maîtres, se taisaient quand ils voyaient un proscrit, et poussaient à l'approche d'un *bleu* d'affreux hurlements.

Le massacre des enfants et surtout des femmes est un trait caractéristique de la révolution. Vous ne trouverez rien de semblable dans les proscriptions de l'antiquité. On n'a vu dans le monde entier qu'une révolution *philosophique*, et c'est la nôtre. Comment se fait-il qu'elle ait été souillée par des crimes jusqu'alors inconnus à l'espèce humaine ? Voilà des faits devant lesquels il est impossible de reculer. Expliquez, commentez, déclarez, la chose reste. Nous le répétons : le meurtre général des femmes, soit par des exécutions militaires, soit par des condamnations prétendues juridiques, n'a d'exemple que dans ce siècle d'humanité et de lumières. Au reste, quand on nie la religion, on rejette le principe de l'ordre moral de l'univers ; alors il est tout simple qu'on méconnaisse et qu'on outrage la nature.

Plus de six cent mille royalistes ont péri dans les guerres de la Vendée. Presque tous les chefs trouvèrent la mort sur le champ de bataille ou dans les supplices. On évalue à cent cinquante millions la perte causée par l'incendie des moissons, des bois, des grains, des bestiaux. On porte à onze cent mille le nombre des bœufs brûlés ou égorgés. Cinq cents lieues planimétriques furent ravagées et converties en désert.

Nous traversâmes la Vendée en 1803. Sa population n'était pas encore rétablie. Des ossements blanchis par le temps, et des ruines noircies par les flammes, frappaient çà et là les regards dans des champs abandonnés. Un demi-siècle d'une administration paternelle ne ferait pas disparaître de ce sol les touchants et nobles témoins de sa fidélité. La plupart des villes et des villages, Argenton, Bressuire, Châtillon, Chollet, Montaigu, Tiffauges, etc., sont à peine rebâtis à moitié.

Ministres du roi légitime, qu'avez-vous fait pour ce pays? Avez-vous pansé les plaies du Vendéen? avez-vous couvert sa nudité, relevé ses cabanes, soulagé son infortune? Quelle mesure avez-vous prise pour la restauration de cette province fidèle? quelle ordonnance est venue la consoler? quelle loi reconnaissante a voué à l'admiration de la postérité tant de nobles sacrifices? Loin d'accueillir le Vendéen, ne l'auriez-vous pas repoussé? ne vous aurait-il pas paru suspect? n'auriez-vous point cherché des conspirations dans le sanctuaire de la fidélité? n'auriez-vous point préféré aux habitants du Marais et du Bocage les hommes qui les ont égorgés, ou les hommes dont les principes menacent de nous ramener les mêmes crimes et les mêmes malheurs? Tel qui porta le fer et la flamme dans le sein de la Vendée ne jouit-il pas d'une pension considérable, tandis que tel Vendéen meurt de faim et de misère? Ministres du roi légitime, qu'avez-vous fait pour la Vendée? Voyons vos actes. Si vous vous étiez rendus coupables de la plus cruelle des ingratitudes envers un pays dont le dévouement marquera dans les annales du monde, sachez que vous auriez porté un coup mortel à cette monarchie que vous prétendez sauver.

CE QUE LES MINISTRES DU ROI ONT FAIT POUR LA VENDÉE.

Rome reconnaissait que sa puissance lui venait de sa piété envers les dieux. La liberté romaine, ayant ainsi au fond de ses lois une force sacrée, ne fut point emportée subitement de la terre; elle lutta longtemps dans une cruelle agonie contre la servitude des Césars.

La France, encore plus sainte et plus antique que Rome, s'est pareillement défendue dans la Vendée; sa résistance offre encore un plus grand caractère.

Lorsque Pompée combattit à Pharsale, Brutus aux champs de Philippes, Caton à Utique, une partie du gouvernement était avec ces puissants citoyens; ils étaient eux-mêmes les rois de Rome; ils appartenaient à ce sénat qui partageait la souveraineté avec le peuple : des provinces considérables de l'Europe, de l'Afrique et de l'Asie reconnaissaient leur autorité.

Mais qu'était-ce que la Vendée? une petite contrée obscure, sans armes, sans richesses. Quels furent ses premiers chefs? des hommes jusqu'alors ignorés, quelques pauvres gentilshommes, un voiturier, un garde chasse. Aucun pouvoir politique légal n'ajoutait de poids aux efforts de ces défenseurs des anciennes institutions. La Vendée n'avait jamais vu les rois pour lesquels elle versait son sang : l'un était mort sur l'échafaud, l'autre dans les fers : le troisième errait exilé sur la terre. Que la Vendée dans cette position, abandonnée à ses seules ressources, ait été au moment de triompher d'une république dont les armes menaçaient le monde, n'est-ce pas un magnifique éloge de nos vieilles lois? Quel principe de vie devait exister dans les entrailles de ce gouvernement pour produire une résistance aussi prodigieuse! Quand nous verrons les politiques du jour souffrir pour leurs doctrines ce que les Vendéens ont souffert pour leurs principes, alors nous dirons que ces doctrines sont fortes. Mais si les partisans de ces doctrines ont été depuis trente ans du côté des oppresseurs, et jamais parmi les opprimés; si, au lieu d'élever contre la tyrannie une Vendée républicaine, ils ont porté tour à tour le bonnet de Robespierre et la livrée de Buonaparte, alors nous dirons que leurs doctrines sont faibles, qu'elles ne pourront fonder que des sociétés périssables comme elles.

Le tableau des faits d'armes et celui des souffrances des Vendéens sont sous les yeux des lecteurs : ils cherchent sans doute à présent le troisième tableau ; ils espèrent lire en lettres d'or le catalogue des récompenses, après avoir lu en caractères de sang le dénombrement des services : ils savent que la France n'a jamais oublié ce qu'on a fait pour elle. Le trésor de nos Chartes est rempli des grâces, des honneurs, des immunités accordées aux villes et aux provinces qui se sont dévouées à la cause de nos rois. Par une ordonnance du mois de septembre 1347, « le roi (Philippe de Valois) donne aux habitants de « Calais toutes les forfaitures, biens, meubles et héritages qui échoiront au « roi pour quelque cause que ce soit, comme aussi tous les offices, quels qu'ils « soient, vacants, dont il appartient au roi ou à ses enfants d'en pourvoir, « pour la fidélité qu'ils ont gardée au roi, et jusqu'à ce qu'ils soient tous, et « un chacun, récompensés des pertes qu'ils ont faites à la prise de leur ville. »

A-t-on donné aux Vendéens des *meubles* et des *héritages?* Ont-ils reçu *des offices quels qu'ils soient, vacants,* pour *la fidélité qu'ils ont gardée au roi,* jusqu'à ce qu'ils soient *tous et un chacun récompensés ?* Le Vendéen n'a point été dégrevé d'impôts. Les ministres chassent les royalistes de toutes les places; ils ne reconnaissent que la *nation nouvelle.* Mais si la politique a ses lois *nouvelles,* la religion et la justice ont leurs *antiques* droits; et quand ceux-ci sont violés, tous les sophistes de la terre n'empêcheraient pas une société de se dissoudre.

Le souverain d'une monarchie constitutionnelle ne se découvre pas dans tous les actes du gouvernement : il sait, selon sa sagesse, quand il doit survenir, ou quand il doit laisser paraître ses ministres. Lorsqu'il s'est agi du sort de la Vendée, Louis XVIII a pensé qu'il ne devait pas se retirer dans sa puissance : il a voulu montrer sa main au peuple généreux qui s'était donné pour lui en spectacle aux hommes. Ce que le roi a fait pour les royalistes de l'Ouest est admirable : non content de prodiguer à ces victimes les marques particulières de sa bienfaisance, il a exigé que ses ministres se condassent ses vues paternelles, que des actes du gouvernement assurassent à des sujets dévoués des secours mérités, une existence honorable : nous allons voir comment ses ordres ont été exécutés.

En 1814, on fit un travail relatif aux veuves et aux blessés vendéens; dans ce travail on oublia une partie des malheureux qui avaient des droits à la munificence royale. On s'occupa encore moins de retirer quelques bons, de payer quelques dettes contractées au nom du roi pour la subsistance des armées royales, après que les chefs et les soldats eurent épuisé leurs dernières ressources. Les bons étaient à peu près semblables à ceux que la Convention avait consenti à payer.

Buonaparte reparut. La Vendée, oubliée des ministres, n'hésita pas à prendre les armes : l'honneur compte les périls et non les récompenses.

Pendant les négociations qui eurent lieu à Paris avec les puissances alliées, on fit valoir (on l'a déjà dit) l'existence des armées vendéennes et bretonnes comme contingent du gouvernement royal. Il était juste alors de s'occuper de ces armées. Le roi le voulut : il ordonna à son ministre de la guerre de lui présenter un plan; il approuva, le 27 mars 1816, une proposition tendante à accorder aux officiers et soldats des paroisses une gratification qui leur tiendrait lieu de solde pour 1815. Le 1er avril 1816, des comités furent nommés dans chaque corps des armées royales de l'Ouest, afin d'en dresser les contrôles; ces contrôles furent remis au ministère de la guerre où ils sont restés ensevelis.

Le travail incomplet sur les blessés et les veuves, fait en 1814, n'a produit de résultat qu'en 1816 : une ordonnance du 2 mars accorda des pensions à des officiers et soldats blessés dans les guerres antérieures à 1815. Quelques officiers ont eu quatre-vingts, quatre-vingt-dix, cent cinquante et jusqu'à cent quatre-vingts francs de pension; les soldats ont eu trente, quarante, cinquante, quatre-vingts et quatre-vingt-dix francs. A la même époque on donna à d'autres royalistes blessés moins grièvement une gratification une fois payée. Ces gratifications ont été de quarante, cinquante, soixante, quatre-vingts, quatre-vingt-dix et cent francs. Les veuves des Vendéens morts au champ d'honneur ont obtenu, d'après une ordonnance du 10 novembre 1815, des pensions de cinquante, quarante et trente francs, ce qui fait pour les veuves de la troisième classe deux francs cinquante centimes par mois.

Le comité qui avait été chargé de dresser le contrôle du quatrième corps, lequel comité était composé d'un colonel, d'un conseiller de préfecture et d'un commissaire des guerres, trouva, en parcourant les communes, une si grande quantité de veuves et de blessés, oubliés sur le travail de 1814, qu'il crut devoir faire des propositions : il fournit une liste, courte à la vérité, car on aurait été épouvanté de trouver tant d'hommes fidèles. Voici cette liste :

Cinq cent soixante-sept blessés dans les guerres qui ont eu lieu depuis 1793 jusques et y compris celle de 1815.

Soixante-douze veuves dans les guerres antérieures.

Seize veuves dans la guerre de 1815.

Six femmes grièvement blessées dans les anciennes guerres, et si pauvres qu'elles sont à la charge de leurs paroisses.

Ce nouveau travail fut encore remis au ministère de la guerre où l'on ne trouva pas le temps de s'en occuper, et d'où on l'a retiré pour ne pas le perdre.

Toutefois, quelques blessés et les veuves des royalistes de 1815 ont obtenu de faibles secours, parce qu'une ordonnance à laquelle on a bien voulu obtempérer assimilait heureusement les veuves et les blessés vendéens de 1815 aux veuves et aux blessés de la ligne, c'est-à-dire des troupes qui avaient combattu à Waterloo et dans l'Ouest, contre MM. de La Rochejaquelein, Sapinaud, Suzannet et Canuel.

Le roi, qui n'oublie aucun service, et qui répare les injustices aussitôt qu'il les connaît, voulut enfin que son ministère cessât de récompenser des sacrifices réels par des récompenses dérisoires. Il ordonna, au mois de février 1817, la répartition de deux cent cinquante mille francs de rente entre les officiers et soldats des armées de l'Ouest. Il plut également à S. M. d'ordonner que des épées, des sabres, des fusils d'honneur et des lettres de remercîment fussent distribués en son nom; récompenses dignes des Bretons et des Vendéens.

La part de la Vendée sur les deux cent cinquante mille francs fut de cent quinze mille francs, donnés sans beaucoup de discernement à quatre corps d'armée entre lesquels il ne pouvait exister d'autre différence que celle du nombre d'hommes.

Le premier corps eut.	50,000 fr.
Le deuxième.	18,000
Le troisième.	40,000
Le quatrième.	7,000
Total.	115,000 fr.

Cette répartition ainsi arrêtée, on nomma de nouveaux comités qui devaient se transporter dans les chefs-lieux pour distribuer ou plutôt pour promettre à chaque corps les épées, les sabres, les fusils, les lettres de remercîment, et pour assigner les pensions que les cent quinze mille francs devaient produire. Ces pensions étaient de trois cents, deux cents, cent, et cinquante francs par an. Les divers comités ayant terminé leur travail, le portèrent aux bureaux de la guerre; voici ce qui en est résulté :

Les armes d'honneur ont été fabriquées, remises au ministère de la guerre, et définitivement déposées à Vincennes. A-t-on craint d'augmenter les armes des royalistes par quelques centaines d'épées, de sabres et de fusils de parade; ou plutôt a-t-on voulu priver la Vendée d'une marque de la satisfaction du roi? Il faut convenir que la Vendée méritait bien une épée : il est triste pour la France que des étrangers se soient chargés d'acquitter sa dette. Était-ce le roi de Prusse qui, au nom de l'armée prussienne, devait remettre une épée au jeune héritier de La Rochejaquelein?

Les lettres de remercîment ont éprouvé le même sort que les armes d'honneur; elles n'ont point été expédiées. Peut-être les ministres n'ont-ils su quel langage ils devaient parler. Dans ce cas ils auraient pu prendre pour modèle la lettre que le roi écrivit jadis à Charette; ils y auraient appris ce qu'ils ignorent, la convenance et la dignité; ils auraient trouvé dans cette admirable lettre pureté de style, noblesse de sentiment, élévation d'âme, enfin une sorte d'éloquence royale, qui semble emprunter sa majesté des adversités de Henri IV et de la grandeur de Louis XIV.

Quant aux pensions, M. le ministre de la guerre, ne sachant sur quels fonds les imputer, porta la somme de deux cent cinquante mille francs dans son budget de 1818, et elle lui fut allouée. Les Vendéens avaient cru, et on leur avait annoncé qu'ils auraient sur la somme votée des pensions royales, cependant on ne leur délivra ni lettres, ni brevets, et on leur fit entendre, lors du premier paiement, que ce paiement était un *secours*, et non une *pension*. Le ministre a reproduit la même somme de deux cent cinquante mille francs dans son budget de 1819, à titre de secours aux Vendéens. Ainsi, les *pensions*, devenues des *secours*, pourront cesser d'être des secours, aussitôt qu'il plaira à un ministre de la guerre de ne plus insérer la somme dans son budget, ou aux Chambres de ne plus l'accorder.

Voilà comment les bontés du roi pour sa fidèle Vendée ont été sans cesse contrariées par l'esprit ministériel. Après la seconde restauration, quelques chefs royalistes, se trouvant à Paris, et voyant qu'on payait aux officiers de Waterloo l'indemnité d'entrée en campagne, leur traitement, pertes, etc., crurent les circonstances favorables pour réclamer modestement l'*égalité* des droits. On refusa d'écouter leur demande sous prétexte qu'ils avaient fait la guerre sans *mission*. Ceux qui avaient reçu *mission* de Buonaparte pour fermer au roi l'entrée de son royaume furent payés, et ceux qui se battirent sans *mission* pour rouvrir à leur souverain légitime les portes de la France, ne reçurent pas même de remercîment.

Arrêtons-nous à quelques exemples. Nous avons souvent cité le nom de M. Dupérat, de cet officier si brave et si loyal, qui fit aux envoyés de la Convention, lors de la pacification de Charette, la belle réponse que nous avons rapportée. M. Dupérat vit encore. Volontaire et aide-de-camp de M. de Lescure dès 1793, il fit les premières guerres de la Vendée. Après la défaite des royalistes au Mans et leur déroute à Savenay, il se jeta dans les bois, et travailla à l'organisation de l'armée bretonne. Revenu dans la Vendée, il commanda en 1795 l'infanterie de Charette, se trouva à tous les combats, et reçut plusieurs blessures. Charette ayant succombé, M. Dupérat fut proscrit. Arrêté à Nantes en 1804, il fut d'abord mis au Temple, ensuite enfermé à Vincennes, d'où il ne sortit que pour être envoyé, chargé de chaînes, au château de Saumur. Il serait mort dans les fers si la restauration n'était venue délivrer la France. Dix ans de guerre, autant de blessures, onze ans de cachot, la perte entière de sa fortune, ne lui avaient encore valu aucune récompense, lorsque le 20 mars arriva. Il courut aux armes, et succéda au comte Auguste de La Rochejaquelein dans le commandement du quatrième corps de l'armée royale.

La campagne de 1815 étant terminée, M. Dupérat fut appelé à jouir du traitement et ensuite de la demi-solde de lieutenant général; mais il plut à la commission de ne le reconnaître que comme maréchal de camp. Depuis il a été privé de tout traitement et rayé des contrôles des officiers généraux. Lorsqu'on a fait des réclamations, les bureaux de la guerre ont répondu que le brevet du général Dupérat était *honorifique*. M. Dupérat vit sans secours dans les bois où il combattit si longtemps pour la cause royale, comme s'il était encore obligé de se cacher du Directoire ou de la Convention.

La noble veuve de Lescure, qui est aussi la veuve de La Rochejaquelein, cette veuve de deux officiers généraux morts si glorieusement pour la défense du trône, n'a pas de pension.

Et la sœur de Robespierre touchait en 1814, sous la première restauration, une pension qu'elle touche peut-être encore : il y a des temps où les crimes d'un frère sont plus profitables que les vertus d'un mari.

Madame de Beauregard, sœur de Henri et de Louis de La Rochejaquelein, veuve de M. de Beauregard, officier supérieur tué auprès de Louis de La Rochejaquelein, dans la Vendée, pendant les Cent-Jours, a été gratifiée d'une pension de *quatre cents francs*.

Et Buonaparte avait offert à la veuve de M. de Bonchamp, le fameux général vendéen, une pension de *douze mille francs*, et il avait donné une compagnie de cavalerie au jeune Charette de La Colinière, neveu du général Charette.

Nous avons parlé plus haut de ces autres Vendéennes qui touchent *cinquante sous par mois*. Dans les temps d'abondance, cela fait à peu près une demi-livre de pain par jour, pour des femmes dont on a massacré les maris, égorgé les bestiaux, brûlé les chaumières, et qui sont peut-être assez malheureuses aujourd'hui, dans leur détresse, pour avoir dérobé quelques-uns de leurs enfants aux colonnes infernales.

Et ceux qui ont conduit ces colonnes, et ceux qui ont été dénoncés à la Convention même pour leurs cruautés, jouissent de pensions considérables. Nous ne les nommerons pas : on peut les chercher sur la liste des pensionnaires de l'État.

Et une foule de paysans bretons ou vendéens mutilés meurent de faim auprès des hôpitaux militaires, qui ne leur sont pas même ouverts.

Et l'on a payé, placé, récompensé tous les hommes des Cent-Jours; et l'on a soldé l'arriéré des fournitures des armées de Buonaparte, c'est-à-dire que le trésor royal a payé jusqu'aux balles qui pouvaient frapper le cœur de monseigneur le duc d'Angoulême.

Enfin, le bruit s'était répandu, il y a quelques mois, que les frais du procès et de l'exécution de Georges Cadoudal n'avaient pas été entièrement acquittés; et il s'agissait, aux termes des lois, d'en demander le montant à la famille du condamné.

Il y a des régicides qui touchent vingt-quatre mille francs de pension : serait-ce aussi pour faire payer à la légitimité les frais du procès de Louis XVI?

Tant de faits étranges s'expliquent pourtant : les ministres, ayant embrassé le système des intérêts moraux révolutionnaires, ont dû sentir pour les habitants des provinces de l'Ouest une grande aversion. La politique philosophique, le jeu de bascule, la nation nouvelle, le gouvernement de fait, la supériorité de la trahison sur la loyauté, de l'intérêt sur le devoir, de prétendus talents sur le mérite réel, toutes ces grandes choses sont en effet peu comprises par des hommes qui s'en tiennent encore au vieux trône et à la vieille croix. De là il est advenu que, depuis la restauration, le système ministériel, qui s'efforçait de ne rien voir dans les affaires de Lyon et de Grenoble, a voulu trouver quelque chose dans les dispositions de la Vendée. Puisque la Vendée était en conspiration permanente contre la révolution, n'était-il pas évident qu'elle conspirait contre la légitimité? Si les jacobins de Lyon avaient réussi, ils n'auraient chassé que la famille royale; mais si on laissait faire les Vendéens, ils ôteraient des grands et petits ministères les hommes incapables et les ennemis des Bourbons : il y a donc péril imminent.

Quoi! la Vendée aura eu l'insolence de se battre trente ans pour le trône et l'autel, de ne pas reconnaître les progrès de l'esprit humain, de ne pas admirer les échafauds et les livres dressés et écrits par tant de grands hommes! Vite, mettons en surveillance les vertus vendéennes : quiconque aime le roi et croit en Dieu est traître aux lumières du siècle.

On a donc cru devoir tenir les yeux ouverts sur la Vendée, placer un cordon de têtes pensantes autour de ce pays tout empesté de religion, de morale et de monarchie. Jadis les médecins révolutionnaires y avaient allumé de grands feux pour en chasser la contagion, et ils ne purent réussir. La Vendée, frustrée en partie des récompenses de la munificence royale, a eu la douleur de voir qu'on soupçonnait sa loyauté. Des espions ont parcouru ses campagnes ; on a cherché à l'aigrir, à la troubler : on semblait désirer qu'elle devînt coupable, qu'elle fournît une conspiration pour justifier les calomnies, pour servir de contre-poids à la conspiration de Lyon et de Grenoble. L'ingratitude ministérielle a cru lasser la longanimité royaliste ; et pour attaquer l'honneur vendéen dans la partie la plus sensible, on lui a demandé ses armes.

C'est surtout après l'ordonnance du 5 septembre, lorsque le ministère, se jetant dans le parti de la révolution, suspendit les surveillances, rendit la liberté à des coupables pour les envoyer voter aux collèges électoraux, fit voyager des commissaires, se permit d'exclure ouvertement des royalistes ; c'est, disons-nous, peu de temps après cette époque que l'on commença à demander les armes aux habitants des provinces de l'Ouest. Des lettres ministérielles du 10 décembre 1816 enjoignirent aux préfets de suivre cette mesure ; l'injonction a été souvent renouvelée, et notamment au commencement du mois de mai de cette année.

Quelques-unes des autorités qui ont requis la remise des armes vendéennes occupèrent des places pendant les Cent-Jours : c'était alors qu'elles auraient dû faire leur demande ; aujourd'hui il y a anachronisme.

M. le conseiller de préfecture Pastoureau, par délégation de M. le préfet des Deux-Sèvres, absent, prit le 25 mai dernier, l'arrêté qu'on va lire :

DÉPARTEMENT DES DEUX-SÈVRES.

Actes de la Préfecture.

Recherches des dépôts illicites d'armes et de munitions de guerre.

« Le préfet du département des Deux-Sèvres, officier de la Légion d'honneur,
« informé qu'il a été découvert dernièrement, dans le département de la Vendée,
« deux dépôts de poudre, cartouches, boulets et autres munitions de guerre
« provenant du débarquement fait en 1815, et présumant qu'il peut en exister
« de semblables dans le département des Deux-Sèvres, sans que les déposi-
« taires se croient pour ce fait passibles d'aucune peine ou condamnation ;

« Voulant prévenir les dangers auxquels s'exposeraient ses administrés, s'ils
« se trouvaient détenteurs de pareils objets, et leur fournir les moyens d'y
« obvier,

« Arrête :

« ARTICLE 1er. — Tout particulier détenteur ou dépositaire de munitions de
« guerre, armes de calibre ou d'artillerie, devra, dans la quinzaine de la pu-
« blication du présent arrêté, en faire la déclaration au maire de sa com-
« mune; celui-ci, après en avoir constaté par procès-verbal la nature, le poids,
« la quantité et la qualité, lui en remettra décharge, et fera transporter le
« tout, sans aucun délai et avec les précautions convenables, au chef-lieu de
« la sous-préfecture.

« Les frais de transport seront acquittés de suite et sur la présentation des
« pièces régulières.

« ART. 2. — A défaut de la déclaration prescrite par l'article ci-dessus, toute
« personne chez qui se trouveraient déposées des munitions de guerre ou des
« armes de calibre et d'artillerie, sera traduite devant les tribunaux pour y être
« jugée et condamnée conformément aux dispositions des lois et règlements
« dont les extraits sont relatés ci-après.

« Le présent sera imprimé, publié et affiché dans toutes les communes du
« département. »

A la suite de cet arrêté se trouvent des extraits de la loi du 13 fructidor an V, et du décret du 23 pluviôse an XIII; le tout corroboré d'extraits d'ordonnances conformes à ladite loi et audit décret. Ces actes rappellent les peines encourues par les délinquants qui recèleraient poudres, armes de calibre, etc.

Mais quels sont les boulets, poudres, cartouches et autres munitions de guerre dont on a fait dans la Vendée la grande découverte? L'arrêté a pris soin de vous le dire : ce sont les boulets, poudres et cartouches qui furent débarqués pour le service du roi, pendant les Cent-Jours, dans la Vendée. Ces munitions de guerre, dont l'entrée a coûté la vie à La Rochejaquelein, Beauregard et Suzannet, rendent passibles de *peines* et de *condamnation* les *Vendéens* qui en seraient dépositaires !

Et par quelles lois les Vendéens seront-ils frappés? par la loi du 13 *fructidor an V*, et par le décret du 23 *pluviôse an XIII*. Ainsi les autorités ministérielles de la *légitimité* font exécuter contre les *Vendéens* les lois du *Directoire* et de l'*Empire*.

Buonaparte avait aussi réclamé ces mêmes munitions de guerre; mais il s'en rapporta à la *loyauté des signataires* de l'acte de pacification pour les lui remettre. Il ne menaça point les Vendéens du décret du 13 fructidor. Toutefois il traitait avec les ennemis, et les poudres n'avaient point été fournies pour soutenir son autorité, mais pour la combattre.

L'article 2 de l'arrêté de M. le conseiller de préfecture ordonne la déclaration et la remise des armes de calibre ou d'artillerie. Nous ne savons pas si les Vendéens ont conservé des armes de calibre ou d'artillerie : nous ne le croyons pas; mais, dans tous les cas, ce sont donc les fusils et les canons qu'ils ont enlevés au prix de leur sang qu'on leur demande? Mais quand on leur aura ravi ces glorieux trophées de la fidélité, on n'aura désarmé ni les Bretons ni les Vendéens. Ne leur restera-t-il pas ces bâtons avec lesquels ils ont pris ces canons qui vous inquiètent? Voulez-vous aussi qu'on vous apporte ces bâtons suspects? Mais tous les bois n'ont pas été brûlés dans la Vendée, et ces arsenaux ne fourniront-ils pas au paysan de nouvelles armes pour enlever les canons aux ennemis du roi? Vous n'avez pas voulu distribuer aux royalistes de l'Ouest les armes d'honneur que la magnanimité du roi leur destinait; ne peuvent-ils du moins garder celles qu'ils ont conquises pour le roi au champ d'honneur?

Vous réclamez les fusils des Cathelineau, des Stofflet, des Bonchamp, des Lescure! Que ne demandez-vous aussi l'épée des Charette et des La Rochejaquelein? Ah! la main qui porta cette épée ne put être désarmée par quatre cent mille soldats; elle ne s'ouvrit pour céder le fer que lorsque la mort vint glacer le cœur qui guidait cette main fidèle! On avait promis à cette épée la restauration de la monarchie; on lui avait juré de livrer à sa garde le jeune Louis XVII et son auguste sœur. Le traité fut conclu à la vue des ruines de la Vendée, à la lueur des flammes qui dévoraient ce dernier asile de la monarchie. Quand on vous aura remis les armes vendéennes, qu'en ferez-vous? Elles ne sont point à votre usage : ce sont les armes de vieux Francs, trop pesantes pour votre bras.

Si les royalistes de l'Ouest ont des armes, si on les leur demande de par le roi, ils les abandonneront, puisqu'ils ne les ont prises que pour le roi. Mais est-on bien sûr qu'on n'aura jamais besoin des Vendéens? Le système ministériel n'a-t-il pas produit un premier 20 mars, et ne peut-il pas en amener un second? Qui nous défendra alors? Seront-ce les hommes qui nous ont déjà trahis? Chose remarquable! on veut désarmer les paysans de la Bretagne et de la Vendée, et l'on a fait rendre les armes qu'on avait prises aux paysans de l'Isère, dans un département qui s'était insurgé contre le souverain légitime.

La faction qui pousse les ministres, et dont ils seront la victime, a ses raisons pour presser le désarmement de la Vendée. A diverses époques on a tenté ce désarmement et l'on n'a jamais pu y réussir. Le nom du roi présente une chance : en employant cet auguste nom, on peut espérer que les paysans royalistes s'empresseront d'apporter les fusils qu'ils pourraient encore avoir. Mais dans ce pays il y a aussi des jacobins, et ceux-là ont très-certainement des armes, et ceux-là ne les rendront pas au nom du roi. Alors, s'il arrivait jamais une catastrophe, non-seulement la population royaliste de l'Ouest deviendrait inutile dans le premier moment à la cause de la légitimité, mais encore elle serait livrée sans armes à la population révolutionnaire armée. Voilà pourtant à quoi nous exposent ces mesures déplorables.

La Vendée, que la Convention laissa libre, qu'elle exempta de réquisitions et de conscriptions; la Vendée, à qui elle permit de garder ses armes, et même la cocarde blanche; la Vendée, dont elle paya les dettes, et dont elle promit de relever les chaumières; les Vendéens, que Buonaparte appelait un peuple de géants, et au milieu desquels il voulait bâtir une ville de son nom; les Vendéens, que l'usurpateur traitait avec estime; les Vendéens, dont il reconnaissait la *loyauté*, dont il plaçait les enfants et pensionnait les veuves : cette Vendée, ces Vendéens n'ont donc pu mériter, par trente années de loyauté, de combats et de sacrifices, la bienveillance des ministres du roi?

Que si la loi des élections, en amenant une Chambre démocratique, produisait, par une conséquence naturelle, des ministres semblables à cette Chambre; que si ces ministres, ennemis de toute monarchie, et surtout de toute monarchie légitime, conspiraient contre le gouvernement établi, que pourraient-ils faire de mieux que de persécuter la Vendée? Ils obtiendraient, par cette persécution, des résultats importants : ils feraient accuser le gouvernement monarchique d'ingratitude, d'absurdité et de folie : ils le rendraient méprisable aux yeux de tous, odieux à son propre parti; et quand la catastrophe arriverait, ils auraient ou désarmé les seuls hommes qui pourraient s'opposer à cette catastrophe, ou refroidi dans le cœur de ces hommes le sentiment de la fidélité. En administration, l'incapacité orgueilleuse et passionnée produit les mêmes effets que la trahison.

Heureusement il n'est donné à personne de détruire la haute vertu vendéenne; elle a résisté au fer et au feu de l'effroyable Convention, et ce ne sont pas de tristes agents ministériels, d'obscurs traîtres des Cent-Jours, des espions, des commissaires de police, qui achèveront de démolir des débris impérissables : les petits serpents qui se cachent à Rome dans les fondements du Colisée peuvent-ils ébranler ces grandes ruines?

Quiconque a quelque goût de la vertu aime à s'entretenir des hommes qui sont devenus illustres par de saintes adversités et des devoirs accomplis. Leur mémoire, bénie de race en race, fait le contrepoids de l'abominable renommée d'une autre espèce d'hommes, lesquels vont aux âges futurs tout chargés de prospérités maudites et de crimes si énormes que ces crimes en prennent un faux air de gloire. Nous devions à la patrie et à l'honneur de venger la Vendée des outrages ministériels, de parler des Vendéens avec le respect et l'admiration qu'ils inspirent. Les noms immortels des Charette, des Cathelineau, des La Rochejaquelein, des Bonchamp, des Stofflet, des Lescure, des d'Elbée, des Suzannet et de tant d'autres n'avaient pas besoin de nos éloges; mais du moins nous les aurons marqués dans cet écrit, comme le sculpteur inconnu qui grava les noms des compagnons de Léonidas sur la colonne funèbre aux Thermopyles.

FIN DES MÉLANGES HISTORIQUES.

NOTICES NÉCROLOGIQUES.

SUR LA MORT DE M. DE LA HARPE.

Février 1803.

La littérature vient de perdre presque à la fois M. de Saint-Lambert et M. de La Harpe. Le premier était âgé de plus de quatre-vingt-quatre ans; son lit de mort a été entouré de nombreux amis; il a devancé dans la tombe ceux qui firent le bonheur de sa vie; ses opinions, toujours les mêmes, l'ont mis à l'abri des outrages dont on a accablé les derniers ans de l'auteur de *Philoctète* et du *Cours de Littérature;* on ne pourra donc pas dire de M. de Saint-Lambert :

Malheur à qui le ciel accorde de longs jours !

Tandis que l'auteur des *Saisons* mourait au milieu de toutes les consolations de la philosophie, M. de La Harpe expirait au milieu de toutes les consolations de la religion. L'un fut visité des hommes à son dernier soupir; l'autre fut visité *de Dieu*, selon la belle et tendre expression du christianisme pour peindre le mort du fidèle. M. de La Harpe quitta ce monde le vendredi 11 février 1803, entre sept et huit heures du matin. Il conserva toute sa tête jusqu'à son dernier moment. Il put sentir avec reconnaissance ce que le ciel faisait pour lui; plus heureux que M. de Saint-Lambert, qui ignora les derniers soins que lui rendait la terre.

M. de La Harpe a montré le plus grand courage et la piété la plus sincère pendant sa longue maladie. Il se fit lire plusieurs fois les prières des agonisants. M. de Fontanes se présenta un jour au milieu de cette triste cérémonie : « Mon ami, lui dit le mourant en lui tendant une main desséchée, je remercie « le ciel de m'avoir laissé l'esprit assez libre pour sentir combien cela est con- « solant et beau; » c'est à la fois le dernier regard du chrétien et de l'homme de lettres.

Les obsèques de M. de La Harpe furent célébrées le dimanche matin à *Notre-Dame*. Il s'était retiré depuis quelques années dans le cloître de cette cathédrale, comme s'il avait voulu se réfugier, loin d'un monde peu charitable, à l'ombre de la maison du Dieu de miséricorde. Ceux qui ont vu les restes de cet auteur célèbre renfermés dans un chétif cercueil ont pu sentir le néant des grandeurs littéraires, comme de toutes les autres grandeurs; heureusement c'est dans la mort que le chrétien triomphe, et sa gloire commence quand toutes les autres gloires finissent.

On eût dit que la présence du cercueil de cet homme, qui avait si bien senti les beautés de l'Écriture, rendait encore plus belles les prières que le christianisme a consacrées à la mort. Tous ces cris d'espérance: *Requiem dabo tibi, dicit Dominus* : JE VOUS DONNERAI LE REPOS, DIT LE SEIGNEUR ; — *Exp"ctabo, Domine, donec veniat immutatio mea : vocabis me, et ego respondebo tibi : operi manuum tuarum porriges dexteram :* — J'ATTENDS, SEIGNEUR, QUE MON CHANGEMENT ARRIVE : VOUS M'APPELLEREZ, ET JE VOUS RÉPONDRAI : VOUS TENDREZ VOTRE DROITE A L'OUVRAGE DE VOS MAINS ; l'épître de saint Paul : *O mort, où est ton aiguillon!* l'évangile de saint Jean : *Le temps viendra que tous ceux qui sont dans les sépulcres entendront la voix du Fils de Dieu ;* tous ces soupirs de la religion, toutes ces paroles prophétiques attendrissaient profondément les cœurs. Quand les prêtres ont chanté, à la communion ; *ut requiescant a laboribus suis,* DÈS A PRÉSENT ILS SE REPOSENT DE LEURS TRAVAUX, les larmes sont venues aux yeux de tous les amis de M. de La Harpe.

Le convoi est parti à une heure pour le cimetière de la barrière de Vaugirard. Nous avons sincèrement regretté de ne pas voir marcher à la tête du cortége cette croix qui nous afflige et nous console, et par laquelle un Dieu compatissant a voulu se rapprocher de nos misères. Lorsqu'on est arrivé au cimetière, on a déposé le cercueil au bord de la fosse, sur le petit monceau de terre qui devait bientôt le recouvrir. M. de Fontanes a prononcé alors un discours noble et simple sur l'ami qu'il venait de perdre. Il y avait dans l'organe de l'orateur attendri, dans les tourbillons de neige qui tombaient du ciel, et qui blanchissaient le drap mortuaire du cercueil, dans le vent qui soulevait ce drap mortuaire, comme pour laisser passer les paroles de l'amitié jusqu'à l'oreille de la mort ; il y avait, disons-nous, dans ce concours de circonstances, quelque chose de touchant et de lugubre.

On va maintenant entendre parler M. de Fontanes lui-même (1), interprète bien plus digne que nous d'honorer la mémoire de M. de La Harpe. Nous ferons observer seulement que l'orateur s'est trompé lorsqu'il a dit que la mort éteint toutes les haines. Les restes de M. de La Harpe n'étaient pas encore recouverts de terre ; nous pleurions encore autour de son cercueil, près de sa fosse ouverte ; et dans le moment même où M. de Fontanes nous assurait que toutes les injustices allaient s'ensevelir dans cette tombe, que tout le monde partageait nos regrets, un journal insultait aux cendres d'un homme illustre : on l'accusait d'avoir déshonoré le commencement de sa carrière par ses neuf dernières années. Nous appliquerons aux auteurs de cet article les paroles de l'Écriture que M. de La Harpe a citées à la fin de son dernier morceau sur l'Encyclopédie, et qui sont aussi les *dernières paroles* que ce grand critique ait fait entendre au public : *Malheur à vous qui appelez mal ce qui est bien, et bien ce qui est mal !*

(1) Voyez ci-après le *Discours de M. de Fontanes.*

DISCOURS

PRONONCÉ PAR M. DE FONTANES,

DEVANT L'INSTITUT,

AUX FUNÉRAILLES DE M. DE LA HARPE.

Les lettres et la France regrettent aujourd'hui un poëte, un critique illustre... La Harpe avait à peine vingt-cinq ans, et son premier essai dramatique l'annonça comme le plus digne élève des grands maîtres de la scène française. L'héritage de leur gloire n'a point dégénéré dans ses mains, car il nous a transmis fidèlement leurs préceptes et leurs exemples. Il loua les grands hommes des plus beaux siècles de l'éloquence et de la poésie, et leur esprit comme leur langage se retrouva toujours dans celui d'un disciple qu'ils avaient formé : c'est en leur nom qu'il attaqua, jusqu'au dernier moment, les fausses doctrines littéraires ; et, dans ce genre de combat, sa vie entière ne fut qu'un long dévouement au triomphe des vrais principes. Mais si ce dévouement courageux fit sa gloire, il n'a pas fait son bonheur. Je ne puis dissimuler que la franchise de son caractère et la rigueur impartiale de ses censures éloignèrent trop souvent de son nom et de ses travaux la bienveillance et même l'équité ; il n'arrachait que l'estime où tant d'autres auraient obtenu l'enthousiasme. Souvent les clameurs de ses ennemis parlèrent plus haut que le bruit de ses succès et de sa renommée : mais à l'aspect de ce tombeau, tous les ennemis sont désarmés. Ici les haines finissent, et la vérité seule demeure.

Les talents de La Harpe ne seront plus enfin contestés ; tous les amis des lettres, quelles que soient leurs opinions, partagent maintenant notre deuil et nos regrets. Les circonstances où la mort le frappe rendent sa perte encore plus douloureuse ; il expire dans un âge où la pensée n'a rien perdu de sa vigueur, et lorsque son talent s'était agrandi dans un autre ordre d'idées qu'il devait aux spectacles extraordinaires dont le monde est témoin depuis douze ans. Il laisse malheureusement imparfaits quelques ouvrages dont il attendait sa plus solide gloire, et qui seraient devenus ses premiers titres dans la postérité. Ses mains mourantes se sont détachées avec peine du dernier monument qu'il élevait ; ceux qui en connaissent quelques parties avouent que le talent poétique de l'auteur, grâce aux inspirations religieuses, n'eut jamais autant d'éclat, de force et d'originalité. On sait qu'il avait embrassé avec toute l'énergie de son caractère ces opinions utiles et consolantes sur lesquelles repose tout le système social ; elles ont enrichi non-seulement ses pensées et son style de beautés nouvelles, mais elles ont encore adouci les souffrances de ses derniers jours. Le Dieu qu'adoraient Fénelon et Racine a consolé sur le lit de mort leur éloquent panégyriste et l'héritier de leurs leçons. Les amis qui l'ont vu dans ce moment où l'homme ne déguise plus rien, savent quelle était la vérité de ses sentiments ;

ils ont pu juger aussi combien son cœur, malgré la calomnie, renfermait de droiture et de bonté. Déjà même des sentiments plus doux étaient entrés dans ce cœur trop méconnu et si souvent abreuvé d'amertume; les injustices se réparaient; nous étions prêts à le revoir dans ce sanctuaire des lettres et du goût, dont il était le plus ferme soutien; lui-même se félicitait naguère encore de cette réunion si désirée : mais la mort a trompé nos vœux et les siens; puissent au moins se conserver à jamais les traditions des grands modèles qu'il sut interpréter avec une raison si éloquente! Puissent-elles, mes chers collègues, en formant de bons écrivains qui le remplacent, donner un nouvel éclat à cette Académie française qu'illustrèrent tant de noms fameux depuis cent cinquante ans, et que vient de rétablir un grand homme si supérieur à celui qui l'a fondée!

SUR LA MORT

DE M. DE SAINT-MARCELLIN.

Février 1849.

Monsieur de Saint-Marcellin, à peine âgé de vingt-huit ans, blessé à mort le 1er de ce mois, a expiré le 3, entre neuf et dix heures du soir. Il avait fait l'apprentissage des armes dans la campagne de 1812, en Russie. Il donna les premières preuves de sa valeur dans le combat qui eut pour résultat la prise du village de Borodino et de la grande redoute qui couvrait le centre de l'armée russe. Le rapport du prince Eugène au major général sur cette journée se termine par cette phrase : « Mon aide-de-camp de Sève et le jeune Fontanes de « Saint-Marcellin méritent d'être cités dans ce rapport. »

M. de Saint-Marcellin s'était précipité dans les retranchements de l'ennemi, et avait eu le crâne fendu de trois coups de sabre.

Après le combat, il se présenta dans cet état à un hôpital encombré de quatre mille blessés, où il n'y avait que trois chirurgiens dénués de linge, de médicaments et de charpie; il ne put même obtenir d'y être reçu. Il s'en retournait, baigné dans son sang, lorsqu'il rencontra Buonaparte : « Je vais mourir, lui « dit-il; accordez-moi la croix d'honneur, non pour me récompenser, mais « pour consoler ma famille. » Buonaparte lui donna sa propre croix.

M. de Saint-Marcellin, jeté sur des fourgons, arriva à moitié mort à Moscou; il y séjourna quelque temps, et fut assez heureux pour trouver le moyen de revenir en France, où nous l'avons vu, pendant plus de dix-huit mois, porter encore une large blessure à la tête.

La France ayant rappelé son roi légitime, M. de Saint-Marcellin fut fidèle aux nouveaux serments qu'il avait faits. Il était aide-de-camp du général Dupont à l'époque du 20 mars. Il se trouvait à Orléans avec son général, lorsque des soldats séduits quittèrent la cocarde blanche; M. de Saint-Marcellin osa la garder : circonstance que peut avoir connue M. le maréchal Gouvion de Saint-Cyr, qui fit reprendre la cocarde blanche aux troupes égarées. Rentré à Paris, M. de Saint-Marcellin eut une altercation politique avec un officier, se battit, blessa son adversaire, et partit du champ clos pour aller rejoindre ceux à qui il avait engagé sa foi.

Nommé capitaine à Gand, il sollicita l'honneur d'accompagner le général Donnadieu, chargé pour le roi d'une mission importante. Débarqué à Bordeaux, il fut arrêté et remis aux mains de deux gendarmes qui devaient le conduire à Paris pour y être fusillé. En passant par Angoulême, il échappa à ses gardes, excita un mouvement royaliste dans la ville et rentra dans Paris avec le roi.

M. de Saint-Marcellin fut alors envoyé comme chef de bataillon dans un régiment de ligne à Orléans. Blessé de nouveau, il fut obligé de revenir à Paris. Depuis ce moment, il consacra ses loisirs aux lettres : il avait de qui tenir. Il donna quelques ouvrages à nos différents théâtres lyriques. Compris comme chef d'escadron dans la nouvelle organisation de l'état-major de l'armée, il avait refusé dernièrement un service actif qui l'eût éloigné de Paris. La Providence voulait le rappeler à elle. Pour des raisons faciles à deviner, l'administration avait subitement, dit-on, changé en rigueur sa bienveillance politique. On assure que M. de Saint-Marcellin allait perdre sa place de chef d'escadron quand la mort est venue épargner aux ennemis des royalistes une destitution de plus, et rayer elle-même ce brave militaire du tableau d'où elle efface également et les chefs et les soldats.

M. de Saint-Marcellin n'a point démenti, à ses derniers moments, ce courage français qui porte à traiter la vie comme la chose la plus indifférente en soi, et l'affaire la moins importante de la journée. Il ne dit ni à ses parents ni à ses amis qu'il devait se battre, et il s'occupa tout le matin d'un bal qui devait avoir lieu le soir chez M. le marquis de Fontanes. A trois heures, il se déroba aux apprêts du plaisir pour aller à la mort. Arrivé sur le champ de bataille, le sort ayant donné le premier feu à son adversaire, il se met tranquillement au blanc, reçoit le coup mortel et tombe en disant: « Je devais pourtant danser ce soir. » Rapporté sans connaissance chez M. de Fontanes, on sait qu'il y rentra à la lueur des flambeaux déjà allumés pour la fête. Lorsqu'il revint à lui, on lui demanda le nom de son adversaire : « Cela ne se dit pas, répondit-il en souriant; seule-
« ment c'est un homme qui tire bien. » M. de Saint-Marcellin ne se fit jamais d'illusion sur son état; il sentit qu'il était perdu, mais il n'en convenait pas, et il ne cessait de dire à ses parents et à ses amis en pleurs : « Soyez tran-
« quilles, ce n'est rien. » Il n'a fait entendre aucune plainte; il n'a témoigné ni regrets de la vie, ni haine, ni même humeur contre celui qui la lui arrachait; il est mort avec le sang-froid d'un vieux soldat et la facilité d'un jeune homme. Ajoutons qu'il est mort en chrétien.

Les lettres et l'armée perdent dans M. de Saint-Marcellin une de leurs plus brillantes espérances. On remarque dans les premiers essais échappés à sa plume une gaieté de bon goût appuyée sur un fonds de raison et sur des sentiments nobles. Lorsqu'il parle d'honneur, on voit qu'il le sent, et quand il rit, on s'aperçoit qu'il méprise. Sa destinée paraissait devoir être heureuse dans un ordre de choses différent de celui qui existe aujourd'hui ; mais aussitôt qu'il est entré dans la ligne des devoirs légitimes, il a été atteint par cette fatalité qui semble s'attacher aux pas de tout ce qui est devenu ou resté fidèle. Est-ce une raison pour renoncer à une cause sainte et juste? Bien loin de là, c'est une raison pour s'y attacher : les hommes généreux sont tentés par les périls, et l'honneur est une divinité à laquelle on s'attache par les sacrifices mêmes qu'on lui fait.

Devons-nous plaindre ou féliciter M. de Saint-Marcellin? Il n'était pas fait pour vivre dans ces temps d'ingratitude et d'injustice. Le sang lui bouillait dans les veines; son cœur se révoltait quand il voyait récompenser la trahison et punir la fidélité. Son indignation avait l'éclat de son courage, et il ne faisait pas plus de difficulté de montrer ses sentiments que de tirer son épée : avec une pareille disposition d'âme, nous ne l'eussions pas gardé longtemps. D'ailleurs nous marchons si vite, le système adopté nous prépare de tels événements, que Saint-Marcellin n'a peut-être perdu que des orages : il s'est hâté d'arriver au lieu de son repos, et du moins il n'entend plus le bruit de nos divisions.

Mille raisons nous commandaient de payer ce tribut d'éloges à la mémoire de Saint-Marcellin; mais il y en a surtout une qu'une vieille amitié sentira. Cette amitié a été éprouvée par la bonne et la mauvaise fortune; elle nous retrouvera toujours, et particulièrement quand il s'agira de la consoler : *Ille dies utramque duxit ruinam.*

SUR LA MORT DE M. DE FONTANES.

Mars 1821.

A M. le Rédacteur du *Journal des Débats.*

Monsieur,

Il est de mon devoir de répondre à l'appel que vous avez fait à l'amitié dans votre journal du 19 de ce mois. J'y répondrai mal, car ce n'est pas quand on a le cœur brisé qu'on peut écrire. L'école à jamais célèbre fondée par Boileau, Racine et Fénelon, finit en M. de Fontanes; notre gloire littéraire expire avec la monarchie de Louis XIV.

Mon illustre ami laisse entre les mains de sa veuve inconsolable et de sa jeune et malheureuse fille les manuscrits les plus précieux; et telle était son indifférence pour sa renommée, qu'il se refusait à les publier. Ces manuscrits consistent en un Recueil d'odes et de poëmes admirables, en des Mélanges littéraires écrits dans cette prose où le bon goût ne nuit point à l'imagination, l'élégance au naturel, la correction à l'éloquence, et la chasteté du style à la hardiesse de la pensée.

Devais-je être appelé si tôt à parler des derniers ouvrages de l'écrivain supérieur qui annonça mes premiers essais! Personne (si ce n'est un de ses vieux amis, qui est aussi le mien, M. Joubert), n'a mieux connu que moi cette bonhomie, cette simplicité, cette absence de toute envie, qui distinguent les vrais talents, et qui faisaient le fond du caractère de M. de Fontanes. Singulière fatalité! notre amitié commença dans la terre étrangère, et c'est dans la terre étrangère que j'apprends la mort du compagnon de mon exil!

Comme homme public, M. de Fontanes a rendu à son pays des services inappréciables : il maintint la dignité de la parole, sous l'empire du maître qui commandait un silence servile; il éleva dans les doctrines de nos pères des enfants qu'on voulait séparer du passé pour bouleverser l'avenir. Vous aussi, monsieur, vous avez admiré, aimé ce beau génie, cet excellent homme, qui peut-être est déjà oublié dans la ville où tout s'oublie.

Mais le temps de la mémoire reviendra; la postérité reconnaissante voudra savoir quel fut ce dernier héritier du grand siècle, dont elle lira les pages immortelles. Je suis incapable aujourd'hui d'entrer dans de longs détails sur la personne et les travaux de mon ami; la perte que je fais est irréparable, et je la sentirai le reste de ma vie. Au moment même où votre journal est arrivé, j'écrivais à M. de Fontanes : je ne lui écrirai plus! Pardonnez, monsieur, si je borne ma lettre à ce peu de mots que je vois à peine en les traçant.

J'ai l'honneur, etc.

CHATEAUBRIAND.

Berlin, 31 mars.

SUR M. LE GÉNÉRAL NANSOUTY.

FÉVRIER 1815.

Nansouty (Étienne-Antoine-Marie Champion, comte de), né à Bordeaux le 30 mai 1768, descendait d'une famille noble originaire de Bourgogne, qui se distingua dans la double carrière des armes et de la magistrature. On trouve, au seizième siècle, un seigneur de Nansouty, qui contribua puissamment à faire rentrer la Bourgogne sous l'autorité légitime. Pour récompenser ses services, Henri IV l'admit dans son conseil; il accorda la même faveur à son fils, et ordonna que le château de Nansouty, à moitié détruit par les troubles de la Ligue, fût réparé aux frais du trésor. L'histoire remarquera que, dans notre siècle, si fécond en vertus guerrières, les anciennes races militaires ne dégénèrent point de leur valeur : chevaleresques à la Vendée, héroïques à l'armée de Condé, aussi brillantes et plus heureuses dans les légions de la république et de l'empire, elles ont fourni des généraux habiles, des maréchaux célèbres;

Buonaparte même est sorti de leurs rangs. Envoyé à l'âge de dix ans à l'école royale et militaire de Brienne, Étienne de Nansouty passa le 21 octobre 1779 à l'école militaire de Paris. Il obtint une sous-lieutenance d'infanterie le 30 mai 1785, et Monsieur, aujourd'hui le roi, le créa chevalier novice du Mont-Carmel. La croix de cet ordre ne s'accordait qu'à l'élève de l'école militaire qui, pendant deux ans, avait été le premier dans toutes les classes, et qui s'était autant distingué par sa conduite que par ses études. Étienne de Nansouty était destiné à recevoir ses premiers et ses derniers honneurs de la main de son roi. Conduit au régiment de Bourgogne par son père, qui avait laissé des souvenirs honorables dans son régiment, il obtint, en 1788, par la protection du maréchal de Beauvau, un brevet de capitaine de remplacement au régiment de Franche-Comté, cavalerie ; il parut à peine à ce corps, et entra le 24 mai de la même année dans le sixième régiment de hussards, commandé par le duc de Lauzun, depuis duc de Biron, personnage trop petit pour la révolution, mais qui vivra pourtant, parce qu'il réunit quelque chose des aventures et des malheurs dont son premier et son dernier nom rappellent le souvenir. Étienne de Nansouty se trouva mêlé à Nancy dans l'affaire du régiment de Châteauvieux, et courut des dangers en restant fidèle aux ordres du roi. La révolution commençait par accréditer ses doctrines ; elle mit d'abord quelque discernement dans ses choix. Étienne de Nansouty, malgré sa jeunesse, fut désigné par les officiers et les soldats pour commander une compagnie de son régiment : chaque régiment, devenu une espèce de république militaire, avait acquis ce droit d'élection. La guerre ayant éclaté, le capitaine Nansouty y fut successivement nommé lieutenant-colonel du 9ᵉ régiment de cavalerie (4 avril 1792), chef de brigade, ou colonel du même régiment (19 brumaire an II, 1793), général de brigade, ou maréchal de camp (17 fructidor an VII), général de division, ou lieutenant général (3 germinal an XI, 1803), et enfin colonel des dragons (11 janvier 1813) ; tous grades qu'il acquit avec son épée. Il apprit en Allemagne avec le général Moreau, et en Portugal avec le général Leclerc, ce qui fait les succès et les revers à la guerre ; il commandait la grosse cavalerie sous les ordres du général Mortier, à la conquête du Hanovre. Nommé premier chambellan de madame Joséphine Buonaparte, alors impératrice, il donna bientôt sa démission d'une place peu compatible avec l'indépendance d'un soldat : il ne voulut ramper ni sous les crimes ni sous les honneurs de la révolution. Retourné aux camps, il attacha son nom à la plupart de ces grandes journées où nos soldats prodiguèrent leur sang pour faire oublier celui qu'on avait versé sur les échafauds. Il se battit à Wertinghen et à Ulm, acheva la victoire à Austerlitz, commença celle de Wagram, se trouva au feu à l'affaire de Friedland, et fut blessé à la Moskowa ; la cavalerie de l'armée et de la garde l'avait pour chef à la bataille de Leipzig ; et ce fut lui qui, dans le défilé du Hanau, rouvrit à nos étendards le chemin de la France. Dans la campagne de 1814, où Buonaparte manifesta pour la dernière fois son génie (car l'homme extraordinaire finit en lui au 20 mars, et Waterloo, placé hors des limites assignées à sa puissance, ne compte plus que dans sa destinée), nos soldats étaient rentrés dans la cause de la monarchie, accompagnés plutôt que repoussés par l'Europe, qui les suivait comme à la trace de leurs victoires. Après douze siècles, notre gloire militaire, débordée sur toutes les nations, se retira vers sa source ; on se disputait la capitale des Gaules dans les lieux mêmes d'où les premiers Francs avaient marché à sa conquête. L'éclat de nos armes faisait sortir de l'obscurité les hameaux de l'Ile de France, comme il avait donné un nom aux villages inconnus des Arabes et des Moscovites : les derniers boulets de cette guerre de vingt-cinq années, qui nous avait soumis Berlin, Vienne, Moscou, Lisbonne, Madrid, Naples et Rome, vinrent tomber sur les boulevards de Paris. Le général Nansouty assiste à tous les combats livrés aux bords de la Marne et de la Seine, comme il s'était trouvé aux batailles données sur les rives du Borysthène et du Tage ; il protége la retraite à Brienne, ouvre l'attaque à Montmirail, à Berry au Bac, à Craonne, et voit enfin la couronne impériale tomber à Fontainebleau, dans ce même palais où Buonaparte avait retenu prisonnier le pontife qui l'avait marqué du sceau des rois. Ainsi s'écroula, après trente années, ce prodigieux édifice de gloire, de folies et de crimes, qu'on appelle la *révolution*. Les conquêtes utiles de Louis XIV existent entières ; et de l'Europe envahie, il ne restait à la république et à l'empire que le camp des Cosaques autour du Louvre. Pendant la campagne de France, le général Nansouty ressentit les atteintes de la maladie à laquelle il devait bientôt succomber. Il manquait souvent des secours que son état exigeait ; mais il voulut rester à cheval tant qu'il y eut un champ de bataille ; il avait vécu sous la tente au milieu des triomphes et loin de nos malheurs ; lorsque le bruit des armes cessa, il fit parvenir à l'autorité cette adhésion, remarquable par sa simplicité : « J'ai l'honneur de prévenir le gouvernement provisoire « de ma soumission à la Maison de Bourbon. » Cette adhésion entraîna celle d'une grande partie de l'armée : en déterminant ses compagnons d'armes à rejoindre le drapeau blanc, le général Nansouty obtint pour sa patrie sa dernière et sa plus belle victoire. Les souverains de l'Europe, réunis à Paris en 1814, lui donnèrent des témoignages d'estime d'autant plus flatteurs, que, si la faveur était venue quelquefois le trouver, il ne l'avait jamais recherchée ; mais un suffrage que le cœur d'un Français ambitionnera toujours lui était réservé : Monsieur l'accueillit avec bonté ; Louis XVIII l'honora de sa confiance ; le général parcourut la Bourgogne en qualité de commissaire du roi, et fut nommé, au retour de cette mission, capitaine-lieutenant de la première compagnie de mousquetaires. Le général Nansouty, un des meilleurs officiers de cavalerie que les guerres de la révolution aient produits, était brave, humain, désintéressé, et conservait au milieu de la rudesse des camps, la politesse de nos anciennes mœurs. Il sauva constamment la vie aux émigrés que le sort des armes jetait entre ses mains ; il épargna au Tyrol les horreurs du pillage, et fit distribuer aux hôpitaux une somme considérable, que les autorités du pays avaient voulu lui faire accepter par reconnaissance. Logé à Moscou, avec des soldats affamés, dans le palais du prince Kourakin, on trouva, après son départ, les scellés intacts et tels qu'ils avaient été apposés sur les armoires par les ordres du prince. S'il avait souvent gémi des maux que la guerre avait fait souffrir sous ses yeux aux peuples étrangers, il fut plus sensible encore à ces mêmes maux quand il les vit retomber sur sa patrie. « On ne se figure pas, disait-il, ce que « c'est que d'entendre de malheureux paysans se plaindre en français. » A une affaire près de Fontainebleau, Buonaparte lui commande d'enlever un retranchement d'où l'ennemi faisait un feu épouvantable : des files entières de cavaliers tombent dans cette entreprise désespérée et inutile. Tout à coup le général Nansouty arrête les escadrons et s'avance seul hors des rangs : Buonaparte lui envoie demander la raison de cet ordre, et pourquoi il cesse de marcher sur la redoute : « Dites-lui que j'y vais seul, répondit le général : il « n'y a là qu'à mourir. » Le général Nansouty ne vit point les nouveaux malheurs de la France : une maladie dangereuse l'emporta le 12 février 1815. Il expira dans ces sentiments religieux qui font de la mort la plus simple une grande action, et qui, donnant de la noblesse aux moindres faits d'une vie chrétienne, les élèvent à la dignité de l'histoire. Le comte de Nansouty avait épousé, en 1802, Adélaïde de Vergennes, et, après avoir pu disposer d'une partie des dépouilles de l'Europe, il laissa un fils sans fortune, qu'il a recommandé, en mourant, aux bontés d'un roi qui a connu l'adversité.

FIN DES NOTICES NÉCROLOGIQUES.

TABLE DES MATIÈRES

CONTENUES DANS CE VOLUME.

ITINÉRAIRE.

Pages.
Vᵉ PARTIE. — Suite du Voyage de Jérusalem. 1
VIᵉ PARTIE. — Voyage d'Égypte. 18
VIIᵉ ET DERNIÈRE PARTIE. — Voyage de Tunis, et retour en France . . . 40
Notes. 74
Pièces justificatives. — I. Itinerarium. 93
— II. Dissertation sur l'étendue de l'ancienne Jérusalem et de son temple, et sur les mesures hébraïques de longueur. 107
— III. Mémoire sur Tunis. 137

MÉLANGES HISTORIQUES.

Préface (1826). 148
Mémoires sur S. A. R. monseigneur le duc de Berry. — Avertissement de la première édition. 150
Iʳᵉ PARTIE. — VIE DE MONSEIGNEUR LE DUC DE BERRY HORS DE FRANCE.
— LIVRE Iᵉʳ. — ÉDUCATION ET ÉMIGRATION DU PRINCE ; SA VIE MILITAIRE JUSQU'A LA RETRAITE DE L'ARMÉE DE CONDÉ EN POLOGNE.
— — Chapitre Iᵉʳ. Exposition. 150
— — — II. Des Bourbon. 151
— — — III. Grandeur de la maison de France. . . 152
— — — IV. Naissance et enfance de monseigneur le duc de Berry. 153
— — — V. Traits de l'enfance du prince. 153
— — — VI. Émigration de monseigneur le duc d'Angoulême et de monseigneur le duc de Berry. 154
— — — VII. Monseigneur le duc de Berry à Turin. . 155
— — — VIII. Départ de monseigneur le duc d'Angoulême et de monseigneur le duc de Berry pour l'armée des princes. 156
— — — IX. Retraite de Champagne. — Le prince achève son éducation militaire, et va rejoindre l'armée de Condé. 156
— — — X. Armée de Condé 157
— — — XI. Monseigneur le duc de Berry à l'armée de Condé. 158

				Pages.
Iʳᵉ PARTIE. Livre Iᵉʳ. Chapitre XII. Suite du précédent. — Bravoure du prince. — Sa réparation envers un officier.				159
—	—	—	XIII. Louis XVIII est proclamé à l'armée de Condé.	160
—	—	—	XIV. Le roi à l'armée de Condé.	161
—	—	—	XV. Repos momentané des émigrés et de monseigneur le duc de Berry. — Les observations de ce prince sur l'Allemagne.	162
—	—	—	XVI. Lettre de monseigneur le duc de Berry à monseigneur le prince de Condé. — L'armée de Condé se retire en Pologne. — Adieux du prince à cette armée.	163
—	Livre IIᵉ. — Vie militaire du prince jusqu'au licenciement de l'armée de Condé.			
—	—	Chapitre Iᵉʳ. Monseigneur le duc de Berry rejoint l'armée de Volhinie. — Hospitalité des Polonais. — Le prince organise le régiment noble à cheval.		164
—	—	—	II. L'armée se met en marche pour rejoindre les troupes alliées. — Mariage de Son Altesse Royale Madame et de monseigneur le duc d'Angoulême.	165
—	—	—	III. Arrivée de monseigneur le duc de Berry à Constance avec l'armée. — Combat. — Retraite.	167
—	—	—	IV. Projet de mariage entre monseigneur le duc de Berry et la princesse Christine de Naples. — Le prince va en Italie.	168
—	—	—	V. Voyage du prince à Rome.	169
—	—	—	VI. Suite du précédent. — Monseigneur le duc de Berry quitte Rome pour retourner à l'armée.	170
—	—	—	VII. Monseigneur le duc d'Angoulême arrive à l'armée de Condé. — Il est rejoint par son frère. — Dernier bulletin de l'armée de Condé, écrit par monseigneur le duc de Berry.	171
—	—	—	VIII. Licenciement de l'armée de Condé.	173
—	Livre IIIᵉ. — Séjour du prince en Allemagne et en Angleterre.			
—	—	Chapitre Iᵉʳ. Embarras de monseigneur le duc de Berry en Allemagne. — Ses lettres.		174
—	—	—	II. Monseigneur le duc de Berry en Écosse.	176
—	—	—	III. Monseigneur le duc de Berry arrive à Londres. — Ses faiblesses. — Admirable déclaration du roi et des princes de la maison de France.	178
—	—	—	IV. Vie de monseigneur le duc de Berry à Londres. — Voyages du prince.	179

TABLE DES MATIÈRES.

Pages.

Iʳᵉ PARTIE. Livre IIIᵉ. Chapitre V. Monseigneur le duc de Berry essaie de reprendre les armes et de passer en France. — Magnanimité du prince de Condé et des Bourbons. 181

— — — VI. Départ de monseigneur le duc de Berry pour Jersey. — Séjour du prince dans cette île 184

IIᵉ PARTIE. — Vie et mort de monseigneur le duc de Berry en France.

— Livre Iᵉʳ. — Première et deuxième Restauration. — Correspondance de monseigneur et de madame la duchesse de Berry. — Leur mariage. — Vie privée du prince.

Chapitre Iᵉʳ. Arrivée de monseigneur le duc de Berry en France. — Voyage de Cherbourg à Paris. 185

— — — II. Le roi à Compiègne. 187

— — — III. Monseigneur le duc de Berry est nommé colonel général des chasseurs. — Inspections militaires. — Mot du prince. — Pèlerinage de monseigneur le duc de Berry à Versailles. 188

— — — IV. Les Cent-Jours. — Monseigneur le duc de Berry à Gand. 189

— — — V. Retour du roi. — Monseigneur le duc de Berry préside le collége électoral de Lille. . 190

— — — VI. Mariage du prince. 191

— — — VII. Arrivée de madame la duchesse de Berry à Marseille. 193

— — — VIII. Lettres du prince et de la princesse. — Madame la duchesse de Berry décrit les fêtes qu'on lui donne à Marseille et à Toulon. 194

— — — IX. Suite des lettres. — Madame la duchesse de Berry quitte Marseille, et continue à parler de la France à mesure qu'elle s'approche de Fontainebleau. 197

— — — X. Madame la duchesse de Berry arrive à Fontainebleau. — Célébration du mariage à Paris. 199

— — — XI. Vie privée du prince. — Anecdotes du cocher, du valet de pied et du piqueur. — Pension de M. de Provenchère. 200

— — — XII. Suite de la vie privée. — Charité du prince. 201

— — — XIII. Suite de la vie privée. — Diverses aventures. 202

— — — XIV. Suite des aventures. 203

— — — XV. Suite du précédent. 204

				Pages.
IIe PARTIE. Livre Ier. Chapitre XVI. Madame la duchesse de Berry perd ses deux enfants. — Fatalité des nombres				205
—	—	—	XVII. Pressentiments de monseigneur le duc de Berry comparés à ceux de Henri IV.	206
—	Livre IIe. — Mort et funérailles du prince.			
—	—	Chapitre Ier. Monseigneur le duc de Berry est blessé à l'Opéra		207
—	—	—	II. Premier pansement du prince.	209
—	—	—	III. Arrivée de monseigneur l'évêque de Chartres, de monseigneur le duc d'Angoulême, de Madame et de Monsieur. — Second pansement de la blessure.	210
—	—	—	IV. Diverses paroles du prince. — Il annonce la grossesse de madame la duchesse de Berry. — Le prince avoue une faute.	212
—	—	—	V. Le prince fait une confession publique et reçoit l'extrême-onction. — Diverses paroles u prince.	213
—	—	—	VI. Arrivée du roi. — Le prince demande la grâce de son assassin.	215
—	—	—	VII. Désespoir de madame la duchesse de Berry. — Mort du prince.	216
—	—	—	VIII. Consternation de la France et de l'Europe. — Chapelles ardentes au Louvre et à Saint-Denis.	218
—	—	—	IX. Douleur de la famille royale et de madame la duchesse de Berry.	220
—	—	—	X. Funérailles de monseigneur le duc de Berry. — Les entrailles du prince sont portées à Lille. — Son cœur sera déposé à Rosny.	222
—	—	—	XI. Portrait du prince. — Conclusion.	224
Pièces justificatives.				226
Le roi est mort : vive le roi !				243
De la Vendée.				251
Notices nécrologiques. — Sur la mort de M. de La Harpe.				283
—	Discours prononcé par M. de Fontanes, devant l'Institut, aux funérailles de M. de La Harpe.			285
—	Sur la mort de M. de Saint-Marcellin.			286
—	Sur la mort de M. de Fontanes.			288
—	Sur M. le général Nansouty.			289

FIN DE LA TABLE.

LAGNY. — Imprimerie de VIALAT et Cie.

www.ingramcontent.com/pod-product-compliance
Lightning Source LLC
Chambersburg PA
CBHW071135160426
43196CB00011B/1900